比较政治学前沿
Frontier of Comparative Politics No.1

第 **1** 辑

比较政治的研究方法

| 主编　高奇琦　| 主办　华东政法大学政治学研究所

中央编译出版社
Central Compilation & Translation Press

图书在版编目(CIP)数据

比较政治学前沿(第1辑):比较政治的研究方法/高奇琦主编.
—北京:中央编译出版社,2013.7
ISBN 978-7-5117-1698-9

Ⅰ.①比…
Ⅱ.①高…
Ⅲ.①比较政治学
Ⅳ.①D0

中国版本图书馆 CIP 数据核字(2013)第 152488 号

比较政治学前沿(第1辑):比较政治的研究方法

出 版 人	刘明清
出版统筹	贾宇琰
责任编辑	杜永明
责任印制	尹 珺
出版发行	中央编译出版社
地 址	北京西城区车公庄大街乙 5 号鸿儒大厦 B 座(100044)
电 话	(010)52612345(总编室)　(010)52612341(编辑室)
	(010)66161011(团购部)　(010)52612332(网络销售)
	(010)66130345(发行部)　(010)66509618(读者服务部)
网 址	www.cctphome.com
经 销	全国新华书店
印 刷	北京瑞哲印刷厂
开 本	787 毫米×1092 毫米　1/16
字 数	320 千字
印 张	23.5
版 次	2013 年 7 月第 1 版第 1 次印刷
定 价	69.00 元

本社常年法律顾问:北京市吴栾赵阎律师事务所律师　闫军　梁勤
凡有印装质量问题,本社负责调换,电话:(010)66509618

比较政治学前沿
（学术辑刊）

主　编：高奇琦

学术委员会
（按音序排列）

R. Beniamin	（明尼苏达大学）
蔡　拓	（中国政法大学）
曹泳鑫	（上海社会科学院）
常士訚	（天津师范大学）
陈明明	（复旦大学）
陈志敏	（复旦大学）
陈周旺	（复旦大学）
程同顺	（南开大学）
程竹汝	（中共上海市委党校）
储建国	（武汉大学）
高奇琦	（华东政法大学）
耿　曙	（上海财经大学）
郭定平	（复旦大学）
何俊志	（复旦大学）
胡　伟	（上海交通大学）
黄卫平	（深圳大学）
景跃进	（清华大学）
刘建军	（复旦大学）
G. Munck	（南加州大学）

彭　勃	（上海交通大学）
C. Ragin	（加州大学）
桑玉成	（上海市社联）
沈丁立	（复旦大学）
石源华	（复旦大学）
苏长和	（复旦大学）
谭君久	（武汉大学）
佟德志	（天津师范大学）
武心波	（上海外国语大学）
徐湘林	（北京大学）
徐以骅	（复旦大学）
肖逸夫	（英属哥伦比亚大学）
杨光斌	（中国人民大学）
杨海蛟	（中国社会科学院）
杨洁勉	（上海国际问题研究院）
杨雪冬	（中央编译局）
叶　江	（上海国际问题研究院）
俞正樑	（上海国际问题研究院）
袁　峰	（中共上海市委党校）
曾　峻	（中共上海市委党校）
张小劲	（清华大学）
周　平	（云南大学）
周淑真	（中国人民大学）
朱天飚	（北京大学）

编辑部成员

（按音序排列）

杜欢　郝诗楠　吉磊　阙天舒

汪仕凯　王金良　邢瑞磊　章远

《比较政治学前沿》序言

在我国的政治学学科中,比较政治学日益发展成为一门基础性的二级学科,并且有力地推动着政治学基础理论的日益完善与前沿领域的不断拓展。正如有学者所指出的,比较政治学是衡量一个国家政治学质量的重要指标,也最能代表政治学发展的方向,而且中国的比较政治研究正处于蓄势待发的阶段。[①] 在这种情况下,由华东政法大学政治学研究所组织编辑的《比较政治学前沿》系列辑刊应运而生。本辑刊创办的基本目的,就是通过知识引进来促进中国比较政治学的发展。

毋庸讳言,比较政治研究近年来在中国才真正得以起步,而国际学术界对于比较政治的研究已经积累了几十年的发展经验,并且引领着这一学科的前沿发展。因此,对于国外先进研究成果的翻译和引进便成为一项不可或缺的学术任务。《比较政治学前沿》的初期定位,便是将国外有关比较政治理论与方法的经典文献迻译到中文世界中来,为我国比较政治学的发展提供最基本的文献资料和学科基础。而华东政法大学的政治学学科建设,也能够以本辑刊为平台,汇集国内外比较政治研究的精华,创造出更多的学术贡献。

[①] 杨光斌:《蓄势待发的中国比较政治研究》,载《中国社会科学报》2011 年 12 月 29 日。

华东政法大学（原"华东政法学院"，简称"华政"）是新中国创办的第一批高等政法院校之一。1952年，原圣约翰大学、复旦大学、南京大学、东吴大学、厦门大学等9所院校的法律系、政治系和社会系合并组建成立了华东政法学院。长期以来，法学一直是华政的传统优势学科。2007年，经教育部批准，华东政法学院更名为华东政法大学。自更名以来，华政致力于发展成为一所以法学、政治学、经济学和管理学为重点，多学科协调发展的多科性特色大学。因此，我们目前的重点工作之一，便是在法学之外的学科建设方面取得突破，而政治学则是华政近年来发展最快的学科之一，也是最有希望率先实现突破的新兴学科。

政治学在华东政法大学是一门具有历史渊源的年轻学科。如前所述，华政在创立伊始便合并了圣约翰大学等院校的政治系，而这些院校的政治系是当时华东地区政治学研究的基本力量。圣约翰大学被誉为"东方的哈佛"和"外交人才的养成所"[①]，在这座优美的校园中，曾经建立起国内较早和较完整的政治学学科，并培养出邹韬奋、顾维钧、施肇基、荣毅仁、李慎之、陈鲁直等一批杰出的外交家、政治家和社会活动家。虽然经历了坎坷的历史过程，但是华政政治学发展的火种却一直传承，并未熄灭。在新的历史条件下，华政逐渐恢复了政治学的研究与教学。经过各方面的努力，目前华政的政治学学科发展迅速，且已颇具规模。

华东政法大学高度重视政治学的学科发展。作为"大法学"下的姊妹学科，法学和政治学之间具有非常密切的关联，也都是"政法"院校的重要基础学科。单从具体的子学科中我们就可以看到，政治学理论与宪法学、行政学与行政法学、政治哲学与法律哲学、国际关系学与国际法学、比较政治学与比较法学之间存在着诸多相互融通之处。从这个意义上来讲，华政的法学与政治学学科间可以实现相互给养，也就是说，传统的法学优势可以为政治学的发展提供支撑，而政治学学科的完善也

---

① 张仲礼："序"，见熊月之、周武主编：《圣约翰大学史》，上海人民出版社2007年版，第1页。

会为法学学科的进一步拓展提供更为坚实的学科支持。因此，就长远发展而言，我们还需要继续加强和推进政治学学科的建设。

在上述观念的指导和支持下，华政的政治学已经取得了一定的成就。2005年，华政获批上海市首批政治学教育高地；2007年，政治学开始作为校级重点学科进行建设；2008年，成立政治学研究院。此后，政治学研究院一直以比较政治学为中心推进学科发展，并汇集了一批比较政治和国际关系方面的研究人才。研究院还做了许多开创性的工作，如在2010年举办了国内第一场以"比较政治学"为关键词的学术研讨会、出版了国内第一份以"比较政治学"为主题的辑刊等。可以说，政治学研究院为华政政治学的发展打下了良好的基础。2012年，由于相关人事变动，政治学研究院更名为政治学研究所，虽然机构有所变化，但基本的研究队伍和比较政治学的研究特色得以延续，并有望获得进一步的发展。而《比较政治学前沿》正是这种发展的重要成果之一。

现在的政治学研究所由一支年轻的研究团队组成，从这个团队身上，我看到了学术的激情和华政政治学的希望。在较短的时间内，政治学研究所已经围绕比较政治研究开展了一系列的学术活动，并建设了国内第一个比较政治学的数据库网站，在国内产生了良好的学术影响。我希望《比较政治学前沿》能够延续这种良好的发展势头，通过严谨的学术翻译和经典引介，顺应学科发展的基本规律，为我国比较政治学的发展提供前沿的理论与方法，也为华东政法大学政治学学科的长远发展奠定坚实的基础。

谨此为序，与学界同仁共勉。

何勤华
2012 年 8 月 28 日
于华东政法大学松江校区

比较政治研究的方法自觉
——《比较政治学前沿》第一辑译文选译说明

如何来界定比较政治的学科边界？通常有两种方法：一种是用实质性内容或问题领域来界定比较政治学。因为比较政治学在上世纪五六十年代的美国最先出现时，主要关注发展中国家的政治发展问题，所以比较政治学也往往被界定为政治发展研究或发展政治学。这一界定使得比较政治学具有独特的研究领域和内容，同时也使其具有一些明显的不足。譬如，就研究的问题和内容而言，比较政治与本国政治几乎没有区别。对此，美国政治学家乔万尼·萨托利（Giovanni Sartori）犀利地批评道，"一个研究美国总统制的学者被称为美国研究的学者，而另一个研究法国总统制的学者则被称为比较研究的学者。这一点是不符合逻辑的。"[①]

另一种则是用比较方法来界定比较政治的研究范围。譬如，美国政治学家阿伦·利帕特（Arend Lijphart）指出："在政治学的几个次级领域中，比较政治学是唯一一个具有方法意义而非实质内容意义的学科。

[①] Giovanni Sartori, "Comparing and Miscomparing," *Journal of Theoretical Politics*, Vol. 3, No. 3, 1991, p. 243. 需要说明的是，在美国的语境下，美国政治属于本国政治研究，而法国政治则是比较政治研究。

'比较政治'一词主要表明其如何进行比较，而非具体针对什么内容进行比较。"① 萨托利也持有类似的观点："一个被称为比较政治的研究领域却充斥着许多对比较缺乏兴趣也缺乏训练的非比较主义者（non-comparativists）。比较政治作为一个研究领域的独特性应该主要体现在其方法上。"② 编者认为，将两者结合起来可能是界定比较政治学学科边界的最佳方法。实际上，对于两者的结合，爱尔兰政治学家彼得·梅尔（Peter Mair）有一段经典的表述："除非比较政治学在实质内容与方法上实现了结合，我们才可以说它是一个独特的学科。如果将内容与方法两者分割开来，比较政治学就只能被消融于整个政治学，甚至从更广泛的意义上消融于整个社会科学。"③

无论如何，一个毋庸置疑的观点就是，比较方法的研究至少应是比较政治研究中最重要的内容之一。然而，目前国内关于比较政治的研究还基本上处在非自觉地使用研究方法的阶段，而且国内关于比较政治研究方法的讨论也比较少。④ 鉴于此，编者希望把研究方法的引介和研究作为《比较政治学前沿》（后面简称为《前沿》）前几辑的主要内容推出，以此来推动国内关于这一领域的研究。在第一辑中，编者选编了国外比较政治研究方法的一些前沿进展和部分经典文献。为了方便读者的阅读和研究，编者在这篇导读中对国外比较政治研究方法的发展状况以及选编这些译文的考虑做简要的介绍。

---

① Arend Lijphart, "Comparative Politics and the Comparative Method," *The American Political Science Review*, Vol. 65, No. 3, 1971, p. 682.

② Giovanni Sartori, "Comparing and Miscomparing," *Journal of Theoretical Politics*, Vol. 3, No. 3, 1991, p. 243.

③ 彼得·梅尔：《比较政治学：综述》，载罗伯特·古丁、汉斯－迪特尔·克林格曼主编：《政治科学新手册》，钟开斌等译，生活·读书·新知三联书店 2006 年版，第 445 页。

④ 张小劲教授和景跃进教授在《比较政治学导论》的第四章中讨论了比较政治学的主要方法和操作技术等问题。参见张小劲、景跃进：《比较政治学导论》，中国人民大学出版社，2001 年版，第 84—113 页。李路曲教授近年来对比较政治研究方法有较深入的讨论。参见李路曲：《比较政治分析的逻辑》载《政治学研究》2009 年第 4 期；李路曲：《从对单一国家研究到多国比较研究》载《政治学研究》2009 年第 6 期；李路曲：《个案比较与变量比较方法在制度与政策分析中的应用》载《晋阳学刊》2011 年第 3 期。尽管如此，国内关于比较政治研究方法的成果也还是比较少的。

一、比较政治研究方法的两次浪潮及其趋势

比较政治的研究方法主要经历了两次重要的发展。国外比较政治研究方法的第一次浪潮出现在上世纪六十年代末和七十年代初的美国。在六十年代中后期，已经有一些重要的讨论。例如，本辑专辑中选编的哈罗德·拉斯韦尔（Harold Lasswell）在 1968 年《比较政治》（Comparative Politics）创刊号上分别发表的"比较方法的未来"一文便是这一时期的重要成果。① 真正的高潮真正出现是在七十年代初期，代表人物是萨托利和利帕特。萨托利于 1970 年在《美国政治科学评论》（The American Political Science Review）上发表"比较政治中概念的错误构造"一文。在这篇文章中，萨托利从理论系统中最基本的概念这一元素入手，分析了概念构成和概念扩展（conceptual stretching）等问题。② 另一篇是利帕特在 1971 年《美国政治科学评论》上发表的"比较政治与比较方法"一文。这一篇也是比较方法史上的开创性文献。在这篇文献中，利帕特对比较方法的内涵与外延进行了较为清楚的界定，对比较方法与实验方法、统计方法以及案例分析之间的异同做了较为深入的比较，并且对比较方法的优势和劣势进行了深刻的剖析。③ 第一次浪潮一直延续到八十年代。在 1975 年的"比较研究中的可比案例策略"一文中，利帕特对其 1971 年的观点进行了进一步的发展和总结。在这篇成果之后，又出现了许多关于利帕特论文的评论和发展。这一部分的争论也是本专辑讨论的重点。

---

① Harold Lasswell, "The Future of the Comparative Method," *Comparative Politics*, Vol. 1, No. 1, 1968, pp. 3–18.

② Giovanni Sartori, "Concept Misformation in Comparative Politics," The American Political Science Review, Vol. 64, No. 4, 1970, pp. 1033–1053. 这篇文章还未被国内学者翻译。

③ Arend Lijphart, "Comparative Politics and the Comparative Method," The American Political Science Review, Vol. 65, No. 3, 1971, pp. 682–693. 这篇文章已经被国内学者翻译，发表在《经济社会体制比较》2006 年第 3 期上。

第二次浪潮的前潮最早出现在上世纪八十年代末。前潮的代表性成果是查尔斯·拉金（Charles C. Ragin）在 1987 年出版的《比较方法：在质性和定量策略之外》（*The Comparative Method: Moving beyond Qualitative and Quantitative Strategies*）一书。在这本书中，拉金明确界定了质性研究与定量研究之间的分野，并且尝试将布尔代数等一些新方法运用到比较政治研究之中。① 标志第二次浪潮来临的标志性事件是加里·金（Gary King）、罗伯特·基欧汉（Robert Keohane）和西德尼·维巴（Sidney Verba）合著的《设计社会调查：质性研究中的科学推理》（*Designing Social Inquiry: Scientific Inference in Qualitative Research*）一书的发表。② 简言之，这本书的三位作者希望把科学推理作为质性研究和定量研究共同的逻辑，并以此来沟通两种路径的研究。这本书出版之后激起了一系列关于它的争论。其中最重要的是 1995 年发表在《美国政治科学评论》上的一组评论文章。③ 之后，有两本重要著作都是以《设计社会调查》为对话蓝本出现的。一本是亨利·布拉迪（Henry E. Brady）和戴维·科利尔（David Collier）主编的《重新思考社会调查：多元工具与共享标准》（*Rethinking Social Inquiry: Diverse Tools, Shared Standards*），④ 另一本是拉金所著的《重新设计社会调查：模糊集合及其他》（*Redesigning Social Inquiry: Fuzzy Sets and Beyond*）。⑤

---

① Charles C. Ragin, *The Comparative Method: Moving beyond Qualitative and Quantitative Strategies*, Berkeley and Los Angeles: University of California Press, 1987.
② Gary King, Robert O. Keohane and Sidney Verba, *Designing Social Inquiry: Scientific Inference in Qualitative Research*, Princeton, NJ: Princeton University Press, 1994, p. viii.
③ David D. Laitin, "Disciplining Political Science," *American Political Science Review*, Vol. 89, No. 2, 1995, pp. 454 – 456; James A. Caporaso, "Research Design, Falsification, and the Qualitative – Quantitative Divide," *The American Political Science Review*, Vol. 89, No. 2, 1995, pp. 457 – 460; David Collier, "Translating Quantitative Methods of Qualitative Researchers: The Case of Selection Bias," *The American Political Science Review*, Vol. 89, No. 2, 1995, pp. 461 – 466; Ronald Rogowski, "The Role of Theory and Anomaly in Social – Scientific Inference," *The American Political Science Review*, Vol. 89, No. 2, 1995, pp. 467 – 470.
④ Henry E. Brady and David Collier, eds., *Rethinking Social Inquiry: Diverse Tools, Shared Standards*, Lanham, MD: Rowman and Littlefield, 2004.
⑤ Charles Ragin, *Redesigning Social Inquiry: Fuzzy Sets and Beyond*, Chicago: University of Chicago Press, 2008.

这一浪潮的高峰是《比较政治研究》（Comparative Political Studies）在2007年第1期和第2期上的讨论。2007年第1期是关于"比较政治研究方向"的一个专辑。这个专辑重点讨论了未来比较政治研究方法的展开路径。杰拉多·蒙克（Gerardo Munck）和理查德·施奈德（Richard Snyder）认为，目前质性分析在比较政治研究中明显占据主导，而对于这种质性占据主导的情况，蒙克和施奈德建议消除质性研究和定量研究之间的对立，在不同的方法之间构筑桥梁，并且鼓励使用更多定量的数据分析来增强研究的科学性。① 而马洪尼则认为，目前的比较政治研究还是更多地表现为定量的特征，而未来进一步的发展方向是加强对案例本身的样本内分析（within-case analysis）。② 在《比较政治研究》2007年第2期上，一个关于政治科学各领域中质性研究方法运用的讨论以专辑的形式出现。马洪尼的"质性方法论与比较政治"是这一专辑中最重要的论文。在这篇论文中，马洪尼讨论了目前比较政治研究领域中一些前沿的质性研究方法。③ 在另一篇总评性的文章中，杰克·莱维（Jack Levy）指出，质性方法和定量方法的区别可能没有人们想象中的那么显著，而未来政治科学的研究则需要发展一种跨方法的对话（cross-method dialogue）。④

从学术史的梳理可以看出这两次浪潮的不同特征。第一次浪潮所讨论的都是一些比较方法最基本的问题，如比较方法是否具有独特性、比较方法的定义、比较方法与其他方法的区别、比较研究中的概念形成等

---

① 在文末，蒙克和斯奈德给出5个方面的建议：(1) 使用与生成理论时所依据数据完全不同的数据来检验假设；(2) 使用数据来检验那些与核心概念紧密联系的理论；(3) 形成那些在因果模式中表明变量间关系的假设；(4) 对所有变量和单元进行赋值并进行数据分析；(5) 通过大样本的观察来评估理论。Gerardo Munck and Richard Snyder, "Debating the Direction of Comparative Politics: An Analysis of Leading Journals," *Comparative Political Studies*, Vol. 40, No. 1, 2007, p. 26. 这五个建议都在不同程度上强调了定量方法的重要性。

② James Manoney, "Debating the State of Comparative Politics: Views from Qualitative Research," *Comparative Political Studies*, Vol. 40, No. 1, 2007, pp. 35–37.

③ James Mahoney, "Qualitative Methodology and Comparative Politics," *Comparative Political Studies*, Vol. 40, No. 2, 2007, pp. 122–144.

④ Jack Levy, "Qualitative Methods and Cross-Method Dialogue in Political Science," *Comparative Political Studies*, Vol. 40, No. 2, 2007, pp. 196–214.

等。第二次浪潮讨论的内容则更为复杂和全面，表现为因果分析（causes analysis）、比较历史分析（comparative historical analysis）、分析性叙述（analytic narratives）、嵌套分析（nested analysis）、布尔代数（Boolean algebra）和模糊集合（fuzzy sets）等多种方法。需要说明的是，第二次浪潮中最典型的特征是，质性研究和定量研究的结合。由于比较研究自身浓重的质性分析特征，所以这种结合更主要地表现为质性研究的定量化，这一点在布尔代数方法和模糊集合分析上有较清晰的展示。

二、前沿成果：嵌套分析、比较历史分析和模糊集合

嵌套分析、比较历史分析和模糊集合是目前比较政治研究方法中最前沿的一些进展。本专辑对这些领域的一些代表性成果进行了选择性介绍。关于嵌套分析，本专辑选译了两篇代表性论文。第一篇是埃文·利伯曼（Evan Lieberman）发表在《美国政治科学评论》上的开创性论文。在这篇论文中，利伯曼提出了嵌套分析的概念，并为之构设了一套完整的操作性方法。嵌套分析方法的提出，是对比较政治研究方法第二次浪潮的集中回应。第二次浪潮的一个核心主题是沟通定量研究和定性研究，而嵌套分析则是对两者沟通的一个操作性尝试。嵌套分析尝试将质性的小样本分析与量化的统计分析结合起来，并整合为一种综合分析框架。这一综合框架结合了两种方法各自的优势。例如，统计分析可以为深入研究的案例选择提供引导，也可以对小样本生成的假设进行额外检验，同时，小样本可以从异常案例或典型性案例中挖掘出变量间的相关关系，并为大样本分析提供初始的信度和效度检验。正如利伯曼指出的，"这一综合性策略通过借鉴两种重要研究方法各自的优长，提高了跨国和其它类型比较研究中因果推论效度的预期值。"[①] 另一篇是英格·

---

① Evan S. Lieberman, "Nested Analysis as a Mixed – Method Strategy for Comparative Research," *American Political Science* Review, Vol. 99, No. 3, 2005, p. 435.

罗尔芬（Ingo Rohlfing）对利伯曼一文的批判性回应。罗尔芬首先肯定了利伯曼的开创性努力，并认为利伯曼的分析"是目前对混合方法推理最为详尽的论述"。① 同时，罗尔芬也指出了嵌套分析的不足，即目前的研究未完全认识到其在具体方法上存在的一些问题，如本体错误设定的问题等。需要说明的是，罗尔芬并不是完全否定嵌套分析，而是认为："如果能够将这些具体的方法原则考虑进去的话，嵌套分析将为比较研究提供更为丰硕的成果"。②

关于比较历史分析，本专辑选编了丹·斯莱特（Dan Slater）和埃丽卡·西蒙斯（Erica Simmons）关于"关键性前因"（critical antecedent）的论文。在这篇文章中，斯莱特和西蒙斯引入了一个修正了的历史分析框架，以便于我们更好地理解和解释历史中的因果关联。这一新框架尝试对之前比较历史分析所倚重的"历史关节点"（critical juncture）之前的因果因素进行探究。首先，在研究中，两位作者用较大的篇幅讨论了历史关节点之前的"先行条件"（antecedent conditions）的因果地位。在斯莱特和西蒙斯看来，关键性前因是先行条件中的最有意义的一种类型，与其他三种类型（描述文本、竞争假设、相似背景）有明显区别。其次，通过对道格·麦克亚当（Doug McAdam）等一系列作品的考察，斯莱特和西蒙斯指出，许多研究者实际上已经关注到关键性前因的影响，只是没有把这一影响作为一个独特的概念提出来进行讨论而已。最后，就关键性前因的作用而言，两位作者认为，关键性前因不能单独发挥作用，它的因果价值必须要和历史关节点相结合，才能显现出来。为此，两位作者指出，"只要关键性前因被带入历史关节点框架而非整个取代它，历史关节点就可以分享关键性前因的因果价值。"③

关于模糊集合，本专辑选译了加里·格尔茨（Gary Goertz）和詹姆

---

① Ingo Rohlfing, "What You See and What You Get: Pitfalls and Principles of Nested Analysis in Comparative Research," *Comparative Political Studies*, Vol. 41, No. 11, 2008, p. 1510.

② Ingo Rohlfing, "What You See and What You Get: Pitfalls and Principles of Nested Analysis in Comparative Research," *Comparative Political Studies*, Vol. 41, No. 11, 2008, p. 1492.

③ Dan Slater and Erica Simmons, "Informative Regress: Critical Antecedents in Comparative Politics," *Comparative Political Studies*, Vol. 43, No. 7, 2010, p. 911.

斯·马洪尼（James Mahoney）关于双层理论（two-level theories）和模糊集合的研究成果。这篇论文是《社会学方法与研究》（Sociological Methods & Research）2005年关于模糊集合专辑中的一篇文章。这篇文章不仅讨论了模糊集合的问题，而且两位作者在文中还提出了双层理论的概念，并尝试用模糊集合分析来验证双层理论的解释效力。在文中，格尔茨和马洪尼分别用基础层和辅助层来表示双层理论解释的两个层次。基础层关注的是核心原因变量和主要结果，辅助层关注的是比基础层低一些的处于非中心集合层面上的原因变量。基础层的变量和辅助层的变量之间存在三种可能的理论关系：因果性的，本体性的和替代性的。在对双层理论进行归纳性分析之后，格尔茨和马洪尼以美国社会学家和政治学家西达·斯考切波（Theda Skocpol）关于国家与社会革命的经典分析为例，尝试用模糊集合的方法来检验双层理论。通过检验，两位作者得出结论，"模糊集的方法对于检验双层理论大有裨益，原因在于模糊集能够让研究人员利用充分必要条件来思考复杂的因果模式。"[①]

三、为什么经典文献也编译进《前沿》之中？

因为这一辑刊的定位是译介和研究国外比较政治学的前沿成果，所以编者在开始选择文献时把精力都主要放在二十一世纪以来国外比较方法的新进展上。然而，编者的团队在研究中发现国内学术界对于国外的一些经典文献是不太熟悉的。[②] 因此，编者认为，在目前中国的比较政治研究语境下，关于国外比较方法的一些经典文献，实际上也可以算作是前沿文献。鉴于这一目的，我们把国外上世纪六七十年代的一些经典

[①] Gary Goertz and James Mahoney, "Two-Level Theories and Fuzzy-Set Analysis," *Sociological Methods and Research*, Vol. 33, No. 4, 2005, p. 500.

[②] 当然，这里也有一些客观的原因。例如，比较政治研究方法这一块的内容非常抽象和深奥。如果缺乏政治学、社会学和经济学研究方法的严格训练，这一块的内容很难看懂。另外，我们国内传统的比较政治研究强调国别研究（或案例研究），这种导向没有为比较方法的引入创造环境条件。

文献也选编出来进行介绍。

本专辑选译了五篇经典文献。第一篇是美国政治学家拉斯维尔发表在《比较政治》（Comparative Politics）创刊号上的首篇文章。在这篇文章中，拉斯维尔提出了许多有意思的观点，例如，比较不仅仅可以在横向上展开（不同国家之间），而且可以在纵向上展开（同一国家的不同历史时期）。拉斯维尔对当时流行的逐项列举（Itemistic）与功能主义（functionalist）方法进行了批评，并重点提出了"等价物研讨方法"（The counterpart seminar technique）方法。"等价物研讨方法"这一概念的提出主要基于以下理解：一、不同的概念在不同情境下含义可能完全不同，那就意味着同样的概念可能指称不同的事物；二、比较需要在等价物之间展开，因此，要在不同情境下寻找等价物就显得尤为重要。拉斯维尔的"等价物研讨方法"这一概念与之后利帕特的"可比案例策略"（comparable-cases strategy）有相似之处。这两种方法基本都将比较方法沿着求异法的逻辑展开。在强调可比对象的相似性之外，"等价物研讨方法"还强调其"研究范围应当与决策的特定阶段研究结合起来"。[①]

在拉斯维尔的文章之后，本专辑重点推出一组关于"究竟什么是比较方法"的经典争论文章。该组文章的首篇是利帕特在 1975 年的"比较研究中的可比案例策略"一文。该文回顾了其 1971 年经典论文发表后受到的批评，并对 1971 年论文中对比较方法及其策略进行了进一步的梳理。在 1971 年论文中，针对"变量太多、样本太少"（many variables, small N）的问题，利帕特提出了增加案例数量、减少分析的属性空间、选择可比较案例进行分析和把分析集中在关键变量上等四个解决方案。[②] 在这篇文章中，利帕特把比较方法的未来推进几乎完全落脚于他所提出的"可比案例策略"，即"选择可比较的案例进行分析，它们

[①] Harold Lasswell, "The Future of the Comparative Method," *Comparative Politics*, Vol. 1, No. 1, 1968, p. 15.

[②] Arend Lijphart, "Comparative Politics and the Comparative Method," *The American Political Science Review*, Vol. 65, No. 3, 1971, pp. 685 – 691.

的可比较性将使得控制在很大程度上能够实现"。① 利帕特认为，比较方法可以弥补统计方法在运行时产生的一些问题，如"整体国家偏误"（the whole-nation bias）的问题、"概念延伸"（concept stretching）导致数据有效性不足的问题等。而且，相比统计分析，比较方法也较少受到"高尔顿问题"（Galton's Problem，即案例的自主性不足）的影响。在文章的最后，利帕特也坦言了比较方法存在的一些不足，如足够相似的案例难以获得、比较的部分归纳特性、研究者偏好所导致的案例选择偏误等。

基恩·德菲利斯的文章是针对利帕特的观点展开的。德菲利斯不同意利帕特将"比较案例策略"等同于整个比较方法。在德菲利斯看来，可比案例策略的逻辑是求异法，而求异法的逻辑只是比较逻辑的一种。求同法和共变法也同样可以用来进行比较研究。在文中，德菲利斯也指出了求同法的一个重要问题，即该方法无法排除第三方因素的影响，并可能会得出虚假的因果关系。德菲利斯更倾向于推动共变法在比较政治研究中的应用。德菲利斯认为，共变法更加关注变量在程度和强度上的变化，而只要能发现一个变量随着另一个变量平行地发生变动，那就可以确定变量间的因果关系。

对于利帕特的关注可比案例的观点，科里尔也是支持的。但是科里尔认为，这只是比较方法中的一种，而不是全部。科里尔更加认同利帕特在1971年论文中提出的观点，并把利帕特总结的四种操作途径重新归纳为三个方面，即增加案例数量、关注可比较案例和减少变量数量。科里尔详尽地叙述了二十多年来比较政治研究方法在这个三个方面的进展和成绩。在此之外，科里尔还讨论了实验方法、统计方法和个案方法在二十多年中的进展以及它们对比较方法创新的启示。科里尔最后总结说，目前比较政治研究呈现出非常有意义的多种路径，具体包括深度的案例内比较、采用相对少量案例的定量技术、广义质性比较（如比较历史分析）等。科里尔深刻地指出，"所有这三种路径都将持续存在，关

---

① Arend Lijphart, "The Comparable-Cases Strategy in Comparative Research," *Comparative Political Studeis*, Vol. 8, No. 2, 1975, p. 163.

键问题是如何妥善将三者联系起来。"①

理查德·施奈德则通过对次国家比较方法的探讨进一步发展了利帕特"可比案例策略"的观点。施奈德认为,次国家的比较方法在研究设计、测量和理论建构等三个核心研究过程都可以发挥非常重要的作用。在研究设计上,次国家比较可以增加观察的数量,并且降低了进行可控性比较的难度。在测量上,次国家比较分析也加强了比较分析者为案例精确编码并由此做出有效的因果推论的能力。在理论建构上,次国家比较为理解当前去中心化的政治经济趋势提供了一种新的思路。施奈德还总结了次国家比较的两个缺点:一是如何可以将次国家分析层面的结论概括或推论为国家层面的结论,这是一个非常重要的理论难题;二是由于一个单一国家中不同次国家单位之间存在扩散与借鉴的可能,所以次国家单位的案例存在独立性不足的问题。② 换言之,次国家比较更多受到"高尔顿问题"的影响。

四、翻译说明及未来的推进计划

由于这些作品所讨论的内容本身就比较抽象,再加上一些作者在表述时使用了非常晦涩的语言,这使得译者在翻译时困难重重。我们采取了一些具体的做法来克服这些困难:一、在译文初稿出来之后,我们共进行了三次校对工作。第一次请校外专家对初稿进行粗略的点评和指导。第二次译者间相互交叉校对。第三次为了克服欧式中文的问题,我们又进行了第三次的文字通顺工作。二、为了使读者能够读懂并进入这些翻译的文本,译者对译作中较难理解的部分用译者注进行了说明,这样既可以不改动原文的意思,又可以增加译作的可读性。同时,译者还

---

① David Collier, Ada W. Finifter, ed. "The Comparative Method," *Political Science*: *The State of Discipline II*; and W. Finifter, ed., *American Political Science Association*, 1993, p. 116.

② Richard Snyder, "Scaling Down: The Subnational Comparative Method," *Studies in Comparative International Development*, Vol. 36, No. 1, 2001, pp. 103 – 104.

为每篇译文撰写了500-2000字左右的译者导读。这些译者导读也应该是作者与读者之间沟通的重要桥梁。另外，需要说明的是，在翻译时，有一些名词是国内首次翻译的，译者们没有标准可以参照。因此，译者们通过讨论对一些专有名词进行了统一，并制作了专有名词统计表。

需要说明的是，这本专辑在编译过程中得到了许多专家的支持和帮助。复旦大学国际关系与公共事务学院的何俊志副教授和陈周旺副教授对译文的第一稿提出了非常深入的批评意见。正是这些批评意见引导我们对译文进行了三次校对。上海财经大学耿曙副教授与译者团队的交流使得我们的困难在一定程度上得以缓解。中央编译局俞可平教授、北京大学徐湘林教授、武汉大学谭君久教授、清华大学张小劲教授和景跃进教授、中国人民大学杨光斌教授等学界前辈及诸位学术委员会委员都一直非常关心辑刊论文的选编和翻译工作，他们的鼓励一直是我们克服困难的强大动力。在此一并致谢。当然，辑刊中的错漏，还由我们团队自己承担。

另外，本期专辑对比较方法的引介并不是终结，而是开始。未来可能的推进计划是，比较研究方法之后会分专辑做下去。目前已经确定下来的一个专辑是"比较政治研究中的概念形成"。当然，未来的引介肯定不会限于此。因为在因果分析、比较历史分析、分析性叙述、布尔代数方法、模糊集合分析等领域还有大量的译介空间，这些选题的西方前沿成果都会成为我们辑刊今后重点推介的内容。

"工欲善其事，必先利其器"。对于任何研究而言，研究方法都是需要先行发展的。编者并不是方法论者，而且编者也深刻地认识到，对于方法的研究并不能替代对于问题的研究。然而，同样需要特别说明的是，对于方法的研究会增强我们对问题研究的理解。而且，我们需要对国外这些研究方法及其前沿成果进行深入的了解和学习，这样我们在进行国际学术交流时就不会自说自话，才可以与国外同行在一定的基础和平台上展开交流。

高奇琦

2012年9月10日于华政汇贤楼

目录 / Contents

《比较政治学前沿》序言 ……………………………… 何勤华/1
比较政治研究的方法自觉——《比较政治学前沿》第一辑译文选译说明
……………………………………………………… 高奇琦/1

【前沿进展专辑：嵌套分析】
嵌套分析：比较研究的一种混合策略
……………………… [美]埃文·利伯曼 著　邢瑞磊 译/1
所见与所得：比较研究中嵌套分析的陷阱与原则
……………………… [德]英格·罗尔芬 著　阙天舒 译/47

【其他前沿领域：历史社会学与模糊集合】
信息回归：比较政治学中的关键性前因
………… [美]丹·斯莱特　[美]埃丽卡·西蒙斯 著　花勇 译/76
双层理论与模糊集分析
… [美]加里·格尔茨　[美]詹姆斯·马洪尼 著　张春满 译/116

【经典文献】

比较方法的未来

…… [美]哈罗德·拉斯韦尔（Harold D. Lasswell）著　王金良 译/160

【利帕特引发的经典争论】

比较研究中的可比较案例策略

……………………………………… [美]阿伦·利帕特 著　吉磊 译/182

因果推论与比较方法

…………………………… [美]E. 基恩·德菲利斯 著　郝诗楠 译/206

比较研究方法………………… [美]戴维·科利尔 著　章远 译/236

缩小规模：次国家的比较方法

…………………………………… [美]理查德·斯奈德 著　杜欢 译/272

【华东政法大学政治学研究所重点工作介绍】

比较政治研究青年学者论坛会议综述 ……………… 汪仕凯/305

比较政治与国际关系的交叉研究会议综述 ………… 王金良/316

"比较政治研究网"（CPR）简介 ……………………… 章　远/329

【学科回顾】

当代中国比较政治学发展大事记 …………………… 杜　欢/331

重要词汇翻译标准 ………………………………………………… 348

嵌套分析：比较研究的一种混合策略

[美] 埃文·利伯曼 著

邢瑞磊 译

    美国普林斯顿大学埃文·利伯曼（Evan S. Lieberman）教授的《嵌套分析：比较研究的一种混合策略》一文是针对比较分析提出的一种研究策略。众所周知，比较分析是社会科学研究者经常采用的一种方法。然而，在研究者方法论训练和学术偏好等因素的影响下，比较分析长期困扰于"定性—定量"之争，这限制了该方法的进一步发展。在这种情况下，学界开始思考整合定性与定量分析的"混合方法"在比较分析中的适用性和应用前景。实际上，混合方法并非新鲜的事物。20 世纪中叶，在心理学、社会学、教育学等领域，研究者就已经尝试通过混合使用不同的方法，对某一现象或特征展开测量，希望以此增加研究的可靠性。然而，迄今为止，混合研究方法依然缺少详细的方法论指南和指导性的论作，使得混合方法还主要停留在论证阶段，而具体的实际应用则鲜见于坊间。

    正是针对这一问题，利伯曼教授的《嵌套分析》一文，不仅旨在论证混合策略的合理性，描绘嵌套分析的基本轮廓和设计思路，更重要的是，全文的大部分篇幅都在不厌其烦地解释嵌套分析各步骤具体的操作方法、易犯错误以及应对方案等，为读者在各自研究中实际运用嵌套分析提供了详尽的指导。

所谓"嵌套分析"，按利伯曼教授的解释，就是以大样本的统计分析（定量）为主，并辅之以大样本案例库中的单个或多个案例展开深入性的调查（定性）。作者认为混合使用两种方法搜集数据和信息，能够大幅度地改善概念化、测量手段与竞争性解释分析的质量，从而提高关键发现的总体信度。由于大样本分析与小样本分析在研究内容上的互通，嵌套分析的收益会大于两种方法分别进行所获收益的总和。更重要的是，大样本分析可以洞察到竞争性解释的存在，从而帮助选择小样本分析的个案；反之，小样本分析也能够提高大样本分析的测量工具和模型参数的质量。

从研究设计上看，嵌套分析始于初步的大样本分析，要求对结果的稳健性开展初步的评估。若所指定的模型非常完善，且结果也足够稳健，那么，研究者就可以进入到"模型检验式小样本分析"（Model-testing Small-N Analysis）环节；如果评估的结果为否，则转入"模型建构式小样本分析"（Model-building Small-N Analysis）环节。正如文章中的图1所示，在每种情况下，研究者都必须利用在小样本分析中所收集到的指示和理论蕴涵，再次评估得到的结果，并根据这些评估结果决定结束研究，还是再次展开额外的小样本分析或大样本分析。

从文章的内容上看，该文的主要篇幅是在详细地说明一套整合各类大样本分析和小样本分析的程序。作者明确指出，嵌套分析无意确立一种千篇一律的分析路径，然而，这些系统化的研究步骤却能够为如何整合统计分析和定性分析提供一条清晰的逻辑脉络，帮助我们确立不同研究类型所需之假设及其理由。作者认为，虽然研究者的学术偏好和对研究结果的主观判断，都会影响到嵌套分析运行的方式。然而，在分析内容的复杂性不断增加时，确保高度的透明度就变得极为重要，这样系统化的步骤指导就极有必要。另外，鉴于学界缺少混合研究的范例，作者在介绍嵌套分析的一般方法时，利用了一些已经发表或尚未发表的研究实例，示范了各种研究技巧的使用，最大可能地勾勒出了嵌套分析实际操作的过程和具体方法，帮助我们更好理解这一分析路径在实际研究中的应用。

从实际效果上看，嵌套分析为因果推论提供了更为有力的依据，其效果要胜于小样本分析和大样本分析两部分相加之和。正如作者所言，与其说嵌套分析方法强调的是定性研究和定量研究共同的推理逻辑，毋宁说嵌套分析更重视这两种因果推论分析模式和策略之间相互补充的独特性。混合策略的成功应用有助于克服可能的偏误来源，辨别出小样本分析或大样本分析单独运作所可能产生的虚假结果。此外，作者认为嵌套分析尤其适用于跨国分析，因为在跨国分析中，研究者不仅需要关注一般化的模型，一些特定国家案例对跨国分析而言具有独特的重要性。

当然，我们也要清醒地认识到嵌套分析这一混合方法也并非是完美的。一方面，定性与定量方法的混合使用要求研究者必须熟练运用这两种方法，这在越来越专业化的社会科学领域必然会遇到实际的困难，也增加了研究成本；另一方面，嵌套分析是实用主义导向的，其混合使用定性与定量方法的目的在于，最大限度地收集和处理数据与信息。然而，这种混合方法有可能面临着共通性的问题，即定性与定量分析反映着不同的认识论基础，对真理本质有着不同的假设，研究者很难轻易地同时接受这两种假设。

总之，源于定性与定量方法之间所谓"范式大战"的"混合方法"，兼具了这两种方法的优长，是方法论研究的一种新取向。在这一趋势下，《嵌套分析》一文的发表显然具有奠基性的作用，尽管尚有各式问题，但毕竟为具体应用"混合方法"提供了更为实际的指导，预示着社会科学方法多元时代的到来。

* * * * * *

摘要：尽管学界反复呼吁比较研究需要"混合的方法"，然而，至今仍少有系统性的方法用于指导政治科学的研究。本文详细分析了一种深度案例分析与统计分析相结合的综合性分析路径。这种分析路径不仅结合了两种研究方法的优长，还为嵌套分析提供了一种增效价值：例如，统计分析可以为深入研究的案例选择提供引导，为更关键的案例分析与比较研究指明方向，并用于对小样本分析生成的假设进行额外检验。小样本分析可用于评估变量间可观测之统计关系的可信度，由异常案例和其他案例中挖掘理论洞见，并发展出更好的测量策略。这一综合性策略通过借鉴两种重要研究方法各自的优长，提高了跨国比较和其他类型比较研究因果推论效度的前景。

在比较分析主要模式的选择方面，长期存在着方法论权衡的内在争论。研究者通常只能在两种并不完美的方法中任选其一。一方面，阿伦·利帕特（Arend Lijphart）在为"比较方法"的优势进行辩护时（Lijphart，1971：685），也不得不简明地指出比较方法的最大不足，即"变量多，样本少"。在随后很长一段时间里，有学者发现由于存在诸如，案例选择偏误（selection bias），缺少系统的程序（lack of systematic procedures）和忽视对立解释（rival explanation）等各式问题，经由单个或有限案例的深入分析，尝试获得一般性结论的方法存在着不足（e.g., Achen and Snidal, 1989; Geddes, 1990; King, Keohane, and Verba, 1994）。另一方面，也有一些学者认为，上述对定性研究的相关批评，不但可能有所夸大，而且相关评价亦有失偏颇。据此，这些学者认为，鉴于宏观国家层次上的复杂现象与因果过程，我们更需要一个更为近景式的分析工具，才能避免出现虚假结论（e.g., Collier, Brady, and Seawright, 2004; Collier and Mahoney, 1996; Munck, 1998; Rogowski, 1995）。应该说，定性研究导向的学者具有质疑统计分析路径的传统，乔万尼·萨托利（Giovanni Sartori）曾强烈反对"概念的延伸"（conceptual stretching）（Sartori, 1970）。然而，罗伯特·杰克曼（Robert Jackman）反驳了萨托利的观点（Jackman, 1985），他认为比较方法实际上是一种"弱近似的统计方法"（weak approximation of the statistical method）（Jackman, 1985：165），而且"跨国统计分析具有巨大的研究空间"（Jackman, 1985：179）。

尽管上述的反复争论从侧面上为我们阐明了各种研究方法的缺陷，但同时也为研究类型设计与综合化提供了动力。在利帕特的文章发表20年之后（Lijphart, 1971），戴维·科利尔（David Collier）指出（Collier, 1991），随着统计分析与小样本技术的改进，以及两种研究路径之间不断的交流，都为相关学术研究照亮了前景。在拉里·金（Gary King）、罗伯特·基欧汉（Robert Keohane）和西德尼·维巴（Sidney Verba）合著的《社会研究设计》（King, Keohane, and Verba, 1994），亨利·布拉迪（Henry E. Brady）与科里尔合著的《重新思考社会研究》两部著作中（Brady and Collier, 2004），表明了每种分析模式都可以成功地用于达成相似的社会科学研究目的，区别仅在于研究者使用了略有区别的研究工具罢了。尽管人们可能通常会因此而忽略由于方法论分化所导致的不同研究结果，但这两部著作依然坚称，学术研究还会持续存在方法论上的分化。还有些学者则以一种略有不同的陈述方式，呼吁我们要进一步地融合各种研究方法（Achen and Snidal, 1989; Tarrow, 1995），或混合使用研究方法。然而，尽管此类呼声很高，但研究者依然缺少有关如何混合使用这些分析模式的实际指导。正如安德鲁·贝内特在一篇综述性文章中所指出的（Andrew Bennett, 2002），实际上，政治科学研究已经在综合地使用案例研究、统计分析和形式模型，所以我们更亟需关注增加与提高方法综合的方式。显然,并非所有的混合策略都能更好地解决某个具体研究问题。事实上,某些混合策略反而会加剧局面的混乱。

基于上述讨论,本文尝试系统地剖析一种比较研究的"混合方法",笔者称之为嵌套分析①(Nested Analysis)。嵌套分析是以大样本统计分析为主,并辅之以大样本案例库中单个或多个案例的深入调查。这就意味着,对单一国家的研究可能嵌套于 50 个国家的分析之内;对两个省份的研究可能嵌套于 20 个省份的分析之内;或对一项制度的研究可能嵌套于 100 个制度的分析之内。虽然,本文所讨论的实例都与国家或国家层面的分析有关,但只要研究者能够获得定量与深入个案研究所需的相关数据,那么本文所描述的混合策略可用于任何社会单元的比较分析。因此,该方法同样可用于分析个体的行为与态度,但这需要研究者通过密集的面访,或结合大规模问卷调查的定量分析等相关技术,搜集有关个体的新数据。如果相关研究涉及特殊的且已有过大量研究的个体,例如总统或立法者,而且研究者也能够从某些特殊个案的深入调查中,搜集到一些额外信息的话,那么本文所描述的混合方法就确实可用。②

需要澄清的是,本文所讲的研究策略同金、基欧汉和维巴所述的研究方法有很大区别(King, Keohane, and Verba, 1994)。实际上,与其说,笔者是在讨论定性研究者可以从统计分析的逻辑中汲取有用的"经验"(反之亦然,即定性研究者否定统计分析的论据),毋宁说,笔者是在证明,同时运用两种分析工具可以让研究者获得某些特定的收益。此外,笔者主要是在强调不同研究方法的互补可以带来更多的收益,而非

---

① 在本文中,笔者借用了哥本吉(Coppedge, 2005)在分析委内瑞拉民主崩溃时所用的"嵌套推论"。虽然哥本吉在描述个案研究与定量研究如何混合使用时,有着方法论上的自觉,但其研究只是笔者在本文中所述,适用于更多研究问题与研究策略之预测与系统化的一种变异。

② 然而,多数有关个体行为与态度的大样本分析,所用的数据都内含在一项调查之中。笔者认为这种方法是不可行的,因为研究者可能无法对原初的调查对象展开进一步的深入分析。此外,这一方法在解释某个体特殊性的前景方面,可能无法符合研究者对更大社会单元特质的兴趣,例如民族国家。

是在鼓吹某种单一的研究方法。尽管从"小样本分析"("small-N" analysis，SNA）转向嵌套分析，要求研究者能够"发现额外案例"（King, Keohane, and Verba, 1994: 208 - 229），然而，该研究转向的假设基础是，完美地搜集相关数据是极为困难的工作，而且通常搜集到的数据大多又是无效的，因此借用"大样本分析"（"large-N" analysis, LNA）的推论机会，能够让嵌套分析成为一种独特的方法。①

嵌套分析综览

在本文中，笔者通过描述一套旨在实现分析手段最大化的策略，把小样本分析和大样本分析纳入一个统一的分析框架之内。（见图1）尽管在小样本分析和大样本分析这两个标签下，都实际囊括着不同的分析策略。然而，从本文研究的目的上讲，小样本分析和大样本分析都是在分析单元实际数量与时间维度范围界定的意义下展开的。因而，对两者进行一种大致的区分是极为必要的：在本文中，笔者把大样本分析界定为一种分析模式，其最初的因果推论源自于统计分析，并最终会引发对一个理论模型稳健性（robustness）的量化评估；小样本分析则是另一种分析模式，主要通过个案比较、个案跨时间因果链的过程追踪分析，调查原初分析单元之间的因果推论。而且在这种分析模式中，理论与事实之间的关系主要是以叙述的形式来表现的。② 这种结合上述两种方法的策略的主要目的是，改善概念化、测量手段以及分析对立解释的质量，提高关键发现的总体信度。应该说，嵌套分析设计的应用前景在于，大样本分析与小样本分析在研究内容上实现彼此互通，故其收益会大于分别展开两种方法所获收益的总和。而且，嵌套分析不仅能补足信息，每个步骤也都会为下一步研究指明方向。更重要的是，大样本分析洞察到了

---

① 笔者所言的"案例"是指共享的分析单元。在跨国研究中，每个国家都是一个案例。
② 正如文中所论，定性分析是小样本分析的标示而非界定特征。案例内分析可能会统计一些分析数据，而这些数据无法通过大量的原初案例单元收集获得（例如，国家）。

竞争性解释的存在，从而帮助小样本分析进行案例选择；反之，小样本分析也会帮助大样本分析，提高测量工具与模型参数的质量。

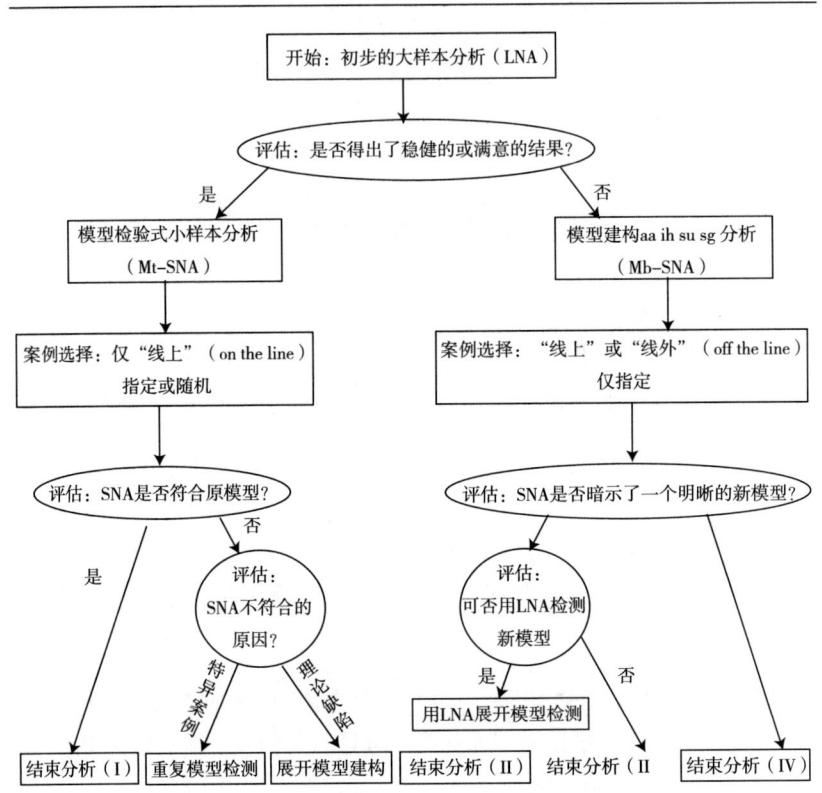

图1 嵌套分析框架综览

在图1的简略勾画中，我们可以看到，嵌套分析开始于初步的大样本分析，并要对分析结果的稳健性进行初步评估。如果指定的模型非常完善，而且结果也足够稳健，那么，研究者就可以进入到"模型检验式小样本分析"（Model-testing Small-N Analysis）环节；如果评估的结果为否定的，则转入"模型建构式小样本分析"（Model-building Small-N Analysis）环节。正如图1所示，在每种情况下，研究者都必须利用在小样本分析中所收集到的指示和理论涵义，再次评估每种分析的结果。而且，这些评估结果会最终决定是结束分析，还是再次展开额外的小样本分析或大样本分析。本文余下部分的主要目的，就是详述每种分析策略与评估类型的具体性质。

应该说，嵌套分析在其假设与研究目标方面，都是非常"宽容的"（resolutely catholic）。也就是说，嵌套分析对普适性关系的探求与解释，对单个个案或个案总体的具体解释，都充满了兴趣。例如，一项嵌套研究设计意味着，研究者可以提出"社会革命发生的原因是什么？"，同时也会问"法国发生社会革命的原因是什么？"之类的问题。因此，嵌套分析能够帮助研究者在分析数据时提出好问题，并提供充足的资料寻找答案。

在转入嵌套分析各相关程序的详细说明之前，在另外两种"替代性"方案的语境中，对嵌套分析进行定位是十分重要的。首先，查尔斯·拉金曾尝试用其研发的布尔方法（Boolean approach）与"模糊集"或定性比较分析法（"Fuzzy set"/Qualitative Comparative Analysis）（Charles C. Ragin, 1987, 2000），在"定量"与"定性"研究之间找到一条中间路线。基本上，拉金研究策略的重点是整合近景式分析（close-range analysis），以一种可找到特定现象集之充分与必要条件的数学算法，确保相关理论参数总体（theoretically relevant populations）的适当性与案例分类的有效性。第二，贝叶斯分析（Bayesian approach）与FS/QCA方法也有别于传统的回归模型（Western and Jackman, 1994），不仅关注研究者对个案的认知与过程，还利用概率模型对此进行主观评估。然而，不论贝叶斯分析还是FS/QCA，都没有为如何在小样本分析中展开额外研究指明方向，他们都假设"外部知识"的发现过程是完美的，故几乎没有注意到所搜集与描述个案的特殊性。此外，在对标准跨国回归分析进行预测性批判时，贝叶斯和FS/QCA方法都提倡从案例中（within cases）归纳与整合相关知识。然而，就现有的形式模型而言，他们并没有指导我们应该选择哪些案例，也未说明在理论发现的评估过程中，这些案例应当起到什么作用。① 因此，这两种方法都可以作为跨国回归分析的局部调节，但都不完备。所以，就嵌套分析的目标而言，FS/QCA 与贝叶斯分析都可以用在大样本分析中，而且，也应该用于本文所开发的整合方法中，并作为小样本分析的指导方针。

必须指明的是，就理论形成的来源而言，嵌套分析方法是不可知的。尽管有些学者在相关讨论中，明确涵括了形式模型的发展，即数理性的理论，并建议在比较政治研究中，整合这些方法（Robert Bates et al.，1998；David Laitin，2002），然而，嵌套分析不但包括了实证主义的一般性因果推论，而且对任何一种理论进路都没有特别的倾向性。也就是说，嵌套分析的理论可以用非数学的形式展开与描述（例如，"没有资产阶级，就没有民主"），也可以通过数学运算与证明的方式进行解释。因此，嵌套分析允许展开演绎式的假设检验和归纳性的理论生成。此外，嵌套分析的许多优势都依赖于评估环节，因为就所讨论的问题而言，跨国研究理论的整体状况是相对薄弱的。而且，实证分析也需要同时开展假设精炼与假设检验的工作。当然，特定假设的性质——包括对微观基础或宏观结构机制的依赖——需要证据的支撑，尤其是在小样本分析中（就如随后所讨论的）。在本文的余下部分中，笔者所用"模型"一词所指代的是，一般性理论之结果变量的解释性叙述，而不是暗指一个"形式"模型。

文章余下部分的主要目的是，详细说明整合各种大样本分析和小样本分析的一套程序。尽管嵌套分析既不可能，也无意确立一种千篇一律的分析路径。然而，这些步骤的系统化还是会为我们整合这两种研究工具，提供一条清晰的逻辑脉络，并帮助我们确立不同研究类型所需要的假设与正当理由。通常情况下，研究者的学术偏好（taste）和对研究结果稳健性的主观判断，都会影响到嵌套分析运行的方式。② 然而，当分

---

① 当然，我们也可以把嵌套分析描述成一种"民间贝叶斯"（folk Bayesian）法（McKeown，2004：158-62），因为该方法寻求在形式上介绍研究者对世界知识的认知。

② 确实，研究者在某一具体 $R2$ 统计值的稳健性，或对过程追踪证据说服力的认知上并不一致。

析范畴的复杂性不断增加时，确保高度的透明度就变得极为重要。所以，笔者在介绍嵌套分析的一般方法时，会利用业已发表或尚未发表的一些研究实例，示范如何使用各种研究技巧。但需要说明的是，本文无意成为一种文献回顾与梳理，而是旨在最大可能地勾勒出嵌套分析实际操作的轮廓。诚然，由于尚未有研究采用了本文所开发的特定语言或分析框架，所以，笔者在此只能说，这些实例可以帮助我们明白，如何在具体研究中使用这种分析路径，以及这种分析路径可能带来的收益。

开始环节：初步的大样本分析

一般而言，在进入新研究项目时，研究者对某具体个案或案例集具有不同层次的背景信息，而嵌套分析在形式上始于定量分析，或初步的大样本分析。因而，展开嵌套分析的一个先决条件是，必须有一组开展统计分析所需观察值的量化数据集①，以及一个基本理论模型。初步大样本分析旨在提供信息，最终用于补充小样本分析的理论发现，并指示小样本分析的开展。尤其是，对那些仅完成了小样本分析的研究者而言，初步大样本分析会明确地要求，研究者必须考量理论应用的范畴，并鉴别自变量对因变量的偏差范围。此外，初步大样本分析也为理论可信度（strength）与变量之间的关系，包括一套给定假设发生的概率与频率，以及对相关关系可信度进行评估开放了机会空间。当研究者使用了强假设与优良数据开始研究时，那么就可以把初步大样本分析理解为一种常见的假设检验分析。

研究者可以根据数据的可获性与因果模型的性质——例如，研究结果是否可用等级或两分法来理解，或假设关系是否可以用概率性的或决定性的方式理解——决定大样本分析的方式。研究者可以使用多元回归

---

① 统计分析中可分析案例的数量并没有下限。然而，案例太少显然会减弱分析的自由度和内在解释力。所以，在跨国回归分析中，很少看到少于12个案例的定量分析。

分析、模糊集/定性比较分析（FS/QCA）、双变量/相关性分析，或通过简单的描述性数据分析为因变量赋值。也就是说，研究者必须根据现有的数据与理论，决定使用何种分析工具，并确定所用模型的性质，例如是线性的还是曲线型的（curvilinear）。无论如何，初步的大样本分析旨在利用现有数据与理论，尽可能多地检验那些可检验的假设。诚然，嵌套分析的可行性是利用其他学者与国际组织所提供的不断丰富的数据库，至少在初步分析这一环节中，无需研究者独自进行数据收集工作。（在这一环节，只有当研究者对原假设与关键变量的测量方法具有充分信心时，才可以独自进行重要的资料收集工作。）然而，需要指出的是，初步大样本分析应该避免添加任何一种未经理论证明的控制变量，例如地区性的"虚拟"（dummy）变量。这些控制变量可能会带有某些跨国性变异，很难在小样本分析中加以解释，但是在缺乏好理论的情况下，这些控制变量可能会与嵌套分析相得益彰，因为嵌套分析旨在回答为何这些国家存在系统性差异。

相对于小样本分析而言，大样本分析的一个主要优势是，大样本分析可以同时评估竞争性解释和（或）控制变量对输出结果的影响。一般而言，在比较政治学领域中，小样本分析大多依赖于密尔用来处理国家层面上竞争性解释的方法，即研究者发现一些在几个核心变量上具有相似性的案例，并以这些案例的共同特点为基础，实现类似于统计控制的分析。① 尽管以相对值的方式表示这些变量是确立案例的一种有效方法，然而，在非实验的研究设计中，这种方法尽管可以识别个案间大多数的差异，但这些差异还可能会以竞争性解释的身份出现。所以，在不考虑因果模型为概率性或决定性的情况下，竞争性解释变量间一定程度的协方差和在"相似"案例并置基础上展开小样本分析的结果，都必须引起研究者的注意。研究者可能会尝试归纳出一种理论来论证，为何某些特殊变量没有显性影响，然而，质疑者则可能会要求研究者提供经验性证据。而且，研究者可能会在"案例中"展开分析以此突出竞争性假设

---

① 参见，格尔林（Gerring, 2001: 209-14）对这些方法的一项综述。

（Collier，1999），但这需要再次分析跨时性变异或其他相关数据；或者研究者可能会尝试寻找一个额外的，只有较少变异的"相似"个案，然而，在现实中，国家个数的有限性和高度异质性极大限制了此类个案的选择。于是，小样本分析研究者通常就会选择忽略跨案例的变异，或直接承认无法以现有数据解决这一问题。显然，这些都并非理想的解决路径。

由于大样本分析取决于所研究的问题或案例，所以大样本分析能为该问题提供一些帮助。如果大样本分析以回归分析展开，那么就可以对相关的因变量展开回归，并测量竞争性解释变量，以此评估一对关系的可靠性，尤其是在小样本分析无法提供稳固的分析基础时。例如，丽莎·马丁在研究多边制裁时（Lisa Martin，1992），在对选择的四个案例展开分析前，率先进行了回归分析，如此，在分析为何国家之间会联合起来实施经济制裁前，先对一些可能性解释的合理性与不合理性（plausibility and implausibility）进行一般性评估。马丁解释说，这种技术"通过暗示某些假设……由于缺少经验支撑，所以另外一些假设值得进行更详尽的分析，从而允许我们缩小假设的范围"（Lisa Martin，1992：92）。例如，她在大样本分析中，没有发现任何证据可以支撑基欧汉（Robert Keohane）提出的"霸权衰退论"假设（Robert Keohane，1984：91），这样在接下来的小样本分析中，马丁就可以集中关注其他的可能性解释。如果没有进行此类的大样本分析，马丁就不得不在小样本分析中考虑基欧汉提出的重要假设（Robert Keohane，1984），这会增加分析成本，并会让读者质疑该解释在更大样本分析中的权重问题。当然，如果大样本分析为基欧汉的假设提供了佐证，那么马丁就会面临着两种选择，要么接受其模型的无效性，并证明其他补充性解释也是可能的；要么证明为什么在小样本分析中有相当说服力的一对关系，却在统计分析时体现出了假相关性。显然，在大样本分析和小样本分析中都不成立，是对竞争性解释最有力的反驳，但是，如果考虑到现有数据和分析的限制，在大样本中剔除一种假设，会为研究者在小样本分析中集中分析其他解释，提供很好的辩护理由。

至少，大样本分析剔除竞争性解释的重要能力，为研究者评估部分解释或控制变量的可靠性，提供了一种独特的工具。由于国家层次上的结果，大多是多种因素共同作用造就的，初步的大样本分析可能发现某些变量为研究结果的重要预测，即便它们可能只是跨国性变异的有限组成部分。例如，在研究税收国家（tax state）发展的一项研究中，利伯曼证明（Lieberman，2003），在收入税征收水平上，接近40%的跨国性变异，可以根据人均GDP的水准来预测。在此基础上，利伯曼才展开了随后的分析。在全书中，尽管该变量基本上都是作为一种控制变量来处理的，但由于它可以帮助研究者解释结果的变异类型，所以在用于评估税负程度时就非常有用。许多小样本研究都涉及"相似"案例的比较。然而，由于我们只能观察到那些关键的控制变量没有或很少发生变异的案例，所以我们没有控制那些变量的推论需求，也不会预期那些变量对研究结果的影响程度。如果我们就预测结果的给定参数集和那些变量在各案例中的赋值，进行了某种程度评估的话，研究者就可以明白一个特殊案例或案例集的"谜题"（puzzle）到底是什么。①

评估大样本分析的发现：结果是否稳健和令人满意？

除了可以为因变量的变异范围提供洞见，评估竞争性假设与控制变量的效度之外，大样本分析也为如何展开下一阶段——即进行一个还是多个案例的深入调查——提供了重要的信息。首先，研究者必须评估分析的发现：初步的大样本分析是否为最初用于解释现象的理论模型，提供了令人信服的支撑？

正如上文所提，我们无法为大样本分析结果稳健性的相关问题树立一个绝对标准，因为对知识状态和强证据构成要素的主观性评价，都对

---

① 尽管由于模型的设定误差，包括遗漏变量误差，可能会导致初值参数估值有所误差，然而，我们的假设是当我们缺少完全设定或完备的理论模型时，对现有理论和数据可解释内容的一种感觉也是有用的。

评估结果有着巨大的影响。① 大样本分析的性质决定了相关参数估值效度的标准评价，必须用于鉴定指定模型和经验数据之间的吻合度。然而，对嵌套分析而言，有一个工具是极为重要的：研究者应该以图形方式，标出各案例的实际数值与统计预测值之间的相关性②，并用专用名称标出。如此，可以为可用案例模型拟合优度（goodness of model fit with the available cases）的具体评估提供机会。结合从大样本分析中生成的参数估值，研究者必须决定未解释的变异是否为随机"噪音"的产物，或是否具有能够构建更好理论模型的理由。正如在任何一种统计分析中，诊断环节都会强调必须质疑一个或多个案例中的非随机变异，即识别异常值。然而，同个人匿名问卷调查不同，在对民族国家和其他一些组织的研究中，具体案例相对于回归分析线的位置，会严重影响研究者对模型的满意度。例如，一个研究者会由于某个理论模型无法解释一个对学术研究而言具有重要意义的个案（例如，在革命研究中的法国大革命），或研究者发现某个异常案例提示了一个具有更广泛应用前景的新理论参数，从而会不满意原理论模型。如果研究者带着对看似异常结果的某种预测，进入研究项目的话，那么对实际与预期值标示的分析，就会证明出一个或多个案例确实为异常值，从而需要更多的理论关注。事实上，利伯曼的研究就是如此（Lieberman，2003），他是带着对巴西和南非税收结构的显著差异，以及某种不易解释的预测开始的，而且初步的大样本分析确实证实了，在考虑关键控制变量时，该预测的真实性。当然，这样的初步分析还可以通过证明某个特殊案例（令人惊讶地）能够被既有理论所解释，从而剔除一些不必要的工作。研究者在使用这些分析时，必须回答下面的问题："是否检验了最重要的假设，检验的结果是否稳健和令人满意？"。这个问题的答案会如下面部分所介绍的那

---

① 在定量分析中，对常识和专业判断使用的经典陈述，可参见，亚琛（Achen，1982）的文章，尤其是第29—30页的论述。
② 在极端情况下，如果在解释变量与结果之间没有发现任何统计关系，那么研究者可以用数据的集中趋势，例如，以中位数作为基准模型，可以用对中位数的离均差标出各国家个案。

样，引导嵌套案例分析或小样本分析的进行。

把深入个案研究（小样本分析）嵌套到分析中去

嵌套分析的第二个主要步骤与展开一个或多个国家个案的深入分析有关。① 当然，这同大样本分析与小样本分析的简单综合没有特别的区别；很长一段时间以来，研究者就已意识到"三角测量法"（triangulation）对描述与因果推论的价值②。笔者认为，一些重要的策略应该从大样本分析评估中间接获得，从而缩小可选小样本分析的范围。③ 此外，笔者在此强调，最好的小样本分析应能平衡其与大样本分析独特的互补性，而非尝试用完全相同的程序展开回归分析。尽管在分析过程中，许多小样本分析研究者的头脑中，都可能会"暗含着"一种回归模型，然而，明确地使用回归分析则可以带来明显的收益。④

我们要始终牢记，嵌套分析的最终目标是，找到两种分析类型对研究单元的推论过程，即国家间或国家不同时期之间的比较。为实现这一目标，嵌套分析必须要转移分析的层次，因为小样本分析的构成，要求展开一项对案例内过程和（或）变异的检测工作。⑤ 小样本分析应该用于回答由大样本分析所放开的那些问题，这是因为我们缺少充足的数据评估统计关系，还因为我们无法经由推论确信地发现因果顺序的性质。

---

① 小样本分析涉及多重"案例内"观察，跨越了空间、时间和（或）其他维度。当汇集了跨越时间的横截面数据时，LNA 则可能会涉及国家案例的多重观察项。

② 参见，例如，拉金（Ragin 1987, 69–84）对一些综合进路的一项杰出分析。

③ 由于统计分析有许多方式和策略，所以也就有许多方法可展开小样本分析，而小样本几乎必然比大样本分析涉及较少的方法论结构，因为该分析指向发现跨越了时间与空间，以截然不同的方式出现的异常社会与政治过程。近些年来，在深入研究一个或少数几个案时，有关研究者所用研究策略之不同类型的方法论关注在持续增加。然而，作为先前有关大样本分析论述的呼应，本文无法回顾所有此类不同工作展开的方式。读者可参见，例如，马洪尼与鲁施迈耶（Mahoney and Rueschemeyer, 2003），布拉迪与科里尔（Brady and Collier, 2004），乔治与贝内特（Gorge and Bennet, 2005）。

④ 感谢菲尔·雪莉（Phil Shively）对该中心论点的强调。

⑤ 参见，格尔林（Gerring, 2004）对个案研究中单元内（within-unit）分析的讨论。

例如，在一个对政府政策决定因素的假设型研究中，大样本分析可以确定制度形式与政策输出之间的假设关系，小样本分析则可以在一个给定国家内，深入调查利益集团和（或）个体的具体行为。如此，可以尝试从中发现人类的组织方式如何被制度形式所影响，而且该假设可以在现实中找到具体的证据。此外，由于我们缺少好的跨国数据，所以小样本分析在分析竞争性解释时尤为有用。

大样本分析与小样本分析协同作用的特性，体现在那些用于分析某问题的不同类型数据之间的关系，也反映在寻找因果推论过程中的相对优势。在此，我们强调，区分矩形数据集序列的"数据集观察"（dataset observation）与过程导向因果推论基础的"因果过程观察"（causal-process observation），是极其有用的。"这会为我们提供机制与语境的相关信息"（David Collier, Henry E. Brady, and Jason Seawright, 2004：253）。我们可以根据大样本分析与小样本分析各自的定义认为，大样本分析仅包括了观察数据集，而小样本分析则是观察极小数量的数据集，并主持展开因果过程的观察。① 案例内分析一般需要对异质的资料集进行详细审查，包括出版的文档、问卷调查，以及其他有助于我们理解社会现象的相关重要信息。因为在时间和空间的影响下，这些材料会呈现出不同的形态和方式。研究者通常无法详细列举出一套先验的、极为精确的编码规则，进而相对容易地展开重复性数据搜集和分析工作。而这些资料可以在微观与宏观层次上，为研究者展开对事件与行为的研究提供更精细的测量值，而且彼此之间通常具有紧密的时间临近性。然而，研究者无法以一种连续的方式从大量国家中获取到这些数据。当研究者认真思考这些观察的理论含义时，或通过检测现有假设，或归纳性地创

---

① 数据集的行数通常是指国家个案的数量，或指称区分小样本分析与大样本分析的"N"。如今，多数方法论者同意小样本研究将有很多观察项，但是正如科里尔、布拉迪与西赖特（Collier, Brady and Seawright, 2004）指出的，可以用不同的推论策略解释这些数据。值得注意的是，即使有额外观察项，笔者此处所用的也是小样本研究。同时，国家层次数据的田纳西自我概念量表（TSCS）分析被广泛认为是通过大样本分析增加分析力度的有用策略（e.g., Beck and Katz, 1995），但是，韦斯特和杰克曼（West and Jackman, 1994：414 - 5）观察到跨国分析中许多变量的非时变性经常意味着 TSCS 仅在最小限度上增加了研究问题的分析作用。

建原因与结果间一般性关系的新理论,都可以从中寻得适用的分析效用。

尽管大样本分析与小样本分析一般被分为定量分析与定性分析,然而,小样本分析的某些方面可能会在不同的分析层次上涉及定量分析。例如,如果有一种研究可以阐明社会或政治的动态过程,那么研究者就可以通过分析个体的问卷调查来研究一个给定国家。需要注意的是,研究者只有在大样本分析中确定了,个体行为的确清楚地阐明了研究者所思考的大问题时,个体行为分析才能明确地与嵌套分析相关。同样的,小样本分析也可以作为一种连接原因与结果的方式,涵括时间序列分析(以国家年份为观察对象),或用于处理特定案例的竞争性解释。尤其是,当以横截面分析的方式展开大样本分析时。例如,利伯曼在对南非政府征税结果的小样本分析中(Lieberman, 2003),就运用了时间序列分析,剔除了南非早期依赖采矿业税收的竞争性解释。由于缺少可比数据,这一点在跨国大样本分析中是无法实现的。

在大样本分析中,研究者经常喜欢把具有额外理论效度的一些个案(additional theoretically valid cases)涵括在内。但是,由于调查技巧与时间方面的限制,由于多案例深入分析报告的吸引力(desirability)与可行性等原因,通常会造成重要的权衡问题(tradeoff)。所以,研究者必须在选择小样本分析的个案时有所权重。在此,并没有类似小样本研究所归纳的由令人信服的证据构成的概率性理论之类的理论基准。"因果过程观察"的特有性质是,这些过程是多样的:一些文献记载观察可能会从中发现"确凿无疑"的具体因果联系,而其他一些则或许仅起到增加一套理论主张似然性的作用。小样本分析通过探究历史记录中的各种震动(shocks)或处理方式(treatments)的影响,从而为研究者提供了实施各种"准实验"研究的机会。①

尤其是,如果当研究者按照金、基欧汉、维巴的建议增加了观察项

---

① 参见,坎贝尔与斯坦利(Campbell and Stanley, 1966)。笔者也在一篇文章中(Lieberman, 2001a)开发了一套在跨国研究的小样本分析中探索制度假定的策略。

数量的话（King, Keohane, and Verba, 1994），那么研究者可能会错误地认为，嵌套分析中小样本分析部分的最佳策略就是分析尽可能多的案例。正相反，此策略反而会减弱小样本分析的核心效度。因为可以通过大样本分析增加自由度，嵌套分析则应该依赖小样本分析展开更为深入而非宽泛的研究。也就是说，在研究资源固定的情况下，研究者应把更多精力用于确定和分析案例中因果过程的观察项，而非寻找适合更多案例的脆弱的理论涵义。由于小样本研究固有的弱点是无法评估外部效度，所以，当研究设计的大样本分析部分可以承担此任务时，就无需强行尝试用小样本分析进行这一工作。尽管如此，用小样本分析评估多个案例几乎总是有效的；研究者也可以通过比较的方式，详细地阐述各种概念与机制。小样本分析的一个主要效度是并置相似与相反案例，帮助实现概念操作的透明化，而这一点通常隐藏在统计资料组之中。进一步而言，比较方法还可以为反事实观点——某事件以不同的方式出现，而且核心变量或变量集的赋值有所不同——提供一种叙事评估的实证性基础（George, 1979）。

在某种程度上讲，研究者已经越来越多地采用嵌套分析的各种变体，所以我们亟需确立真正"个案"研究构成要素的标准。例如，丹·瑞特和阿兰·斯塔姆以及保罗·胡特分别在报告各自统计研究与个案发现中（Dan Reiter and Allan C. Stam, 2002; Paul K. Huth, 1996），采用了称为"微型案例分析"（mini-case analyses）的方法。研究者通过突显其类型学中的一些著名案例与理论预期度，以此帮助读者留心这些实例的观点。然而，在这些实例中，小样本分析的使用是相当有限的，所以很难获得额外的分析值。在这些研究中，案例分析为因变量值与自变量值提供了适当的名称，但无法在大样本数据集测量程序的比较中，为所测数值提供更详细的阐述。此外，瑞特、斯塔姆和胡特都没有利用过程追踪法，以重要的叙述方式把起因与结果联系起来。就如统计分析必须汇报数据集的样本规模一样，小样本分析必须完整地、清晰地阐述一系列参考资源,并在展开叙述之前深度考量历史的分析。① 随着小样本分析个案数量的增加,单个案分析会不断变得肤浅,小样本分析的独特优势就可能会不断减少。

除了强调一般互补性外,根据具体的研究结论与大样本分析,关注小样本分析同样非常重要。回顾前一部分结尾处所提及的问题——研究者对初步大样本分析稳健性的评估结果——小样本分析将会沿着两条途径之一继续展开。如果结论如图1所示,"是的,结果是稳健的",那么小样本分析的目标就是再次检测大样本分析的模型。另一方面,如果研究的结论并不稳健,或有一个或多个重要的假设无法探究,包括研究者认为适当的理论模型尚未得到详述,那么将指向模型建构式小样本分析。笔者会在下面部分详述,进行模型检验式小样本分析还是模型建构式小样本分析的决定,涉及分析的范畴、案例选择策略与结束小样本分析的标准。研究者可能会因此认为,小样本分析本身就混合了模型建构与模型检验功能,而二分法可能是错误的。尽管这些可能都是"理想型"方法,然而,在小样本分析环节中,若研究者对主要研究目的具有自觉意识,就会带来相当多的收益,嵌套分析尤其为各自策略选择提供了不同的指导方针。也就是说,初步大样本分析的评估结果构成了如何展开嵌套分析的重要决策点(如图1所示),并为适当的小样本分析范畴提供了重要的指导方针。

模型检验式小样本分析(Mt-SNA)

当研究者对大样本分析模型的参数与适用性都感到满意时,嵌套研究设计深入分析部分的主要目的就是进一步检验那些发现的稳健性。考虑到统计分析中具有内生性问题(problem of endogeneity)和不佳数据的

---

① 我们不应该为小样本分析建立一种叙述越长必然意味着研究和(或)分析越谨慎的评价标准。评估研究发现应该基于搜集和分析此类数据的方法。

潜在风险，统计结果并不足于证明一个理论模型的稳健性，而且通常会无法避免地引发诸如因果次序、案例异质性以及测量质量等问题。而小样本分析则为应对这些问题提供了重要的机会。正如克里斯多夫·亚琛和邓肯·斯奈德尔在一篇批判性文章中指出的："案例研究是理论建构和统计调查一项重要的补充……在因果过程的研究中，可以对历史顺序进行一种近景式检查……理论预测之历史案例的比较，则可让人感知到该理论故事的吸引程度"。（Christopher H. Achen and Duncan Snidal, 1989：168–169）

由于在嵌套分析中，小样本分析的目的是补充大样本分析，所以小样本分析应该旨在获得某具体因果模型或以模型特征实际"运行"之理论的语境证据（contextually based evidence），即模型的开始、结束和中间环节是否可以解释真实世界行为体的行为。尽管该建议与亚当·普沃斯基和亨利·图纳的告诫有所抵触（Adam Przeworski and Henry Teune, 1970），他们认为最终目的应是消除此种分类，然而，笔者却认为嵌套分析方法可以与比较研究的一般目标与期望产生更广泛的共鸣。也就是说，我们不仅对明确变量的类型有兴趣，也希望可以利用理论关注那些在特定时间与空间中重要的且具决定性的异常结果。而且，社会科学研究与医学研究有所不同，后者可能在找到与某一特定结果（例如，更健康的冠状动脉）相关的某一原因后（例如，一种用于缓解疼痛的药物），即便并不确定该关系的因果过程，医学研究者也会感到满意；而社会科学研究者则一般不会满意类似的发现。一个优秀的社会科学理论不仅能预测一对因变量与自变量的具体关系，同时还应该能够解释这些因素如何与为什么能够彼此相关（Gerring, 2005），并能提示因果之间具有何种类型的事件与过程。小样本分析旨在在这两点之间找到具体的观测项，并验证以行为、结果和认知等术语表述的各种机制之合理性。小样本分析应该能在缺少具体原因的情况下，展示出一个叙述故事的内部逻辑，但应该很难想象出观察的结果。

在模型检验式小样本分析中，研究者可以正当地集中研究资源，调查与分析具有统计意义的结果。理论与统计结果的结合会促使我们收集原始的与二手的出版资料、访谈、调查和其他类型的材料，并用于进行一个允许我们从优先模型视角书写详细叙述故事的深入案例分析。小样本分析所必需的证据取决于理论的性质。例如，在一个高度结构性的论证过程中，行为者可能并不清楚影响其行为的环境，所以相比我们所期望的能够提供个体层次计算与蓄意行为证据的代理人模型，大量的过程与事件证据显然更合适。

在保证对优先模型合理性评估的同时，模型检验式小样本分析也应旨在解决两种类型的竞争性解释。[①] 第一，如果由于缺少跨国数据，大样本分析中无法虑及一些强假设，那么研究者应当在个案研究者评估这些假设的效度。如果起因与结果并没有按照预测的方式发生共变，且（或）如果无法用竞争性模型发展出一致的因果叙事，那么就可以剔除该竞争性假设。第二，研究者应该查证起因确实发生在结果之前。跨国统计数据库（大样本分析中所用）通常在时间范围上高度受限，而小样本分析则可以验证那些不会引发可观察结果的先决性历史因素。

模型建构式小样本分析（Mb-SNA）

当理论陈述本身就很脆弱，或被大样本分析剔除，和（或）跨国统计数据的质量并不足以恰当地评估主要假设时，研究者就需要用小样本分析做更多的工作。在这种情形下，嵌套分析方法会要求进行更大范围的归纳性模型建构式小样本分析。尽管研究者可以用一般性理论预感，初创一个研究项目，但模型建构式小样本分析会涉及利用各种个案，建构一个虑及跨国性变异结果且明确指定的理论。而且，模型建构式小样本分析应该用于鉴定测量理论模型内各种分析性指标的有效性与可信性。正如经常在跨国研究中出现的，大样本分析的一个明显缺陷是经常

[①] 可参见科里尔、布拉迪和西赖特（Collier, Brady, and Seawright, 2004）以定性研究强调竞争性解释更完整的讨论。

使用"现有的"数据集，且可能不会实际上测量这些理论所描述的变量。① 特别是在模型建构式小样本分析的实例中，倾向使用大范围数据资源的研究者，应该致力于开发有效的测量方法。

如开始部分所论，许多研究者会避免确立概括性理论或涵盖性定律②（nomological covering laws）的目标，并利用嵌套分析的大样本分析部分指出现有数据和理论的限度，从而在个案或少数案例中进行寻找解释项的归纳性研究。另有些研究者则旨在寻求更为通则式的发现。在这两种情况中，研究者都不是依此见解展开研究的：现有一个详尽的模型可用，研究者必须解释多样结果的谜题。尽管模型建构式小样本分析假定已恰当地检验了所有反驳性假设，然而，模型建构式小样本分析方法要求利用现有数据再次检验所有的理论性强命题。

要对一个或多个国家个案展开近景式分析，研究者不可避免地面临调查哪个案例的困难抉择。然而，在大多数情形下，相比缺少初步大样本分析的小样本分析（例如，非嵌套设计），模型建构式小样本分析具有以下优势。第一，研究者对竞争性解释的效度与控制变量都具备了部分了解。当然，出现否定结果可能是由于在研究初始，研究者使用了不佳数据造成的，但至少也为因果关系的缺陷提供了某些启示。第二，初步大样本分析在某种程度上对因变量进行了合理测量，故而模型建构式小样本分析可以集中评估不同个案之间，或个案与案例总体（population）某种主要趋势之间的区别，并已经控制了其他影响因素的作用。第三，相比一般性小样本分析，嵌套方法可能会引发更为清晰的概念与模型阐述，因为即便利用统计或定量工具获得对分析结果的某种预测，也意味着研究者需要对因果关系进行更为仔细的描述。在这种情况下，研究者会以理论的简约性与明晰性为目的展开小样本分析，而这并非是

---

① 例如，可见利伯曼（Lieberman, 2001b）在研究中讨论了跨国税收数据可能（或不可能）和国家与社会关系的理论性构成相关。拉金（Ragin, 2000）指出了重要的一点，即国家层次指标（例如，GDP/capita）的规模可能不与基本构成（例如，发展水平）的差异相关，可能会需要概念切割点（cutpoints）与概念校准。

② 可参见朱克曼（Zuckerman, 1997）对比较分析应涉及涵盖性定律观点的挑战。

所有小样本分析都具备的特点。

小样本分析的案例选择策略

嵌套分析为当下案例选择策略中存在的众多张力，提供了一种解决方法：研究者通常选择展开深入个案分析，这是由于研究者认识到缺少足够的数据与可用案例，故大部分的案例选择策略都是依靠研究者之前对某一个案或案例集的认知，这些通常都与更为宽泛的一般性案例相关。嵌套分析则通过利用初步大样本分析，为解决此类"化圆成方"般的难题详举了一些指导方针。当研究者进入研究项目时，没有对某具体个案的优先倾向性，那么这些策略就有用。或者，当研究者对用于初步大样本分析的案例已有某种倾向时，那么这些策略就对评估某些案例选择的分析效用有所裨益。确实，嵌套分析方法可以平衡案例相关技能与背景（包括语言技能、案例相似性等）的累积，这对多数定量研究者而言是极为重要的条件。对小样本分析而言，几乎没有完美的案例选择策略。然而，通过大样本分析则可能会极大地缩小各种选择的范围。具体而言，我们可以根据自变量或因变量的预测值与实际值来进行个案选择，或决定是否展开个案的随机选择。

相对初始模型进行案例选择（"线上"或"线外"）

或许在方法论著作所论及的各方面中，对小样本分析的研究者而言，是否依据自变量或因变量的值进行个案选择，是最困扰研究者的问题。尤其是在跨国研究领域，研究者已强调了那种依据因变量的极值选择个案，并试图以此推论出适用更多案例之一般性结论的各种缺陷（Geddes, 1990）。近来，方法论者强调在更大范围内选择案例，包括明确的选择机制（King, Keohane, and Verba, 1994：128－137）都可以缓和此类问题。更尖锐的是，他们建议研究者应该根据解释变量的值选择个案，如此可避免选择误差所导致的类似缺陷（King, Keohane, and Verba, 1994：137-142），同时他们坚称要在不知晓因变量赋值的情况下选择这些案例（King, Keohane, and Verba, 1994：142-146）。不幸的是，这一试图复制实验研究推理逻辑的解决方案，在很大程度上是不现实的。首先，这一方法需要强理论假设，这在跨国研究中通常是不存在的。其次，由于定量研究者意在尝试从未知结果的各种决定因素入手，以此接近研究问题，这意味着他们已经几乎知晓了结果变量的值。

第二个问题为，我们是否应该调查那些看似相似的案例，或那些"已证明"为更一般化的案例。此外，评估优先理论价值的深入性分析，能否帮助研究者发现新的命题，且（或）获得更佳理论洞见？嵌套分析方法为彼此竞争的目标与案例遴选推论逻辑间的契合，提供了坚实的基础，并要求研究者在初步大样本分析评估的情况下作出案例选择的决定，包括了对某理论模型可信度的评估。

当进行模型建构式小样本分析时，研究者应该选择并进一步研究，那些通过了最拟合统计模型预测得出的案例。需要再次提醒研究者注意的是，那些位于置信区间之外的案例对理论无益，应当视之为无法解释的"噪音"处理。也就是说，研究者应该选择位于或接近45度线（相对回归—预测值所绘制的自变量实际值）的那些国家个案，作为深入案例分析的候选个案。正如上文所论，在这种情况下，小样本分析可以检查假相关性，并通过详述因果机制修正理论的观点。尽管"线上"案例的深入式分析，可能会导致出现另外的解释，然而深入分析的基本目标是为了评估一个具体模型的效度。因此，无需过分留意那些模型未能预测的案例。

此外，在进行模型检验式小样本分析时，研究者应依据模型自变量或解释变量之最大程度的变异选择案例。因为模型检验式小样本分析的目的是证明某一具体因果观点的稳健性，而研究者的责任则是鉴定那些由因至果之过程追踪的证据。那种由结果出发倒推的方法，则无法对初始模型的可信度进行充分评估。通过解释变量赋值进行案例选择，研究者可以在不同的情况下，用小样本分析鉴定与模型相关的因果关系。

杜安·斯旺科和马丁各自的研究（Duane Swank, 2002; Martin, 1992），都是用统计分析为模型检验式小样本分析"铺路"的实例。马丁认为"对那些体现出重大统计显著性的变量而言（Martin, 1992: 92），辅以案例研究可以提高研究结果普遍性的信度。"在每种情况下，大样本分析都初步确认了作者的核心假设，并排除了一些竞争性假设。然而，两位作者都承认会随之出现与因果关系相关的诸多问题，许多可能性机制都能够连接因变量与自变量。因此，他们都根据核心假设解释变量的不同赋值来选择案例，并在各自的案例研究中，追踪那些变量可选值对预测结果的影响，以此证明其假设的合理性（类似于图2中，考量了一些预测值的个案B、D、E与F）。

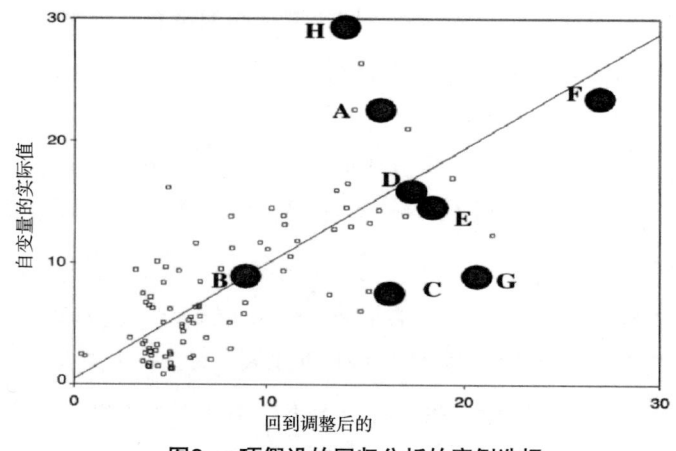

图2 一项假设的回归分析的案例选择

两位学者都仔细考虑了这种方法，例如，马丁称："定量研究允许我们进一步精炼这些假设，并为案例研究提供了可依循的框架。"（Martin, 1992: 11）斯旺科与马丁都宣称发现了额外的内容，而且他们对个案细微差别的描述，都超越了由统计结果所证假定关系的合理性。

例如，斯旺科指出，"国际资本流动性"（在大样本分析中获得）之类的大规模变量，通过特定历史时期的社会支出（这与该机制乃是经长期趋势或缓慢地变迁发生作用的观点截然不同）会与非连续政策结果相关。例如，德国的统一或意大利政治系统的重组（Swank，2002：278）。在案例研究中，我们可以观察到行为者的行为方式和更透明化的因果机制。杰弗里·盖瑞特曾在一项类似的研究中（Geoffrey Garrett，1998），只是利用了统计结果检验政党政治协调全球化压力，而斯旺科所发现的个案与机制则提供了更多的证据与理论涵义。在缺少此类小样本分析的情况下，我们或许只能依靠想象去发现那些可能与统计相关的多重因果路径，并对稳健性产生怀疑，即结果的伪相关。

另一方面，在模型建构式小样本分析中，则应该使用截然不同的案例选择策略集。首先，研究者应该选择那些至少有一个未能被最优拟合统计模型预测的个案。尽管选择位于比较分析最优拟合线上的额外案例也有益于研究，然而，初步统计模型不够稳健的评估结果，或缺少足够数据检测某一关键性假设，会促使研究者检测初步大样本分析右边的变量（right-hand-side variables）所无法解释的那些案例。研究者要时刻留意模型未能很好解释的那些案例（例如，比预测值多了2个以上的标准差），和与其他案例有多个标准差的真实极端案例之间的区别（例如，图2中的个案H）。在后一种情况下，个案位置的极端属性，意味着研究结果可能是由其他因果过程造成的，而非案例总体中的其他个案（或许涉及一些测量误差）。当这种案例分布出现时，个案的选择将取决于研究者是否有兴趣"搞清楚"偏差出现的原因，或取决于研究者是否要发展一个直接涉及更多（不太极端的）国家案例的一般性理论。

只有当研究者具有充足的理由认为，某具体个案由于完全虚假的原因而处于"线上"时，选择此类案例用于模型建构式小样本分析才对研究有益。然而，在这种情况下，初步大样本分析的启发价值就会逐渐被湮没，因此，其价值是极为有限的。

与模型检验式小样本分析相反，模型建构式小样本分析则需要根据因变量的初始赋值进行案例选择。因为模型建构式小样本分析是根据较为模糊的理论预感而展开的，其中心目标是尝试解释结果的重要变异类型。① 尽管尝试确保在研究初始所选的案例中，最感兴趣的解释变量可以有足够的变异是十分重要的，但这是研究者的次等关切，因为在初始小样本分析中，研究者并不确定研究完成时这些变量依然重要。模型构建式小样本分析的性质决定了我们可能会缺少在研究伊始感兴趣之解释变量的值，这使得研究者无法利用解释变量选择案例。虽然依据因变量进行案例选择的策略已成为了许多小样本研究的缺点，然而，嵌套方法则能够为之提供重要的调节剂：初步的大样本分析为案例选择提供了框架，可根据所选变量不断变化，而且在研究者希望从生成模型的应用中，总结出一般性结论方面，嵌套分析会在随后的大样本分析（下面部分讨论）中涉及假设评估。因为嵌套分析中的因果推论不只是依赖于小样本分析部分，所以案例选择误差的一般性缺点不会导致错误的推论。

利用嵌套分析，初步的大样本分析可以为小样本分析推动结构性比较，并包括了"线上"和（或）"线外"个案的某种组合。在最简单的情况下，当预测把国家的不同结果归为相似结果，或许位于回归线两边，且至少一个案例位于置信区间之外时，研究者会提出值得进一步检测的分析性问题（例如，图 2 中的个案 A，D，and C）。依此思路，嵌套分析就能够帮助研究者拓展结构聚焦性比较的范畴。虽然在跨国比较分析中，以密尔"差异法"的各式变异获得分析力的传统由来已久，然而，确定相似个案的需求限制了研究者比较研究同一地区内的个案，这就迫使研究者不得不再现某些比较集："法国/德国"、"美国/加拿大"、"巴西/阿根廷"等等。在很大程度上，此类比较的内在逻辑会让研究者作出不真实的论断，即除了相关自变量与因变量之外，有两个或多个国家在各个方面都"几乎相同"。在这一方法的典型论述中（例如，在没有展开大样本分析的情况下），该方法几乎排除了经济发展层次不同国家之间的比较，因为该因素会被假定为对政治科学家感兴趣的结果具有

---

① 当然，许多社会科学分析都会以"X 的影响是什么"这一问题开始，但是在研究者脑中总有一个清晰的 Y 或结果。此例即为"强理论"。很少有研究者会以解释变量开始研究，但是有研究是为解释某一结果而展开归纳性的探求。

一种因果影响。例如，研究者通常不会进行美国与印度之间的比较，由于两者在经济发展层次上差异太大，所以这种比较没有特别的作用。然而，在嵌套分析中，研究者可能会在初步大样本分析中发现，各种发展指标对结果没有任何的解释性权重，而且个案的殖民遗产（在两个个案中都是英国）与国家结构（两个个案都是联邦制）都是结果的重要指示，这些都导致了评估的相似点，并推动了研究者对两个国家的聚焦式分析。或者，研究者通过一种近似于密尔求同法的策略，可能会用不同的回归预测值选择个案，并尝试解释不同结果的相似之处（例如，个案B与C）。在每个个案中，大样本分析都能为看似不可能的比较分析创造条件。此类国家个案的并置处理，能够允许研究者对那些因缺少理论或数据，而无法在大样本分析中考量的竞争性假设，展开额外的探索。

嵌套分析为多案例研究者所做的研究提供了一种自觉意识：以一种直觉开始研究问题，即：某具体个案挑战了传统观点或对某具体现象的理论化观点；接着，再为例外情况归纳性地生成解释或理论。当研究者使用嵌套分析时，初步的大样本分析的一个潜在重要发现是，那些原本认为与结果相关的变量，却在大样本中证明为没有统计相关性。或者，如果初步大样本分析证明一些常见变量可以很好地预测案例，那么就为研究者重新思考案例的独特性提供了理由；如果初步大样本分析确定了该案例的异常地位，那么就为展开深入研究提供了充分的正当理由。

作为这一转换的范例，迈克尔·哥本吉通过各种理论与初步大样本分析的尝试（Michael Coppedge，2005），推动了委内瑞拉持续的政体变迁模式问题的研究。① 一方面，他证明了在该个案中，持续地测量一个

---

① 笔者所界定的嵌套分析与哥本吉（Coppedge, 2005）所用的有所不同。他解释说，"嵌套归纳法（Nested Inductive）是由一个个案研究嵌套在大样本定量分析之内组成的。该方法有三个步骤：1）用一般性解释因素的大样本实证性评估，尽可能多得解释研究者感兴趣的案例；2）用大样本评估准确地找到未能被一般性因素（残留物）很好解释的东西；3）用经典案例研究方法为残留物进行补充。"笔者的方法更为宽广，合并了广泛的研究问题与结果。此外，笔者选用"嵌套分析"一词而非哥本吉的"嵌套归纳法"，因为笔者没有发现限制归纳性理论建构类研究的必要理由。虽然个案分析几乎无法避免地要求归纳法，但是该方法并非无法用于检测演绎性命题。

变量在经济发展层次上的变迁,是预测民主崩溃的一种不错的方法。另一方面,还为我们提供了更为一般化的政体结果(历经约 4000 年)的更优拟合模型,而该模型却未能预测委内瑞拉可观察政体的持续性变迁。在此,显然需要展开个案研究:现有学识无法解释重要的政治结果,而且具有解决该难题的新假设或假设集的研究空间。为实现这一目的,哥本吉采用了一种归纳性的模型建构式小样本分析(顺便提醒读者,在使用汇集的时间序列横截面数据时,"国家"依然是研究者进行推论的研究单元。但是,历史数据的内涵则意味着,在时变参数环境中,研究者还有解释发展动力或描述每个国家历史类型的兴趣)。

随机或是审慎地选择案例

运用嵌套分析的学者还面临着这样的选择:应当随机地选择案例还是审慎地(非随机地)选择案例?最佳的选择策略仍然很大程度上取决于小样本分析的目标,还取决于研究者的学术偏好,以及他/她对某些案例资料的熟悉程度和可获取程度。在大多数的情况下,审慎地选择案例是最为恰当的策略。但在进行模型检验式小样本分析等这样一些明确的情形中,随机案例选择可以用来处理研究者偏误等特殊的关切。在任何情况下,对该选择的明确考量促使我们思考小样本分析中偏误和测量错误的潜在来源,在嵌套分析的所有方面都应当对它们进行仔细的考虑。

尽管在实践中很少这样做,但在进行模型检验式小样本分析时使用随机案例选择策略是恰当可取的做法。在詹姆斯·费伦和大卫·莱廷一项正在开展的研究中(James Fearon and David Laitin, 2005),他们对一系列的随机选择的案例进行了描述性分析,从而进一步检验了他们的统计模型(James Fearon and David Laitin, 2003)。[①] 詹姆斯·费伦和大

---

① 但是他们不仅限于选择被良好预测的(well-predicted)案例。

卫·莱廷之所以选用这一研究路径，是因为他们主张审慎地选择案例有着高度的研究者偏见的危险性。特别是，他们认为随机地选择案例能够提供"对关于国家的权威文献进行重新判断"的机会。此外，他们还很担心，对他们所熟悉的案例展开深入研究会诱导他们使用研究一开始得以推导出理论的那些信息再去证实理论。重要的是，和诸如调查研究等其他形式的研究中的案例不同，随机选择的目标不是要发展出一个代表性样本。相关的案例数量实在太少，以至于无法形成一个关于全体国家案例的代表样本。

随机地选择案例的策略也有优势和不足。一方面，有很好的理由相信这种策略带来的研究者偏见应当比较少。但是该策略只在如下情况下使用才是恰当的：大样本分析中规定的模型提供了良好的拟合度，并且研究者并不想要得出新的假设，而是试图评估统计模型背后的理论逻辑与特定案例过程中的因果实际上形成共鸣（resonate）的程度。如果学者确实能够把模型运用在他/她开始基本不熟悉的国家上，用新的测量方法 确定了自变量和因变量的值，并且研究发现了理论上预测的因果联系，那么这些研究结果将在相当大程度上确证模型的稳健性。正如詹姆斯·费伦和大卫·莱廷所提议的那样，一个好的策略是根据因变量和自变量的值对案例进行分层，从而确保案例值有一个大的变化范围，并尝试减少所研究案例的总体数量（James Fearon and David Laitin, 2005）。

尽管随机选择案例可以满足降低偏误方面的某些诉求，但是必须在该方法所允诺的好处与研究者的实际局限性之间进行权衡。这一策略的基本逻辑正是，学者致力于案例研究，但是他/她可能缺乏周密谨慎地解释国别数据的技能，并且他/她进行的主要是二手资料的研究，这些二手资料可能已经被特定的理论偏好严重影响了。① 当学者研究的议题领域不存在完整的二手文献时，那么随机地选择案例这种策略就可能特别成问题了，比如在詹姆斯·费伦和大卫·莱廷的研究中，他们对国内

---

① 例如，参见拉斯提克（Lustick, 1996）对政治学研究中二手资料存在的偏误问题的讨论。关于小样本分析中随机案例选择文雅的更为综合的讨论，参见金、基欧汉和维巴的著作（King, Keohane, and Verba, 1994: 125–128）。

战争的关注表明了这种关切是无效的（James Fearon and David Laitin,2005），从而要求学者深入地研究一手资料以开展分析。一种解决的方法是在随机选择得出的国别研究的基础上寻求与国别研究专家进行合作，并要求他们在最佳拟合（best-fitting）模型中作出判定（在不知道偏好模型的情况下）。如果存在这样做的可能，并且它对学者的学术风格具有吸引力的话，那么从方法的角度而言这确实是一个理想的策略，但它也造成了研究成本较高的问题。

虽然随机选择案例是一个令人感兴趣的选项，但绝大多数学者在挑选案例时多半都使用审慎的或非随机的方式。特别是因为选择偏误的问题不会发生在嵌套分析研究设计中的大样本分析环节，而最小化小样本分析环节中的这种偏误的好处并不能使随机案例选择带来的研究成本合理化。确实就像开始所表明的那样，许多学者所感兴趣的是考察一般理论是否能够有助于理解特定的案例，而不仅仅把案例分析看作是评估一般理论的工具。如果审慎地选择案例，那么小样本分析的基本优势更加可能显现出来，包括学者获取（时常是高度异质的）资料的能力，以及在适当程度的文本背景下敏锐地分析这些资料，进行有效的跨案例比较的能力。多种立法背景之间简单的（harsh）词汇互换的迹象，对于学者如何阐释跨政体的内聚或极化程度具有非常不同的含义。这种跨政体内聚或极化程度（the degree of cohesion or polarization across polities）取决于议会辩论规则。或者在种族/民族政治的情况下，可能只有那些老练的分析者才能清楚地发现偏执语言的"编码"（coding）以及歧视实践得以实施的微妙方式。如果审慎地选择国家案例，学者就更加可能尝试那些有价值的田野调查研究，他们的语言技能可以大大提高这些田野调查研究的质量。

的确，在进行模型建构式小样本分析时，学者完全应当避免随机地案例选择。因为这种研究途径就等同于说："我没有一个好的理论，我也没有这样的直觉，即一个特定案例为什么对于建构理论富有启发性"，它几乎无法为研究提供可靠坚实的基础。当然就像在之前引用的例子里所讨论的那样，许多从事模型构建式小样本分析的学者决定使用这种形式的分析，他们（在大样本分析中）已经鉴别出那些具有潜在理论趣味的案例。或者换个说法就是，学者将挑选这些案例，因为他/她拥有特定的专业知识技能，如语言技能、相关背景、历史知识等，或者因为他/她对一个案例有特定的兴趣。

当学者计划研究特定案例或者一系列案例时，嵌套分析方法避免了作出以下这种虚假论断的需要：该案例是探究某个特定研究问题的最佳案例。相反，这种分析方法使得学者能够从几乎任何案例的深度分析中鉴别出他/她想要收集的特定信息，然后对这些分析相对于更大量的理论和资料的潜在附加价值进行评估。

从事模型检验式小样本分析的学者也可能进行审慎的案例选择，但他们应当避免运用那些说明了一个理论模型初步发展的特定个案或案例（即在初步大样本分析之前）作为检验模型的基础。对于那些通晓广泛的（wide-range）国家案例，可能受几个重要的案例启示而进行理论化的学者而言，这样的限制可能是严格禁止的。那么接下去最佳的解决方法就是努力收集关于特定案例——也就是对研究者总体而言更加熟悉的案例——的新数据，再尝试用这些数据"检验"大样本分析已经验证的假设。换言之，研究者可能审慎地选择具有实质性旨趣的（of substantive interest）案例，但他/她先前几乎没有关于该案例的细节的知识，从而最大限度地获取随机选择程序的好处。

评估小样本分析的研究结果：是否需要进一步的嵌套？

在小样本分析和大样本分析之间迁移，将之推向极致时，可能就意味着无限的研究循环，其唯一可见的终点在于对每一个国家案例进行深入彻底分析。这个关于嵌套分析方法的观点显然没有什么帮助，不仅是因为它不切实际，还因为它似乎违背了社会科学对简洁的偏好（Gerring, 2001：106 – 107）。尽管不断的分析总是能有更多的收获，但必须建立一套标准和程序去终止分析，将未能回答的问题留待进一步的研究。此外，正是因为在使用大样本分析和小样本分析的案例中不存在该问题的绝对答案，所以无法为嵌套分析方法建立严谨的指导方针。尽管如此，我们可以建立有用的评估标准，以决定何时结束分析。关于比较政治研究当中不同类型的研究方法之间互动的问题，利帕特原本认为小样本分析仅仅是大样本分析的"中途站"（way station）。① 嵌套分析方法的观点与之相反，至少大样本分析经常充当小样本分析的"中途站"。理解特定国家案例这一根本旨趣有助于在嵌套研究设计当中抛下分析之锚（anchor）。

有两个终点很清楚：在模型检验式小样本分析的情况下，理论模型已经通过了大样本分析的检验，如果关于一个或多个案例深入彻底的研究以预期的方式建立了可信的因果联系，从而证明了理论模型的有效性，那么嵌套分析就为该模型提供了坚定的支持（图 1 中的结束分析 I）。尽管我们不知道丽莎·马丁、斯万科等学者在他们的著作中展开实际研究的顺序（Matin 1992；Swank 2002），但他们的研究似乎是这种路径的范例。

另一个极端情况是在模型建构式小样本分析中，如果能够构想出一个关于结果的连贯的理论解释，那么这也意味着一个自然的终点（图 1 中的结束分析 IV）。在这种情形中，大样本分析和小样本分析都无法总结出稳健的研究结果，说明了要么研究问题制订得不太好，要么结果主要是通过一个随机过程得出来的。这意味着应当放弃该科研项目，或者对其进行充分的重构，直到它被认为是一个新的项目为止。因为比较政治学是一个倾向于不重视否定性研究结果或非理论性分析的学科，所以没有出版过此类的研究项目可以拿来当作例子就不足为奇了。②

---

① 正如戴维·科利尔（David Collier）的分析（Collier, 1993：13）。
② 这常常被称为"文件抽屉"问题（"file drawer" problem），大量否定的负面结果没有发表出来，因此无法获得，从而限制了我们发现全部的证据。

当模型检验式小样本分析拟合欠佳（fits poorly）时

　　正如图1所描绘的那样，在以上这两个极端情况之间，必须进行一系列的评估，从而为分析设立接下来的步骤和程序。当进行模型检验式小样本分析时，如果分析不能支持统计模型，学者就必须评估拟合欠佳（poor fit）的原因。因为在社会科学当中，更加一般地来看，对证据和理论之间的关联进行评估包含着主观的成分，学者们可能并不认同拟合的优度（goodness of fit）以及那些主导数据分布的因素。尽管嵌套分析方法并不能完全平息这样的争论，但是它明确地指出了评估及其步骤的参数，它们应当遵循从数据和分析当中得出的特定结论。

　　歧异案例　一方面，学者可能认定模型检验式小样本分析不支持模型，因为所选案例至少在一个重要方面是明显殊异的——一些极端稀少的历史事件或一系列的环境因素混淆了原始模型当中的社会和政治进程，或者因为一些个案特定的高度异常的原因各种的值被错误地估量。另外，学者还可能判定这种独特的情境不值得进行精心的理论构建，因为具有附带现象性质的一系列事件不太可能传播到其他案例中去。在这种情况下，学者仍会自信地认为大样本分析所评估的模型还是稳健的，发现为深度小样本分析而选定的案例依然是"在线的"，但其原因不同于模型中所证明的。尽管报告小样本分析当中的研究结果很重要，但是对于那些叙述的重视程度只是学者品味（taste）的问题，特别是相对于谜题（puzzling）案例或异常案例强调突出典型案例的偏好。虽然如此，如果拟合欠佳归因的因素不太可能在更大的样本中被发现，那么就应当为追加的模型检验式小样本分析选择另外的个案或者一系列案例。倘若追加的分析也不能证实原初的统计模型，学者就应当开始高度怀疑对歧异值（idiosyncrasy）的评估，思考该模型可能并没有精确把握它所意图解释的一般过程。在随后的重复分析中，学者可能会推断小样本分析逐步削弱了大样本分析得出的稳健的研究结果。

理论缺陷 另一方面，模型检验式小样本分析可能揭示了原初模型中和/或统计结果中的重大不足。在这种情况下，模型检验式小样本分析表明了统计的相关性在某种程度上是虚假的——变量没有测量它们所意图测量的，或者在实际的案例分析中原初的模型并不是显而可见的，又或者在大样本分析的详细说明当中观察到之前没有鉴别出来的其他变量在发挥因果影响。例如，假定原初的理论模型主张总统制的政府系统导致个性化的政治风格，并且该假定在一定程度上被大样本分析所证实。如果模型检验式小样本分析清晰地表明甚至在采用民主政治之前，总统制的案例就已经倾向于具有个性化的政治风格，我们就有很好的理由去挑战原初模型。那么开始的模型检验式小样本分析就需要进入到模型建构式小样本分析。开展更多的归纳研究，以及拓展理论命题系列的要求显然就有必要了。

当模型建构式小样本分析表明一个新的模型时

对图1中模型建构型小样本分析的一边进行观察，当模型建构式小样本分析得出了一个很有希望的理论模型的时候，也需要进行另外的评估。在完成了对一个或少数几个国家案例深入彻底的分析之后，嵌套分析当中的深入案例分析部分就结束了，剩下还需进行的唯一的评估就是通过另外的大样本分析，模型是否能够得出经得起检验的命题。

一方面，如果新模型所依赖的解释变量横跨许多案例，但难以被测量（如复合文化的、制度的、或者历史的变量），那么也许就不可能发展出可以计量的指标或者一个统计的估计量（estimator），以用来把握住理论的关系。或者，学者可能判定他/她已经发现了一个值得去解释的重要的理论异常，但是进一步的大样本分析并不能为此带来更多的价值，因为没有另外的案例可以以相同的方式赋值，这意味着不可能对假设实施进一步的检验。最后，学者可能认定他/她的研究的目的是运用理论去理解案例的谜题，而不是相反。在任何此类情形下，学者可以报

前沿进展专辑：嵌套分析
嵌套分析：比较研究的一种混合策略

告初步大样本分析的研究结果，并以小样本分析结束研究。在迈克尔·哥本吉对委内瑞拉民主崩坏这一案例的研究中，他所选择的研究路径显然反映了结束分析 Ⅲ。通过强调其他理论模型无法说明委内瑞拉这一案例明确的偏离，并且鉴别出其他理论说明没有指出的一系列独特的原因条件，哥本吉能够解释委内瑞拉特定的结果。他把以下问题留给了将来的研究：在该案例中所识别出的决定性的特征能否被整合进一个更加一般的理论模型当中？

另一方面，如果发展出新的变量的测量，并对模型进行适当的统计检测，这些做法是可能的，也是可取的，那么模型检验式大样本分析就显然是接下来的程序（in order）。毫不奇怪，小样本分析得出的研究结果为有效的大样本分析提供了基础。对一个或少数几个案例进行近景分析和这样的做法相似：在进行大规模的调查之前，通过运用小样本的案例的开放式访谈或焦点群体（focus groups）发展出一个调查工具。这就是说，学者可以通过对一个或少数几个案例的近景测量评估以及/或者发展指标，用于大数量案例的测量。① 学者可能为初步的大样本分析建立矩形数据库，增加新变量，或为旧变量创造新的测量。依赖于得出的关于模型适用范围——即应当使用模型的全体案例的限定范围——的新洞见，学者可能增加案例和/或从大样本分析中减少案例。当近景研究把运用于所有国家案例的纯线性模型的不合理性突出了出来，小样本分析可能会提出重要的和有理论依据的控制变量及互动作用。最后，学者可能对新模型的详细说明进行检验，这些说明来自于大样本分析中的小样本分析。② 无论研究结果如何，这个大样本分析的都完成应当予以报告，在结束分析 Ⅱ 处结束嵌套分析。

茱莉娅·林奇对高度工业化国家中福利国家的年龄倾向（age-orien-

---

① 关于替代测量方法（alternative measurement approaches）和测量效力问题的讨论，参见哥本吉（Coppedge, 1999），以及艾德柯克与科利尔（Adcock and Collier, 2001）的叙述。
② 学者应当在全体样本，以及由来自于从样本中移除的小样本分析的案例组成的样本的基础上报告研究结果，这些移除的案例是为了评估那些用来构建新模型的案例在多大程度上主导着模型检测型大样本分析中的结果。

tation）的研究是从小样本分析转向大样本分析的优秀范例（Lynch, 2002）。通过对意大利和荷兰三个政策领域的深入分析，就为什么有些国家似乎支持年长的公民这个问题，林奇得出了一系列的假设。通过对1960年至1996年间20个经济合作与发展组织（Organization for Economic Cooperation and Development）国家的社会支出进行时间序列—横截面数据（time-series cross-sectional）的共同分析，她进一步研究了这些假设。尽管林奇也指出在对跨国的时间序列—横截面数据的分析中包含了一些冒险的假设，但她从跨部门的和纵向的视角，考察了源自于福利国家文献的传统看法，排除了几个关键的竞争性假设。统计分析也证实了她所设定的自变量（项目结构和政治竞争模式）与因变量支出测量之间的关系。不像在其他研究中大样本分析在小样本分析之前进行，林奇的研究是小样本研究为大样本研究提供假设和统计检验。的确，对已经理解了深入案例分析的大样本分析结果进行阐释更加容易，因为分析者可以明白这些结果是如何反思了他/她所感兴趣的两个国家中的政党机器（machinations）和政策结果的。特别是，近景研究激发了林奇关于政策发展的主要决定因素的观点，而且很难想象倘若没有这种分析的话将如何得出这样的假设。大样本分析使得她能够检查这些研究结果在多大程度上是两个原初案例的独特现象，又在多大程度上和更大的国家组相关。

马丁的研究提供了另一个这样的例子（Matin, 1992），她在对马尔维纳斯群岛大冲突进行了案例研究之后考虑了一系列新的回归分析。她意识到军事卷入对制裁合作的影响可能是一个独特因素，需要进一步的研究。在确定了军事卷入影响着这一特定案例之后，马丁转回到了大样本分析，却发现在更大规模的样本当中军事卷入对制裁只发挥着无足轻重的作用（Matin, 1992: 153 - 156）。更加一般地说，小样本分析通过这种方式促使学者在特定案例中探索竞争性的解释。与此相类似，利伯曼在他关于税收政治的比较研究中提出了这样的可能性：巴西的天主教传统是其发展成为和其他南美洲国家不同的一个税收国家的决定性因素（Lieberman, 2003）。尽管小样本分析发现没有可靠的证据表明巴西的税收与这一宗教遗产相关联，但进一步的大样本分析也没有为这个替代性的假设提供统计上的支持，这使得利伯曼更加确信可以排除这个竞争性假设。

此外有一点非常重要，需要在此强调：嵌套分析方法对不管是正面的还是负面的研究结果，不管是一般模式还是特定案例都感兴趣。如果模型检验式大样本分析得出的研究结果是稳健的，那么它就类似于结束分析Ⅰ的情况：两套经验性分析确证了结果的有效性，并且学者对于那些结果的普遍适用性非常有信心。如果模型检验式大样本分析的结果不是稳健的，即新的变量不能对学者的假设作出预测，或者更大的模型崩溃了，那么学者就需要解释为什么那些结果可能不适用于大样本分析。这取决于学者对更加限定性的解释范围作出说明，需要将之放到更大量案例的背景中去理解。未来的研究计划可能旨在发展更加普遍适用的模型，但在这样的情况下，学者应当报告嵌套分析已经有了什么研究发现。

结　论

尽管学者受到有待分析的案例相对而言数量少、有限、复合以及混杂等等约束，但他们仍继续对国家分析层次上政治的因果模式这样的问题感兴趣。到目前为止，大样本跨国回归分析、小样本案例分析以及比较分析等现有的研究策略都被认为有着各自的缺陷。本文主张一种混合的方法。一些学者在他们的分析中可能已经采取了这种方法的变体形式，但在很大程度上这些分析所涉及的步骤仍没有得到充分地说明。这篇文章提供了有关这种方法如何得以运作的更加完整的详细说明，学者们应当会发现自觉地运用该方法变得更容易了，为自己的研究提供更加透明的叙述也变得更加简单了。这将促进研究结果的评估和重复，提供更高的分析透明度（通过说明各种分析结果之间如何相关），在至今仍常常相互非常隔阂的研究传统之间架设清晰可见的桥梁。

嵌套分析为因果推论提供了更加强有力的基础依据，其效果要优胜于它的小样本分析和大样本分析两部分相加之和。与其说嵌套分析方法强调的是质性研究策略和定量研究策略共同的推理逻辑，即金、基欧汉及维巴关于研究方法富有影响力的探讨的标志特征（King, Keohane and Verba, 1994），毋宁说它重视的是这两种因果推论的分析模式和策略之间相互补充的独特性。运用混合的策略有助于克服可能的偏误来源，挑拣出在小样本分析或大样本分析各自单独运作时可能产生的虚假研究结果。该方法特别适用于跨国分析，研究者在其中常常不仅对一般的模式感兴趣（就比如说学者关于投票行为的研究），而且也关注对特定国家案例的分析。

要整合大样本分析和小样本分析显然存在着可见的现实成本。也许最为重要的就是它似乎意味着研究工作大量增加。一个研究计划是否实际上包含了两个项目呢？毋庸置疑，与单独进行小样本分析或者大样本分析比起来，嵌套分析要求研究者投入更多的努力，因为它需要多种形式的测量和因果推论。但是它也并不必然简单增加研究投入，而是通过强调每种分析策略具体的效用，减轻了单独使用小样本分析或大样本分析一般会带来的推论工作。此外，互联网的出现以及学术的积累持续拓展着现有数据库的范围，对研究者来说可能是有用的。例如，在民主化研究的领域，自由之家（the Freedom House）、政体（Polity）以及许多其他的数据库提供了关于大量国家的随时间变化的指标。对于研究政治经济发展的学者来说，世界银行、经济合作与发展组织、国际货币基金组织几十年中都在公布绝大多数国家的经济数据和其他方面的数据。同样，不是所有的深入案例分析都涉及多年的田野研究。费伦和莱廷、斯万科、阿德塞拉和伯克斯、莱特和斯坦等学者的研究表明了（Fearon and Laitin, 2005；Swank, 2002；Adserà and Boix, 2002；Reiter and Stam, 2002），不进行大量的初步研究，而使用迅速可得的数据来源至少能够获得小样本分析的部分收益。另外，现在的学者越来越多地能够通过因特网获取广泛的一手和二手资料，这使得和之前几代学者相比起来，现在进行案例分析以及结构化比较的研究都要容易得多。鉴于任何一位研究者个人特定研究技能的局限,嵌套分析方法非常适于学者间进行合作。尽管这种方法一定可以仅仅作为一种更为综合的研究循环的动态模型得以运用,但是本文勾勒出的特定策略和手段呈现为多种策略的综合,并要求在适用概念和测量时具有清晰的一致性,而这是不同学者在回应之前重复的同一问题时经常没有做到的。

嵌套分析对比较分析而言是实用的并且在方法上是防御性的设计。在这篇文章里,笔者已经详细地叙述了它可能具有的好处,这并不是通过仅仅接受定性分析模式和定性分析模式的相容性而做到的,而是通过论证每一种模式如何能够用于另一种模式的执行和解释而做到的。

(译者单位:武汉大学政治与公共管理学院、华东政法大学政治学研究所)

【参考文献】

Achen, Christopher H, *Interpreting and Using Regression*, Beverly Hills, CA: Sage, 1982.

Achen, Christopher H, and Duncan Snidal, "Rational Deterrence Theory and Comparative Case Studies," *World Politics*, No. 41, 1989, pp. 144 – 69.

Adcock, Robert, and David Collier, "Measurement Validity: A Shared Standard for Qualitative and Quantitative Research," *American Political Science Review*, No. 3, 2005, pp. 529 – 47.

Adsera, Alicia, and Carles Boix, "Trade, Democracy and the Size of the Public Sector: The Political Underpinnings of Openness," *International Organization*, No. 56, 2002, pp. 229 – 62.

Bates, Robert H., Avner Greif, Margaret Levi, Jean-Laurent Rosenthal, and Barry R. Weingast, *Analytic Narratives*, Princeton, NJ: Princeton University Press, 1998.

Beck, Nathaniel, and Jonathan N. Katz, "What to do (and not to do) with Time-Series Cross-Section Data," *American Political Science Review*,

No. 89, September, 1995, pp. 634 –47.

Bennett, Andrew, "Where the Model Frequently Meets the Road: Combining Statistical, Formal, and Case Study Methods," Presented at the Annual Meeting of the American Political Science Association, Boston, 2002.

Brady, Henry E. , and David Collier, eds. *Rethinking Social Inquiry*: Diverse Tools, Shared Standards, Berkeley, CA: Rowman & Littlefield and Berkeley Public Policy Press, 2004.

Campbell, Donald T. , and Julian C. Stanley, *Experimental and Quasi-Experimental Designs for Research*, Boston: Houghton Mifflin, 1966.

Collier, David, "The Comparative Method: Two Decades of Change," in Dankwart A. Rustow and Kenneth P. Erickson, eds. , *Comparative Political Dynamics*, New York: Harper Collins, 1991, pp. 7 –31.

Collier, David, "Building a Disciplined, Rigorous Center in Comparative Politics, " *APSA Comparative Politics Section Newsletter*, No. 10, summer, 1999, pp. 1 –2, 4.

Collier, David, and James Mahoney, "Insights and Pitfalls," *World Politics*, No. 49, October, 1996, pp. 56 –92.

Collier, David, Henry E. Brady, and Jason Seawright, "Source of Leverage in Causal Inference: Toward an Alternative View of Methodology," in Herry. E. Brady and David. Collier, eds. , *Rethinking Social Inquiry*: Diverse Tools, Shared Standards, Berkeley, CA: Rowman & Littlefield and Berkeley Public Policy Press, 2004.

Coppedge, Michael, "Thickening Thin Concepts and Theories," *Comparative Politics*, No. 31, July, 1999, pp. 465 –77.

Coppedge, Michael, "Explaining Democratic Deterioration in Venezuela Through Nested Induction," in Frances Hagopian and Scott P. Mainwaring, eds. , *The Third Wave of Democratization in Latin America*, Cambridge, UK; New York: Cambridge University Press, 2005.

Fearon, James, and David Laitin, "Civil War Narratives," *Theory and Re-*

search in Comparative Social Analysis Working Paper Series, Department of Sociology, UCLA, No. 27, 2005.

http://repositories.cdlib.org/uclasoc/trcsa/27.

Fearon, James, and David Laitin, "Ethnicity, Insurgency, and Civil War," American Political Science Review, No. 97, February, 2003, pp. 75 – 90.

Garrett, Geoffrey, Partisan Politics in the Global Economy, Cambridge Studies in Comparative Politics, Cambridge, UK; New York: Cambridge University Press, 1998.

Geddes, Barbara, "How the Cases You Choose Affect the Answers You Get: Selection Bias in Comparative Politics," Political Analysis, Spring, 1990, pp. 131 – 50.

George, Alexander L., "Case Studies and Theory Development: The Method of Structured, Focused Comparison", in Paul G. Lauren, ed., Diplomacy: New Approaches in History, Theory and Policy, New York: The Free Press, 1979.

George, Alexander L. and Andrew Bennett, Case Studies and Theory Development in the Social Sciences, Cambridge, MA: MIT Press, 2005.

Gerring, John, Social Science Methodology: A Criterial Framework, Cambridge, UK; New York: Cambridge University Press, 2001.

Gerring, John, "What Is a Case Study and What Is It Good For?," American Political Science Review, No. 98, May, 2004, pp. 341 – 54.

Gerring, John, "Causation: A Unified Framework for the Social Sciences," Journal of Theoretical Politics, No. 17, April, 2005, pp. 163 – 98.

Huth, Paul K, Standing Your Ground: Territorial Disputes and International Conflict, Ann Arbor: University of Michigan Press, 1996.

Jackman, Robert W, "Cross-National Statistical Research and the Study of Comparative Politics," American Journal of Political Science, No. 29, February, 1985, pp. 161 – 82.

Keohane, Robert, After Hegemony: Cooperation and Discord in the World Po-

litical Economy, Princeton, NJ: Princeton University Press, 1984.

King, Gary, Robert Keohane, and Sidney Verba, *Designing Social Inquiry: Scientific Inference in Qualitative Research*, Princeton, NJ: Princeton University Press, 1994.

Laitin, David, "Comparative Politics: The State of the Sub-discipline," in Ira Katznelson and Helen V. Milner, eds., *Political Science: The State of the Discipline*, New York; Washington, DC; Norton: American Political Science Association, 2002.

Lieberman, Evan S., "Causal Inference in Historical Institutional Analysis: A Specification of Periodization Strategies," *Comparative Political Studies*, Vol. 34, No. 9, 2001a, pp. 1011 – 35.

Lieberman, Evan S., "Taxation Data as Indicators of State-Society Relations: Possibilities and Pitfalls in Cross-National Research," *Studies in Comparative International Development*, No. 36, January, 2001b, pp. 89 – 115.

Lieberman, Evan S., "Race and Regionalism in the Politics of Taxation in Brazil and South Africa," *Cambridge Studies in Comparative Politics*, Cambridge, UK; New York: Cambridge University Press, 2003.

Lijphart, Arend, "Comparative Politics and the Comparative Method," *American Political Science Review*, No. 65 (September), 1971, pp. 682 – 93.

Lustick, Ian S, "History, Historiography, and Political Science: Multiple Historical Records and the Problem of Selection Bias," *American Political Science Review*, No. 90, September, 1996, pp. 605 – 18.

Lynch, Julia, "The Age of Welfare: Citizens, Clients, and Generations in the Development of the Welfare State," Ph. D. Dissertation, University of California, Berkeley, 2002.

Mahoney, James, and Dietrich Rueschemeyer, "Comparative Historical Analysis in the Social Sciences," *Cambridge Studies in Comparative Politics*, Cambridge, New York: Cambridge University Press, 2003.

Martin, Lisa L., *Coercive Cooperation: Explaining Multilateral Economic*

Sanctions, Princeton, NJ: Princeton University Press, 1992.

McKeown, Timothy, "Case Studies and the Statistical World-view," in Henry E. Brady and David Collier, eds., *Rethinking Social Inquiry: Diverse Tools, Shared Standards*, Berkeley, CA: Rowman & Littlefield and Berkeley Public Policy Press, 2004.

Munck, Gerardo L., "Canons of Research Design in Qualitative Research," *Studies in Comparative International Development*, No. 33, Fall, 1998, pp. 18 –45.

Przeworski, Adam, and Henry Teune, *The Logic of Comparative Social Inquiry*, New York: Wiley-Interscience, 1970.

Ragin, Charles C., *The Comparative Method: Moving Beyond Qualitative and Quantitative Strategies*, Berkeley: University of California Press, 1987.

Ragin, Charles C., *Fuzzy-Set Social Science*, Chicago: University of Chicago Press, 2000.

Reiter, Dan, and Allan C. Stam, *Democracies at War*, Princeton, NJ: Princeton University Press, 2002.

Rogowski, Ronald, "The Role of Theory and Anomaly in Social-Scientific Research," *American Political Science Review*, No. 89, June, 1995, pp. 467 –70.

Sartori, Giovanni, "Concept Misformation in Comparative Politics," *American Political Science Review*, No. 64, December, 1970, pp. 1033 –53.

Swank, Duane, "Global Capital, Political Institutions, and Policy Change in Developed Welfare States," *Cambridge Studies in Comparative Politics*, Cambridge; New York: Cambridge University Press, 2002.

Tarrow, Sidney, "Bridging the Quantitative-Qualitative Divide in Political Science," *American Political Science Review*, No. 89, June, 1995, pp. 471 –4.

Western, Bruce, and Simon Jackman, "Bayesian Inference for Comparative Research," *American Political Science Review*, No. 88, June, 1994, pp. 412 – 23.

Zuckerman, Alan S, "Reformulating Explanatory Standards and Advancing Theory in Comparative Politics," in Mark Irving Lichbach and Alan S. Zuckerman, eds., *Comparative Politics: Rationality, Culture, and Structure*, Cambridge; New York: Cambridge University Press, 1997.

所见与所得：比较研究中嵌套分析的陷阱与原则

[德] 英格·罗尔芬①著 阙天舒 译

随着比较政治学的迅速发展，比较政治研究方法论问题日益引人注意。在比较政治研究中，恰当地运用研究方法对于比较政治的理论建构至关重要。因此，在比较政治研究领域，诸多学者也对比较政治研究方法进行了探讨。蒙克和斯奈德认为，将小样本分析与大样本分析结合起来对于促进比较政治研究大有裨益。众所周知，定性方法与定量方法是比较政治学者经常运用的两种方法，但这两种方法却各有各的优势和不足。由此，埃文·利伯曼提出在比较政治研究中运用结合定性方法与定量方法各自优势的嵌套分析法，以此来改进比较政治研究。

当越来越多的学者运用嵌套分析法进行比较政治研究时，在《所见

---

① 英格·罗尔芬（Ingo Rohlfing）是雅各布大学的博士后。他的研究兴趣主要是国际贸易合作、政党政治以及政治学方法。他发表了一系列有关国际贸易中的双边主义和多边主义以及案例研究的论文。

与所得：比较研究中嵌套分析的陷阱与原则》一文中，英格·罗尔芬认为，基于回归的嵌套式分析和基于案例研究的嵌套分析是嵌套设计的两个变体，基于回归的嵌套设计从定量分析着手，而基于案例研究的嵌套分析则以小样本研究为出发点。在他看来，相较于单一方法，嵌套分析法具有很大的优势，但是如果运用不当，在比较政治研究中运用嵌套分析法将会一无所获。为此，他首先指出，嵌套分析的本体设定上存在着问题，变量正确状态的不确定性正是本体错误设定的一个主要来源。假使模型包含非系统性变量，那它就是过度拟合，但当这个模型将系统性变量排除在外时，此模型则是拟合不足。其次，他探讨了拟合不足和过度拟合对嵌套分析所造成的影响。在基于回归的嵌套分析中，由于更多的变量可能会捕捉到因变量上的更大变化，所以模型拟合度往往会被低估。而模型的拟合不足就使得对回归系数变化的估计值出现偏差，从而使统计显著性的例行检验出现误导。其结果可能是，一个真正的不显著变量却被认定为是显著变量且被纳入到案例内分析之中。当模型过度拟合时，由于更多的变量可能会捕捉到自变量上出现的更大变化，模型的拟合度往往被高估。在过度拟合模型中，当各个变量从模型中剔除时，案例通常呈现逐渐远离回归面的趋势，这意味着过度拟合模型中的典型案例有可能会成为真实模型中的异常案例。此外，过度拟合还产生了无效的估计值。而在基于案例研究的嵌套分析中，归纳性地构建的模型有三个错误设定来源。首先，人们可能在实证分析中遗漏了系统性变量致使模型拟合不足。第二，对经过确认的变量进行分类也可能是不正确的。当系统性变量被认为是非系统性变量时，模型会是拟合不足的，而在相反情况下则是过度拟合的。第三，人们可能把错误的因果效应归因于系统性变量。故基于上述原因，因果效应的设定最有可能导致错误的模型建构。当归纳性地推导出的模型设定错误时，案例研究中的因果推理和嵌套分析中回归部分都将会是无效的。

罗尔芬还对如何检测模型中可能存在的本体错误设定进行了探讨。他认为，通过案例内分析法来检测模型错误设定要远超过人们所相信的其在嵌套分析中所发挥的作用，但是定性分析仍然存在局限性，这时就需要运用图示和定量工具来查找错误设定。与之相反，学界对于过程追踪法是如何有助于模型建构和模型检验的研究较少。在罗尔芬看来，模型准确性的检测理应遵循混合方法设计的基本逻辑，这样才最有可能检测出无效的本体建模决策。

可见，罗尔芬强调了模型中本体的错误设定会造成贯穿于整个嵌套设计中的方法上的错误。其结果是嵌套分析法中定量和定性上的因果推理受到削弱。在这些情况下，不同方法的结合是一文不值的。相反，单一方法设计可能更为可取，因为嵌套分析的应用可能会产生方法复杂化的错觉，从而将问题留给不明白当前问题的人。面对这些问题，罗尔芬认为很有必要运用直观的、定量和定性相结合的方法来检验嵌套式分析中的模型错误设定。除了处于嵌套设计的核心位置的交叉验证方法，罗尔芬还认为诉诸方法内验证法也是不可或缺的，这意味着，例如，要确定回归模型的准确性就需要对模型错误设定进行定量检验。而鉴于定量和定性方法日益复杂，嵌套分析的要求也就更为苛刻。因此，罗尔芬与蒙克、斯奈德等学者认为，掌握不同政治学研究方法的学者们应该进行合作研究，这样才能不断改进研究方法，推动政治学研究的发展。

* * * * * *

摘要：杰拉多·蒙克（Gerardo L. Munck）和理查德·斯奈德（Richard Snyder）在最近一篇发表在《比较政治研究》杂志的文章中指出，许多研究在定量和定性方法的应用上存在着不足。他们认为，小样本分析和大样本分析相结合的方法是一种推动知识产生的可行方法。近来，埃文·利伯曼（Evan S. Lieberman）提出了嵌套分析（nested analysis）①，这是基于定性与定量分析互补优势基础上的、用于比较研究的严谨方法。为了推动比较政治分析的发展，我在本文中审视了嵌套推断的方法论潜力，并认为嵌套设计在一些具体方法上存在的问题并未得到充分的重视。结果表明，在某些情况下，嵌套分析并不能产生任何效果。恰恰相反，倘若我们使用单一方法设计，效果可能会更好。因此，我认为，如果能够将这些具体的方法论原则考虑进去，嵌套分析将为比较研究提供更为丰硕的成果。

蒙克和斯奈德在最近一篇《比较政治研究》杂志的文章中对比较政治研究的现况进行了评估（Munck et al., 2007a: 5 - 31）。他们的主要发

---

① 感谢 Simon Franzmann, John Gerring, Michael Kaeding, Jason Seawright, Peter Starke 以及三位匿名评稿人给本文提出的建议。本文出现的错误由作者负责。Dana Trif, Debbie Jeske, Sue Casson 为我提供富有价值的研究帮助，在此表示感谢。本文的写作受到了德国科学基金会的资助，本文写于我在德国不来梅"国家转型"合作研究中心担任助理研究员期间。——本文作者

还有学者将"nested analysis"译为"巢式分析"，本文统一译为"嵌套分析"——译者注。

现之一就是，许多研究在定量和定性方法的应用上存在着不足。他们认为，小样本分析和大样本分析相结合的方法是一种推动知识产生的可行方法（Munck et al., 2007b：45-47）。比较分析中越来越多地使用混合方法设计的趋势可以证明这一点（Lieberman, 2005）。其中，尤其突出的现象是回归分析和案例研究经常结合起来使用（e.g., Lieberman, 2003；Simmons, 1994）。

近来，利伯曼提出嵌套分析并将其视为一种结合案例研究与回归分析的严谨方法（Lieberman, 2005）。这两个分析工具都能够交叉验证嵌套分析中使用的本体建模决策（ontological modeling decisions）的准确性。[①] 简而言之，回归分析决定了模型的解释力、自变量的因果效应及其统计显著性。案例的残差值[②]（residual）则为案例选择提供了依据。定性分析法推理就是要辨别显著的自变量与因变量之间是否是通过因果机制产生关联的。嵌套分析被认为能够产生一种协同价值（synergistic value），因为它能够得出综合因果推断，而单一方法的设计却无法做到这一点。

我不否认，嵌套分析法可能优于单一方法研究。然而，我认为嵌套设计中具体的方法问题仍未得到充分揭示。[③] 结果表明，在当前形式的嵌套分析中，本体设定错误（ontological misspecification）会带来很难察觉的方法论意义。本体设定错误所造成的特殊方法的结果就是，它贯穿

[①] 据利伯曼所言，只要任何两种方法处在不同的分析层次上，嵌套分析都能与这两种方法相结合（Lieberman, 2005：441）。然而，在他的文章结尾部分，他限制了回归评估和案例研究的讨论（Lieberman, 2005：439）。这很重要，因为在嵌套分析中残差值发挥着基本作用。其他跨案例方法并不产生残差值（例如，定性比较分析，cf. Ragin, 1987），因此目前仍然还不清楚如何运用嵌套分析才能得以超越回归评估。鉴于此，案例研究和回归分析可能是最频繁结合在一起使用的两种方法，我对此类特殊类型的嵌套设计不展开过多讨论。

[②] 所谓残差值是指测量值与预测值（拟合值）之间的差，即是实际观察值与回归估计值的差。——译者注

[③] 利伯曼承认，嵌套分析中的因果推断可能会受到方法论问题的影响。然而，人们应该进行嵌套分析以"了解理论和可获得的数据能够解释什么问题"（Lieberman, 2005：439, footnote 9）。我不否认这种说法，但是为了能够解释源于次优分析所得出的结果，如果这真会发生的话，人们需要查明与因果推断相关的潜在问题，并且找出发现它们的方法以及这些潜在问题对因果推断的潜在影响，还要找到解决这些潜在问题的办法（King et al., 1994：6）。

于整个设计并削弱了定量和定性分析部分中的因果推断,并且使本体设定错误的辨别和排除难上加难。在这种情况下,我们使用嵌套分析法并不会产生任何效果。恰恰相反,由于单一方法分析并不会带来谬误,倘若我们使用单一方法分析,其效果可能会更好。因此,当前形式的嵌套分析并不能达到预期目的。不过,由于它拥有优于单一方法设计的潜力,因此,我们并不是要全盘抛弃嵌套分析法。此时,我们就有必要遵循我在本文中提出的具体指导方针,并且超越迄今为止有关研究嵌套推断操作的著作。

在下一部分中,我介绍了嵌套分析法的基本要素,从而使读者熟悉这种方法。然后,在第三部分中,我厘清了不同类型的本体错误设定,并在之后的第四和五部分中讨论由于不同错误设定对不同因果推断造成的影响。此外,这些部分还涉及针对用于揭示本体错误设定的图示、定量和定性工具的一些讨论。我会在第六部分得出结论。

嵌套分析概述[①]

嵌套分析法总是从初步回归分析入手(Lieberman,2005:438)。[②] 因为随后的小样本分析可能意味着回归模型存在错误设定、不正确的群体划定,或者不适当的变量测量等问题,所以这种回归只是初步的。有人建议应该对竞争性理论路径的回归模型进行检验,从而将较好的模型与较差的模型区分开来。在如何对待回归结果上,人们所面临的问题是,这些回归结果是否是"稳健/满意","满意"是指回归模型的拟合度,理论预期与拟合系数的一致性(Lieberman,2005:440),以及自变量的显著性(Lieberman,2005:439)。令人满意的模型有着高度的模型

[①] 本部分仅涉及嵌套式分析中对我而言比较重要的要素。
[②] 在《使单薄的概念与理论变厚:在比较政治中使大样本分析与小样本分析结合起来》一文中(Coppedge,1999:465-476)可以找到有关小样本和大样本方法相结合更为广泛的讨论。

拟合优度以及富有统计显著意义的变量,并且这些变量具有与潜在理论相符的标志。"稳健性"表示已获得的结果对模型设定中细微变化的敏感程度。

人们应该标出因变量的预测值与实际值的差距从而评估模型的质量。当模型得到良好设定时,案例是随机分布在角平分线(bisecting line)周围的。如果有理由相信案例是系统性分布的,人们应对估计的模型持怀疑态度。除了对案例分布进行直观检查外,人们也推荐根据理论上重要案例的位置(location)来评估模型的质量。假设我们研究革命,法国大革命应该靠近二等分线。

继大样本分析(large-N analysis)之后,人们接下来应该进行小样本分析。① 大样本分析位于跨案例分析(cross-case analysis)层次上,而小样本分析则在案例之内的层次上进行(Lieberman,2005:440)。利伯曼区分了模型检验式小样本分析与模型建构式小样本分析。当模型表现出"满意/稳健"特征时,人们应进行模型检验式小样本分析,而在所有其他案例中都应进行模型建构式小样本分析。模型检验式小样本分析应回答以下两个问题:假设的原因和结果之间是否存在因果关联以及原因是否发生在结果之前(Lieberman,2005:443)。为了回答这些问题,利伯曼建议案例选择应该拥有较小的残差值,并应该涵盖自变量变异的最大值,从而可以在各种背景下检验模型(Lieberman,2005:442 – 444)。照此标准选定案例后,我们应检验初步大样本分析的最佳拟合模型(Lieberman,2005:445)。利伯曼建议,案例内分析法的重点应放在那些在大样本分析中具有统计显著性的变量上。不过,模型检验式小样本分析并不限定于大样本分析所估计的模型。由于缺乏合适的数据,当某一理论并不能进行定量检验时,模型检验式小样本分析也适用(Lieberman,2005:443)。

当模型检验式小样本分析证实了初步大样本分析的结果时,人们可以相信潜在理论具有很强的解释力,并且嵌套式分析也就此终止。假如

---

① 在此种情况下,N 指案例数目。

模型检验式小样本分析提供的证据与大样本分析结果相抵触，人们应该根据案例研究中获得的洞见来完善该模型。当改进后的模型可以用那些不同于初步大样本分析所使用的数据来进行检验时，人们应当进行模型检验式大样本分析（mode-testing large-N analysis），以便搜集证明新模型有效性的跨案例证据。倘若无法获得这样的数据，那么在该模型得到改进之后，嵌套式分析就结束了。

在初步大样本分析中进行检验的模型没有一个被证明是"满意/稳健"，在此情况下，人们应该进行模型建构式小样本分析。而在模型建构式小样本分析中，案例选择的差异体现为两个方面。首先，人们应该至少选择一个偏离最优拟合模型的案例。对那些由性能不佳的回归模型所准确预测的案例而言，这样做的原因就在于使得对这些案例的选择进行限制意义不大。其次，与模型检验式小样本分析相比，案例的自变量的值是次要的。相对较低的模型拟合度表明，用于初步大样本分析的自变量不足于解释因变量的若干变化。因此，在为模型建构式小样本分析所做的案例选择中，这些自变量的值是不相关的（Lieberman，2005：445）。

模型建构式小样本分析意味着对原始模型要进行修正，新模型应通过模型检验式大样本分析来进行检验。利伯曼提出应该以一整套案例以及减去用于模型建构式小样本分析的那套案例为基础来评估新模型。这使得根据回归结果来评估受检视案例的影响就成为可能（Lieberman，2005：449，footnote 30）。当模型检验式大样本分析的结果是令人满意的/稳健的，人们就可以相信来自模型建构式小样本分析的模型之效力。相应地，假使跨案例结果未能证实此模型，那么嵌套分析就会在没有出现任何令人满意的/稳健的模型的情况下走向终结（Lieberman，2005：450）。

当模型检验式大样本分析由于缺乏数据而无法进行，或者当案例被视为例外时，即意味着它对跨案例模型的建立毫无用处（Lieberman，2005：449），在此情况下，嵌套分析应予以结束。模型检验式小样本分析和模型建构式小样本分析在模型建构中所起的作用不同，但这两种类型的案例内分析有着共同之处,即它们都是用来理解特定案例的结果以及导致结果的变量与过程(Lieberman,2005:436)。

变量的类型和本体错误设定

讨论嵌套式推断的设定问题需要区分不同类型的变量以及各种本体模型错误设定的变体。因果模型的本体设定涉及两个方面,每个方面都是潜在的错误来源。[①] 首先,确定那些将被纳入到模型中的变量很重要。由于我们的目标是要建立一般性因果模型,鉴于当前的理论和研究问题,它应该只包含系统性变量。与系统性变量对应的就是非系统性变量。非系统性变量在解释特定案例的结果时至关重要,不过它们与跨案例模型的建立并不相关。假使模型包含非系统性变量,那它就是过度拟合(overfitting),但当这个模型将系统性变量排除在外时,此模型则是拟合不足(underfitting)。拟合不足和过度拟合并不是相互排斥的现象。模型可能把一个不相关的变量纳入在内却同时遗漏了一个相关变量。在社会研究中,区分系统性和非系统性变量并不总是很容易。正如下文所述,变量正确状态的不确定性正是本体错误设定的一个主要来源。

系统性和非系统性变量之间、拟合不足和与过度拟合之间的差别并不是新近才出现的(e.g.,King et al.,1994:section 3.1)。然而,正如下文所述,相关文献并未充分揭示这些差别对于嵌套推断的意蕴。要知悉结果,我们就有必要解释系统性和非系统性变量是如何影响特定案例的因变量数值的。因变量的数值由系统性变量和非系统性变量的共同影响而决定的。例如,一个政党在投票日获得的选举票数是若干系统性变量(例如其党纲)和非系统变量(如天气等)所产生的结果。反过来,

---

① 另一个问题是统计学上的模型设定错误(例如,依据在时间序列回归中缺少序列相关的控制;cf. Beck,2001)。统计学上的模型错误设定之影响取决于错误的性质。例如,除了造成序列相关之外,多重共线性还会造成其他影响。在本体设定错误之影响这一问题上我提出的看法同样适用于统计学上的设定错误,如果二者的影响类似的话。

每一个变量都受到系统和非系统变量的共同影响。如果人们能够进行大量的假设性重复（hypothetical replications），那么人们将获得系统性变量带来的平均因果效应，这是因为非系统性变量的影响会相互抵消。在大多数情况下，对同一事件予以多次重复是不可行的。替代方法就是对一组可比较案例进行回归。如果所有的统计假设都得以满足，那么非系统性变量对平均因果效应就没有起到钝化作用（cf. King et al., 1994: section 3.1）。不过，某特定案例的因变量数值依旧是系统性和非系统性变量影响的结果。当讨论到模型设定和案例选择时，这一点就尤为重要。模型建构的第二个本体论任务是要求对每个自变量（回归模型中变量的参数）的因果效应进行设定。例如，重要的一环是考量自变量的效应是否彼此独立或者是否有交互效应[①]涉入其中。

在随后的章节中，我将讨论嵌套式分析中因果推断的所有要素是如何受到本体错误设定的影响。在对利伯曼的框架稍作修改之后（Lieberman, 2005），基于回归的嵌套式分析和基于案例研究的嵌套分析是嵌套设计的两个变体，对此我进行了区分。一方面，基于回归的嵌套设计从定量分析着手；另一方面，基于案例研究的嵌套分析则以小样本研究为出发点。我作出这种区分是出于以下三个原因。首先，嵌套分析从案例研究入手是可能的。正如利伯曼所指出的，现在许多研究首先进行了定性分析（e.g., Lynch, 2002）。这样的研究并不在利伯曼的从回归部分入手的嵌套分析法的范围之内。因此，基于案例研究的嵌套分析并不存在方法论指南。第二，正如利伯曼所提出的，模型建构式小样本分析与随后的模型检验式大样本分析相结合所展开的分析接近于我所设想的基于案例研究的嵌套分析。然而，二者之间存在着一个重要区别。如果模型的性能不尽如人意，利伯曼建议进行模型建构式小样本分析。这种模型建构式小样本分析是从典型案例和异常案例的选择入手，且是以性能不佳的回归模型中最优模型为基础的。当模型拟合度不太令人满意时，

---

① 交互效用是指一项研究中有两个或两个以上的自变量，当一个自变量的效果在另一个自变量的每一个水平上不一样时，我们就说存在着自变量的交互作用。——译者注

人们使用残差值选择案例似乎是自相矛盾的。毫无疑问,利伯曼认识到在案例选择上使用存在缺陷的回归模型是存在问题的。他认为,人们不应该根据自变量来选择案例,因为它们显然并不具有足够的解释力。如果不考虑自变量数值,这应该也是适用于残差值的,因为它们部分地取决于因变量。因此,我坚持认为,方法论上的优先程序是从始于案例研究组成部分的新嵌套分析着手,这是基于案例研究的嵌套分析。最后,利伯曼承认,初步大样本分析可能开始于"与具体案例或一系列案例相关的背景信息的不同层次"(Lieberman,2005:438)。从本质上讲,这是基于案例研究的嵌套分析。① 正如下文详细解释的,当案例研究向回归分析发展时,人们势必要作出一系列重要的方法论决断。我们则需要认识这些决断,并将其明晰化,从而可以避免因果推断中存在的陷阱。

在下一部分中,我将讨论基于回归的嵌套分析,并在之后的部分中讨论基于案例研究的嵌套分析。在每一部分中,我会阐明拟合不足和过度拟合对嵌套分析中所有构件(components)造成的影响。在回归部分中,这些包括模型拟合度、回归系数②以及作为统计显著性测量方法的 p 值③。首先,我将解释拟合不足如何影响每个组成部分,以及拟合不足如何影响案例内分析的因果推断。此外,我会详细说明如何用图示、定量和定性工具来检测模型错误设定。

应当指出的是,我们要详述因果效应中错误设定的意蕴是很难的。这主要是因为它所产生的结果取决于其在与真实因果效应的本质结合中所作出的建模决策。根据接下来的情况,因果效应的错误设定可能类似于拟合不足、过度拟合或者同时兼具二者(cf. Kohler et al., 2001:228

---

① 另一种建立回归模型的方法是形式化建模(cf. Bennett, 2002)。在形式化建模方面,问题还涉及模型或明或暗地在多大程度上受到特殊案例中的深厚知识的启发。

② 回归分析中度量因变量对自变量相依程度的指标,它反映当自变量每变化一个单位时,因变量所期望的变化量。——译者注

③ P 值(P value)就是当原假设为真时所得到的样本观察结果或更极端结果出现的概率。如果 P 值很小,说明这种情况的发生的概率很小,而如果出现了,根据小概率原理,我们就有理由拒绝原假设,P 值越小,我们拒绝原假设的理由越充分。总之,P 值越小,表明结果越显著。但是检验的结果究竟是"显著的"、"中度显著的"还是"高度显著的"需要我们自己根据 P 值的大小和实际问题来解决。——译者注

-229)。由于我们不可能对这个问题进行一次一般性讨论,我在下一部分中将其搁置,读者可以参考相关计量经济学文献以获得详情(e.g., Greene, 2003: ch.8)。

基于回归的嵌套分析

错误设定的后果

由于更多的变量可能会捕捉到因变量上的更大变化,所以模型拟合度往往会被低估。① 低估模型拟合度就会造成人们在小样本分析类型上偏向进行模型建构式小样本分析。这个结果是有利的,因为人们应该进行模型建构式小样本分析来识别遗漏的变量并建构真实的模型。随之而来的问题是,真实模型是否具有更强的解释力。在这种情况下,被低估的模型拟合度是不会下降到对模型建构式小样本分析和模型检验式小样本分析进行界定的分界点之下的。此模型将会令人满意,而且模型检验式小样本分析也将进行。在某种意义上而言,这个决断是正确的,因为人们理所当然地认为此模型具有很强的解释力。不过,关键是被排除的变量可能在模型检验式小样本分析中也识别不出来,这主要是因为人们不会去寻找一个遗漏的变量(这个问题将在后面详细讨论)。因此,在定量分析中盛行的高模型拟合度就成了嵌套分析中的一个问题。

如果被排除的变量与特定变量相互关联,那么作为对因果效应的测量,这个特定变量回归系数的估计值就会出现偏离或存在不一致。人们几乎总是注意被排除的变量与每个被包括在内的变量之间一定的关联度,因此,一般而言,偏差和不一致总是存在的。模型的拟合不足就极有可能导致因果效应的曲解。我们也就不能确定多元回归模型中的估计

---

① 如果模型拟合度的测量说明了自变量的数目问题,例如调整后的 R2,当被排除变量的 t 值的绝对指数小于 1 时,模型拟合度就不会提高(Gujarati, 2004: 537)。

系数是大于还是小于真实的系数，而这恰恰是定量分析中的法则（Bartels，1995）。

此外，偏差和不一致性可能会造成案例的误导性选择。一个案例是典型案例或是异常案例取决于其残差值，而残差值是案例因变量值与回归面之间的差值。鉴于其对回归系数估计值的影响，后者的形成会受到模型拟合不足的影响。因此，根据偏差和不一致性的严重性，残差值证明了其是案例状况的误导性指标。由于案例状况衍射于残差值，因而，案例内分析法的作用就因偏差和不一致性而遭到削弱。当人们认定基于案例残差值的处于检视中的案例是典型案例之时，人们也会认为观察到的因果过程对于一个典型案例而言是一种典范。不过，倘若没有考虑到案例在样本总体中定位，我们就不可能确定因果陈述是否具有普遍性（Lieberman，2005）。因此，拟合不足可能会导致我们选择错误的案例，而这个错误案例是在拟合不足模型所衍生的案例状况不同于真实模型所产生的案例状况时被选择的。这就意味着真正的典型案例似乎是异常的，而真正的异常案例又似乎具有典型性。

假如人们错把一个异常案例选择为典型案例而不是相反，那么在案例内分析中为因果推断而进行的错误案例选择所造成的后果往往更为严重。如果人们错把一个异常案例当作典型案例，就很可能无法发现模型的拟合不足。原因是作为模型一部分的所有变量很可能因此与一个拟合不足模型中的因变量因果联系在一起。如果由于案例残差值小，人们就认定此案例是典型案例，那就似乎没有理由寻找遗漏的变量了（也就是说，模型的拟合不足仍未被发现）。如果人们错把典型案例当作异常案例，情况就有点不同了。较大的残差值意味着此案例在某些方面非同寻常。人们会因为怀疑某个系统性变量在模型中遗漏了而去检视此案例。但问题是遗漏的系统性变量是否会被识别出。如果人们错把非系统性变量视为系统性变量，那么眼前的模型就过度拟合了（如下文所讨论的后果）。另一方面，当遗漏的系统变量在案例内分析的过程中被识别出来并且被纳入进模型之内时，该模型将会得到完善。具有讽刺意味的是，虽然原始模型是拟合不足的，案例选择也存在着缺陷，案例内分析法可能会产生一个正确设定的改进型模型。

　　模型的拟合不足使得对回归系数变化的估计值出现偏差，从而使统计显著性的例行检验出现误导（Gujarati，2004：501-511）。这意味着模型的拟合不足影响了人们在案例内分析中所关注的重点。根据利伯曼的观点，案例内分析应把重点放在显著的变量上，而不显著的变量则不予考虑。在这方面，由于变量的因果意义是从其统计显著性上推导出来的，故模型的拟合不足就产生了一个问题。[①] 案例内分析法中模型拟合不足的精确效果取决于它对 p 值的影响。如果有偏差的 p 值大于真正的 p 值，一个变量往往似乎不具有显著性，尽管它在真实模型中很显著。最终结果是，人们会错误地把某一个变量从案例内分析中排除出去。当这个被忽视的变量是系统性变量时，该模型会变得更加拟合不足，因为人们把一个系统变量从还未构建好的模型中剔除出去了。另一方面，错误的 p 值可能小于真正的 p 值。其结果可能是，一个真正的不显著变量却被认定为是显著变量且被纳入到案例内分析之中。这个略显讽刺的结果除了导致模型拟合不足之外还导致了模型过度拟合。

　　在讨论完模型拟合不足的影响之后，我接下来将要讨论模型过度拟合的影响。当模型过度拟合时，由于更多的变量可能会捕捉到自变量上出现的更大变化，模型的拟合度往往被高估。[②] 在对模型检验式小样本分析和模型建构式小样本分析所作的抉择中，模型过度拟合使之更倾向于支持前者。一方面，人们有可能认可模型的过度拟合，因为过度拟合的变量并不因此与因变量存在因果关联。另一方面，在回归嵌套式分析开始时，人们并不总是随机地将变量投入到模型中。相反，增加一个变量常常是，至少部分是由对一系列案例的认知所推动的，而在其中这个变量对其拥有因果效应。因此，人们将有机会发现案例内分析中自变量与因变量之间的因果联系。出于这个原因，对过度拟合的识别较之于人

　　[①] 不考虑方法论问题的话，人们可以进一步认为，不应该运用统计学上的显著性作为案例内分析的指南，因为此程序往往会混淆统计学上的显著性与实质意义上的显著性（cf. Ziliak et al.，2004）。

　　[②] 上文对有关拟合不足的讨论所提出的告诫也适用于这里（见注释8）。

们起初设想的就更为困难。一个明确的解决办法就是,我们应该选择案例内分析的其他案例,而不是最初在模型中明确或潜在发现的案例(Lieberman,2005:446-448)。然而,在案例研究实践中,由于缺乏资源(例如与资料来源、语言技能有关),方法论上的正常程序可能并不可行。

在过度拟合模型中,回归系数的估计值不存在偏差并且是一致的(Gujarati,2004:513)。因此,因果效应能得以准确估算,而且案例选择也不受上文详述的偏差和/或不一致所干扰。然而相反的是,案例选择受到维度问题的影响。在过度拟合的案例中,案例的残差值由 k 维度而不是 $k-1$ 维度确定。当各个变量从模型中剔除时,案例通常呈现逐渐远离回归面的趋势,这意味着过度拟合模型中的典型案例有可能会成为真实模型中的异常案例。事实上,人们可能会选择错误的案例,这样做就会造成我在拟合不足那一部分中所阐述过的后果。[①]

此外,过度拟合产生了无效的估计值,因此,被纳入变量的显著性就被低估了(Gujarati,2004:512)。诚如上文所述,这可能会削弱针对案例内分析法中所重视变量而作出的决断。假如变量在真实模型中是显著的但在过度拟合模型中却不具有显著性,人们可能会作错误决策。由于变量的显著性不突出,人们会错误地把它从案例内分析法[②](within-case analysis)中排除出去。因此,如果因为在案例内分析法中非系统变量没有被识别出来,那么调整后的模型将会是拟合不足且过度拟合的模型。[③]

检测模型错误设定的方法

有关拟合不足和过度拟合影响的讨论表明了嵌套分析所涉及的错

---

① 根据拟合不足模型,案例选择中的反向维度问题也存在。然而,在这种情况下,由于偏见或不一致或二者同时造成的影响更为严重,这个问题并不重要。
② 也有学者将"within-case analysis"译为"样本内分析法",本文统一译为"案例内分析法"。——译者注
③ 人们排除了过度拟合的变量之后,它可能会发生,但无人敢肯定这一定会发生。

误。上文所述的回归分析中错误设定的不利影响在定量社会科学中已为人所知。然而，可以看出，这些影响在嵌套分析中又具有了新特征，因为它们也削弱了案例研究部分中的因果推论。如果人们只做一个案例研究，案例内分析法就不会有负面影响。因此，不恰当地进行嵌套分析可能是弊大于利。不过，问题是案例内分析法立足的关键决策因素（例如残差值）是统计数据，而这些统计数据的准确性很难甚至不可能在小样本部分中得到交叉验证。

随后，在本部分中，我会试图说明，以案例内分析法去检测模型错误设定要远超过人们所相信的其在嵌套分析中所发挥的作用。尽管如此，我也会说明定性分析存在一些局限性，而这就需要运用图示和定量工具，借此查找到错误设定。在文献中，图示和定量式的设定检验已经受到了广泛重视。与之相反，对过程追踪法是如何有助于模型建构和模型检验的讨论迄今还是不够的。① 我只简要谈及前两个工具，但是对其参考价值做一细致交代。我讨论的基准是，有必要把图示和/或定量手段或者与定性工具结合起来对错误设定进行检测。模型准确度检测理应遵循混合方法设计的基本逻辑，以便最大化检测到无效的本体建模决策的可能性。图1将我正详细阐述的基于回归的嵌套分析运行过程形象地展现出来。②

利伯曼建议在对模型的检测中可进行图示分析，即通过散点图③的形式来反映因变量的实际值与预测值的对比（Lieberman，2005：439－440）。模型的质量应从两个方面来评定。首先，人们应该确定具有显著性的案例的位置。例如，法国大革命有望成为对革命进行定量分析的一

---

① 利伯曼有关模型检验式小样本分析和模型建构式小样本分析的讨论重点在于嵌套分析中过程追踪法的作用，却在很大程度上忽略了其具体应用（Liberman，2005）。同样，其他案例内分析之处理主要讨论了其在研究设计中的地位，但不知道如何进行（e.g., George et al., 2005）。

② 正如我在下文解释的那样，模型稳健性的检测也可以作为模型设定的检测。因此，在这个图中，稳健性检测就没有明显提及。

③ 散点图是指在回归分析中数据点在直角坐标系平面上的分布图。散点图表示应变量随自变量而变化的大致趋势，据此可以选择合适的函数对数据点进行拟合。

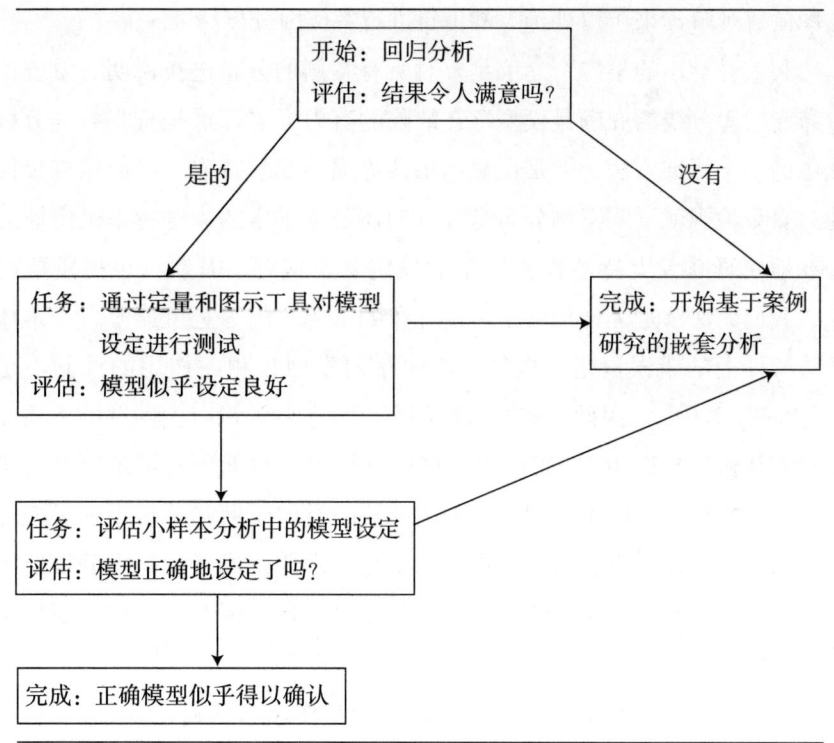

图1 基于回归的嵌套分析

个典型案例。不过,这种方法具有误导性,因为它混淆了理论典型性与统计典型性的实质重要性。如果人们在案例内分析中观察到的数据生成过程符合理论模型,就理论而言,这个案例是典型案例。无可否认,最好的推测是典型案例在统计学上也是典型的(也就是说它有小残差值)。然而,统计学意义上的典型案例未必具有理论上的代表性。由于非系统性变量的影响,也有可能是,理论上不具有代表性的案例有小残差值(Lieberman,2005:448)。此外,我们远没有理由相信实质上重要的案例会有小残差值,因为非系统性变量的影响可能会促使案例远离回归面。在这种情况下,如果将大的残差值源于非系统变量,那么统计显著性的异常案例在理论上仍是典型案例。基准就在于实质的重要性是对散点图解读的误导性指引。它只与这个论断相关,即统计显著性的典型(异常)案例是否也是理论上的典型(异常)案例。它不可能通过对散点图的直观解读来予以评价，却值得进行案例内分析。

利伯曼给出的第二个建议是要对所有案例的分布进行说明。系统性分布在二等分线的周围是模型存在缺陷的有力标志。这是直观数据分析法中的一个标准方法，但是也显示出两方面不足。首先，我们很难仅仅通过直观检视就说明案例分布是寻常的还是不寻常的。这种不确定性会潜在地使研究者支持被检验模型的决定发生偏差。其次，也更重要的是，我们无法清楚无误地确定可疑分布的来源，因为它可能源自于本体论或统计上的错误设定。例如，时间序列模型自相关作用的控制不足（cf. Beck, 2001）。因此，非随机性的案例分布对认识有关问题的本质几乎没有任何指导作用。[①] 我认为，仅仅进行图示数据分析不足以发现错误设定。实质上，图示数据分析的主要缺陷类似于回归分析中因果推理产生的问题。跨案例层次上获得的结果是否虚假，或者案例内分析层次上数据生成过程所产生的结果，仍具有不确定性。因此，我们需要采用源自直观数据分析的结果来指导对模型错误设定的定性检验。

定量方法是进行统计检验，它计算的是作出错误设定模型的概率。一个这样的检验是我将详细讨论的拉姆齐回归错误设定测验[②]（RESET），通过它我们能例证对错误设定进行定量测试所存在的问题（cf. Gujarati, 2004：521 - 523）。[③] RESET 后进行 F - 分布。由 RESET 测试的零假设是，模型是正确设定的。举一个假设性的例子，假定一个二元变量模型的 F 值[④]是 1.26，其相应的 p 值是 0.29。在显著性的常规水平上，这一结果并不能足以拒绝零假设（也就是说，人们可以根据 RE-

---

[①] 存在顾及拟合不足、过度拟合以及因果效应错误设定之检测的特定陷阱（Schnell, 1994）。然而，基本问题仍然是一个系统模式可以有多种来源。

[②] 学界一般把"拉姆齐测验"描述为：如果两个人正在争论"如果 p，将会 q 吗"，并且这两个人都对 p 持怀疑态度，那么，这两个人就在假设性地把 p 添加到他们的知识储存中并且基于 q 来展开论证；这样一来，"如果 p，q"和"如果 p，非 q"在某种意义上就是矛盾的。我们可以说他们正在确定在已知 p 的情况下他们对 q 的信念度。——译者注

[③] 其他按照类似逻辑以及带来类似问题的检测是德宾 - 沃森 d 统计量和拉格朗日乘数检验（Greene, 2003：ch. 8; Gujarati, 2004：ch. 13）。

[④] F 值表示整个模型的显著性，F 越大，表示模型越显著，拟合程度也就越好。——译者注

SET 得出该模型设定正确的结论)。

然而,如果检验结果允许人们拒绝模型是错误的替代假设,它并不会必然排除其错误设定的可能性。这是因为,对错误设定的定量检验是在跨案例的层次上进行的。鉴于此,对错误设定的定量检验与普通的回归估算相似。因此,此类检验并不能确定假定的数据生成过程是否适当。回归估算的基本问题依然存在。另一方面,能够排除零假设的检验结果也不足以证明本体错误设定。显著的结果可能就是本体论和/或统计上的错误设定而产生的。出于这个原因,拒绝零假设不应自然而然地被解读为要改变模型的本体设定。通过对各种统计问题(例如多重共线性)进行附加工具的检验,显著性检验结果的真实来源的不确定性可能会得以缓解。即使人们可以排除显著结果的所有替代来源,但是虚假问题仍然是存在的。继而,假设我们单独使用定量方法,定量方法就不足以检验出模型错误设定的问题。类似于对直观分析所主张的结论,定量检验最好与定性手段结合起来使用。①

对模型错误设定进行直观和定量检验应辅之以定性分析。更特别的是,它们可以表明,定性分析的重点就是要评估测试结果是否虚假。相反,鉴于两个紧密相联的原因,仅仅使用定量手段也是不恰当的。从定性的模型检验中所获得的预感,即模型可能是错误设定的,需要运用相应的图示的和定量工具进行交叉检验。当检验结果得到改进时,我们就有充足的理由修改模型,如果相反,我们就只能搁置一旁了。第二,人们也可能对改进之后的模型进行评估,并通过比较新旧回归估算的输出值从而对其准确性作出决断。此过程产生的问题是性能最好的和/或最稳健的模型不一定是真实模型(Hoover et al., 2000)。因此,我们非常有必要对回归结果的比较辅之以相对的图示的和定量检验的对比。从这个角度来看,回归模型缺乏稳健性不一定是问题。利伯曼认为,如果定量结果并不稳健,人们应进行模型建构式小样本分析(Lieberman,

---

① 另一检测模型错误设定的方法是交叉验证。正如其他所有定量方法遇到的情况一样,人们不能排除最终模型是错误设定的这一情况。因此,人们仍有必要评估小样本分析中的模型设定。

2005：441）。如果人们运用图示和定量方法，这似乎又并非必要。例如，倘若人们有两个在自变量上互不相同的模型，人们可以从图示和定量上确定哪个模型的性能更好，以及集中在此变量上进行了一次辅助性的模型检验式小样本分析。

现在已经很清楚的是，上述有关对错误设定进行的图示的和定量的检测是有别于一般回归分析。另一方面，对错误设定进行定性检验实质上是获得了嵌套设计中的案例研究构件。如果要用案例内分析法来检测错误设定，我们有必要遵循若干超出通常案例内分析法操作的准则。① 有文献认为，案例研究有助于阐明原因与结果相关联的因果机制。正如笔者在下一部分所表明的，此过程中不一定限制嵌套设计中案例内分析法的潜力。如果要使用案例分析法来检测错误设定，那么人们不应局限于探求模型中变量之间的因果机制，而应扩大案例研究的目的。②

为了详细阐述这一点，我首先需要区分人们在案例内分析中所采纳的三个因果视角：以 X 为中心、以 Y 为中心和以 XY 为中心（cf. George et al., 2005：218；Gerring, 2001：137）。在以 X 为中心的设计中，人们对特殊原因所导致的结果感兴趣（即自变量是过程追踪的起点）。以 Y 为中心的分析对导致结果的原因感兴趣。以 Y 为中心的分析起点是因变量，而且案例内分析法返回去确定相关的自变量。以 XY 为中心的设计开端的起点和终点一开始就为我们所知了。XY 式研究的主要目的就是要甄别是否存在将 X 与 Y 相连的因果机制。

利伯曼建议在模型检验式小样本分析中应用以 XY 为中心的因果机制。他表明要通过选择典型案例，以及找出从 X 到 Y 的因果关系机制来检测虚假，而这类似于过度拟合（Lieberman, 2005：441）。这一程序不

---

① 利伯曼认为，案例内分析还可以涵盖其他回归分析（Lieberman, 2005：441）。在我看来，这样的嵌套分析是没有意义的。案例内回归是不能替代定性案例内分析的基本作用（例如，排除虚假性）。

② 小心翼翼的案例选择有助于评估模型设定。例如，人们可以选择这样一个案例：在 A 模型中它是典型案例，同时在稍微有别于 A 模型设定的 B 模型中它却是异常案例。然后小样本分析可用来说明此案例是典型案例还是异常案例是否更为合理（此观点来源于一位匿名评论家，cf. King & Zeng, 2007）。

可能检测出模型的拟合不足。① 定性检验模型的拟合不足需要拓展案例内分析的范围，从而超出那些已经纳入模型内的变量。② 这可以通过演绎方式和归纳方式来完成。理论推理和备选假设的建立是确定遗漏变量的演绎方法。一旦自变量通过演绎推导出来，此分析也就成为以 XY 为中心的设计，因为人们试图识别出把已知 X 导向已知 Y 的因果过程。演绎法的问题就在于其他假设仅仅涉及那些人们似是而非地期望具有中肯因果关系的因变量。鉴于考虑中的理论因素，如果被排除的变量是例外的，那它就不可能成为任何备选假设的一部分。此外，使用演绎法来解释审视之下具体案例的结果并不太合适，而这却是嵌套分析的一个主要目的。③

在需要采纳以 Y 为中心的归纳法中，演绎方法的两个缺点都不存在。在这种案例内分析的变体中，人们从所关注的结果（即反向于因果关系的方向）返回到去识别促成此结果的系统性和非系统性变量。用归纳法检验模型拟合不足可能要消耗更多资源。根据所研究的问题，存在大量自变量连接到需要评估的 Y 上。这是最大限诉诸度地降低模型拟合不足的代价。

与案例内分析法中对 X 中心与 Y 中心的设计处理相关，讨论可以扩展到诉诸原始来源和二手来源促进因果推理的实践上。伊恩·S. 拉斯提克（Ian S. Lustick）指出，人们在经验问题上往往采纳特定视角，因此，历史研究往往存在偏见（Lustick，1996）。毫无保留地使用存在着偏见的史料会导致偏颇的叙述以及无效的因果陈述。此外，拉斯提克建议，人们应该利用多样化的资料来源以减少偏见（Lustick，1996）。

案例内分析中因果视角的变化与历史文献的使用相互联系，所以拉斯提克的警告和建议不可小觑。假设人们要了解自由主义经济思想对贸易政策决策的影响，人们可以决定对自由主义思想在多大程度上推动了

---

① 利伯曼认为，通过比较因变量预测的和实际的指数来检视标示，回归部分中的拟合不足问题也会得以发现（Lieberman，2005）。在上文中我认为回归输出未必意味着拟合不足以及对标示的解读不足以进行回归诊断。

② 当然，现在的问题是人们应该分析多少个案例才能确定该模型是否是拟合不足的，很明显对所有案例都进行分析是不可能的。鉴于研究资源有限，我认为人们应该牺牲广度而强调深度。定性部分缺乏广度的问题可以通过运用上面讨论过的目视和定量检测而得以解决。

③ 正如上文所述，系统性变量和非系统性变量共同促成了特殊案例的结果。对遗漏变量的演绎式搜索专门关注了系统性变量，这意味着人们未能抓住解释 Y 指数的全部变量。

法国的以 1860 年科布登 – 谢瓦利埃条约①（Cobden-Chevalier Treaty）形式出现的贸易自由化政策进行评估。假设人们已经了解亚瑟·邓纳姆（Arthur Dunham）的研究（1930 – 1971），而他可能对达成此协定的过程进行最为详细的论述。他的研究有助人们了解在此过程中自由主义经济思想所起的作用，因为他对作为拿破仑三世亲密经济顾问的自由主义经济学家米歇尔·谢瓦利埃（Michel Chevalier）的角色着墨甚多。虽然邓纳姆涉及对法国与英国的外交政策的关注，但是，假定人们想要去了解贸易政策制定，他对无疑是系统性变量的因素的关注却相对较少。完全依赖邓纳姆的研究往往导致人们低估外交政策问题的影响。鉴于此，人们应该寻找除了用于分析作为主要兴趣的 XY 关系之外的其他历史研究成果。其他材料还包括了调查中的事件，但其更注重的是其他的系统性变量（例如，对外部安全的关注；Iliasu，1971）。当用于分析 XY 关系的历史资料论及了在受检视过程中起作用的其他变量时，它是可以作为指导的。例如，邓纳姆认为，对外交政策的关注也起了一定作用。此信息可以用来寻找其他关注这个问题的研究成果。即使邓纳姆已经完全忽略了外交政策的因素，手头的研究问题以及对法国和英国之间传统敌对关系的认知将足以推动人们假设：这个因素促成了英法协定的达成并依此寻找有关此话题的历史文献。

基于案例研究的嵌套分析

归纳型模型建构

在基于案例研究的嵌套分析中，过程追踪旨在归纳性地构建模型，

---

① 根据这一条约，英国实际上允许法国一切货物免税进口，对葡萄酒和白兰地的进口税大大削减，法国则对某些英国商品取消禁令，降低税率。此外，缔约国一方给予另一方"最惠国"待遇。如果法国根据条约给予其他国家以科布登未曾取得的更为优惠的条件，则英国商品将立即享有同样待遇。由于法国与另外 10 个欧洲国家缔结的条约和英国与另外 7 个国家缔结的条约都包括某些更低的关税，因而关税降低的范围随着每个条约的签订而不断扩大。——译者注

随后对其解释力进行定量评估。该模型是依据上文区分的三种因果视角而生成的。研究原因所导致的结果采用以 X 为中心的视角。在 X 为中心的设计中我们可以通过采取以下四个步骤来降低建构一个错误设定模型的风险。首先，人们应从兴趣点的自变量开始并以人们注定感兴趣的某一结果为终点不断进行前瞻性案例内分析（cf. George et al., 2005）。这一事件成为因变量。最初的以 X 为中心的视角转化为一个以 XY 为中心的分析，这是因为兴趣中的因果过程的起点与终点现在已经为人们所知。鉴于这样的 XY 关系，人们需要确定应该纳入模型中的其他系统性变量。这个过程涵盖了第二和第三阶段。在第二个步骤中，人们实证性地确定了那些除主要关注点的自变量之外其他有助于因变量的变量。正如上文所解释的，在以 Y 为中心的过程追踪中，确定所有相关变量的概率得以最大化。通过由结果返回到其他原因，人们也许能确定对结果产生影响的所有变量。第三阶段涉及的是，在感兴趣的 XY 关系的基础上将变量或者设定为系统变量或者设定为非系统变量。在具体情景下，因变量和自变量都会影响系统性变量的构成。最后，有必要明晰每一个系统变量的因果效应。这也是归纳模型建构中最为艰巨的任务。变量的因果效应该具有跨案例的特征，这个特征只在较大的一组案例中通过考查自变量和因变量之间关系才能得以确定。即使是三个或四个案例组成的比较案例研究设计也不可能为正确识别因果效应提供充足的依据。尽管如此，它的设定是模型建构中的一个组成要素。如果没有清楚指出一个变量的因果效应是什么，人们就能够很简单地构建一个线性递增的默认模型，然后看它是如何在回归部分中运行的，并且使用图示的和定量的检验工具确定这个因果关系是否是正确的（见下文）。

上述有关历史来源使用上的论点以类似方式适用于基于案例研究的嵌套分析。人们在建立 XY 关系中所使用的材料可能存在偏见并且对构建正确设定的模型也不恰当。因此，一旦主要关注的 XY 关系得以确立，人们应转向另外的来源。我们的目标就是要识别其他系统性变量，它们在归纳性模型建构的第一步中所使用的资料中没有得到足够重视。

只是在第一个步骤方面，以 Y 为中心的分析不同于以 X 为中心的研究。在以 Y 为中心的设计中，第一步涉及去确定产生人们注定感兴趣的结果的原因。例如，如果人们的目的是要解释作为一个双边贸易合作案例的 1860 年英法缔结协定，人们会认为自由主义经济思想是解释法国和英国行为的重要因素。一旦把如自由主义经济思想这样的因素设置为系统性变量，以 Y 为中心的设计就会成为 XY 为中心的设计，这样第一阶段就结束了。以下三个步骤是类似于以 X 为中心的分析法的步骤 2 至 4。第二阶段包括要确定促成结果的其他变量。在步骤 3 中，人们把变量称为系统性变量或非系统性变量，并且在步骤 4 中使每个系统性变量产生了因果效应。由于人们在模型建构之初就从以 XY 为中心的视角入手，XY 为中心的设计仅涵盖以 X 为中心和以 Y 为中心的设计的阶段 2 至 4。因此，由于研究还在继续，故我们不需要对构成 XY 关系的结果或原因进行归纳式确认。

错误设定的后果以及错误设定的检验

即使极为小心地进行案例内分析，归纳性地构建的模型也可能会出现错误设定。错误设定的三个来源存在于基于案例研究的嵌套分析之中。首先，人们可能在实证分析中遗漏了系统性变量致使模型拟合不足。[1] 第二，对经过确认的变量进行分类也可能是不正确的。当系统性变量被认为是非系统性变量时，模型会是拟合不足的，而在相反情况下则是过度拟合的。第三，人们可能把错误的因果效应归因于系统性变量。故基于上述原因，因果效应的设定最有可能导致错误的模型建构。[2]

上文中我已经讲述了回归估计的各种不同类型的错误设定的后果，所以这里我不再赘述。然而，值得一提的是，在基于案例研究的嵌套分析中，错误贯穿始终的问题也是明显的。当归纳性地推导出的模型是错误设定时，案例研究中的因果推理和嵌套式分析中的回归部分将是无效

---

[1] 非系统性变量不应该成为一般性模型的一部分，因此我们可以忽视非系统性变量。由此可见，实际上问题是，如果人们起初就不知道某一变量已被忽略，那么人们就不可能知道这个被忽略的变量是否是系统性的。

[2] 如果人们只对解释处于审视之下的案例感兴趣，那么错误设定的第二个和第三个来源就不是问题了。变量的因果效应与特殊案例的理解无关。变量的分类不太重要，因为它仅仅对建立跨案例模型至关重要。忽视实证分析中的某一变量是导致不完整理解案例的唯一原因。因此，在嵌套设计中案例研究是模型建构的基础，与之相比，单一案例研究则更为简单。

的。人们将案例研究与回归分析结合起来了，因此人们不应对模型准确性抱有太大信心。在基于案例研究的嵌套分析中运用各种工具对模型错误设定进行检测是必不可少的。图2描述了在基于案例研究中人们应该如何开始进行模型建构。

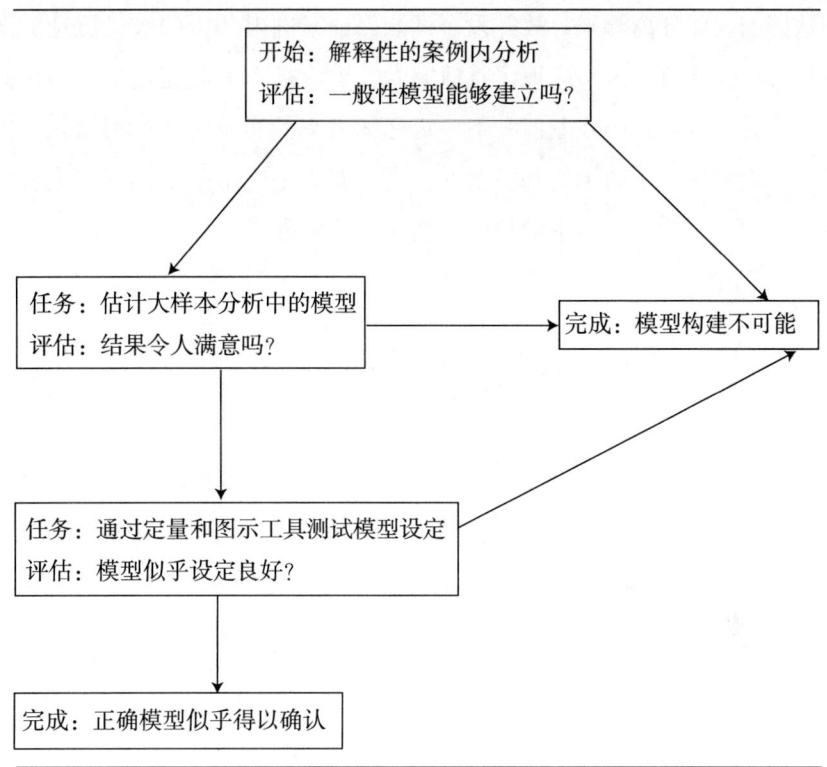

图2　基于回归的嵌套分析

人们仅仅只对归纳性地构建的模型进行检测是不太可能的。相反，可以预见的是，人们将对许多建模判断的有效性持不确定态度（例如有关哪个变量会被视为系统性变量）。图示的和定量的工具可以用来比较竞争性模型的表现（performance）并确定性能最佳的模型。在此过程中，我们应牢记模型建构只是理论上的尝试，而且能够识别出真实模型的既不是回归输出也不是检验结果。因此，理论上的思考应该始终在回归结果和错误设定的检验中占据主导地位。

和基于回归的嵌套分析情况一样，预计中的相对于观察到的散点图的直观检验并没有意义。人们可能会认为，经过检验的案例应该有小的残差值，因为人们要选择模型建构的典型案例。然而，这种推理无法从理论和统计的角度区分出哪些是典型案例。由于非系统性变量可能将案例从回归表面分离开来，故并没有谁能保证案例内分析的经过挑选的案例将有小残差值。这不应该干扰研究者，恰恰是因为此变量是非系统性变量。另一方面，小残差值并不一定意味着案例实质上是典型案例。因此，人们应该使用图示的和定量的工具，而不是应用一个预测与观察的散点图，从而能从本体论的角度评估模型的质量。

结 论

蒙克和斯奈德在最近一篇发表在《比较政治研究》的文章中认为，许多比较研究缺乏方法上的稳健性（Munck et al., 2007a: 5-31; Munck et al., 2007b: 45-47）。他们提出把定量和定性分析结合起来是一个改善比较政治分析的可行方法。我不否认混合方法设计能够而且应该在比较研究中发挥核心作用。不过，针对利伯曼对嵌套分析法的讨论，我强调了研究者进行嵌套分析时所碰到的实质问题，从方法论上来看，尽管利伯曼的分析是目前对混合法推理最为详尽的论述（Lieberman, 2005）。

我已经表明，模型中本体论的错误设定会造成贯穿于整个嵌套设计中的方法上的错误。其结果是嵌套分析法中定量和定性上的因果推理受到削弱。在这些情况下，不同方法的结合是一文不值的。相反，单一方法设计可能更为可取，因为嵌套分析的应用可能会产生方法复杂化的错觉，从而将问题留给不明白当前问题的人。此外，我也试图说明，如果可能的话，我们应该对在定量和定性部分中本体的建模决策的准确性分别进行交叉验证，但我们却很难做到这一点。正是因为这两种方法紧密结合在一起，所以我们使用案例内分析法来评估回归模型的本体质量是存在问题的，反之亦然。

面对这些问题，我认为很有必要运用直观的、定量和定性相结合的方法来检验嵌套式分析中的模型错误设定。除了处于嵌套设计的核心位置的交叉验证方法，我认为诉诸方法内验证法也是不可或缺的，这意味着，例如，要确定回归模型的准确性就需要对模型错误设定进行定量检验。鉴于定量和定性方法日益复杂，对嵌套式分析的要求就更为苛刻。政治学中持续的方法上的改进需要学者们进行合作研究，而他们可能有着不同的能混合起来使用的方法，在这一点上，我与蒙克和斯奈德以及其他一些学者持相同意见（Munck et al.，2007a：5-31；Munck et al.，2007b：45-47；e.g.，George & Bennett，2005）。

（译者单位：华东政法大学政治学研究所）

【参考文献】

Bartels, Larry M., "Symposium on Designing Social Inquiry, Part 1," *The Political Methodologist*, Vol. 6, No. 2, 1995, pp. 8-11.

Beck, Nathaniel, "Time-series-cross-section-data: What Have We Learned in the Past Few Years?" *Annual Review of Political Science*, No. 4, 2001, pp. 271-293.

Bennett, Andrew, "*Where the Model Frequently Meets the Road: Combining Statistical, Formal, and Case Study Methods,*" Paper Presented at the Annual Meeting of the American Political Science Association, Philadelphia, PA, 2002.

Coppedge, Michael, "Thickening thin Concepts and Theories: Combining Large nand Small in Comparative Politics," *Comparative Politics*, Vol. 31, No. 4, 1999, pp. 465-476.

Dunham, Arthur Louis, *The Anglo-French Treaty of Commerce of 1860 and the*

Progress of the Industrial Revolution in France, New York: Russell & Russell, 1971.

George, Alexander L., Andrew Bennett, *Case Studies And Theory Development in the Social Sciences*, Cambridge, MA: MIT Press, 2005.

Gerring, John, *Social Science Methodology: A Critical Framework*, Cambridge, UK: Cambridge University Press, 2001.

Gowa, Joanne, Mansfield, Edward D., "Power Politics and International trade," *American Political Science Review*, Vol. 87, No. 2, 1993, pp. 408 – 420.

Greene, William H., *Econometric Analysis*, Upper Saddle River, NJ: Prentice Hall, 2003.

Gujarati, Damodar N., *Basic Econometrics*, Toronto, Ontario, Canada: McGraw-Hill, 2004.

Hoover, Kevin D., Perez, Stephen J., Three Attitudes Towards Data Mining, *Journal of Economic Methodology*, Vol. 7, No. 2, 2000, pp. 195 – 210.

Iliasu, A. A., The Cobden-Chevalier Commercial Treaty of 1860, *Historical Journal*, Vol. 14, No. 1, 1971, pp. 67 – 98.

King, Gary, Keohane, Robert O., Verba, Sidney, *Designing Social Inquiry: Scientific Inference in Qualitative Research*, Princeton, NJ: Princeton University Press, 1994.

King, Gary, Zeng, Langche, "When can be History be Our Guide? The Pitfalls of Counterfactual Inference," *International Studies Quarterly*, No. 51, 2007, pp. 183 – 210.

Kohler, Ulrich, Kreuter, Frauke, *Datenanalyse mit Stata* [*Data Analysis Using Stata*], München/Wien, Germany: R. Oldenbourg, 2001.

Lieberman, Evan S., *Race and Regionalism in the Politics of Taxation in Brazil and South Africa*. Cambridge, UK: Cambridge University Press, 2003.

Lieberman, Evan S., "Nested Analysis as a Mixed-method Strategy for Comparative Research," *American Political Science Review*, Vol. 99, No. 3, 2005, pp. 435 – 452.

Lustick, Ian S., "History, Historiography, and Political Science," *American Political Science Review*, Vol. 90, No. 3, 1996, pp. 605 – 618.

Lynch, Julia, *The Age of Welfare: Citizens, Clients, and Generations in the Development of the Welfare State*, Unpublished Doctoral Dissertation, University of California, Berkeley, 2002.

Munck, Gerardo L., Snyder, Richard, "Debating the Direction of Comparative Politics: An Analysis of Leading Journals," *Comparative Political Studies*, Vol. 40, No. 1, 2007, pp. 5 – 31.

Munck, Gerardo L., Snyder, Richard, "Visions of Comparative Politics: A reply to Mahoney and Wibbels," *Comparative Political Studies*, Vol. 40, No. 1, 2007, pp. 45 – 47.

Ragin, Charles C., *The Comparative Method: Moving Beyond Quantitative and Qualitative Strategies*, Berkeley: University of California Press, 1987.

Schnell, Rainer, *Graphisch Gestützte Datenanalyse [Visual Data Analysis]*, München/Wien, Germany: R. Oldenbourg, 1994.

Simmons, Beth A., *Who Adjusts? Domestic Sources of Foreign Economic Policy during the Interwar Years*, Princeton, NJ: Princeton University Press, 1994.

Ziliak, Stephen T., McCloskey, Deirdre N., "Size Matters: The Standard Error of Regressions in the American Economic Review," *The Journal of Socio-Economics*, No. 33, 2004, pp. 527 – 546.

信息回归：比较政治学中的关键性前因

[美] 丹·斯莱特[①]，
[美] 埃丽卡·西蒙斯[②] 著
花 勇 译

芝加哥大学丹·斯莱特和埃丽卡·西蒙斯合作的《关键性前因》一文，推动了比较政治学质性研究方法的讨论。两位学者之所以选择质性

[①] 丹·斯劳特是（Dan Slater）美国芝加哥大学政治学系副教授，主要研究领域：威权主义和民主化、抗争政治和国家建设、比较历史方法、东南亚政治。近期发表的著作和论文如下：《订购权力：东南亚的抗争政治和威权国家》（Ordering Power: Contentious Politics and Authoritarian Leviathans in Southeast Asia, New York: Cambridge University Press, 2010）、《革命、镇压和静默：东南亚的公共精英和民主动员》（Revolutions, Crackdowns, and Quiescence: Communal Elites and Democratic Mobilization in Southeast Asia, American Journal of Sociology, Vol. 115, No. 1, 2009, pp. 203 – 254）、《政治科学中的东南亚：理论、地区和质性分析》（Southeast Asia in Political Science: Theory, Region, and Qualitative Analysis, Stanford: Stanford University Press, 2008）、《体系脆弱性和发展中国家的起源：比较视角下东北亚国家和东南亚国家》（Systemic Vulnerability and the Origins of Developmental States: Northeast and Southeast Asia in Comparative Perspective, International Organization, Vol. 59, No. 2, 2005, pp. 327 – 361）。

[②] 埃丽卡·西蒙斯（Erica Simmons）是美国芝加哥大学政治学系博士候选人，主要研究领域：抗争政治、社会运动、民族主义、国家—社会关系、比较历史分析、解释方法（interpretive methods）、拉丁美洲。他的博士学位论文是《市场、运动和意义：拉美的生存威胁和社会抗议》（Markets, Movements, and Meanings: Subsistence Threats and Social Protest in Latin America）。

其他前沿领域：历史社会学与模糊集合
信息回归：比较政治学中的关键性前因

研究方法作为文章主题，主要有三个方面的原因：第一，相对于定量研究方法的蓬勃发展，质性研究方法相对落后；第二，以历史为导向的比较政治研究在学界受到的关注太少，学者们大多抱怨此质性研究推理效率低下；第三，现有的历史关节点框架未能推进比较政治研究的发展，反而阻碍了知识积累和因果推理。为推动以历史导向的比较政治研究的发展，有必要，更有义务去发展历史关节点框架。为此，两位学者创立了"关键性前因"这个概念来完善历史关节点框架。

所谓关键性前因，在两位作者看来，就是历史关节点之前的因素或条件，这些因素或条件与历史关节点期间的因素相结合产生了差异化的结果。关键性前因是先行条件的一种类型，与其他三种类型（描述文本、竞争假设、相似背景）是有区别的。描述文本不去解释因果关系。竞争假设的因果效应是直接的，即结果变量的直接原因。相似背景指的是研究案例之间的相似点。关键性前因是可以用来解释因果关系的；它对结果变量的促成是间接的和组合的，也就是要通过其他变量或者与其他变量相组合才能实现结果变量；它关注的是研究对象的先前差异。总结来说，关键性前因是用来解释因果关系，与历史关节点期间的因果因素相结合的先在差异。关键性前因不能单独发挥作用，它的因果价值必须要和历史关节点相结合，才能显现出来。

关键性前因发挥作用的前提在于，必须把历史关节点看做研究对象发生差异的具有路径依赖效应的分化点，而不是偶然的历史选择。关键性前因发挥作用的机制主要有两个：一是直接作用于历史关节点期间的因素，通过这些因素间接发挥作用，造成结果变量的产生；二是作为条件性原因，在关节点之前就各有差异，使得关节点期间的因果变量更容易发挥作用，研究对象走上不同的发展道路。概括言之，关键性前因发挥作用的机制表现为两大特点：间接和联合。但就第一种机制来说，容易陷入"无限推理"。尽管作者们解释道，只要将注意力放在重要原因上，就可以避免。但这样的解释，过于牵强。

就关键性前因和历史关节点之间的关系，作者认为从因果权重来衡量二者是不正确的。二者都是解释结果变量的重要原因。关键性前因只是对历史关节点框架的补充和完善，不是要替代它。换句话说，作者们首创关键性前因，其主要目的就是要发展比较政治学中的历史主义方法。

两位作者为证明关键性前因不是空穴来风，考察了麦克亚当、格瑞兹—布丝、查德的作品，发现这些学者尽管没有使用关键性前因这个概念，都或多或少地把因果链条前推到历史关节点之前。麦克亚当的研究中，棉花经济萎缩是关键性前因。格瑞兹—布丝讨论的东欧共产党重生中，政党实践是关键性前因。查德对非洲妇女法律保护的研究中，中央政权对宗亲团体的自主性是关键性前因。这些关键性前因，在历史关节点之前就已经不同，作用于历史关节点期间的因果因素，从而导致了最后的差异化结果。

关键性前因的研究价值在于三个方面：第一个方面是超越历史关节点选择的争论。学者们在历史关节点选择在何时总是争论不休，关键性前因的引入会平息这些争论，使得学者们发现真正促使研究对象发生差别的是关节点之前的关键性前因。不过，这也带来了困惑，在这种情况下，关键性前因是否可以作为历史关节点呢？毕竟，在作者所举的雅沙尔和马洪尼的例子中，关键性前因造成了之后的研究对象分化。如此来说，关键性前因只是历史关节点的另一种说法罢了。第二个方面为一些竞争性解释找到了共同点。从作者所给的中美洲民主化和印度种族暴力的例子来看，此方面的价值和第一个价值是类似。尽管学者们从不同方面寻找印度骚乱的原因，但在关键性前因领域可以找到彼此的共同点。第三个方面为可控性比较提供了现实基础。尽管在南非和巴西都存在社会分裂和政治分裂，但程度上的不同这一关键性前因，解释了这两个国家的种族冲突。

总体来看，两位作者引入的关键性前因，确实引起了我们对历史关节点框架的反思。这无疑推动了以历史为导向的比较政治研究。但两位作者对关键性前因这一关键概念阐释不详。他们只是将关键性前因界定为关节点之前的因素和条件，并没有告诉我们如何去寻找和判别关键性前因。而且，他们只是将关键性前因与其他三个类型的先行条件作比较，却遗漏了最重要的比较——与历史关节点的比较。正是因为遗漏了这个比较，才导致在后文的分析中，我们不断质疑，关键性前因是否能作为历史关节点？不过，我们期望比较政治研究中能出现更多的方法论上的创新和争论。该文被美国政治科学协会（APSA）授予2007最佳论文奖，以表彰它在发展和应用质性研究方法上的贡献。

* * * * * *

摘要：政治科学家们如何才能不用无限回归（infinite regress）① 来最好地揭示历史性因果关系？本文引入了一个修改过的历史分析框架，帮助我们系统性地掌握政治发展中最深刻的因果因素。它改良了大家熟知的"历史关节点"（critical juncture）框架，详细阐述了历史关节点之前的"先行条件"（antecedent conditions）的具体因果或非因果地位。将先行条件划分为四种逻辑类型之后，笔者提出学者们应特别关注关键性前因：历史关节点之前的因素或条件，这些因素或条件在因果序列上（in a causal sequence）与历史关节点期间的因素相联合从而产生不同结果。通过分析和评价多个作品，笔者论证了关键性前因如何能够明确因果观点，并提高比较政治学的知识累积。

政治科学一直经历着"历史转向"，但和其他相关学科相比，更慢和更缺乏确定性。② 政治学者们越来越多地认识到，如果不仔细关注"什么时候"这个问题，我们最大的"为什么"问题就得不到充分解答。因此，历史转向严格来说不是一个学科转向。不过，它需要学者们探寻

---

① 无限回归，也被称为无穷后退，是一种认识论上的错误逻辑推理，指的是分析因果关系时，对原因的探究不断后退，无穷无尽。——译者注
② 参见，尤其是马洪尼和罗切迈耶的作品（James Mahoney & Rueschemeyer Dietrich, 2003），以及皮尔森的作品（Paul Pierson, 2004）。更早的论述，参见麦克唐纳的作品（Doug McDonald, 1996）。

其他前沿领域：历史社会学与模糊集合
信息回归：比较政治学中的关键性前因

更多政治因果分析方法。①

因为比较政治学实证性地扎根于具体地域的政治历史之中，它的子学科一直处在学科转变的前沿。批评者们经常抱怨历史导向的比较政治学过度钻研历史细节和情境，导致推理效率低下。与之相反，笔者认为比较政治学中的历史性论述受到的关注太少。当学者们把因果分析截断在"历史关节点"，也就是研究案例以路径依赖的形式开始发生差别的具体历史时点，就阻碍了因果推理和知识累积（Ruth Berins Collier & Collier David, 1991; Seymour Martin Lipset & Rokkan Stein, 1967/1990）。

然而，时序截断（temporal truncation）不是本文唯一的关注点。尽管学者们将相当多的注意力放在历史关节点之前的条件上面，他们竭力通过系统和透明的方法去阐明这些"先行条件"是否具有因果意义。不过，本文的首要任务是将这些先行条件分成四个逻辑类型，以便弄清它们的因果或非因果地位。

这一概念（先行条件）的分析开启了笔者的论证之路。多数情况下，历史关节点前的因素或条件，在因果序列上和关节点期间的因素相联合产生不同的长期结果。这些关键性前因在重要的因果方面塑造了出现在历史关节点间的抉择和变革。不过，我们现在缺少一个概念来捕捉这些政治发展中最深刻的因果因素（causal force）。正如凯思琳·西塞伦（Kathleen Thelen）一样，她督促学者们把更多注意力放在"再生产机制"（mechanisms of reproduction）上，这些机制能使历史道路在历史关节点之后依然存续（Kathleen Thelen, 2003），笔者提倡更系统地关注历史关节点之前所发生的。本文的重点不是说历史关节点在实际中不关键，而是强调并非所有因果关系上重要的事物都发生在历史关节点。笔者的目的不是拒斥历史关节点框架，而是修补它。②

---

① 历史性解释关注的是具体的案例（如"效应的原因"方法，the "causes-of-effects" approach），不是一般的因果效应（如"原因的效应"方法，the "effects-of-causes" approach）。参见马洪尼和格尔茨（James Mahoney & Geortz Gary, 2006: 229）。

② 本文以历史关节点框架为基础，因为笔者把它看做是分析历史性原因的熟悉的、富有成效的方法——这个方法不一定是最好的，当然也不是唯一的。

方法论上的修补有望带来大量实质性的成果。通过对多个经典历史导向著作的分析性评价，下文将详述关键性前因纳入比较研究的显著益处。引入关键性前因，有助于揭示和澄清这些名著中强大的但未详细阐述的长期因果因素的重要性。这些关键性前因与我们学科中一些最有生机的研究议程之间有着相当大的理论相关性。（如抗争政治、民主化、政党形成、国家建设和种族暴力）。通过以下方式更密切地关注关键性前因，可以加强比较政治学中上列重要政治主题的知识累积，这些方式包括：（1）超越因果过程中时机选择的争论；（2）揭示其他方面矛盾的因果论述的重要相同点；（3）为政治世界中的可控性比较（controlled comparison）建立更为现实的基础，（要知道）政治世界中的"自然试验"（natural experiments）是不常发生的（few and far between）。

信息回归与无限回归：什么在历史关节点之前是关键的？

"无限回归"是社会科学工作者们被告诫应该避免的、首要的和最糟糕的推理陷阱。每一个原因就其自身都有一个原因。追究这些原因的原因容易陷入循环，难以自拔，由此造成的危险是学者们会把原因探究追溯到东罗马帝国的统治者马克·安东尼（Marc Antony）身上，他将注意力从战争致命性地转移到埃及艳后精雕细刻般的鼻子上。无限回归在因果推理上很明显是有逻辑问题的。但在以历史为导向的社会科学（historically oriented social science）中，真正的问题不是无限回归而是无系统回归（unsystematic regress）。当回归以系统方式进行，历史回归可以证明是信息式的，而不是无限的。

历史回归如何才能系统地进行？保罗·皮尔森提出了三个明智的选择。学者们可以在以下三个时点打破因果链：（a）"标志着研究对象在重要方面开始发生差异的'历史关节点'"；（b）"因果联系很难去确定"；（c）"基于研究者自己的理论兴趣"（Paul Pierson，2004：89）。皮尔森认为第三个方法是"最有启发性的"。但是在笔者看来，限制个人的历史视界（historical purview）意味着排除了潜在的因果变量。因此，截断个人的历史性分析所唤起的理论兴趣，与忽视把相关控制变量纳入多元回归一样，都是要冒推理风险的。皮尔森第二个选择是最方便的但不是最有进取心的（ambitious）。以历史为导向的社会科学者们尤其忙于寻求"难以捉摸的"因果联系。

对事后截断策略（post hoc truncation strategy）的正当考量（justifiable concerns），经常促使研究者们使用皮尔森的第一个选择：在历史关节点截断历史性分析。作为对皮尔森观点的响应，本文把历史关节点定义为历史中的一个时期，在这个时期某一具体因果因素的存在或不存在，推动多个研究对象走上不同的长期发展道路，或者造成单个研究对象走上与之前显著不同的新政治轨道。笔者使用因果因素这个术语，是因为它包括了社会科学中通常使用的对原因的概念化描述：自变量（Gary King, Robert O. Keohane, & Sidney Verba, 1994），因果机制（Charles Tilly, 2001），转型事件①（transformative events）（Sewell, 2005）。在笔者看来，历史关节点框架的主要益处，和以实验、事件、机制为基础的对历史性因果关系的理解是相兼容的。② 只有关节点之前发生的因素在因果关系上是不重要的时候，因果分析才可以截断在历史关节点。不过，笔者认为这经常——可能通常——是不真实的。历史关节点之前的因果因素可以继续和关节点时期的因果因素相联合，产生差异化的长期结果。学者们现在缺少一个概念来概括这个共同的因果关系类型。历史关节点之前的条件或者被忽视了，或者被笼统地放进"先行条件"之中。这使得对隐性因果联系的论述不清楚或者还未被研究。因果推理要求我们清晰地区分因果前因和非因果前因。

本文把先行条件分为四种逻辑类型。第一种是，先行条件和因果过程没有任何关系。对于寻求揭示历史性原因的学者们来说，对描述性文

---

① 此处的转型事件指的是造成事物结构性变化的事件，即与先前的惯习发生断裂，导致文化图式的转变、资源的转移、新权力模式的出现。具体内容参见 Sewell William, *Logics of history*, Chicago: University of Chicago Press, 2005 。——译者注

② 有关时序性和历史性原因的事件理解与实验理解，参见休厄尔（Williams Sewell, 2005, chap. 3）。以机制为基础的解释与以变量为基础的解释，参见海德姆和斯德伯格（Peter Hedstrom & Richard Swedberg, 1998）。

本（descriptive context）的关注牺牲了简约却在解释力上一无所获。第二种是历史关节点之前的因素是研究结果的直接原因。先行条件应该一直被当作有竞争力的假设，尤其是当我们有理论上的先知发现它们（先行条件）可能在因果关系上具有重要意义时。① 第三种情况下，先行条件表示的是背景相似（background similarities）。比较分析学者们经常花费大量时间解释这些先行条件，来论证成对案例比较研究设计的合理性。不过，这些最终只能作为控制变量，不是因果变量。② 从逻辑上讲，各研究对象的先行相似不能解释彼此之间的差异。

这引出了第四种可能性，此乃本文的亮点所在。和描述性文本不同，关键性前因有助于促成研究结果。和竞争性假设不同，关键性前因的因果效应是间接的和组合的。和背景相似不同，关键性前因必定有先在变化或差异，这些变化或差异表现在不同案例之间或者同一案例的不同时段。因此，关键性前因可被定义为历史关节点之前的因素或条件，与关节点期间的因果因素联合造成了结果上的长期差异。（见图1）。因

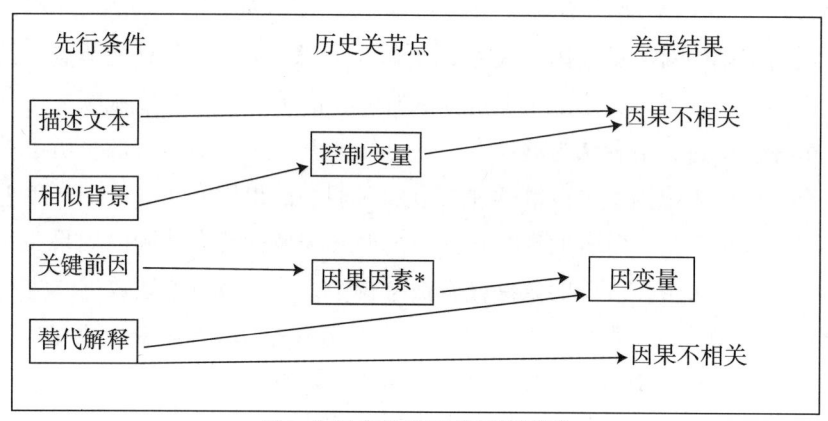

图1 先行条件的四种逻辑类型

*注：包括自变量、因果机制和变革事件

---

① 有学者假定特定历史关节点会造成特定遗产，他们必然一直考虑"这个竞争性假设，此假设是，遗产的重要特性可能实际上包含相当大的持续性，以及/或者与先前体系的直接因果联系，这个直接因果联系不是由历史关节点作为中介促成的"（Collier & Collier, 1991: 30）。

② 在多元回归中，控制变量可以是因果变量，但是它们从定义上看是（或应是）可控性比较中的非因果变量。

其他前沿领域：历史社会学与模糊集合
信息回归：比较政治学中的关键性前因

为关键性前因与历史关节点的因果因素联合造成了差异化的结果，它补充了关节点的论述，而非否定它。

有些学者把历史关节点看成是发生特殊选择或偶然事件的时刻。对于他们来说，关键性前因的观点可能显得很奇怪。如果关节点总是涉及"发生特殊选择的未定时刻（unsettled moments of uncommon choice）……那么对信念和行动的先前约束就被削弱了"（Ira Katznelson, 2003：277），关键性前因对因果关系的解释价值也就变得比较有限了。不过即使是最严重的危机也很少会带来全新的一页（Yet even the most severe crises rarely produce blank slate）。历史关节点往往是因果作用展开的时刻，而不完全是发生偶然事件的时刻。故而，与卡帕卡和凯勒门将强调偶然性作为关节点的显著特征相比（Giovanni Cappoccia and Kelemen R. Daniel, 2007），笔者发现皮尔森对分化的重视在分析上更有价值。① 采用以分化为导向的界定（a divergence-driven definition）在比较政治学中，显得尤其重要。比较政治学中的不同案例不可避免地会经历外部冲击，这些冲击发生的方式是独特的，并受到历史的约束。

关键性前因如何恰巧与历史关节点的因果因素相联合呢？这至少发生在以下两种情况：第一种情况，关键性前因是连续性原因；它们对出现在关节点的因果因素（比如，自变量、因果机制或者转型事件）具有直接作用。方法论者们告诫无限回归风险的时候，他们经常考虑的就是这种"原因的原因"，将连续原因作为关键性前因确实没有认真考虑到无限回归风险。

不过这个风险并不像通常认为的那样大，本文区分关键性连续原因与非关键性连续原因的工具，也不是如通常认为的那样主观随意。大约一个半世纪以前约翰·斯图尔特·密尔（John Stuart Mill）就提出了一

---

① 强调分化（divergence）而非选择（choice）与布拉迪和科利尔夫妇的观点是一致的（Henry E. Brady, Collier & Collier, 2004：282）。这些学者认为，历史关节点期间的结构和施动者的相对重要性应该被看做经验性问题而非定义性问题。强调分化而非变化应该可以缓解卡帕卡和凯勒门合理的担心（Cappoccia and Kelemen, 2007），他们担心迷恋变化会分散学者们关注同样重要的稳定性案例，从而牺牲了因变量的差异。

个有用的经验法则：当原因"无需表达就能被理解"的时点就是截断历史分析的时候（转引自 Rigby，1995：236）。① 只要学者们将他们的注意力限定在重要原因上，应该足够可以避免无限回归。而且，导致无限回归的连续性原因常常是相似背景，不是关键性前因。②

然而，并不是所有的关键性前因都是"原因的原因"。在笔者看来，更为重要的是条件性原因（conditioning causes）。这些条件在历史关节点之前就各有差异，使研究对象容易产生最终显示的那些区别（不是事先注定）。这种关键性前因不是通过促使自变量出现的方式来制造因果效应。它是在历史关节点外显时，通过帮助明确跨研究对象自变量的不同因果效应来发挥作用的。

S. H. 里格比（S. H. Rigby）用石头砸碎玻璃瓶很好地诠释上述观点。我们可以说瓶子碎了是因为石头击打它或是因为瓶子是易碎的。在里格比看来——我们也如此认为——没有方法论上的必要去阐述一种类型的因果因素比另一种更为重要。③ 里格比指出，"在现实中，如果我们寻求解释的结果（瓶子碎了）发生了，这两个条件（瓶子的脆弱性和石头击打瓶子）都是必不可少的"（Rigby，1995：235）。

在比较政治学中，构造联合因果论述比里格比上述例子的处理更容易，也更必要。更容易处理是因为比较学者往往不仅希望解释单一结果，也希望解释结果中的差异。背景相似——举例来说，当解释不同案例的差异性时，所有玻璃瓶相似的脆弱性——可以被安全地放到一边。执迷于如玻璃瓶脆弱性的相似背景就开始滑入无限回归的陷阱中。

然而社会毕竟不同于玻璃瓶，并不是所有的背景条件都是相似的。

---

① 与皮尔森的第三个截断逻辑（third truncation logic）不同，密尔优先考虑读者的理论知识，而非作者的理论兴趣。

② 如里格比所指出，"尽管出生是我写作的条件，但是我们通常不会把此作为写作的'原因'"（Ribgy，1995：234）。在我们看来，这是因为出生只是写作的微不足道的原因，仅是一个相似背景，不能解释为什么有些人可以写文章，而另一些不能。

③ 参见马洪尼、基保以及卡欧伊（Mahoney, Kimball, Erin, & Koivu, Kendra L., 2008）有关衡量直接原因（proximate causes）对间接原因（distal causes）权重的论述。

其他前沿领域：历史社会学与模糊集合
信息回归：比较政治学中的关键性前因

当先行条件在各个案例中有所差异时，有必要认真思考先行差异是否如从前一样，预先注定了各案例在关节点之后产生分化差别。任何历史比较中的案例在关节点之前可能就有非常不同的地方，这些关节点安排研究对象走上不同的道路。在差异化的最终结果之前，研究对象或许在因果因素上就已经不同。区分关键性前因与描述文本、背景相似、竞争假设，有助于揭示和阐明在历史关节点论述中的一些（不是所有）先行条件的因果重要性。

下面的分析评论表明，关键性前因不仅在方法论原则上是重要的，在研究实践中也同样重要。通过评价道格·麦克亚当（Doug McAdam）、安娜·格瑞兹－布丝（Anna Grzymala-Busse）、莫尼·查德（Mounira Charrad）的作品，笔者发现历史关节点论述中的先行条件具有因果意义。在阐明因果关系如何真正地成为先行之后，本文评价了鲁思·伯恩斯·科利尔（Ruth Berins Collier）、戴维·科利尔（David Collier）、格雷戈里·鲁伯特（Gregory Luebbert）、斯坦斯·卡尔斯（Stathis Kalyvas）的代表作品，举例论证了先行条件如何确实具有因果意义的。最后，本文分析评价了中美洲民主化、印度种族暴力、巴西和南非种族政治的作品，详述了如何更系统地关注关键性前因从而完善整个研究议程。

建立概念：因果关系如何成为先行的

关键性前因在历史导向的比较政治学中与其说是缺失的，不如说没发出什么声响。此节讨论了使用关键性前因却没有以此命名的三位学者——和莫里哀作品中茹尔丹先生终生演讲散文类似——的作品①，详细论述了因果因素如何在时间上先于历史关节点。考虑到麦克亚当

---

① 茹尔丹先生是莫里哀喜剧小说《醉心贵族的小市民》的人物，茹尔丹先生一生中说话一直用散文，可是一点也不知道什么是散文。参阅莫里哀：《醉心贵族的小市民》，人民文学出版社 1956 年版。——译者注

(McAdam，1982）、格瑞兹－布丝（Grzymala-Busse，2002）、查德（Charrad，2001）作品中历史关节点之前的因素和条件的因果意义，社会科学家应该需要一个概念来系统地理解和表达这些因果因素。

麦克亚当在这方面的研究尤其值得重视。和其他学者一样，麦克亚当把1954年"布朗诉教育部案"和1955—1965年"蒙格马利巴士抵制运动"作为美国民权运动出现的转折点（McAdam，1982：3）。这些事件有助于释放历史关节点期间的因果因素。现有作品详细阐释了这些因果因素，而麦克亚当的论述胜过这些作品。麦克亚当通过政治机遇、组织资源、认知解放过程（processes of cognitive liberation）来解释黑人暴动的出现。不过，当这三个因果因素出现和在一起时，麦克亚当就不再受限于历史关节点。为什么黑人政治改变发展道路这一事情得不到充分解释，是因为没有掌握更深刻的先行原因（antecedent cause）：南方棉花经济的长期萎缩（见图2）。

棉花经济萎缩对民权运动有着多重间接的、联合的因果作用。它弱化了南北精英联盟，降低了组织动员的风险，并推动黑人移往北方。黑人移入城市增加了他们的组织能力。再加上白人精英内部共识的降低，这提高了黑人的政治影响力，"引发了黑人共同体中部分群体不断增长的政治效能（political efficacy）意识"（McAdam，1982：110）。

社会经济变革塑造的因果力量推动了民权运动。"棉花王国"（King Cotton）的崩塌就是一个连续的原因，带来政治变革的机会，可动员的资源，认知转变的发生。棉花经济下降对黑人暴动的解释只是补充性，非替代性的。本文在这里并不是降低政治机遇、动员资源和认知解放的因果重要性，而是说，棉花经济长期下降是打开解释之门的钥匙。棉花经济的崩溃或许是"原因的原因"，但是，麦克亚当揭示的重要原因可以被潜在地用在其他案例中。这便是信息回归，而非无限回归。

其他前沿领域：历史社会学与模糊集合
信息回归：比较政治学中的关键性前因

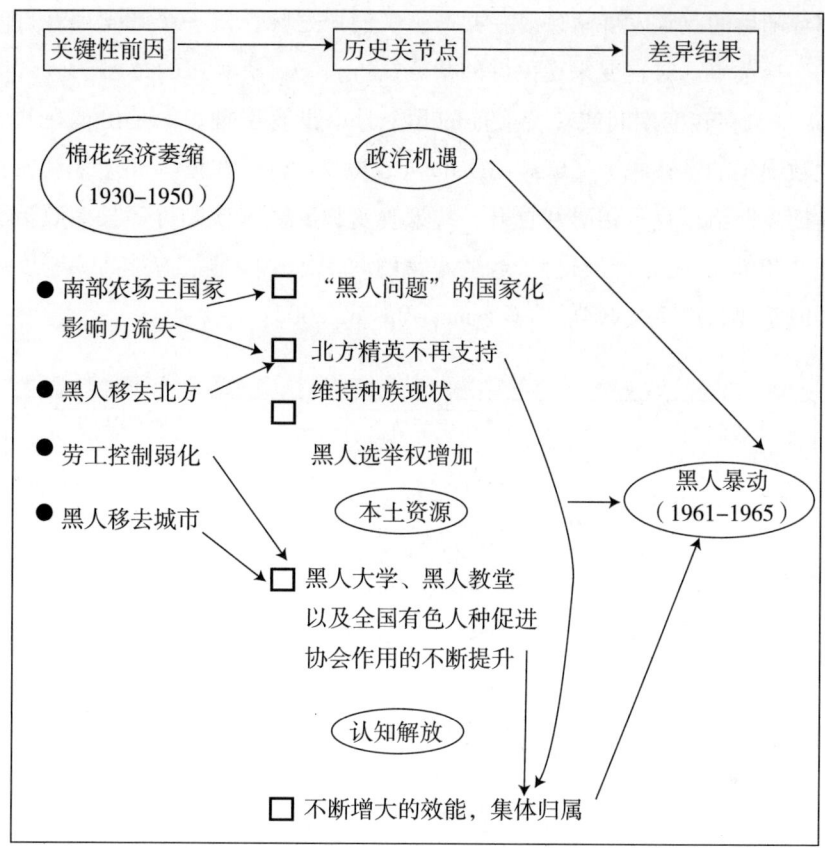

图2 麦克亚当论棉花王国和黑人暴动

在另外一个地方，另外一个主题上，格瑞兹—布丝提出了一个与众不同的典型关键性前因：本文称作条件性原因（见图3）。部分中东欧国家共产党的重生问题引起了她的兴趣。她认为，1989年之后捷克、斯洛伐克、波兰、匈牙利共产党重生成功上的差异，最好是通过共产党精英拥有的资源和实施的战略来解释。先前精英资源上的差别，决定了政党领导人多大程度上可以实施快速的和决定性的组织转变。要知道组织转变对组织重生是必要的。

政党转变的窗口期（window）是从1989年到1991年，被学者们作为历史关节点的。如果政党失去了这个机会，他们是不会有第二次机会去改变他们的轨迹。但是，格瑞兹—布丝寻找历史关节点之前的因素来

89

解释随后的政党发展轨迹。在共产主义崩塌之际,每一个政党都有自己的选择菜单。对转变来说关键的精英技巧和"可资利用的过去"(usable pasts)"在转变期间或转变之前的几个月中没有出现,而是出现在共产党数十年的实践中"(Grzymala-Busse,2002:5)。在波兰和匈牙利,不是捷克斯洛伐克,招募和晋升、政策改变和反对派谈判等等长期政治实践"培养了一批技巧纯熟、经验丰富的政治家……他们有能力在制度垮塌时重建共产主义政党"(Grzymala-Busse,2002:5-6)。

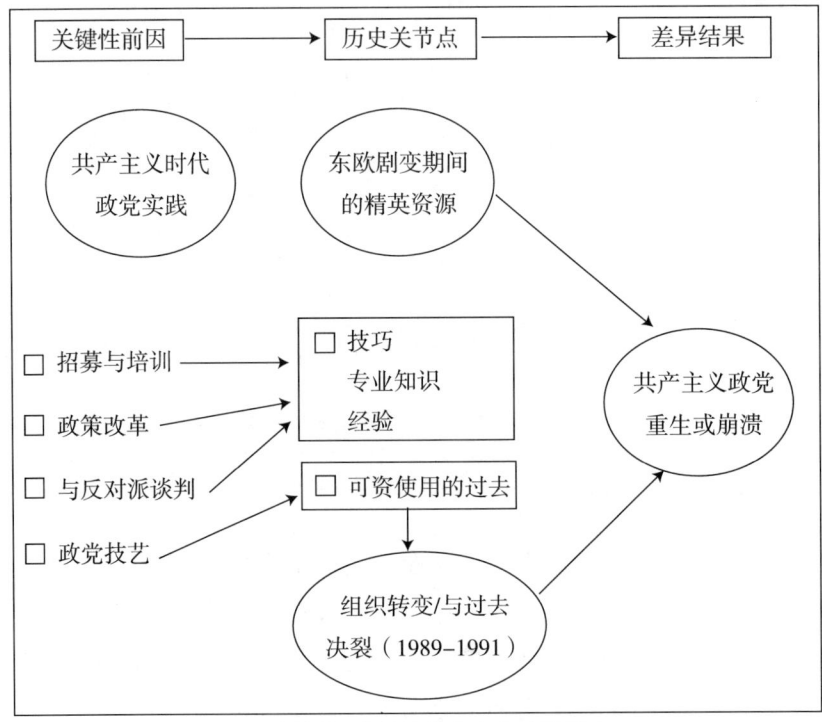

图3 格瑞兹-布丝论共产主义政党重生

与麦克亚当一样,格瑞兹—布丝认为,关键性前因和历史关节点的因果因素是协同合作的。不理解关节点期间的精英战略,就不能解释政党再生的差异。不过,不承认精英资源和精英技巧上的先前差异,也不能解释精英战略上的差异,不能解释这些政党获取公众支持上的能力差异。先前的精英资源影响着政党变革的方向,但不是造成变革的直接原

其他前沿领域：历史社会学与模糊集合
信息回归：比较政治学中的关键性前因

因，从这个意义上来说，棉花经济下降是政治机遇和造成变革的组织资源的直接原因。这些（棉花经济下降和政党实践）都是条件性原因。

第三个未详细阐明的关键性前因是由查德提供的。她的核心问题是，当代突尼斯的妇女比摩洛哥和阿尔及利亚的妇女享受到更多的法律保护。和麦克亚当与布丝一样，起初查德追踪出现在历史关节点的事件和因素的差异。在北非，妇女法律地位的改变或停滞取决于后殖民政府的决定，后殖民政府决定是否和如何修改"关键独立时期"（"the crucial period of independence"）的家庭法（family laws）。因为这些最初的政策选择对马格里布地区（Maghrib）法律机制的不同形式有着路径依赖的效应①，所以执行或不执行的时点就是历史关节点（Charrad，2001：6）。

查德把这些后殖民政府的选择描述为高度因果性，非高度偶然性的。"长期的结构性因素和短期的政治策略……使得独立之后的摩洛哥发生变革非常不可能，在阿尔及利亚首先是不确定然后是不可能，而在突尼斯是可能的。（Charrad，2001：145）"她的解释聚焦在政治领导依赖于宗亲团体（kin groups）的支持（见图4）。只有当领导人完全独立于地方性的"家族共和国"（republics of cousins），他们才可以改革一夫多妻制、离婚法和继承法。当宗亲团体提供联盟性的支持，法律改革在摩洛哥政治上是不受欢迎的，在阿尔及利亚则是棘手的。

不过，正如查德大量的研究表明，国家脱离宗亲团体的自主性在整个马格里布地区长期以来都是不同的。② 甚至在前殖民地时代，只有在突尼斯，相对强大的国家政权可以应对来自宗亲团体的弱小谈判压力。查德跟踪了贯穿整个法国殖民时期的关键性前因的持续性，发现与突尼斯相比，持久的国家—社会关系模式更为严重地限制摩洛哥和阿尔及利亚

---

① 马格里布地区原指埃及以西的整个北非地区，后逐渐成为突尼斯、阿尔及利亚和摩洛哥3国的代称。——译者注

② 有人可能反对道，实际上家庭法是查德的因变量，因为她把多数注意力都放在法律改革的源头上。笔者认为将国家—部落关系作为关键性前因，能更好地掌握家庭法的重要性。在查德的研究中，家庭法不单单是解释项（explanans），也是被解释项（explanandum）。

在性别政策上的选择。总之,"长期的历史轨迹"为后殖民地时代的选择"搭好了舞台","但是在每一个国家搭建的舞台都不一样"(Charrad, 2001: 234)。大家可以想象,布丝在讨论东欧国家的共产党时使用了同样的语言——历史关节点期间的外在事件(对布丝来说,苏联的解体,对查德来说,殖民主义的崩溃)安排了不同的后转变道路(posttransition paths)之前,她的研究对象就已经不同了。这再次表明,深度的历史结构和短期的政治动力(political dynamics)联合造成了长期的差异。

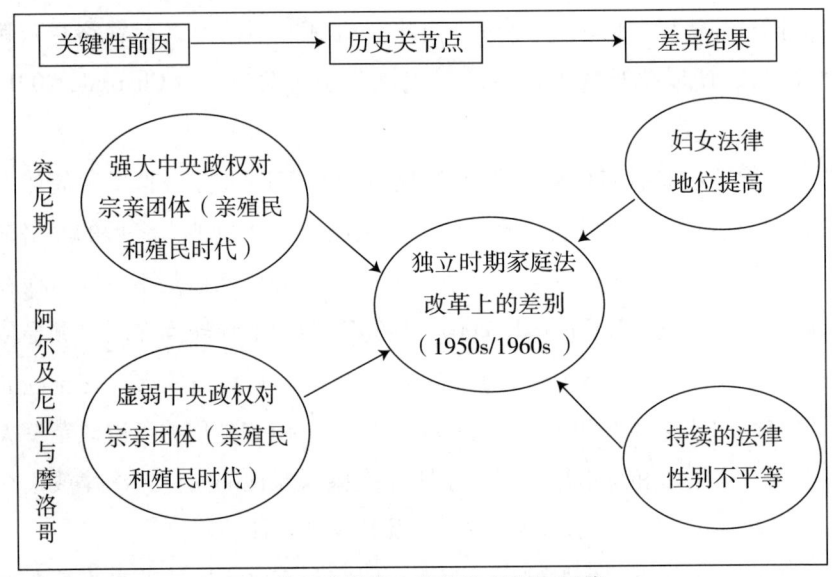

图4 北部非洲的家庭法和性别不平等

阐明因果链条:前因如何才能是因果的

本文刚刚已经讨论了比较研究的案例。但是在这些案例中,关键性前因的因果重要性容易发现却难以界定。其他情况下,作者们在先行条件上花费了大把时间,但对于读者们来说,更难去判定是否某些前因、所有前因或者根本没有一个前因能够被当作因果性的。即使是比较政治学中最棒的历史学者,因为缺少概念来清楚地区分因果前因和非因果前因，都在竭力弄清"先行条件"的因果地位。

《塑造政治场域》（Shaping the Political Area）一书标志着历史关节点分析框架在比较政治学的复兴（Collier & Collier，1990）。此书作为一份非常重要的著作样板，明确要解决先行条件，然而最终作者们还是苦恼于弄清先行条件的因果地位。即使是最关注科利尔夫妇著作的读者们，在讨论他们的因果观点追溯到何时时，也观点各异。在马洪尼和罗切迈耶（Mahoney and Rueschemeyer，2003）论文集的一章中，皮尔森称科利尔夫妇的作品是完美的，他们的作品"选择在标志着研究对象开始发生差异的'历史关节点'打断因果链"（Pierson，2003：188）。不过在该论文集的另一章，马洪尼在科利尔夫妇历史关节点之前去确认他所谓的"科利尔夫妇主要解释变量——寡头的政治力量"（Mahoney，2003：359）。

关键性前因清楚地阐明了为什么这些解释只是表面相互矛盾的。科利尔夫妇在解释拉美不同的长期政治轨迹时，提出劳工吸纳模式（patterns of labor incorporation）是主要的原因。正如皮尔森所指出的，这出现在历史关节点期间。不过，国家为主的劳工吸纳与政党为主的劳工吸纳之间的显著差别，受到关键性前因的因果影响，这个关键性前因在马洪尼看来就是：国家寡头权力的先行差异。

图5详细描绘了寡头权力和劳工吸纳之前的互动关系，笔者也是如此解释的。当国家而不是政党把劳工吸纳入政治时，巴西、智利以及科利尔夫妇的其他6个研究对象就出现了差别。通过对比，科利尔夫妇明确了墨西哥、委内瑞拉、乌拉圭、哥伦比亚、秘鲁、阿根廷六个国家政党主导性劳工吸纳的差异。[①] 巴西和智利的国家主导性吸纳着手于控制两极分化政治（polarization trajectory），两极分化政治在20世纪60年代到70年代，随着大量政变联盟的出现达到顶峰。政党主导性吸纳的六个国家经

---

① 墨西哥和委内瑞拉寡头政治的先前脆弱性是例外的，看起来也能帮助解释为什么在这些国家中政党政客只采用"激进大众主义"吸纳策略（a "radical populist" incorporation strategy），此策略不仅吸纳工人，也吸纳农民（Collier & Collier，1991：113 - 124）。关键性前因看起来不能帮助解释6个案例的其他差异类型，不管是政党体系，还是政体后果。

历了明显不同的从动员到整合轨迹，但它们（政党主导性吸纳）抢先阻隔了战后广泛政变联盟的发展（Collier & Collier, 1991: 10, 753）。

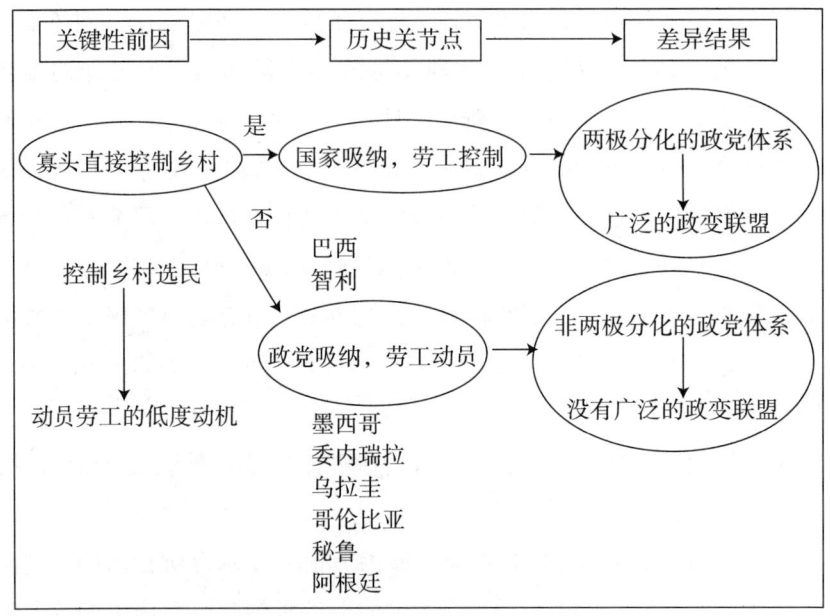

图5 科利尔夫妇论拉美的劳工吸纳

如果不掌握历史关节点之前寡头权力的差别，我们就不能理解发生在科利尔夫妇所述的关节点期间的劳工吸纳差异。科利尔夫妇用了100多页探讨了拉美先前的"寡头国家"时代，这不仅揭示了国家之间的共同面，也揭示了国家之间"深度的差异，使得这些国家之间的某些对比讨论有可能进行"（Collier & Collier, 1991: 104）。在巴西和智利，寡头拥有直接控制（unmediated control）被束缚农民（captive peasantry）的权力，政党政客认识到，"大众动员还不足以推翻寡头政治"①。国家主导性劳工吸纳随之诞生。在科利尔夫妇的其他六个国家中，寡头力量较弱，就形成了政党主导性劳工吸纳（Collier & Collier, 1991: 170 – 171）。

---

① 尽管需要更广泛地分辨寡头权力的先行差异，才能理解科利尔夫妇8个研究对象随后全部的差别，但是科利尔夫妇的研究结果表明，在乡村尤其是寡头政治权力的差异能最好地解释国家吸纳和政党吸纳之间的核心差别。

其他前沿领域：历史社会学与模糊集合
信息回归：比较政治学中的关键性前因

总之，差异化的劳工吸纳模式使得巴西和智利走上了与其他 6 个国家不同的长期政体道路。但是，先行寡头政治模式的差别表明，在劳工吸纳使各国走上不同道路之前，巴西和智利已经与这些邻国有着非常不同的地方。它们（上述 8 个国家）分化之前就不同了。因为寡头力量的先行差异对理解国家主导性的吸纳与政党主导性吸纳的差别是至关重要的，因此，这既不是相似背景，也不是替代科利尔夫妇劳工主导性因果论述（labor-led causal argument）的竞争性解释，它是关键性前因。

劳工纳入国家政治不仅在拉美是历史关节点。如鲁伯特（Luebbert）研究所显示的，劳工纳入国家政治在战争期间的西欧也制造了不同的政体后果。"一战"和俄国十月革命之后，劳工纳入工业化社会成为不可避免的政治趋势。① 国家选择自由民主制（如英国、法国、瑞士以及比利时）、社会民主制（斯堪的纳维亚国家，一定程度上包括捷克斯洛伐克），或者法西斯主义（德国、意大利、西班牙），取决于出现在混乱的两次大战期间的跨阶级联盟（the cross-class coalitions）。

如图 6 所示，历史关节点期间的主要差异发生在自由主义国家（liberal cases）和"非自由主义"国家（aliberal case）之间。在前者中，劳工的和平吸纳是可行的，在后者中，劳工动员更为突然和破坏性。就非自由主义国家来说，自由主义民主从历史的角度来说已经是不可能的。非自由主义国家选择法西斯道路还是社会主义民主，取决于家庭自耕农（the family peasantry）的政治地位。中等自耕农和城市社会主义者的"红—绿"联盟（red-green alliance）培育了社会主义民主。在社会主义者尝试动员乡村无产阶级的地方，中等自耕农和极右力量（rightist forces）站在一起以求自卫，劳工被粗暴地整合进法西斯主义。

有观点认为，鲁伯特把这些差异结果（自由主义民主、社会主义民主、法西斯主义）看做是历史性结构的产物，非偶然性结果（Luebbert, 1991: 306），这一观点是非常不充分的表述。不过，只要将历史关节点

---

① 只要允许作为第四个政体结果的"传统独裁统治"能持续下去，劳工吸纳在农耕程度较高的东欧社会中仍然是可以避免的。

界定为路径依赖的差异时期（periods of path-dependent divergence），不是界定为偶然性选择，在鲁伯特的分析中，两次世界大战间隔期依然是历史关节点。与目前讨论的其他作者类似，鲁伯特关注的是，什么历史因素可以影响历史关节点在欧洲各地如此不同地充分展示。这可以看作是确认关键性前因的一个探索，因此，这可以作为信息回归，不是无限回归。

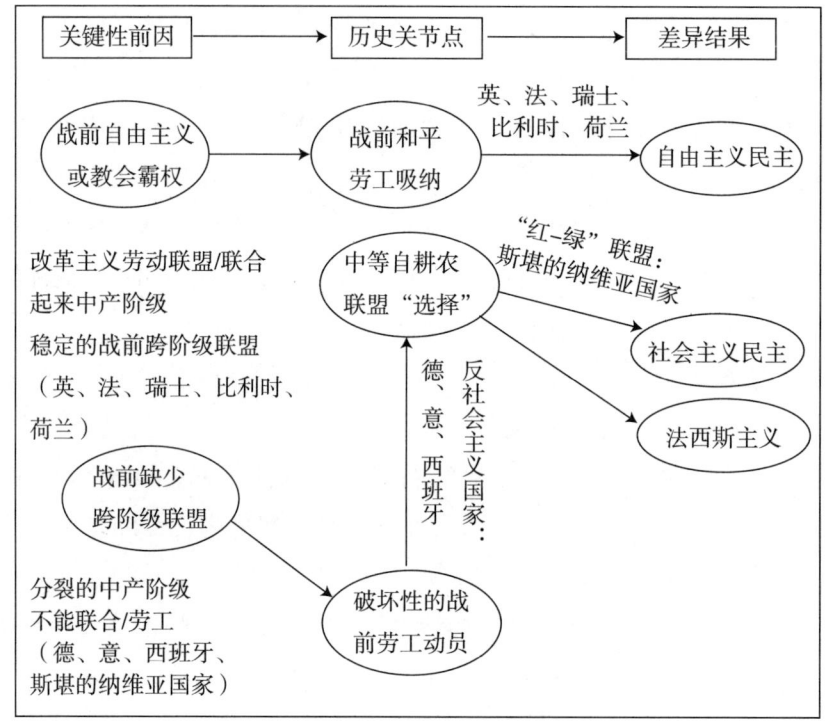

图6　鲁伯特论两次大战期间欧洲政体后果

鲁伯特认为战前差别对两次世界大战间的分化有因果性的影响。关键的因素是自由主义政党（或者教会党，例如在比利时）能否经由19世纪末期的自由党—工党联盟成功建立跨阶级霸权。鲁伯特的苦恼在于，确定自由主义霸权的差别是否可以从先行条件的差异中解读出来，这非常类似科利尔夫妇的苦恼，他们的苦恼是弄清历史关节点期间的国家主导型吸纳与政党主导型吸纳的差别，是否可以部分地从关键性前因寡头政治权力的先行差异来解释。

在引人入胜的战前社会分裂一章中，鲁伯特最终解决了自由主义的战前失败很大程度上在西欧非自由主义国家已经预先注定了社会分裂这个问题。他的宏观历史显微镜（macro-historical microscope）聚焦的是国家建设层次上的先前差异，以及是否这显示了对关键性前因战前自由主义霸权的因果影响。

鲁伯特（1991）考虑的是，"前工业社会分裂"（preindustrial cleavages）是否造成了战前自由派的绝望分野，出现这种情况的案例就是两次大战期间非自由主义国家。初看之下，此类分裂的严重程度是至关重要的："看起来，民族国家形成上的与众不同的本性是对无效的自由主义运动最有效的解释"（Luebbert, 1991：63）。尽管在德国和意大利，团结自由派的国家整合失败了，与之成鲜明对比的是19世纪末期英国和法国"前工业社会冲突"的相对不足（Luebbert, 1991：108），但是鲁伯特下结论认为，这个解释禁不起更广泛的比较检验：

> 毕竟，瑞典和丹麦较比利时、荷兰、瑞士有着更长的国家历史，更高水平的政治整合……而且，瑞士的统一历史更短，政治整合水平更低，大量的反对取消种族隔离主义者（anti-integrationist）挑起了1848年的内战，自由主义者不是因这些分裂……而衰弱的。从根本上来说，区别虚弱自由主义社会的不是这些分裂的社会性存在（Luebbert, 1991：108）。

鲁伯特的比较分析举例阐明了一些前因如何在历史关节点有因果意义。战前自由主义霸权以强大和系统的方式影响着两次大战期间政体上的差别，但是战前社会分裂没有这个影响。无限回归在原因之上堆积原因，与之相比，信息回归通过筛选历史证据来区分因果性前因与非因果性前因。

先前分裂（战前社会分裂）也吸引了卡瓦斯（Stathis Kalyvas, 1996）

的注意。与鲁伯特类似，卡瓦斯是在西摩·马丁·李普塞特和斯坦·罗坎假设基础上提出了自己的历史性观点，李普塞特和罗坎的假设是，欧洲政党体系反映了根深蒂固的"结晶化"（crystallization）的身份分裂。卡瓦斯的假设质疑这个观点，他认为基督教民主党（Christian democratic parties）是无意识形成的，JP不是天主教行动主义（Catholic activism）的自然结果。然而，如果读者细心阅读卡瓦斯所举的法国研究案例（法国没有出现基督教民主党），很明显地发现先前存在的分裂容易造成法国与其邻国的差别——但不是李普塞特和罗坎强调的分裂。

卡瓦斯自己所提出的路径依赖观点驳斥了李普塞特和罗坎的观点。教会领导动员大众组织抵抗反教会运动（anticlerical attacks）的最初选择，孵化出一个新的天主教积极分子团体，这个团体获得了脱离教会的实质性自主权。这些积极分子加入亲教会选举联盟（pro-Church electoral coalitions）中的保守阵营，这成功激发了教会积极分子发起组织基督教民主党——背离了教会领导人的最初愿望。卡瓦斯论述了偶然性、策略和无意识结果，明显区别于李普塞特和罗坎更为结构化的决定主义叙述（deterministic narrative）。

但是偶然性选择能解释为什么基督教民主党出现在奥地利、比利时、德国、意大利、荷兰——却没有出现在法国吗？起初，卡瓦斯非常明显地在结构性观点（structural accounts）和施动性观点（agentive accounts）之间粉饰折衷，"教会或者没有能力组织法国的天主教徒，或者有能力但选择不去组织天主教徒，我认为是后者"（Kalyvas, 1996: 131）。卡瓦斯深入研究了法国与其基督教邻国政治差异关节点之前的那个时期，他的研究最终表明，社会经济条件和制度碎片化上的先前差别不能解释法国为什么没有基督教民主党。这个问题上有其他重要的竞争性解释，但没有卡瓦斯解释得好。

不过，一个关键性前因补充了卡瓦斯的观点，使得他可以混合施动者和结构而不是重视前者，损害后者。与李普塞特和罗坎的文化分裂不同，卡瓦斯明确提出先前的政治分裂有因果意义。法国是卡瓦斯研究的合适案例。在法国，当教会第一次面对统一的反教会运动时，就感知到共和国很可能会崩溃（Kalyvas，1996：139）。因此，教会等待时机（bided its time）而没有动员自己的追随者（见图7）。

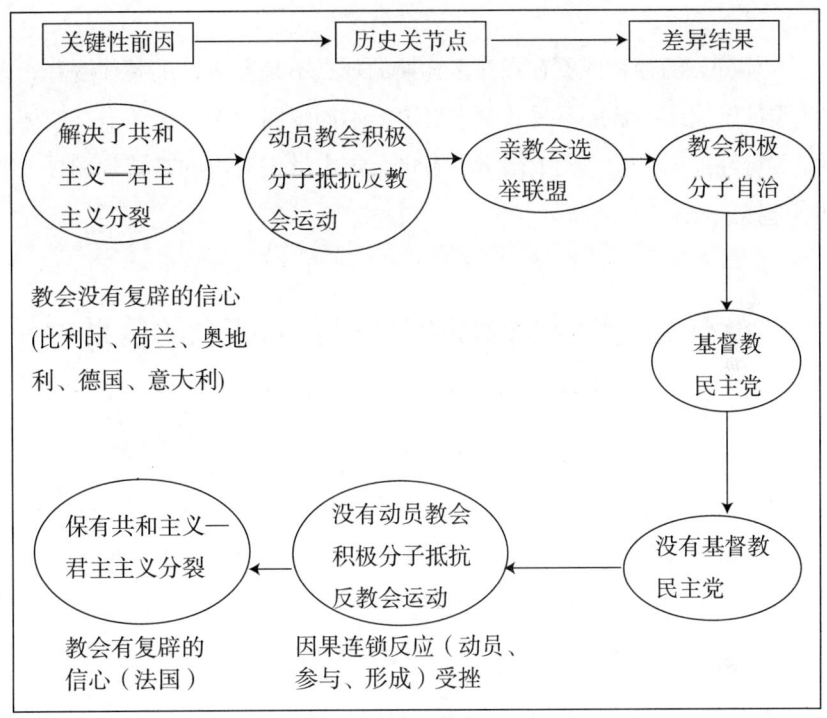

图7 卡瓦斯论西欧基督教民主党

这造成的致命性结果就是，法国基督教领导者过低估计了不去应对反教会运动的风险。卡瓦斯强调道，这些感知不是简单地短期算计的结果。他把君主主义—共和主义的分裂（the monarchist–republican divide）描绘成牢固的政治对立：

> 在法国，政体议题决定性地改变了教会的机会成本。之所以这样是因为两组分裂的重合：政党体系中的主要分裂是政体分裂（regime cleavage），接下来就与国家—教会分裂（the state-church cleavage）相重合（Kalyvas，1996：139）。

在卡瓦斯的其他五个研究案例中，"与反教会运动相联系的政体是坚如磐石的"（Kalyvas, 1996: 141）。这些国家的教会领导者选择了次优选项——动员大众组织——数十年后以路径依赖的方式构建了基督教民主党。

政体分裂的存在或不存在对卡瓦斯的观点不是竞争性的替代解释，政体分裂的解决或不解决不是政党发展走上不同道路的历史关节点。政体分裂是关键性前因，在结构上限定了有机会抗击世俗对手的基督教领导人的战略选择。

没有关键性前因的研究议程：非概念的后果
（consequences of a nonconcept）

知识最终是在研究议程这一层次上累积起来的，吸收关键性前因的益处无论在研究议程层次上还是在个人作品中都是显而易见的。关键性前因有助于（a）超越因果时机选择的争论；（b）揭示竞争性因果观点中的共享发现（shared findings）；（c）为可控性比较建立更为现实的基础。

超越时机选择的争论：中美洲的民主化

比较政治学中的历史性观点所讨论的都是差异什么时候发生。因此，因果时机选择上的分歧就非常多。这样的例子在雅沙尔（Yashar, 1997）和马洪尼（Mahoney, 2001）的作品中就能发现。两位均想解释中美洲20世纪晚期的政体结果，但他们在历史关节点追溯到多远存在分歧。[①] 引入关键性前因不能解决这个争论，不过却突出了马洪尼和雅沙尔长期因果过程观点中的惊人相似性——关注知识积累比任何一个关节点的时机选择更为重要。

[①] 笔者在这里的分析只关注与他们（雅沙尔和马洪尼）分析相重叠的两个研究案例和两个政体结果。马洪尼把自由主义时代作为历史关节点的依据，这一点不仅建立在更为精细的政体变化，还建立在更为广泛的5个案例比较上。

马洪尼认为，使中美洲国家走上民主或独裁道路的关节点最好放在19世纪中晚期自由主义政府的选择上。在雅沙尔看来，历史关节点应在20世纪四五十年代，刚好在政权巩固（regime consolidation）之前。时机选择上的分歧与其所揭示的一样混乱。关键性前因将把雅沙尔和马洪尼观点之间的实质性重合处更为清晰地阐述出来（见图8）。①

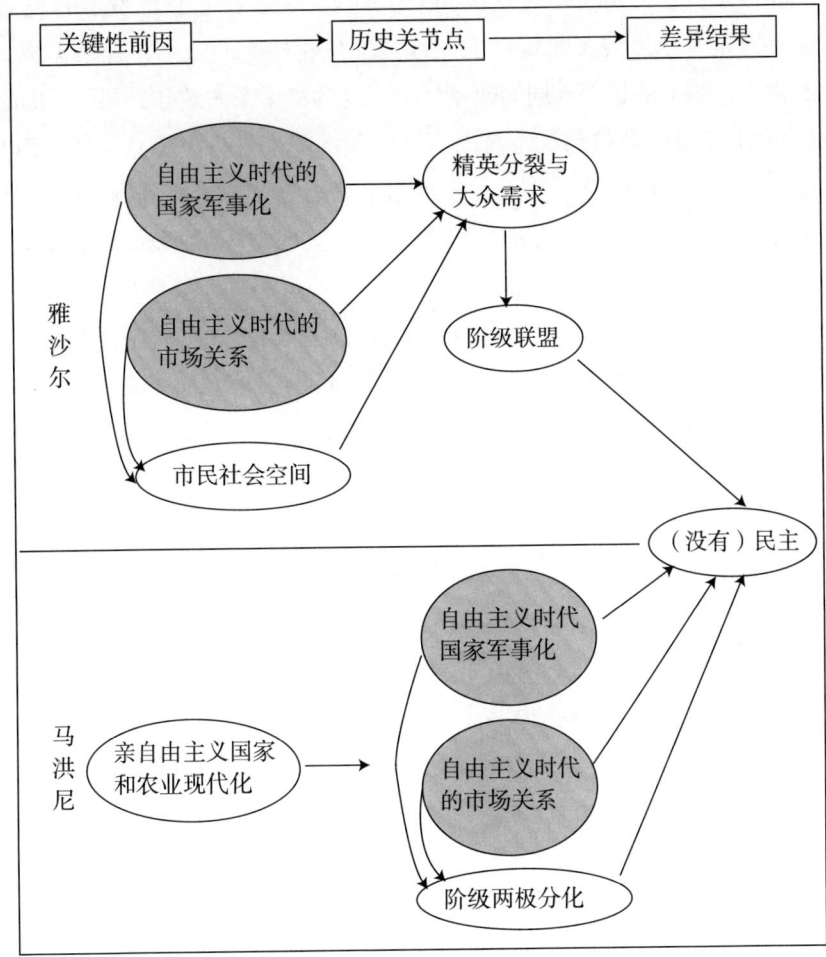

图8 中美洲的政体结果

---

① 笔者在这里不是要讨论马洪尼关于先行条件的大量论述（2003，chap. 3－4），因为这不能清楚地阐明他与雅沙尔观点的相同点。

马洪尼对农村经济的描述与雅沙尔是相似的。在这两个例子中（危地马拉和哥斯达黎加），农业精英依赖于大的不动产还是小的不动产是因果变量。更为明显的相似性是两位作者对国家的分析上：两位赋予自由主义时代军事化以因果意义。相比较他们时机选择上的差异，二者对待自由主义时期的相似性，受到的关注更少，这对知识积累来说是不幸的。马洪尼承认雅沙尔分析的历史广度（historical coverage），注意到雅沙尔的观点，她的观点是"自由主义时代国家—社会关系建构上的差别，容易形成20世纪四五十年代的显著不同的改革情境，这约束了未来政体结果。（Mahoney，2001：26）"两位都认为自由主义时代的差别是有因果意义的。但是由于缺少关键性前因这一概念，雅沙尔下列观点就不能得到有效的阐释，她的观点是自由主义时代在因果意义上造成了哥斯达黎加和危地马拉的政体差异。

就是在20世纪40年代，他们因果叙述中的结构性因素在重大方面发生分化。① 尽管马洪尼强调国家军事化的延滞效应（the lingering importance），但是雅沙尔认为不同的联盟约束使得危地马拉的民主巩固（democratic consolidation）比哥斯达黎加的更不成熟。不过，当20世纪40年代的政治精英面对构建新联盟的需求时，自由主义的历史遗产就预先安排了哥斯达黎加和危地马拉走上不同的道路。

如此来说，雅沙尔和马洪尼的争论围绕的是国家因素与社会因素的相对重要性，以及政体发展中的结构和施动者的相对重要性。不过，他们形成了日益增多的共识，就是国家和市场形成的长期模式对塑造当代的政体结果可谓意义深远。把注意力唤回到他们因果论述中这些因素的相似重要性上——把雅沙尔的关键性前因与马洪尼的自变量匹配起来——会提高民主化理论的知识积累。

竞争性解释的共同基础：印度的暴力骚乱

如果说中美洲民主化的文献在"什么时候"这个问题上发生分歧，讨

---

① 尽管马洪尼和雅沙尔同样强调结构性因素，但马洪尼比雅沙尔更为强调自由主义时代的精英选择，这些选择产生了新的政体轨迹。

论印度政治暴力的一流著作就是在"为什么"这个问题上各执己见。斯蒂芬·威尔金森（Steven Wilkinson）、阿舒图·瓦沙尼（Ashutosh Varshney）和阿托·科里（Atul Kohli）一直争论的是，为什么印度在20世纪70年代开始遭受更多的骚乱，为什么印度某些地区骚乱比其他地区更为激烈。尽管这些作者存在分歧，但也有共识。他们都同意，邦自治（state autonomy）和少数族群动员方面的长期转变，影响到当时的政治崩溃和邦层面的政治崩溃模式。框出三位作者因果论述中的历史关节点和关键性前因有助于确认这些共享的发现（见图9）。

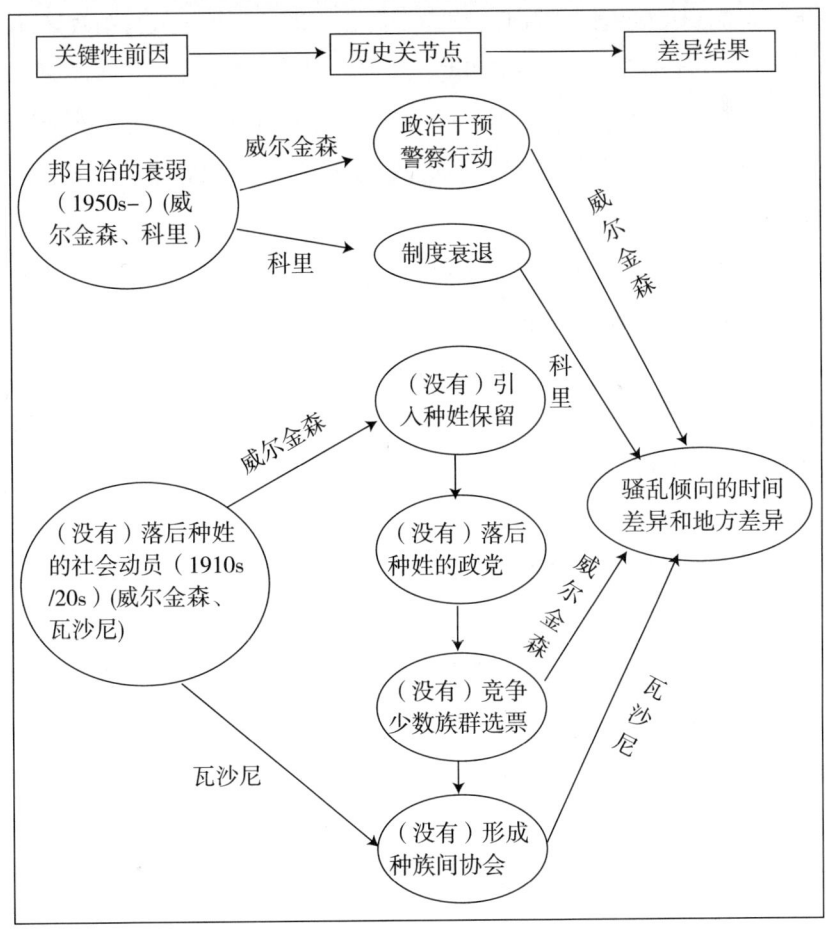

图9 印度的种族暴力

威尔金森的结论是，选举动机上的地区差别是对次国家层面印度教—伊斯兰教骚乱（Hindu – Muslim riots）差异的最好解释（Wilkinson，2004）。更为重要的，威尔金森预测，我们不可能在竞争性邦（competitive states）看到严重的印度教—伊斯兰教骚乱，因为政治家们不敢冒失去少数派选票的风险，使得种族暴力升级。邦层面政党竞争的变化能解释该层面暴力结果的差异，因此威尔金森着力去解释这个差异（政党竞争上的差异）。这种揭示连续因果链条的努力没有考虑到无限回归的风险，但是它却结出了解释性的果实，因为威尔金森把少数族群政党力量在邦层面上的差异，追溯到英国殖民者对低下和落后种姓采取的积极平权行动政策（affirmative action policies）。在南印度，这些（种姓）"保留"（reservations）从20世纪20年代引入进来，而在北印度直到20世纪70年代才开始实施。这在南部印度培育了低下和落后种姓政党的发展，导致越来越依靠少数族群选民。

于是威尔金森提出了居先的（prior）因果问题：为什么种姓保留在南部引入得如此早？他的答案是，种姓动员上的变化。在南部的喀拉拉邦（Kerala）和泰米尔纳德邦（Tamil Nadu），"20世纪的前几十年出现了强大的落后种姓运动"（Wilkinson，2004：189）。这增大了实施种姓保留的可能性。因此，北部印度和南部印度的不同，在暴力模式的地区差别发生之前很早就已经有了。

正是在关键性前因领域，威尔金森和其他学者的研究有所交叉而非彼此对立。瓦沙尼认为种族间的公民协会（civic associations），可以解释为什么某些印度城市反伊斯兰教骚乱比其他城市少（Varshney，2002）。这提供了一个和威尔金森不一样的因果观点。不过，当瓦沙尼把注意力转向印度殖民时期，他同样强调，落后种姓的动员以及由此导致的印度教内部分裂在塑造他的自变量（种族间协会）上的重要性（Varshney，2002：115，122，133，187）。印度社会的内部分裂证明有利于种族间协会，种族间协会限制了后来几十年两极分化事件中的暴力。① 从长远来看，强大的少数族群动员有助于产生跨共同体协会（cross-communal associations）和选举联盟，通过多个制度性机制抑制了种族冲突。因此，关键性前因突出了这些在其他方面相互竞争作品的相似性，还吸引研究种族暴力的学者们更密切地关注少数族群动员的历史模式，学者们是否像威尔金森那样主要从政治方面寻找暴力的直接原因（proximate causes），或者如瓦沙尼那样把原因归为社会方面。

仔细阅读威尔金森的作品，大家会发现第二个关键性前因：邦自治（state autonomy）。在大量种族暴力的替代性解释中，威尔金森驳斥的是"邦能力解释"。科里（1990）是威尔金森的主要对手。科里的总体观点是，印度政治制度的渐进衰退使得它们（邦）没有能力处置社会冲突。威尔金森批评了科里的观点，威尔金森认为，印度各邦的国家机器阻止骚乱的能力削弱了，这是因为警察部门因政治干预不断妥协让步。正如威尔金森所承认的，这合并了"在分析上有区分"的两个议题——邦自治和邦能力（Wilkinson，2004：70）。威尔金森对科里观点反驳道，邦能力的衰弱和邦自治的下降已经"如此遍布印度各邦，以至于解释不了种族暴力水平上显著的历史差异和邦之间的差异"（Wilkinson，2004：65）。

自治在印度各邦的差异并不显著，但是自治的缺失是选举动机（electoral incentives）影响种族骚乱的必要条件。威尔金森的观点关键在于政治干预，或者邦自治的缺失。威尔金森把自治定义为"警察和地方行政部门依据已订立的规则、程序和法律，采取独立行动阻止印度教—伊斯兰教骚乱的能力"（Wilkinson，2004：73）。对骚乱发生的原因，他的核心观点是"问题与其说是邦能力……不如说是政治家们给政府官员下达的保护或不保护少数族群的指令"（Wilkinson，2004：85）。选举动机也许能解释为什么政治家们命令警察不要镇压暴力抗议者，不过警察部门是否听从这些命令，取决于先在的邦自治或邦受到控制的情况。印度这个国家长期缺失邦

---

① 穆斯林的内部分裂在一些研究案例中也是如此发挥作用的（Varshney，2002：174）。威尔金森也强调穆斯林内部的分裂，所以笔者聚焦在这个共同点上。

自治对威尔金森来说就是关键性前因，而对科里来说就是关键自变量。

系统地关注关键性前因精炼了我们对印度骚乱的认识。威尔金森、瓦沙尼和科里都承认少数族群动员和邦自治的因果意义，一定程度上突出显示了三位的观点既是竞争的也是互补的。为进一步探讨这个议题，明确邦自治的因果意义对适当检测威尔金森的假设是有必要的。学者可能会发现，即使在政党竞争水平低，政府在获取少数族群支持的问题上摇摆不定时，邦也出手干预阻止骚乱。这个发现似乎证伪了威尔金森的观点。不过如果这个检测是在一个高度自治邦的社会中进行的，就是一个遗漏变量偏误的案例（a case of omitted variable bias）。① 关键性前因不是消弱或毫无必要地复杂化威尔金森关于选举的观点，它反而完善了我们对以下问题的理解：选举因素起作用的机制是怎样的以及在怎样的条件下能够对选举的因素进行检验。

没有自然实验的可控性比较：巴西和南非的种族问题

精英的政治选择不可能发生在社会或历史真空。正如我们刚发现的，20世纪20年代英国决定在南部印度而不是北部印度引入种姓保留，是受到少数族群动员的差异化水平影响的。历史关节点框架与这些先行差异处于一种紧张关系之中。关键性前因有利于学者们重视先行差别同时不抛弃历史关节点。相比较"自然实验"的空想概念（chimerical notion），关键性前因为可控性比较提供了一个更为现实的基础。自然实验中，为保证比较的公正性，研究对象被当做先在性的"双胞胎"（antecedent "twins"）存在。②

对埃文·利伯曼（Evan Lieberman, 2003）和安东尼·马克斯（Anthony Marx, 1998）近来作品的研究，表明即使是最精妙的历史关节点论述也

---

① 遗漏变量偏误是计量经济学的专业术语，指的是在回归分析中，遗漏了实际上应包括在模型中的变量而造成的偏误。参见：J. M. 伍德里奇：《计量经济学导论》，费剑平译，中国人民大学出版社2007年版，第89-93页。——译者注

② 关键性前因有助于建构斯莱特研究中的七个东南亚国家的可控性比较（Slater, in press, chap. 3）。

在和这个框架的目前局限作斗争。他们的作品探讨的是巴西和南非的种族政治及民族国家形成。① 两位都想揭示巴西和南非种族制度差异的根源。尽管20世纪巴西"种族民主"（racial democracy）的官方意识形态促进了相对包容（inclusionary）和多种族的秩序（multiracial order），相比而言，南非的道路更加排外和区分黑白两种人种（biracial）。利伯曼和马克斯把这个差别归因到20世纪之交宪政会议期间的政治精英选择。

利伯曼自信地认为，宪政会议上关于"民族政治共同体"（National Political Community，NPC）的不同定义有着路径依赖效应（见图10）。南

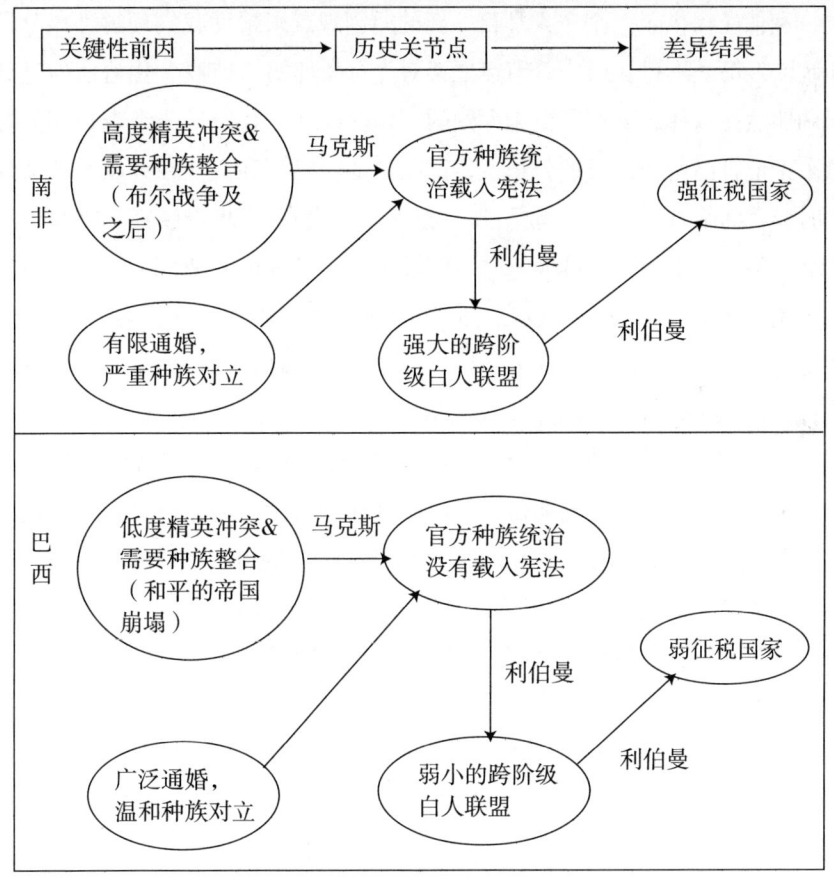

图10 巴西和南非的种族政治

---

① 马克斯把这些研究案例与美国作了比较。如马洪尼—雅沙尔配对比较一样，笔者关注的是马克斯和利伯曼重合的案例。

非正式的种族排外巩固了紧密团结的、跨阶级的白人统治联盟,然而,在巴西没有正式的黑白人种对立,使得地区而不是人种成为最突出的分裂标准。接下来,利伯曼证明了差异化的种族秩序造成了不同的精英税收遵从模式。在南非,政府项目有益于社会地位低下的白人,对白人精英自身的共同体有帮助,这提高了白人精英缴纳个人所得税的意愿。与之相反,巴西种族包容性的民族政治共同体强化了地区分裂,这在白人精英中造成了如下感受:政府支出对白人自身共同体没有益处——大部分国家服务有利于东北部黑人。因此,巴西缴纳个人所得税水平一直比较低。

利伯曼提供了一个令人耳目一新的原创观点来帮助我们理解种族分裂和政治经济。不过,历史关节点框架对先行条件的笨拙概念化迫使他过分强调偶然性选择,贬低了更为深刻的结构性条件。利伯曼努力查找相似背景来论证自己所作比较的公正性,试图去证明巴西和南非在开始宪政会议的时候就面临着相似的先行条件。"这两个社会在19世纪晚期均被相似的社会分裂和政治分裂(cleavage)所分割"(Lieberman,2003:68)。移民、奴隶制、通婚(miscegenation)、内部冲突、种族和地区分裂的相似遗产,使得巴西精英与南非精英在界定民族国家共同体时面对着相似的"问题和选择"(Lieberman,2003:78,70-74)。

这个观点在笔者看来既不完全错误也不完全正确。笔者的兴趣来自于,利伯曼宣称巴西和南非可比性的基础在于这两个国家已经存在的这些先行条件(相似的社会分裂和政治分裂),而不是相似的严重种族问题。不过,若南非宪法制定者比巴西宪法制定者面对更深刻的种族分裂和更尖锐的精英冲突,会发生什么呢?是否南非比巴西更有可能采取排外的黑白人种对立主义?

如果是这样,这些先行条件应该被看做关键性前因,不是背景相似或替代假设。首先考虑一下白人精英内部危机这个议题,如马克斯所指出的,巴西和南非的领导人是在明显不同的约束条件下拟定宪法的。布尔战争之后,南非白人精英已经深度分化,英国需要与被征服的白人(Afrikaners)达成和解。这种"和解的压力"("pressure for reconciliation")转变成制度化的白人统治(Marx,1998:165)。与南非不同,巴西"和平地从帝国的殖民地转变成共和国"。奴隶制逐渐被取消了,"在重大白人间冲突（major intrawhite conflict）相对缺失情况下,几乎没有什么动力通过种族排斥来联合白人"。因为"巴西国家和社会阶层没有经历与南非白人相当的挑战"（Marx,1998:181）,巴西的"精英发现不用实施种族统治,他们也可以维持长期建立的白人特权的社会秩序"（Marx,1998:15）。利伯曼的观点无疑是正确的,他认为,巴西精英本来可以尝试实施排外的黑白两色人种秩序,但是先前明显不同的精英冲突水平使得这样的结果更有可能在南非发生。巴西和南非的精英危机看起来不是相似背景而是关键性前因,这个关键性前因帮助解释案例之间的长期差异。①

先前种族分裂这个因素也是同样的。具体的兴趣放在通婚模式的先前差别上。马克斯和利伯曼都论证了通婚在巴西和南非都发生过,因此两位认为,通婚可以被看做相似背景,没有因果价值。不过与精英危机类似,种族分裂不单单在类别上有差别,在程度上也有差别。巴西的通婚是"高度的",南非的较低（Marx,1998:65-76）。马克斯坦承,"毋庸置疑,巴西更高的通婚水平使得黑白两色人种秩序比其他地方更难实施"（Marx,1998:74）。但是他和利伯曼主张在巴西"通婚就其本身不能阻止官方种族秩序",从而论证道,把先行种族分裂作为非因果变量的是合理的（Marx,1998:74）。

社会科学研究重视概率的重要性,这容易造成将先行条件视为非因果因素（从而不重视先行条件）,除非先行条件"预先决定"（pre-determined）了最终结果（Lieberman,2003:68）。解释历史性原因要求注意力不仅放在历史关节点的选择上,也要放在影响这些选择的先行条件上。毫无疑问,问题不是利伯曼和马克斯没有足够的关注,或者充足的知识去探究20世纪巴西和南非的历史,问题在于历史关节点框架没有给对历史敏感的社会科学研究者提供系统的方法,去论证关节点之前的条件如何补充因果观点,而不是否定因果观点。由此看来,关键性前因不用求助于"自

---

① 南非的布尔战争和帝国的解体被明确地描写成相似危机（Lieberman,2003:257）,尽管马克斯的证据与此相反。

然实验"的空想模板（chimerical template），就可以帮助学者们构建可控性比较。这使得我们可以把先行差别看做历史关节点论述的受欢迎的补充，非不受欢迎的挑战。

结论：将关键性前因带进比较政治学

长期以来历史关节点框架占据以历史为导向的比较政治学的中心。笔者不希望这发生改变。上述讨论过的作品没有一个是去推翻或证伪历史关节点框架。然而，关节点之前重要的因果因素已经发挥作用，但是这个因果价值被低估了或者被遗漏了，因为缺少一个概念来区别因果前因与非因果前因。本文介绍了关键性前因的概念，将"先行条件"划分成四个类型，旨在为研究者们提供新的框架来系统探究比较政治学中长时段历史的因果意义。

未来的研究中关键性前因如何促进信息回归？一如从前，历史关节点依然可以作为比较研究的完美基石。学者们依然可以通过确认研究对象开始走上不同政治轨迹的分化点来开始他们的研究。但是必须重新考虑的不是历史关节点的定义，而是历史关节点的因果权重（causal weight）。

只有当历史关节点（或差异分化点，divergence point）被确认了，我们才可以去找寻关键性前因。将不同类型的先行条件堆在一起，或者完全忽视先行条件，都是不合理的。当需要去确定面对着什么类型的先行条件时，至关重要的问题是，在研究对象分化之前它们如何地相似，如何地相异？如果"分化之前的差别"（difference before divergence）听起来像自相矛盾的说法，对上述讨论过的优秀作品的迅速概括，表明这个说法其实并不自相矛盾。对卡瓦斯来说，他的研究对象中除了19世纪的法国，政体分裂的缺失没有开启那些国家[①]走上基督教民主道路的旅程。20世纪晚期的反教会运动做到了。同样的，在鲁伯特的研究中，战前德国和意大利自

[①] 指的是比利时、荷兰、奥地利、德国、意大利，参见本文图7。——译者注

由派的弱小没导致那些国家①走上法西斯主义的道路——无论从哪一点看（for all intents and purposes），法西斯主义意识形态当时还不存在。只是第一次世界大战的破坏和两次世界大战间大众政治的爆发，才安排了部分欧洲国家的重大历史道路，非所有欧洲国家。

一旦关键性前因被带入历史关节点框架而非整个取代它，历史关节点就可以分享关键性前因的因果价值。这提出了历史关节点和关键性前因的相对因果重要性问题。笔者认为，思考这个问题最富有成效的方法是从可移植性（portability）方面来考虑而不是从比例（proportions）方面来考虑。回顾一下里格比的观点，他认为玻璃瓶的脆弱性和玻璃瓶受石头打击对瓶子破碎都是同样必不可少的，因此笔者认为，尝试分配历史关节点和关键性前因的精确的、按比例（partial）的因果权重不是必要的有成效方法。如詹姆斯·马洪尼和加里·格尔茨所提出的，当解释具体结果时，学者们无需详细阐明比例性的因果效应（Mahoney and Goertz, 2006），正如本文在这里讨论的每一个历史性论述。

这不是表示，在比较政治学中关键性前因与普遍性观点（generalizable arguments）不相容。恰恰相反，笔者揭示关键性前因的努力，一直受到展示因果因素的普遍适用性的愿望所激励。举例来说，麦克亚当的分析表明，通过测量一个国家或地区的主要经济部门在整个生产总量里边所占百分比的下降，有可能确定其对社会运动的因果性影响。② 就任何一个具体的因果观点来说，使得关键性前因比历史关节点多少有点重要的，不是关键性前因能在多大程度上解释具体结果，而是它在多大程度上能给比较政治学主流理论提供更多信息。

研究历史性因果关系是件困难的实证工作，但是关键性前因有望减轻以历史为导向的社会科学家的任务，而非使之复杂化。任何构建历史关节点论述的学者应该早一点检验先行条件，从而来看看是否存在足够的相似背景来建构可控性比较，去判定建立在先行条件基础上的竞争性解释是否

---

① 指的是英国、法国、瑞士、比利时、荷兰，参见本文图6。——译者注
② 尽管本文分析的关键性前因没有一个被明确地当做自变量，但是所有的都可以被潜在地改动为可测变量，借助可测变量，任何人都可以进行定量试验来检测这些学者们的历史性观点。

超过了自己原有的解释。不过第三种可能性一直被忽视了——背景条件与关节点期间的因果因素相结合塑造了长期结果。历史导向的学者们在他们的分析中，已经要求去探究历史关节点之前的因素；本文为他们提供了一个系统的、透明的方法，把他们发现的信息带入他们的论述中。

本文旨在为关键性前因如何运用到比较政治学中提供初步的研究，而非下一个定论。李普塞特和罗坎通过原创性地引用历史关节点，掀起了方法论的反思和争论（以及实质性的分析）。正如上文所讨论过的，笔者几乎与这两位学者一样，希望引入和阐述一个社会科学家们不仅使用而且论争的概念。历史关节点对政治学来说确实是关键的，但是当下历史关节点在比较历史研究中承载了太多的解释性负担。

致谢：

感谢吉姆·卡普索（Jim Caporaso）、鲍勃·古丁斯－威廉姆斯（Bob Gooding-Williams）、安娜·格瑞兹－布丝（Anna Grzymala-Busse）、加里·赫格里（Gary Herrigel）、塞思·乔利（Seth Jolly）、朴钟熙（Jong Hee Park）、凯思琳·舒茨曼（Kathleen Schwartzman）、艾伯特·斯姆塞（Alberto Simpser）、希勒·索弗（Hiller Soifer）、凯思琳·西塞伦（Kathleen Thelen），他（她）们参加了斯莱特在芝加哥大学的比较历史分析研究生讨论会和初级教师讨论小组。感谢比较政治研究杂志的三名匿名评审的反馈和提出的宝贵意见。特别感谢戴维·科利尔和詹姆斯·马洪尼热情和富于创造性地持续参加笔者的讨论。

（译者单位：华东政法大学政治理论部）

参考文献

Brady, Henry E., David, Collier, eds., *Rethinking Social Inquiry: Diverse Tools, Shared Standard*, Lanham, MD: Rowman & Littlefield, 2004.

Cappoccia, Giovanni, R. Daniel, Kelemen, "The Study of Critical Junctures: Theory, Narrative and Counterfactuals in Historical Institutionalism," *World Politics*, Vol. 59, 2007, pp. 341–369.

Charrad, Mounira M., *States and Women's Rights: The Making of Postcolonial Tunisia, Algeria, and Morocco*, Berkeley: University of California Press, 2001.

Collier, Ruth Berins, David, Collier, *Shaping the Political Arena: Critical Junctures, the Labor Movement, and Regime Dynamics in Latin America*, Princeton, NJ: Princeton University Press, 1991.

Grzymala-Busse, Anna, *Redeeming The Communist Past*, New York: Cambridge University Press, 2002.

Hedstrom, Peter, Swedberg, Richard, eds., *Social Mechanisms: An Analytical Approach to Social Theory*, New York: Cambridge University Press, 1998.

Kalyvas, Stathis, *The Rise of Christian Democracy in Europe*, Ithaca, NY: Cornell University Press, 1996.

Katznelson, Ira, "Periodization and Preferences: Reflections on Purposive Action in Comparative Historical Social Science," in Mahoney, James, Dietrich, Rueschemeyer, eds., *Comparative Historical Analysis in The Social Sciences*, New York: Cambridge University Press, 2003, pp. 270–301.

King, Gary, Keohane, Robert O., Verba, Sidney, *Designing Social Inquiry: Scientific Inference in Qualitative Research*, Princeton, NJ: Princeton University Press, 1994.

Kohli, Atul, *Democracy and Discontent: India's Growing Crisis of Governability*, New York: Cambridge University Press, 1990.

Lieberman, Evans S., *Race and Regionalism in The Politics of Taxation in Brazil and South Africa*, New York: Cambridge University Press, 2003.

Lipset, Seymour Martin, Stein, Rokkan "Cleavage Structures, Party Systems, and Voter Alignments," in Mair Peter ed., *The West European Party System*, Oxford, UK: Oxford University Press (Original Work Published

1967), 1990, pp. 91 – 138.

Luebbert, Gregory M. , *Liberalism, Fascism, or Social Democracy*: *Social Classes and the Political Origins of Regimes in Interwar Europe*, New York: Oxford University Press, 1991.

Mahoney, James, *The Legacies of Liberalism*: *Path Dependence and Political Regimes in Central America*, Baltimore: Johns Hopkins University Press, 2001; "Strategies of Causal Assessment in Comparative Historical Analysis," in Mahoney, James, Dietrich, Rueschemeyer, eds. , *Comparative Historical Analysis in The Social Sciences*, New York: Cambridge University Press, 2003, pp. 337 – 372.

Mahoney, James, Gary, Goertz, A Tale of Two Cultures: Contrasting Quantitative and Qualitative Research, *Political Analysis*, Vol. 14, 2006, pp. 227 – 249.

Mahoney, James, Erin, Kimball, Kendra L. , Koivu, The Logic of Historical Explanation in The Social Sciences, *Comparative Political Studies*, Vol. 42, 2008, pp. 114 – 146.

Mahoney, James, Dietrich, Rueschemeyer, eds. , *Comparative Historical Analysis in The Social Sciences*, New York: Cambridge University Press, 2003.

Marx, Anthony W. , *Making Race and Nation*, New York: Cambridge University Press, 1998.

McAdam, Doug, *Political Process and The Development of Black Iinsurgency, 1930 – 1970*, Chicago: University of Chicago Press, 1982.

McDonald, Terrence J. , ed. , *The Historic Turn in The Human Sciences*, Ann Arbor: University of Michigan Press, 1996.

Pierson, Paul, "Big, Slow-moving, and … Invisible: Macrosocial Processes in The Study of Comparative Politics," in Mahoney, James, Dietrich, Rueschemeyer, eds. , *Comparative Historical Analysis in The Social Sciences*, New York: Cambridge University Press, 2003, pp. 177 – 207; *Politics in Time*. Princeton, NJ: Princeton University Press; 2004.

Rigby, S. H., Historical Causation: Is One Thing More Important than Another? *History*, Vol. 80, 1995, pp. 227–242.

Slater, Dan, *Ordering Power: Contentious Politics and Authoritarian Leviathans in Southeast Asia*, New York: Cambridge University Press, 2010.

Sewell, Williams, *Logics of History*, Chicago: University of Chicago Press, 2005.

Thelen, Kathleen, "How Institutions Evolve: Insights from Comparative Historical Analysis," in Mahoney, James, Dietrich, Rueschemeyer, eds., *Comparative Historical Analysis in the Social Sciences*, New York: Cambridge University Press, 2003, pp. 208–240.

Tilly, Charles, Mechanisms in Political Processes, *Annual Review of Political Science*, Vol. 4, 2001, pp. 421–441.

Varshney, Ashutosh, *Ethnic Conflict and Civic Life: Hindus and Muslims in India*, New Haven, CT: Yale University Press, 2002.

Wilkinson, Steven I., *Votes and Violence: Electoral Competition and Ethnic Riots in India*, New York: Cambridge University Press, 2004.

Yashar, Deborah J., *Demanding Democracy: Reform and Reaction in Costa Rica and Guatemala, 1870s–1950s*, Stanford, CA: Stanford University Press, 1997.

双层理论与模糊集分析[1]

[美] 加里·格尔茨[2],
[美] 詹姆斯·马洪尼[3] 著
张春满 译

加里·格尔茨教授和詹姆斯·马洪尼教授都是美国政治学界方法论领

---

[1] 作者注:对于我们收到的建议和评论,我们感谢 Charles C. Ragin, Andy Bennett 和参加 2001 到 2003 年度位于亚利桑那州立大学的定性研究方法培训学校(Training Institutes on Qualitative Research Methods)的学生们。詹姆斯·马洪尼的工作得到了国家科学基金会的项目资助(项目编号 0093754)。这篇文章的教学版可以在作者处获得。教学版包含了一些习题和参考答案。译者注:原文的来源是, Goertz, Gary and James Mahoney. "Two-Level Theories and Fuzzy-Set Analysis." *Sociological Methods & Research*, 2005, 33: 497-538.

[2] 加里·格尔茨(Gary Goertz)是美国亚利桑那大学政府与公共政策学院教授。他的著作包括《社会科学的概念:使用指南》(2005)、《国际规范和决策制定:一个波动均衡的模型》(2003)、《国际政治的情景》(1994)、《领土变迁和国际冲突》(与保罗·迭赫合著, 1992)和《国际对抗中的战争与和平》(2000)。他还与哈维·斯达尔合编了《必要条件:理论、方法和应用》。

[3] 詹姆斯·马洪尼(James Mahoney)现在是美国西北大学政治学和社会学教授,同时也是该校菲茨格拉德经济史教授(Fitzgerald Professor of Economic History),该文发表之际,马洪尼为美国布朗大学(Brown University)社会学副教授。他的著作有《自由主义的遗产:路径依赖和中美洲的政治体制》(2001)。这本书获得了美国社会学会比较和历史社会学分部巴林顿·摩尔奖。他还与鲁施迈耶(Dietrich Rueschemeyer)合编了《社会科学中的比较历史分析》(2003)。他还在小样本研究中的因果分析、历史社会学中的路径依赖和拉丁美洲的长期发展和政治变迁方面发表了文章。

其他前沿领域：历史社会学与模糊集合
双层理论与模糊集分析

域的重量级人物。在发表在《社会学方法与研究》（Sociological Methods & Research）2005年第33期的这篇论文中，两位作者第一次在学术界将双层理论与模糊集分析结合起来，这不仅是方法论上的创新，更对现实的研究实践具有很强的指导意义。

相比于单层次的因果结构，格尔茨和马洪尼认为，双层理论具有特殊的理论特点和优势。那么什么是双层理论呢？他们认为双层理论通过对两个层次上的原因变量进行分析来解释结果，这些原因变量的相互联系是系统的。其中一个分析层次代表理论的内核（core of the theory），主要关注需要研究的核心原因变量和主要结果。在文中，作者将其称为"基础层"（basic level）。另外一个分析层次主要关注比基础层低一些的处于非中心集合层面上的原因变量。作者将其称为"辅助层"（secondary level）。

作者认为，要想全面理解和评价一个理论，我们就必须把握该理论基础层和辅助层的关系结构。那么基础层与辅助层的这种关系结构是什么呢？他们探讨了双层理论的不同结构，并且梳理了如果用模糊集分析来检验这些理论会遇到的方法论问题。两位作者重点关心用充分必要条件来探讨变量间关系的理论。在任何一个分析层次上，他们张主都要研究两种特定的逻辑结构。第一种是一组每个都必要且联合起来充分的因果要素。这种逻辑结构可以用"逻辑与"（logical AND）来表示，其数学公式可以写成 $Y = X * Z$；第二种是一组每个都充分但不必要的因果要素。这种逻辑结果可以用"逻辑与"（logical OR）来表示，其数学公式可以写成 $Y = X + Z$。

同时，文章也关注处在辅助层上的变量如何与处在基础层上的变量相互联系。文中梳理了三种可能的理论关系：因果性的（causal）、本体性的（ontological）和替代性的（substitutable）。在这一部分，作者通过对一些作者的作品进行类型化的重建（stylized reconstructions）非常清晰地阐明了这三种理论关系的特点和差异。在因果性理论关系中，作者使用了西达·斯考切波（Theda Skocpol）1979年发表的著作《国家与社会革命》；在本体性理论关系中，作者使用了布赖恩·唐宁（Brain Downing）1992年的著作《军事革命与政治变迁》；在替代性理论关系中，作者使用了埃莉诺·奥斯特罗姆（Elinor Ostrom）1991 年的著作《公共事务的治理之道》。此外，两位作者还关注了等效性（Equifinality）的逻辑结构。他们以希克斯等人在 1995 年发表的论文《福利国家的计划性出现》（The Programmatic Emergence of the Social Security State）为例详细解释了等效性逻辑结构。

在文章的后半部分，两位作者重点利用模糊集这一工具来对双层理论进行了检验。他们以斯考切波的《国家与社会革命》为例，证明了模糊集在检验双层理论方面具有独特的优势。在最后的结论部分，两位作者提出了一些对学者有益的问题，这些问题对于他们开展自己的研究和分析别人的工作都是大有裨益的。总之，这篇文章，诚如两位作者所说的那样，成功地把一些学者直觉上认为有用的理论清晰地阐释出来了，这对在理论上和方法论上帮助提高未来研究工作的准确性作出了贡献。

* * * * * *

摘要： 双层理论通过对两个层次上的原因变量进行分析来解释结果，这些原因变量的相互联系是系统。虽然在比较分析领域，很多著名的学者在发展双层理论，但是这些理论所提出的一些经验的和方法论上面的问题却还没有得到研究。本文探讨了双层理论的不同结构，并利用模糊集的方法分析了检验这些理论时会遇到的一些问题。笔者认为，要想把握双层理论的整体结构，就必须清楚不同分析层次以及单一分析层次内所存在的特殊的关系类型，还要清楚两个分析层次在充分和必要条件方面的逻辑关联。作者们主张，模糊集分析为检验这些理论提供了一套有效的工具。但是，要想达到这个目的，使用模糊集方法的分析人员必须从一开始就认清他们理论的双层结构。

很多理论采用非等级的、单层次的因果结构。无论是统计学还是定性研究，经验主义的分析结果往往能用一个等式来表示。本文认为双层理论具有特殊的理论特点和优势。事实上，很多著名的理论在本质上就是双层的。

双层理论通过对两个层次上的原因变量进行分析来解释结果，这些原因变量的相互联系是系统的。其中一个分析层次代表理论的内核（core of the theory），主要关注需要研究的核心原因变量和主要结果。处在这个层次上的变量构成了我们社会科学词汇的主体部分，它们是一些容易被掌握和记住的概念。我们用"基础层"（basic level）来描绘这部分理论（Roger Brown, 1965; Eleanor Rosch et al., 1976）。另外一个分析层次主要关注比基础层低一些的处于非中心集合层面上的原因变量。我们将其称为"辅助层"（secondary level）。辅助层上的变量也是能够解释主要结果的原因，但是只有先认识清楚其与基础层上的因果要素的关系，我们才能理解其对结果的影响。要想全面理解和评价一个理论，我们就必须把握该理论基础层和辅助层的关系结构。

我们探讨了双层理论的不同结构，并且梳理了如果用模糊集分析来检验这些理论会遇到的方法论问题。我们重点关心用充分必要条件来探讨变量间关系的理论。在任何一个分析层次上，我们都要研究两种特定的逻辑结构。第一种是一组每个都必要且联合起来充分的因果要素；第二种是一组每个都充分但不必要的因果要素。这些因果关系在比较研究中非常流行，它们能够用查尔斯·拉金（Charles Ragin）的方法来分析（Ragin, 1987, 2000）。然而，迄今为止方法论专家并没有在双层理论的背景下对任何一种因果结构进行探索。

本文也关注处在辅助层上的变量如何与处在基础层上的变量相互联系。我们梳理了三种可能的理论关系：因果性的、本体性的和替代性的。在因果性的理论关系中，辅助层上的变量是基础层上变量的形成原因。在这种情况下，我们也可以把这种关系描述为"原因的原因"（causes of causes）。在本体性的理论关系中，辅助层上的变量所具有的特征能够定义或者组成基础层上的原因变量。这些辅助层上的变量不是基础层上变量的指标（indicators），实际上，他们正是构成基础层现象（basic-level phenomena）的要素。最后是替代性的关系，在这种关系中，辅助层上的变量是有可能达成基础层上状态（basic-level states）的不同路径。在这里，辅助层上的变量经常被认为是形成基础层上变量的结果的替代方法（alternative means）。

充分和必要条件的理念对于理解这三种关系至关重要。举例来说，传统的角度往往以本体性关系，来指代对基础层变量的存在起到充分和必要条件的辅助层变量。在经典的概念构建过程中，不同的类型就是通过必要和充分条件来界定的（Giovanni Sartori, 1970; David Collier and James Mahon 1993; George Lakoff, 1987; Gary Goertz, 2005）。替代性关系是指对基础层的特定变量每个都是充分的，但联合起来不构成必要条件的一组辅助层变量；他们是获得特定结果的不同手段（Benjamin Most and Harvey Starr, 1984）。因果性关系的特征可以用充分性或必要性来讨论，其中也包含了两者一些复杂的组合。把握辅助层与基础层联系要求我们能够辨别这些关系的理论本质（即是因果性的、本体性的还是替代性的？），同时也要求我们能够辨别这些关系在充分必要条件方面的逻辑结构。

尽管我们看到一些著名的理论都有双层结构，但是目前为止双层结构并没有在文献中获得承认。克劳迪奥·乔菲-雷维拉（Claudio Cioffi-Revilla）（Cioffi-Revilla, 1998；Cioffi-Revilla and Starr, 2002）的研究是个例外。他描述和分析了具有清晰层级的双层结构，其中层级间相关的变量还用充分必要条件表示出来。这项研究对本文的分析是很好的补充。茨欧菲-莱维勒用一种抽象的数学的方式来展示双层理论。我们则是重点强调其在定性比较研究领域的众多应用。此外，茨欧菲-莱维勒完全采用了一种概率性（probabilistic）的路径，以此来证明人们不能反对必要和充分条件结构内在的决定性。

文章接下来的讨论将分两部分来进行。在第一部分，我们主要关注双层理论的结构。我们将考虑所有双层理论的共同特征以及这些理论中的特殊类型。关于特殊类型，我们会研究在基础层能够彰显因果关系的替代性逻辑结构，同时我们也会研究处于辅助层和基础层之间的替代性关系。之后，我们将用比较分析领域一些代表性的作品来对这些替代性路径的价值（alternative possibilities）进行案例分析。

在第二部分，我们将转向以模糊集分析作为工具来检验双层理论。我们会以斯考切波（Theda Skocpol）1979 年的著作《国家与社会革命》（*State and Social Revolutions*）为例子。之所以用这个例子，在于该书非常有名并且在方法论的讨论中占据核心的地位。我们认为本文的分析是第一次为斯考切波理论的结构提供了翔实而准确的介绍。此外，我们还是第一次用模糊集的技术来检验她的理论。

我们的结论是，模糊集的方法对于检验双层理论大有裨益，原因在于模糊集能够让研究人员利用充分必要条件来思考复杂的因果模式。值得注意的是，如果一开始不清楚这些理论的结构，那么当我们分析双层理论的时候就会遇到麻烦。举例来说，只有辅助层上的变量与基础层上的变量的关系被系统地考虑之后，对辅助层上变量的模糊集检验才能产生有意义的结果。因此，在试图应用模糊集检验（或者其他方法）之前，学者们一定要考虑该双层理论的整体结构。

基于我们的讨论，我们对那些试图发展双层理论和利用模糊集检验这些理论的学者提出一些建议。我们号召更仔细地研究辅助层与基础层变量间的本质关系。此外，我们希望研究人员能够仔细思考并且认真论证辅助层变量产生基础层变量的逻辑程序。不同的逻辑程序会在基础层产生不同的变量分值（variable scores），这会对整个理论的分析产生重大的影响。

双层理论的结构

在这个部分，我们利用基础层和辅助层的概念来描述双层理论的普遍结构。同时，我们也会分析存在于每个层面上的不同的逻辑结构，以及存在于辅助层与基础层之间的不同类型的关系。

基础层

在一个双层理论中，基础层包含了整个理论主要的原因变量和结果变量。一个双层理论的主要观点，会集中出现在基础层所包含的概念和论点中。基础层这个标签，我们取自布朗（Brown，1965）、罗施（Rosch et al. 1976）及她的同事和其他研究分类学的认知科学家（Lakoff，1987，esp. chap. 2）的工作。这些研究人员发现一般的语言使用者倾向于在特定的集合层面（level of aggregation）交流和思考。这个层面被他们称为基础层。举例来讲，我们会学习并且习惯使用基础层的概念如桌子和椅子，而较少使用那些更一般化的概念如家具或者更特殊化的概念如搁脚凳（stool）。我们相信这一情况在社会科学领域同样存在。社会科学家在某一特定分析层面会更容易命名和记住一些事情，继而在这个层面组织他们大部分的思路和观点。举例来讲，当代的社会科学家更容易围绕一些概念，如民主、战争和福利国家，而不是更高分析层面上的概念（比如，政治体制、暴力和公共政策），或者更低分析层面上的概念（比如，联邦制民主、内战，或者母性福利国家（maternal welfare state），来构建他们的主要理论。①

基础层上的变量构成了双层理论的基石，但是这些变量如何搭配起来形成理论所导致的逻辑关系是多种多样的。笔者发现大多数定性研究和比较研究在基础层上均使用两种逻辑结构。第一种是一组每个对结果都单独必要且联合起来充分的因果要素；第二种是一组对结果每个都充分但不必要的因果要素。我们把第一种结构称为"必要原因同时具备"（conjuncture of necessary causes）以此来表明，这些必要条件的结合就足够产生一个结果。我们把第二种结构称为"等效性"（equifinality）。等效性的结构意味着不同的条件能产生相同的结果，于是对于相同的结果，多条路径都可以实现（Ragin, 1987）。一个经典的等效性的例子就是巴林顿·摩尔（Barrington Moore）的观点：进入现代社会存在三种相互独立的路径。

必要原因同时具备的逻辑结构可以用如下公式简单地表示出来：

$$Y = X * Z \tag{1}$$

在这个等式中，两个必要条件（X 和 Z）联合起来共同构成 Y 的充分条件。我们用星号来指代"逻辑与"（logical AND）。因为这个公式意指，一个元素必须在 X 与 Z 的交集中才能在 Z 的集合中，所以我们把这种基本结构的特征概括为"与"（AND）。

第二种逻辑结构是等效性。与第一种不同的是，这种逻辑结构没有

---

① 然而，认为所有的学者对基础层的看法是单一固定的观点是错误的。根据专业和知识的不同，与基础层相对的分类的层次在不同的学术圈是有变化的。对于不同的文化群体，普通概念的基础层是基本正确的。

必要条件。Y 的发生是多种路径造成的。

$$Y = X + Z \tag{2}$$

等式（2）中的加号指代"逻辑或"（logical OR），即 X 或者 Z 都是 Y 的充分条件。于是，等效性逻辑结构的特征概括为"或"（OR）。

上述两种类型并不代表基础层上所有的逻辑关系。举例来说，基础层上可以只有几个单一的必要条件。同理，还存在如下一些复杂的混合结构。

$$Y = U * X + U * Z. \tag{3}$$

在等式（3）中存在一个必要条件 U 和等效性（U 和 X，U 和 Z）。在这篇文章中，我们主要探讨等效性和必要原因同时具备这两个标准因果结构。

辅助层

位于辅助层上的变量不在核心观点中处于中心地位，这些概念也不容易被牢记和使用。但即便如此，这些变量还是有着重要的理论作用。譬如在关于民主的讨论中，一些因素如自由选举、公民权利和广泛的选举权往往起着主要的作用，但是与民主这个基础层的概念相比，它们却是辅助性的。

基础层与辅助层的关系可以被归为三类：因果性关系、本体性关系和替代性关系。值得强调的是，在这三种关系中，辅助层的变量都不是基础层上变量的指标值或者测量值。在双层理论中，这些辅助层变量的作用不是对基础层变量进行操作处理，而是与主要的结果变量构成因果关系。双层理论的复杂性就体现在：由于辅助层变量与基础层变量的关系不同，那么辅助层变量如何影响主要的结果变量也就很难确定。

首先，基础层变量与辅助层变量之间可能存在因果性关系。在这种情况下，辅助层变量就相当于"原因的原因"。该情况下，辅助层变量

其他前沿领域：历史社会学与模糊集合
双层理论与模糊集分析

主要通过帮助基础层生成更多暂时近似的（temporally proximate）原因变量来对结果变量施加影响。于是，当双层理论中存在因果性关系时，我们就能分辨出比较间接的原因（辅助层上的原因）和比较直接的原因（基础层上的原因）。

双层变量间的因果关系的逻辑结构存在多种形式。我们上面所讲的必要原因同时具备和等效性两种结构在等式（1）和等式（2）中都适用。除此之外，辅助层上的变量也可以只是必要的但联合起来对基础层变量不构成充分的条件。我们下面还将考虑其他更复杂的情况。

第二，双层之间可以存在本体性的关系。在这种情况下，辅助层变量代表了构成基础层变量的本质性特征。从本质上看，辅助层变量就是组成基础层变量的那些要素。①举例来说，自由选举、公民自由和广泛的选举权就可以被用作构成民主这个基础层变量的本体性辅助层变量。我们选择本体性这个词来形容这种关系，主要是因为它能表达出基础层变量所指代的这些核心特征、结构和深层次的内容。此外，本体性这个术语也好于描述性（descriptive）或者界定性（definitional），这是因为在双层理论中，辅助层变量在解释为什么基础层原因变量会对结果有影响时，能起到了一些关键性的因果作用。譬如，在为什么民主国家之间不会爆发战争这个问题上，民主和平论就把选举当作一个关键的解释因素。在这个理论中，选举（部分地界定了民主这个基础层概念）作为辅助层的变量，对战争这个主要结果变量存在因果性的影响。

本体性关系的逻辑结构能采用多种不同的表现形式。传统上，大多数学者利用充分和必要条件来界定概念。以萨托利（Sartori）的研究为

---

① 在最近的文章中，豪尔（Hall）（参考其2003年的文章）把本体性（ontology）定义为关于这个世界因果关系本质的最根本的假设。与之对比，我们对本体性的认识停留在辅助层变量组成基础层变量的方式上。这种组成性的关系能够通过多种不同的理论或者数学的结构进行建模（比如，等效性，必要条件的结合）。但是在每个例子中，他们的假设是辅助层变量不是基础层原因变量的原因，而是他们的本体或者核心构造。我们对本体性的看法与豪尔的观点相似，即强调辅助层组成性因素对基础层的结果变量具有因果性关系。对因果机制的描述总要诉诸辅助层变量。我们对本体性关系的理解也与温特（参考其1999年的文章）的组成性解释（constitutive explanation）相似，只是我们对与因果关系中的解释标签存在保留意见。我们同意温特的地方是，辅助层组成性要素是因果解释的组成部分。

例，对概念的经典处理路径依赖于分类学的层级制（taxonomical hierarchy），把界定性的属性（辅助层变量）作为一个概念形成的单个必要且联合起来充分的条件。在该传统路径下，分析人员用"与"（AND）的逻辑来连接辅助层和基础层的变量。

虽然上述传统路径经常被使用，但是戴维·科利尔及其合作者（Collier and Mahon, 1993; Collier and Levitsky, 1997; see also Goertz, 2005）也发现还有其他一些替代性路径。其中最为著名的就是家族相似性理论（family resemblance idea）（Ludwig Wittgenstein, 1968）。家族相似性理论包含了等效性（而非必要性）的逻辑结构。从定义上来讲，家族相似性理论不包含任何必要条件（没有一个共同特征是被全体家族成员共享的）。只要这些人具有足够多的这个家族的特点，那么这些人就是该家族的成员。于是，家族相似性结构（family resemblance structure）是一种充分不必要的结构，与等效性如出一辙。

在家族相似性理论中，研究人员必须借助"或"（OR）的逻辑来把辅助层的诸多变量与基础层的这个变量联系起来。但是"或"的逻辑也不能一直被严格地应用。这是因为家族相似性理论要求，辅助层上必须存在一个以上变量才能与基础层形成从属关系，如果只存在一个辅助层变量，那么这在基础层上能否成为家族中的一员这个变量的讨论就是不充分的。此外，家族相似性这种结构还能用另一种"或"的逻辑来建模。新的模型采用的规则是在 N 个特征中具备 M 个（m of n characteristics must be present）。利用这个模式，当我们考虑本体性的家族相似性结构时，我们就可以采取如下这种"或"的逻辑：

$$Y = \min \text{sum}(X_1, X_2 \ldots), 1. \qquad (4)$$

等式（4）是家族相似性规则（family resemblance m-of-n rule）[①]的一种模糊集合逻辑的应用。使用模糊集的时候，辅助层变量的数值

---

① 在模糊集的逻辑中，使用逻辑或（OR）是有很多种方式的。

(value）会被校验（calibrated），以此来反映需要多少个属性才能使一个变量成为基础层上的变量。举例来说，如果要成为一个家族成员需要至少具备四个可能属性中的两个，那么对辅助层上变量进行赋值时，最高的数值不能超过 0.5（如果一个变量需要二分赋值，那么它的值可能是 0.00 和 0.50）。按照这个逻辑，当具备两个辅助层变量时，一个人就能被确定为该家族的成员。如果只具备一个辅助层变量，那么这个人就要被排除在这个家族之外。我们用 min（sumXi，1）来代表使用这种"或"逻辑的程序。

最后，我们讨论基础层和辅助层的替代性关系。这种情况下，辅助层变量既不是基础层变量的原因，也不是其组成特征。每个辅助层变量都是该特定基础层变量的替代性实现手段。如果基础层上的概念是劳工吸纳（labor incorporation）（Collier and Collier，1991），那么在辅助层上的替代性，就是对劳工在不同国家被吸纳或者主动融合的不同方式的分析。在有些国家里，这种吸纳是通过政党来实现的，而在另外一些国家中，这种吸纳是通过国家来实现的。乔菲－雷维拉强调说替代性与系统的冗余（redundancy）有关（Cioffi-Revilla，1998；Bendor，1985；Landau，1969）。系统的必要组成部分有多余的备份和多样性的来源，会使得该系统更加的稳定。一个相关的例子就是，美国通过空基、陆基和潜基三位一体武器部署来确保其核威慑的有效性。如果这个系统中的一部分或者两部分都遭到了攻击，这个系统还有能力保证美国具有再次核打击能力（Cioffi-Revilla，1998）。

辅助层变量与基础层变量的这些系统的联系造就了双层理论的独特性和有效性。辅助层的变量不仅能够增加基础层上论点的复杂性，也能帮助学者充实基础层上的观点。为了检验基础层上的观点，分析人员必须充分利用辅助层上的信息。这一过程能够帮助他们降低分析的层次和研究相关的数据，以此来更好地分析因果关系。例如，对双层理论中本体性关系的分析，能够帮助学者探寻基础层概念中真正影响所考察目标的本质属性。在本体性关系中，辅助层上所展现出的特别属性是用来解释基础层变量自身所具有的作用的机制。替代性之所以有价值是因为分析人员常常需要寻找不同的方式才能实现基础层的分析过程。其中，基础层会在诸多案例间寻找一个共同的因素（比如，劳工吸纳），辅助层能对这个因素的发生提供差异性（differentiation）（劳工的国家吸纳或劳工的政党吸纳）。最后，通过增加更多短暂移除的过程（temporally removed processes）使得基础层原因能够直接生成，这样因果性关系就能帮助研究人员深化既有的分析。

在这篇文章中，我们关注了辅助层与基础层变量之间不同的关联方式。但是，本体性关系的双层理论是在基础层上考虑辅助层变量与主要结果变量的联系。这样做的话，该理论能够利用辅助层来解释和分析基础层上的结果变量。当分析人员根据辅助层来分析结果变量时，他们实际上在提供一种本体性的概念性的方案。通过这种方案，辅助层变量就与基础层结果变量联系起来了。

总之，构成双层理论的各种关系是复杂的。鉴于其复杂性，我们有必要提供一个图表来解释双层理论的架构和观点。下面我们就通过提供一些图表来展示双层理论的结构。因为目前的文献还没有对双层理论进行系统的思考，所以我们提供了一套新的符号来表示不同的可能的关系。具体来说，我们在下文中用如下符号来代表双层理论的各种要素和关系：

- 我们用粗体字母来指代基础层的变量，用正常的罗马字母来指代辅助层的变量。
- 我们用实心箭头来指代从原因到结果的因果性关系：------▶。
- 我们用一连串等号来指代本体性关系：======。
- 我们用点号箭头来指代替代性关系：———▶。
- 我们用星号来指代逻辑与：*。
- 我们用加号来指代逻辑或：+。
- 我们用来指代必要原因同时具备，它们是结果的充分条件———▶◀———
- 我们用来指代必要条件的非因果性同时具备，它们是结果的充分条件- - ▶◀ - - 。

表 1　辅助层到基础层的各种关系

关系	逻辑与	逻辑或	符号	时序优先性
替代性	否	是	------▶	否
本体性	是	是	======	否
因果性	是	是	⎯⎯⎯▶	是
必要原因同时具备	否	是	▶◀	是
必要条件的非因果性同时具备	否	是	--▶◀--	否

表 1 总结了双层间的三种理论关系（因果性、本体性和替代性）以及可以应用在任何一层上的替代性结构（逻辑与或者逻辑或）。需要澄清的是，我们拥有很多理论和逻辑的可能性，双层理论只是包括了一类理论。因为存在两个层次、两种逻辑结构和三种关系，我们就拥有了一套强大的工具来对社会现象建模。值得注意的是，双层理论是亚历山大·乔治（Alexander George）和安德鲁·贝内特（Andrew Bennett）类型学理论概念的一种应用。将表 1 中的各种可能性结合起来就能产生多个类型的理论结构（Elman，2005）。

双层理论不仅为未来的理论建设提供了一个框架，也对理解现有的理论多有裨益。很多社会科学家都间接地利用双层理论来思考。一些理论中的困惑（如斯考切波的国家与社会革命）源于对不同层次的关系和这些层次本身不恰当的分析。在接下来的部分，我们会提供一些例子来说明实践中使用的双层理论是什么样子的。

双层理论的具体案例

在这一部分，我们提供若干不同双层理论的案例。因为双层理论这个概念在目前的文献中还不是非常流行（Cioffi-Revilla，1998；Cioffi-Revilla and Starr，2002），所以我们必须分析这些讨论中的研究在多大程度上是双层理论。此外，因为有些理论没有被很明确地（按照双层理论的逻辑）展开，所以我们必须揭示出这些研究的特定的双层理论结构。我们曾经尝试关注一些非常清晰的双层理论的例子，这些例子展现了一些不同的可能的理论结构。同时，我们要明确地表明，接下来要对一些作者的作品进行类型化的重建（stylized reconstructions），这种重建不可避免地会把非常复杂的论证简单化。

斯考切波的社会革命理论

我们以斯考切波1979年发表的著作《国家与社会革命》作为分析的开端。这本书试图通过与其他那些没有经历社会革命的国家进行对比，来研究和解释法国、俄国和中国社会革命的起因。尽管很多人都关注这本书，但是大部分研究人员都没有注意到她的双层理论结构。在图1中，我们总结了这个结构。

基础层。在基础层上，《国家与社会革命》采取的结构是两个必要原因同时具备，这两个原因组合在一起共同构成了社会革命这个结果的充分条件。斯考切波按照如下的图总结了这两个基础层的原因。

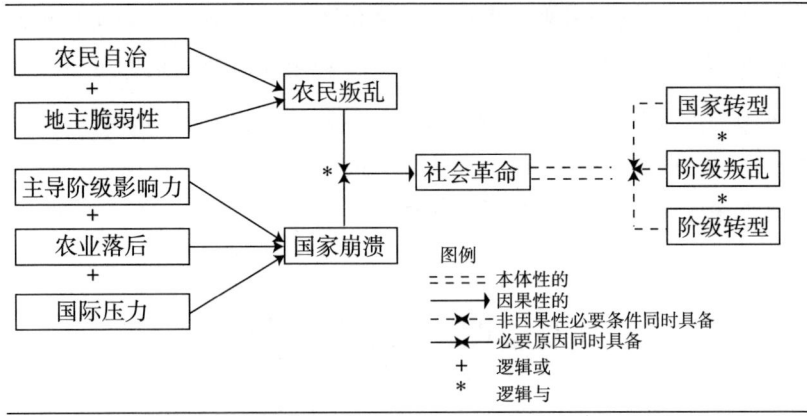

图1 双层理论：国家与社会革命

其他前沿领域：历史社会学与模糊集合
双层理论与模糊集分析

我们的第一个观点是，当面对来自更加发达的国家的巨大压力时，行政和军事方面的国家组织就会崩溃。第二个观点是，培育了广泛的针对地主阶层的农民叛乱的农业社会政治结构，与国家崩溃连在一起，共同构成了发生在1789年的法国、1917年的俄国和1911年中国的社会革命的显著原因（Skocpol, 1979：154）。

这两个原因是指国家崩溃的条件和农民叛乱的条件，这些可以被简单地归纳为"国家崩溃"和"农民叛乱"。因为这些变量在基础层，所以大多数对斯考切波工作的归纳指的就是它们。

斯考切波非常明确表明这两个原因是共同而非单独构成社会革命的充分条件。这可以从她的观点中得到澄清：这两个要素是"共同考虑为充分的显著的原因"。另外，她还明确表示，如果没有农民叛乱，国家崩溃不能导致社会革命（Skocpol, 1979：112）。通过与那些没有发生社会革命的例子作对比，斯考切波在很多地方都努力地证明，任何一个条件本身都无法产生社会革命，那些没有发生社会革命的国家只存在上面两种条件中的一种。

在《国家与社会革命》中，我们很难找到斯考切波很明确地说她的那些关键变量对社会革命的发生是必要的，但是却有很多地方是在强烈地暗示两个核心变量具有必要条件的特点。举例来说：

> 不管怎样，到目前为止，农民叛乱一直都是很多实际上发生的（成功的或者不成功的）社会革命的至关重要的暴动因素……如果没有农民叛乱，在那些农业占主导的国家，城市的激进主义始终不会带来革命性的社会转变……英格兰和1848年的德国没有发生社会革命，一部分原因是缺乏针对上层地主阶级的农民叛乱（Skocpol, 1979：113）。

此外，斯考切波还一直被认为已辨明了必要原因①（Kiser and Levi, 1996：189-190；Dion, 1998）。她的著作还被拉金用来当做必要条件的一个核心案例："思考这个观点，国家崩溃与大众叛乱是社会革命的必要条件"（Ragin, 2000：219）。

于是，《国家与社会革命》就具有了等式（1）的正式结构，即我们所说的必要原因同时具备。在这里，我们可能是第一次在文献中主张，斯考切波社会革命的基本理论认为：

> 国家崩溃与农民叛乱是单个必要且联合起来共同构成了社会革命的充分条件。

这一观点有赖于多个特定的维度条件，比如存在一个历史上没有被殖民过的农业官僚国家（agrarian-bureaucratic state）。在斯考切波所讨论的范围中，国家崩溃与农民叛乱代表了单个必要且联合起来共同充分的变量的组合。

辅助层。在辅助层上，斯考切波研究了产生国家崩溃与农民叛乱的不同过程。因此，辅助层的变量与基础层的原因间是一种因果性的关系。这种因果性关系的逻辑结构是等效性的一种，即每个辅助层变量都是国家崩溃或者农民叛乱的充分但不必要条件。我们在辅助层上用"逻辑或"来表示斯考切波这种论证的特征。总结来看，斯考切波虽然在基础层上是因果性的必要条件同时具备的结构，但在辅助层上却是等效性。

在解释国家崩溃这一基础层的原因时，斯考切波关注了三个辅助层的原因。第一个是国际压力，它会给政权掌握者造成危机；第二个是国家内部主导阶级的影响力，它会阻止政府领导人采取革新措施；第三个是农业发展的落后，它会妨碍国家对政治危机的反应。至于农民叛乱，她关注了两个辅助层上的变量。第一个是农民的自主性和凝聚力（peasant autonomy and solidarity），它会促进农民自发的集体行动；第二个是

---

① 这里的必要原因，作者应该是指社会革命发生的必要原因。——译者注

地主阶层的脆弱性（landlord vulnerability），它为农村地区的阶级转变提供了可能。

斯考切波的理论不仅把辅助层变量与基础层上的原因变量结合起来，也把辅助层变量与社会革命本身的结果变量直接联系起来。后者的这种关系是本体性的。接下来解释社会革命的理论结构（这个概念的核心特征）。

斯考切波采取了一种经典的必要充分条件的结构来定义社会革命。她认为：社会革命是一个社会内部的国家结构和阶级结构的急速且根本性的转型，这期间会伴随着阶级层面自下而上的叛乱，一定程度上这也是社会革命发生的方式（Skocpol, 1979：pp. 4-5）。这个定义认为社会革命的发生是三个因素的结合。第一个因素是自下而上的以阶级为基础的叛乱；第二个是国家结构的急速的根本性的转型；第三个是阶级结构的急速的根本性的转型。①斯考切波明确表明，这三个属性中缺少任何一个，国家都不会发生社会革命。因此，这三个因素中的任何一个都是社会革命的必要条件。斯考切波也极力暗示说，这三个因素的同时存在能够作为充分条件来判断一个国家是否发生了社会革命，换句话说，只要一个案例具备这三个因素，它就一定是社会革命。

鉴于斯考切波采用充分必要条件的路径来定义结果变量，因此在说明她为社会革命所定义的三个因素与社会革命本身之间的关系时使用逻辑与比较恰当。当结果变量方面的双层结构与原因变量方面的双层结构结合起来，图1所展示的整个论证就出现了。

迈克尔·布洛维在1989年对斯考切波著作的批评证明了，理解她的论证的整个因果结构是何等的重要，又是何等的困难。他在表1中（Michael Burawoy, 1989：768）清楚地把变量分为了两个层次，而且他也正确地在基础层上分清了农民叛乱和国家危机。但是，他认为斯考切波在基础层和辅助层之间是采用了必要条件的联结（necessary condition linkage）。他认为：

---

① 第一个构成要素是有问题的。鉴于其与其他两个存在因果性的关联，所以会引起共线性的问题。

目前的任务是展示国际压力和"国家中一个组织化的独立自主的拥有很大影响的主导阶级"是政治危机的必要因素……目前来看,两个对比的例子(指德国和日本)并不能证明国际压力是革命性政治危机发展的必要条件。在下面的章节,斯考切波梳理了革命发生的第二个必要条件:农民的叛乱……她现在必须证明政治危机和农民自主性都是农民叛乱的必要条件(Burawoy, 1989: 766)。

一旦我们明确斯考切波理论中的层次关系是一种等效性而不是必要条件,那么布洛维针对她的批评就站不住脚了。

我们认为大部分围绕斯考切波著作的理论争论源于,哪些变量属于哪个层次和层次间的结构关系到底是什么样的困惑。接下来我们将发现,这些问题对于理论检验有重要的启示。

其他的双层理论

事实上,不仅仅斯考切波使用过双层理论,其他一些著名的学者在发展理论时也使用了与她的双层理论类似的基本结构。(Linz and Stepan, 1996)。不过,其他学者构造双层理论时,与斯考切波的方式存在至少两点不同。第一,斯考切波探讨了不同层级间的因果性关系,而其他学者是在检验替代性或者本体性的关系。第二,在基础层上,她是发现了一组必要条件,这些必要条件联合起来共同(对结果)构成充分条件。其他学者在基础层上是检验了等效性,每个都是构成充分条件的原因。

一种替代性的关系:埃莉诺·奥斯特罗姆(Elinor Ostrom)。奥斯特罗姆1991年的著作《公共事务的治理之道》是一个非常好的双层理论的例子,该书在辅助层和基础层之间使用了替代性关系。她提出了八个对制度运作(institutional functioning)这个结果出现所必需的条件。[①]在这八个条件中,监督和惩罚异常重要。事实上,在她当选美国政治科学

[①] 它们是:(1)监督;(2)实施惩罚;(3)清晰的界限和成员;(4)一致的规则;(5)冲突解决机制;(6)有权利进行组织;(7)有机的整体;(8)集体选择的场所。(参考奥斯特罗姆1991年的著作)

其他前沿领域：历史社会学与模糊集合
双层理论与模糊集分析

协会主席发表的演讲中，她特意强调这两个因素说："大多数稳定的持久的公共池塘制度（common-pool regimes）包含着清晰的机制来监督规则的执行和为了推行服从而实行的累进制惩罚（graduated sanctions）"（Ostrom，1998：8）。因此，她的观点是在强调对结果构成充分条件的必要条件的联合。图2展示了在基础层上，"监督"和"惩罚"如何对制度有效运作这个结果构成单个必要且联合起来充分的条件（格尔茨在2003年对这个模型进行了说明）。

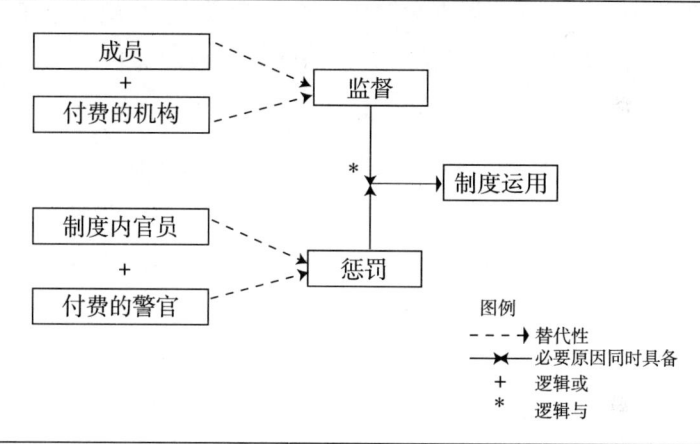

图2 公共池塘资源制度的一个双层模型

在辅助层上，奥斯特罗姆确定了一些变量作为监督和惩罚的具体手段，因而她采用了替代性的双层理论关系。在监督执行方面，她确定了两种方式：通过制度内成员的监督；通过付费给第三方来购买监督。我们可以很明显地看出，这两种方式既不是监督这个基础层变量的原因，也不能帮助界定这个变量。与此类似，也存在两种方式来实现惩罚：通过制度内的官员来惩罚；通过付费给警察来购买惩罚。再次重申一下，这种关系是一种等效性的关系，通过制度内官员来惩罚和付费给警察来惩罚都是实现惩罚的路径。

这里我们研究了一个非常典型的例子。这个例子是探讨，基础层如何集中关注一个在所有成功的公共池塘资源制度（common pool resource institutions）内都存在的因素（比如监督）。与之对应，那么辅助层就是在分析如何在具有不同资源和技术的异质社会间执行一个监督的系统。在基础层上的关键情况是存在监督，与之呼应，辅助层就是展示监督能在不同案例间发生的替代性方式。换句话说，就如在图2所展示的逻辑或一样，这里所体现的是一种等效性的状况，每个辅助层变量对基础层变量的实现都是充分的。

乔菲雷维拉（Cioffi-Revilla, 1998）和乔菲 - 雷维拉与斯塔尔（Cioffi-Revilla and Starr, 2002）提供了一个数学的概率性的模型分析，它与奥斯特罗姆的分析结构是相同的。莫斯特和斯塔尔引进了重要的对外政策替代性的概念（Most and Starr, 1984）。[1]他们还提出了一个著名的观点，那就是机会和意愿（willingness）是对外政策行为的单个必要且联合起来充分的条件。如果我们把机会和意愿放在基础层，把对外政策替代性放在辅助层，我们就会得到图2所示的模型。乔菲 - 雷维拉和斯塔尔建模的方式与我们的双层理论分析有非常清晰的密切联系，不过他们是采用了一种完全概率性的路径（probabilistic fashion）。

除了乔菲 - 雷维拉和斯塔尔的例子，我们认为替代性关系的双层理论是非常常见的，尤其是在比较历史文献（comparative-historical literature）中。举例来说，凯泽、德拉斯和布鲁斯坦（Kiser, Drass and Brustein, 1995）在讨论现代欧洲早期对国王的三种替代性限制方式时就采用了这种理论结构：行政控制、立法控制和司法控制。确定不同类型之后，就进入到战争爆发本身的因果论证中。同理，格雷戈里·利伯特（Gregory Luebbert, 1987）在研究欧洲的内战发生机制时采用了相同的逻辑。他主张存在两种类型的法团主义（corporatism）。"当自由主义政党没能在战争前建立起负责任的议会制度，那么之后就无法稳定多元民主制（pluralist democracy）。于是，社会稳定需要借助法团主义——或者是法西斯变体或者是社会民主制变体"（Luebbert, 1987：449）。因此，一旦错过自由民主制的机会，法西斯主义和社会民主制就变成了实现稳定

---

[1] 请参考《冲突处理杂志》（*Journal of Conflict Resolution*）2002年的特刊。

的替代方式。

本体性的关系：布赖恩·唐宁（Brain Downing）。唐宁1992年的著作《军事革命与政治变迁》提供了欧洲早期自由民主制起源的双层理论（参考图3）。在基础层，唐宁确定了两个主要原因，它们是自由民主制单个必要且联合起来充分的条件。第一个原因是中世纪宪政主义，它包含了代表集会和其他宪政特征的制度遗产。第二个是没有发生军事革命，它意味着在16世纪和17世纪没有或者只有很少的为备战而准备的国内资源动员。①

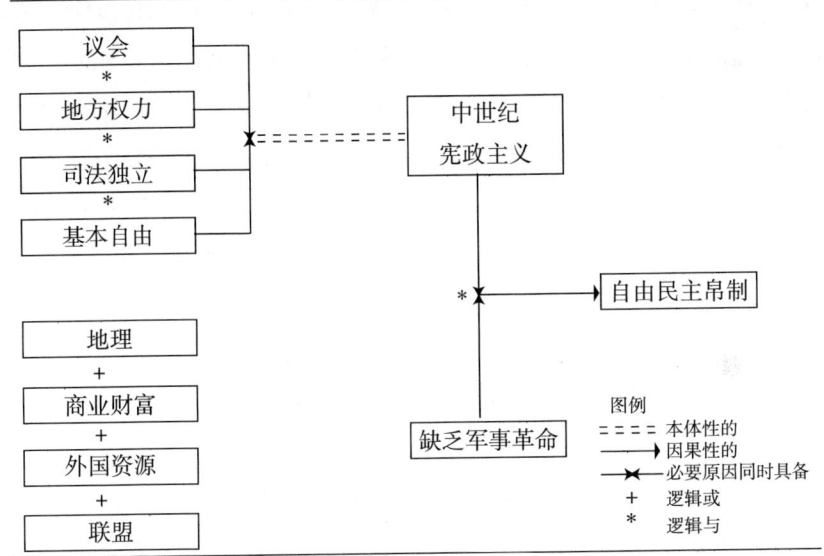

图3 近代欧洲自由民主制度根基的一个双层模型

在双层理论中，中世纪宪政主义这个变量是由四个辅助层变量组成的。唐宁认为，"中世纪宪政主义是议会控制征税、战争与和平的问题；地方的势力能够限制国王的权力；独立司法制度和法治的发展；多数民

---

① 用唐宁的话说，"最简单的观点是，中世纪的欧洲国家有很多制度、程序和安排。如果这些与少量为备战而进行的国内的人力和经济资源的动员联合起来，就为接下来民主的发生奠定了基础。"（参考其1992年的文章）

众能够享受基本的权利和自由"(Downing,1992:10)。图3显示,在对中世纪宪政主义进行建模时(图中是逻辑与),唐宁采取了经典的充分必要条件的路径来对从属关系进行概念处理。这些本体性的辅助层变量能进入到因果分析中,是因为它们能影响民主存在的可能性。举例来说,如果一个国家缺失中世纪宪政主义的一个或多个限定特征(比如缺失司法独立),那么这个国家就不具备民主存在的一个重要的前提(必要条件)。因此,本体性的辅助层变量与基础层的结果变量之间存在因果关系。

对于"没有军事革命"这个基础层上的原因,它与辅助层之间的关系是一种等效性。四种辅助层的变量都是没有发生军事革命的可能原因。于是,当一个国家面临严峻的战争冲突时,如果存在一个或者多个下面的原因,该国就可以避免为备战而需的国内资源动员:该国地理情况能提供天然屏障阻止入侵者;尽管为了备战动员了一部分的资源,该国仍然有财力保护自己;当战争首先在境外进行时就开始进行外部的资源动员;能够降低国内资源被强制动员程度的联盟(Downing,1992:78-79,240)。唐宁观点的一个重要方面就是探讨特定国家避免军事革命,坚持民主制发展道路的不同方式。

等效性:希克斯、米斯拉和蓝黄(Hicks, Alexander, Joya Misra, and Tang Nah Ng, 1995)。拉金关于定性比较分析(qualitative comparative analysis,简称QCA)和模糊集(fuzzy-set,简称FS)的分析主要是关心这样的逻辑结构:基础层上是等效性,在辅助层上是必要条件。相比之下,我们在这里所讨论的是一种相反的结构:在基础层上是必要条件的结合,在辅助层上是等效性的。我们不认为这里所讨论的逻辑模式比定性比较分析和模糊集更重要,我们只是主张它应该被承认为是非常实用且合理的。在这一部分,我们会讨论与定性比较分析和模糊集分析比较相似的逻辑结构。

本文主要讨论的是希克斯等人的双层理论,他们的理论是从1995年著作中定性比较分析中发展起来的(见图4)。这项研究的结果变量是20世纪20年代公共服务扩张的重要时期福利国家的创立。这个结果的概念化处理采用了家族相似性理论的处理路径。于是，如果一个国家至少采用了四个福利项目中的三个，那么它就可以被认为是福利国家。这四个项目分别是：养老金（old age pensions）、健康保险、工人补偿、失业补偿。这里，辅助层变量与结果变量之间是等效性关系，即没有一个单一条件是必要的，福利国家包含了多种实现路径。

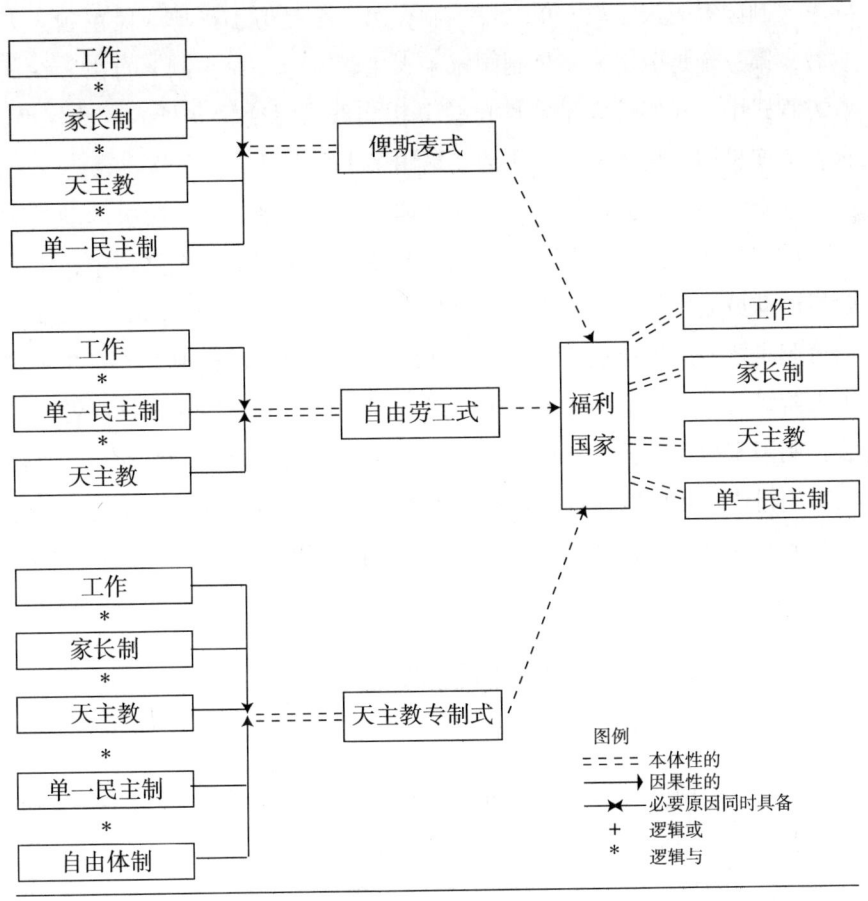

图4 福利国家发展的一个双层模型

在基础层上，整个因果理论的结构也是一种等效性。主要的辅助层变量包括了工人阶级动员（working-class mobilization）、家长制国家（patriarchal state）、单一民主制、天主教政府和自由政府。在图4中，我们标出了这些变量的简称。定性比较研究产生了一个相对简单的模型,虽然扩展的方式不同,但它与之前的理论是一致的。在最后的模型中,总共有三种巩固早期福利国家的路径。第一个是俾斯麦式(Bismarckian)路径;第二个是单一民主的自由劳工(liberal-labor)路径;第三个是天主教父爱式(Catholic paternalistic)单一民主的路径(Hicks et al.,1995:334)。这些路径可以按照如下方式来总结。第一个是劳工＊家长制国家＊天主教＊单一民主制,第二个是劳工＊单一民主制＊天主教;第三个是劳工＊家长制国家＊天主教＊单一民主制＊自由。在这些方程式中,我们遵守了定性比较分析实践中对变量安排的一些标准,存在的变量用了粗体,不存在的变量用了小写字母。

这个定性比较分析提供了一些具体的重要发现。工人阶级的动员对福利国家的产生是一项必要但不充分的条件。在俾斯麦式路径中,工人阶级的动员需要与家长式集权主义体制(patriarchal authoritarian regime)结合起来才能产生福利国家。在其他两个路径中,福利国家若想在出现工人阶级动员的民主国家中出现,或者拥有自由主义的支持,或者得到家长制国家内天主教(Catholics in a context of patriarchy)的支持。虽然学者们讨论了自由派在创造福利国家中的重要作用,希克斯和他的合作者表明天主教的路径对于福利国家的巩固同样重要。

指标与辅助层变量

恰如测量理论(measurement theory)所做的那样,两个层次之间的关系很容易被理解为基础层上的变量与辅助层的指标之间的关系。我们要避免这种想法,因为变量与指标之间的理论关系与基础层和辅助层之间的理论关系存在很大的不同。借助于 LISREL(线性结构关系)模型,我们能够说明变量——指标路径与双层理论间的差别。

这两种路径最根本的分歧在于因果性方面。在双层理论中,辅助层变量一直对基础层的结果变量的因果解释存在影响。与之相反,在 LIS-

REL 模型的思考模式下（通常是潜在变量的路径），指标不是基础层变量的原因，而只是它们的影响。从形式上看，鉴于潜在变量（基础层的）是原因，这些指标就是结果变量。举例来讲，和疾病—症状模型一样，考试的分数可以被认为是智力的反映。在这里，因果性的箭头方向与我们所描述的双层理论是完全相反的。

对指标和潜在变量间的关系进行建模的结果可以从下面的方程中看出：

$$X_i = \gamma_1 \theta_1 + \gamma_2 \theta_2 + \varepsilon_i \tag{5}$$

潜在变量 θ_1 可以直接被考虑为指标 X_i 的原因。克拉克·格里莫（Clark Glymour, 1997）清楚地阐明了潜在变量分析如何从一开始就被赋予了一个因果的诠释：要考虑因素分析。瑟斯顿（Thurstone, 1935）介绍了一种模棱两可的因素分析，他主张自己的因素分析模型只是简化了数据……当然，瑟斯顿的潜在因素是被当作假设的原因来被及时和全面阐释的（Thurstone, 1935: 203 - 204）。简而言之，双层理论模型与 LISREL 模型在不同层级的因果关系的箭头指向上是不同的。

还需要注意的是，指标和辅助层变量各自聚合到基础层上的方式是不同的。使用指标的学者经常假设所有测量数据的平均值能够指明一个概念成立的程度。但是，平均值与在传统的概念构建中使用的充分必要结构和在家族相似性理论中所使用的等效性结构是完全不同的。举例来说，在等效性结构下，不同辅助层变量的平均值是无足轻重的，唯一重要的就是是否存在足够多的辅助层变量。

这个观点能够通过与博伦（Bollen, 1980）对民主这个概念的分析进行对比来说明。他的 LISREL 模型把民主当作多个指标的一个原因。为了发展一种可操作的对民主的测量，他主张对三个可靠指标进行平均。对博伦来说，潜在变量（指的是基础层上的民主变量）是辅助层变量的原因。就像智力是测验时产生成绩的原因一样，民主也是政治自由和大众主权指标的产生原因。在这种情况下，鉴于这些指标源于一个相同的潜在原因，所以最好的情况就是这些指标是彼此相关联的。

两个层次间的本体性关系非常容易与变量——指标路径相混淆。那么，在我们讨论本体性关系时，我们是在强调关于概念的理论，而不是关于指标的理论。分析和讨论什么是民主和什么是民主的指标是完全不同的两件事。关于概念的讨论，就像科利尔和他的同事们是在必要条件或者等效性方面在谈论，我们在此文中也是如此。当我们思考本体性时，我们需要转向关于概念的理论而不是关于指标的理论。

双层理论的模糊集方法论

鉴于双层理论建模中的复杂关系，学者们应该如何检验这些理论中的观点呢？在这一部分，我们认为模糊集分析是完成这项工作的一种非常有效的方法。模糊集分析在检验双层理论时具有两大优势，一是帮助研究人员有逻辑地分析必要的和充分的因果性，二是使研究人员能够根据他们自身的知识背景对定性的变量进行编码。

模糊集分析的应用是比较复杂的，即使在一些相对简单的因果命题中也是如此。当我们转向双层理论的模糊集分析时，挑战就更大了。因此，与其对多个双层理论进行肤浅的检验，不如对一个特定的双层理论进行持续的深入的思考。我们选择了斯考切波在1979年著作《国家与社会革命》。之所以关注这本出色的著作，是因为它涉及我们用模糊集分析来检验双层理论时所遇到的诸多挑战。我们的目的主要不是对斯考切波的观点进行检验，而是讨论该书所引发的更普遍的方法论问题。

在开始之前，我们还是有必要强调一下，对斯考切波这本书的很多批评都没有充分地理解其双层理论的核心要素。很多情况下，问题来源于对其分析层次的混淆。例如，在一个被广泛引用的批评中，芭芭拉·格迪斯（Barbara Geddes）（Geddes, 1990 and Geddes, 2003）探讨斯考切波的辅助层变量时，好像他们能够直接影响社会革命这个结果一样。例如，她把国际压力（一个辅助层变量）直接与社会革命这个结果想关联。然后，就像我们所强调的那样，不理解这两个层次间的等效性关系，我们就不能理解斯考切波的这些辅助层变量对社会革命的影响。国际压力与社会革命之间的弱相关关系，很难反驳斯考切波的如下结论：只要有其他的辅助层变量，那么国际压力对社会革命的影响就不是非常重要，因为其作用可以被替代。① 同理，虽然布洛维对斯考切波的批评暗示了他的模型的双层特征，但他并没有清楚地分辨出哪些辅助层变量产生了哪些基础层变量。布洛维探讨的是国家自主性与农民叛乱和农民自主性与国家崩溃之间是否存在关系，通过对这个关系的探讨，他对斯考切波的理论进行了评价。在斯考切波的模型中，他没有期待这些变量间存在任何关系。因为他们混淆了导致国家崩溃的辅助层变量和导致农民叛乱的辅助层变量。

除此之外，我们还发现，很多批评者没有正确地阐明斯考切波在基础层上的因果结构。最为普遍的就是，一些分析人员的研究过程似乎表明斯考切波是在对相关性原因进行建模，这样的话，变量与变量间的联系就是线性的。举例来说，格迪斯对斯考切波的讨论是以选择偏误（selection bias）为背景的，这是传统的统计学研究的理解。然后，就像道格拉斯·迪恩（Douglas Dion, 1998）所指出的那样，这些选择偏误的问题不能有效地扩展到对必要原因的研究。简而言之，通过对斯考切波著作的方法论研究文献的梳理，笔者提炼出两个重要的教训：对基础层和辅助层变量的混淆很容易扭曲对双层理论的检验；把必要或者充分原因建模而成的关系混淆为相关关系也容易扭曲对双层理论的检验。

对变量编码

为了检验斯考切波的工作，我们首先需要考虑如何在基础层和辅助层上用模糊集来对她的结果变量和原因变量进行编码。

结果变量。 前文讨论斯考切波社会革命概念的三个组成部分时，我

---

① 在后续的分析中，格迪斯认为国际压力是社会革命的必要原因（参考其2003年的文章）。但是我们想再次说明，我们的认识是国际压力只是导致基础层变量国家崩溃发生的几个充分原因之一。

们认为,她把每个部分都当作一个案例能否归入社会革命范畴的必要且联合起来充分的条件。虽然斯考切波经常把变量限定为存在或者不存在,但是她的研究同样清晰地认为,案例从来不能被完全包含或者完全排除在一个特定的维度。以此为基础,我们就可以用模糊集在三个辅助层变量间来对案例进行编码处理(见表2)。①我们是采取了一个简单的五值编码方案(five-value coding scheme):0.00,0.25,0.50,0.75和1.00。之所以不能采取更复杂的方式来对变量进行编码,是因为《国家与社会革命》一书中变量的定性差别的存在。

表2 斯考切波理论的模糊集检验:结果变量

国家	辅助层			基础层	
	阶级叛乱	国家转型	阶级转型	社会革命 最小取值法	社会革命 Min($sunX_j$, 1)
法国:1787-1800	1.00	1.00	1.00	1.00	1.00
俄国:1917-1921	1.00	1.00	1.00	1.00	1.00
中国:1911-1949	0.00	1.00	0.00	1.00	1.00
英国:1640-1689	1.00	1.00	0.25	0.00	1.42
俄国:1905-1907	0.50	0.00	0.00	0.00	1.33
德国:1848-1850	1.00	0.00	0.00	0.00	1.17
普鲁士:1907-1814	0.00	0.25	0.50	0.00	0.25
日本:1968-1973	0.00	1.00	0.25	0.00	0.42

至少能够使用两种方法,来使辅助层上的模糊集取值聚合为社会革命这个整体的模糊集取值。第一种方式是采取根据逻辑而成的经典路径,那就是社会革命是以阶级为基础的叛乱、国家转型和阶级转型这三个因素联合产生的结果。在模糊集分析中,逻辑与的计算方式是在所有类别中取最低的值。表2显示,因为除了法国、1917年的俄国和中国之

---

① 我们已经收集到关键的信息和这些数值变成指数的证据,请联系我们索取。

外，其他案例中都至少存在一个辅助层的变量取值为 0.00。这就导致这些案例在社会革命上会取值为 0。与之对比，法国，1917 年的俄国和中国的所有辅助层变量都取值为 1，所以社会革命这个变量的取值也为 1。这种采用最小值的方法导致社会革命是二分法编码（dichotomous coding）。

第二，另外一种聚合的方法是使用 min(sum X_i, 1)。这非常适合于与家族相似性结构类同的概念。回到斯考切波的理论中，我们要做的是把所有辅助层变量除以 3，然后对这些值进行加总，这样就能生成社会革命的取值。以日本为例，其总值就是 0.42 = 0/3 + 1/3 + 0.25/3。表 2 清楚地表明，使用 min(sum X_i, 1) 能够比使用最小取值法得到更多不同的值。事实上，因为每个案例中都至少存在一个辅助层变量，那么在采用 min(sum X_i, 1) 方法时就肯定不会在最后取值为 0。

表 3 斯考切波理论的模糊集检验：辅助层的原因

国家	国家崩溃			农民叛乱	
	国家压力	阶级影响	农业落后	农民自主	地主脆弱性
法国：1787 – 1800	0.50	0.75	1.00	0.75	1.00
俄国：1917 – 1921	1.00	1.00	1.25	1.00	1.00
中国：1911 – 1949	0.75	1.75	1.00	0.00	0.75
英国：1640 – 1689	0.50	1.00	0.25	0.00	0.00
俄国：1905 – 1907	0.50	0.25	0.50	1.00	1.00
德国：1848 – 1850	0.25	0.25	0.25	0.50	0.00
普鲁士：1907 – 1814	0.75	0.25	0.25	0.50	0.00
日本：1968 – 1973	0.75	0.00	0.50	0.00	0.00

两个原因能够支持采取 min(sum X_i, 1) 的方法来为社会革命赋值。第一个原因，虽然斯考切波描述社会革命时采用的方法与最小取值法一致，但她的观点也暗示说，在提出（社会革命）三个核心属性时，她使

用了家族相似性的理论框架。特别需要指出的是，斯考切波清楚地表明，她只选择了负面案例（"negative"cases），这些例子中非常容易发生社会革命，而不是那些远远不会发生社会革命的例子。举例来说，没有发生革命的案例就不包含任何政治稳定的情况，也只在极少的情况下变化根本没有发生。反之，他们在一定程度上都像社会革命，或者至少在一定程度上能与社会革命范畴存在有意义的重叠。

第二个原因，斯考切波的二分法编码能够从使用了 min（sum X_i，1）方法的家族相似性结构中演化出来。表2显示，除了法国、1917年的俄国和中国之外，其他例子中都没有取得一个超过0.50的模糊集取值。那么，如果这些模糊集取值能够用二分法重新赋值，我们就同样能够判定只有这三个国家会发生社会革命（用二分法重新赋值，超过0.5就相当于1）。

辅助层原因变量。关于原因变量，我们首先谈论辅助层。因为辅助层的原因变量在因果关系上是早于基础层的（原因变量）。斯考切波对每个辅助层变量存在的程度进行了很多观察。这些观察为对这些变量进行模糊集取值奠定了基础，表3对此进行了展示。[①]

一个比较有趣的发现是，在所有这些例子中，至少有一个因果要素是显著性地存在的。可能这也是斯考切波选择这些案例来分析的原因。因为只有在这些国家中，存在一个或者更多的因果要素才有可能导致爆发社会革命。在这些因果要素都缺失的案例中，社会革命就会很难发生（Mahoney and Goertz, 2004）。

基础层原因。在双层理论中，基础层原因的价值来自于辅助层上原因的价值。所以，一旦辅助层变量被赋值且辅助层与基础层的结构关系被确定，那么对基础层原因取值的方法论问题就迎刃而解了。在斯考切波的理论中，每一个辅助层原因变量都构成了特定基础层原因的充分条件。于是，我们能够用逻辑或来决定基础层原因的价值。在模糊集分析

[①] 这个表中的数值反映出这些案例是定序编码（ordinal coding），这些案例是为了不同的目的而独立进行的。

中，"逻辑或"要求我们在辅助层变量中取最高的值。举例来讲，在法国的案例中，导致国家崩溃的辅助层变量分别是 0.50，1.00 和 0.75，那么法国在国家崩溃这方面取值就是 1.00，因为这是集合中最高的值。我们在表 4 中采取了同样的步骤来为所有案例的国家崩溃和农民叛乱进行赋值。

用模糊集来检验双层理论

这一部分使用模糊集方法对斯考切波的理论再次进行分析。事实上，这是第一次使用模糊集来检验双层理论。虽然我们只是关注斯考切波的理论，但是从理论上讲，我们认为采取了替代性因果结构的许多其他的双层理论也能够用模糊集的方法来检验。

检验共同充分性。斯考切波认为国家崩溃和农民叛乱共同构成了社会革命的充分条件，本文对她的理论检验以此开始。表 4 中，国家崩溃和农民叛乱一栏为这对因果关系结合（causal combination）提供了模糊集的取值。表 4 还包括了两栏分别取了不同值的结果变量。不同的原因在一栏是采用了最小取值法，另一栏是采用了 $\min(\operatorname{sum} X_i, 1)$。我们对斯考切波的论证结构是充满信心的，她的论证在结果方面采用了最小取值法。[①]因为我们不能假设斯考切波是根据连续的模糊集取值来考虑这些变量，所以我们首先从二分取值来看这些结果。在表 4 中，我们会把所有低于 0.50 的取值归于 0.00，把所有高于 0.50 的取值归于 1.00。

---

① 严格来讲，对于二分法检验，最小取值法和 $\min(\operatorname{sum} Xi, 1)$ 都能用来分析结果变量。这是因为，正如我们所指出的，这两个方法都能用二分的编码来显示，只有法国、1917 的俄国和中国发生了社会革命。

表4　斯考切波理论的模糊集检验：基础层

国家	国家崩溃	农民叛乱	国家崩溃*农民叛乱	社会革命 最小取值法	社会革命 min（sumX$_j$，1）
法国：1787—1800	1.00	1.00	1.00	1.00	1.00
俄国：1917—1921	1.00	1.00	1.00	1.00	1.00
中国：1911—1949	1.00	0.75	0.75	1.00	1.00
英国：1640—1689	1.00	0.50	0.50	0.00	0.42
俄国：1905—1907	0.50	1.00	0.50	0.00	0.33
德国：1848—1850	0.25	0.50	0.25	0.00	0.17
普鲁士：1907—1814	0.75	0.50	0.50	0.00	0.25
日本：1968—1973	0.75	0.00	0.00	0.00	0.42

在二分法编码中，斯考切波的理论在国家崩溃与农民叛乱联合起来共同构成社会革命的充分条件方面被证明是正确的观点。它准确地预测出了发生社会革命的所有正面案例（positive cases）：法国、1917年的俄国和中国。这三个案例在国家崩溃和农民叛乱这一项以及在社会革命这一项都是得到了二分取值的1.00。对于那些反面案例，我们的理论也正确地预测出英国、1905年的俄国、德国、普鲁士和日本的取值为0.00（这意味着不发生社会革命）。这些结果给我们增加了一些信心，说明我们对数据的编码能够与斯考切波的工作进行对合（approximation），我们正确地展示出了她的理论的结构。

当采用二分法编码时，确定成功与否（counting hits and misses）就变得非常简单了。然后，一旦我们采用模糊集的取值，评价成功与失败就变得更加困难了。使用连续模糊集取值会使得一个小的赋值失误导致一个或者多个案例违反充分性或者必要性。因为我们面对的是一个复杂的模型，并且对辅助层变量采取的是近似的编码赋值，所以我们的检验非常有可能产生一个或者多个虚假的反面结果（false negatives）。因此，如果在一个案例中，它的原因（或者结果）的模糊集取值没有比其结果（或者原因）的取值多一个模糊集单位，在我们的编码方案中就是没有高于 0.25 的差额（Ragin, 2000），那么我们就认为这个案例还是在因果性上遵循了充分性或者必要性。举例来说，德国在国家崩溃与农民叛乱联合起来方面的取值是 0.25，我们认为这可以被认为是与 0.00 的结果取值足够接近的。

当最小取值法被用于处理结果变量时，斯考切波的理论预示说我们应该在 1905 年的俄国和普鲁士这两个例子中看到社会革命更高的取值（两个例子在两个因素的联合方面的模糊集取值都是 0.50，但是他们在社会革命发生方面的取值为 0.00）。对于 1905 年的俄国，斯考切波认为其 1905 年的革命差一点就变成了全面的社会革命，当时国际压力突然消失导致该国能够暂时躲避了此次危机（Skocpol, 1979：95）。鉴于俄国在 10 年之后就发生了社会革命，所以 1905 年的俄国在结果方面很低的取值，可以被理解为是一个不久就将增加的变量的提前测量。对于普鲁士，它在结果方面很低的取值反映出这样一个事实，以阶级为基础的叛乱不是其 1807—1814 年改革的重要组成部分，这就导致了其在社会革命上被赋值为 0.00。但是，需要说明的是，这些都只是暂时的情况。在德国 1848 年的改革正进行得如火如荼的时候，其社会革命的阶级叛乱方面的取值为 0.50。这样的话，我们对普鲁士的检验是不成功的。因为虽然容克地主不能一直保持对阶级叛乱的压制，这将导致其不久将濒临社会革命爆发的边缘，但是他们能够把阶级叛乱压抑在一个非常惊人的程度之下。

尽管我们的标准对中国也是适用的，但是中国这个案例需要更多的讨论。虽然其在结果上是 1.00，但是我们的预测值却是小于等于 0.75。中国之所以在结果上取值低于 1.00，是因为其在基础层的农民叛乱方面取值仅为 0.75。一些分析人士之前曾质疑斯考切波对中国农民叛乱的处理，暗示说这与她的理论是不完全一致的。而斯考切波反驳说，一旦革命之火被点燃，中国共产党就提高了农民的自主性和凝聚力。所以一旦这些有组织的活动被考虑进来，中国这个案例在农民叛乱这个变量上就可以取值为 1.00。

从 $\min(\mathrm{sum}\ X_i, 1)$ 的角度来看社会革命，会与斯考切波使用最小取值法形成有益的对比。使用最小取值法会使一些案例的取值为零，使用 min(sum X_i, 1) 的实际效果是能够增加那些取值为零的案例的数值。那么，因为与最小取值法相比，min(sum X_i, 1) 会使得结果变量的数值增加，这就使得发现因果充分性变得更加容易。举例来说，当使用 min (sum X_i, 1) 来计算结果变量取值时，1905 年的俄国和普鲁士都具有了因果充分性。1905 年的俄国在国家崩溃与农民叛乱的联合上取值为 0.50，这比使用了 min(sum X_i, 1) 得到的取值 0.33 稍微高了一些。从这里可以看出，一旦使用 min(sum X_i, 1) 来计算结果变量的取值，我们就更能确定国家崩溃与农民叛乱是共同充分的条件。

检验因果必要性。之前的讨论检验了斯考切波的理论在基础层上的共同充分性。下面我们继续探讨其理论另一个核心观点：国家崩溃和农民叛乱各自都是社会革命的必要条件。

对于国家崩溃这个变量，数据支持了其中的因果必要性。所有八个案例在国家崩溃变量上的取值，按照一个模糊集单位的标准（就是在 0.25 以内），都是大于或者等于其在结果上的取值。我们用两种方法计算出的社会革命取值都是如此。这种因果必要性是与基础层的原因如何从辅助层上建构出来存在关系的。特别是，最大值会在基础层上出现，这就为基础层变量上出现最高值提供了可能。如果在基础层原因上会产生较高的数值，那么两层间的这种数值移动就很容易支持因果必要性的主张。

农民叛乱的必要性在很大程度上依赖于结果变量是如何被编码赋值的。当采用最小取值法时，没有发生社会革命的案例中必要性很容易得到证实，因为他们的结果全部取值为零。因此，在农民叛乱这个原因变量上就很容易出现相等或者更大的数值。

但是，一旦我们使用 min(sum X_i, 1) 来计算结果变量，日本和英国这两个案例在因果必要性方面就与斯考切波的理论不一致。这种事实上的矛盾体现在，农民叛乱的根本不存在是与社会革命存在较高的模糊集数值（取值为 0.42）连在一起的。我们认为斯考切波对案例的选择过程可能是导致这类矛盾现象出现的原因。虽然日本和英国在一些重要方面都非常类似社会革命,但是斯考切波可能主要是根据这两个国家都没有发生农民叛乱才选择了它们。一个案例之所有被选中,是因为它在原因变量上取值很低,在结果变量上却取值比较高,这种选择过程肯定是要违反因果必要性的。不过,需要再一次强调的是,虽然斯考切波非常倾向于以最小取值法来考虑结果变量,但是她的案例与使用 $\min(\operatorname{sum} X_i, 1)$ 方法在结果上是一致的。

  总而言之,虽然我们的分析在一些特殊的案例上产生了一些待解决的问题,但是我们还是为斯考切波的理论提供了坚实的支持。最重要的是,我们的案例说明了,在一个双层理论的基础层上,要想确认一组变量对结果是各自必要且联合起来共同充分的条件是很有挑战性的。辅助层变量到基础层原因变量的聚合过程,一方面更容易帮助单个变量找到必要性,但是同时为这些变量的结合找到充分性就变得更加困难。举例来说,最大取值法会在基础层原因上产生较高的数值,当我们使用模糊集方法来检验这些变量时,我们会很容易发现其中的因果必要性。但是同时,使用最大取值法来建构基础层原因,会让这些变量构成共同的充分条件变得不太容易实现。这是因为这种做法会提高这种因果性联合(causal combination)的取值。对于结果变量而言,与 $\min(\operatorname{sum} X_i, 1)$ 方法相比,最小取值法使得发现因果必要性变得容易,使得发现因果充分性变得更加困难。

双层理论和定性比较分析/模糊集的解释

  斯考切波的例子很好地说明了,辅助层变量聚合到基础层上的方式对检验理论主张的重要作用。模糊集检验的结果部分依赖于她采用了最大取值法来生成基础层的原因。在这一部分,我们将简要地介绍聚合到基础层的其他方式。此外,我们会评价重新解释定性比较分析和模糊集结果的好处,这些结果是在双层中的单一层次上显示出来的。

  定性比较分析和模糊集分析是在多条通向结果变量的路径条件下生

成的单一层次模型。然后，无论是从形式上还是从理论上，对这些模型进行双层的概念化处理能使得对结果的解释更加清晰和连贯。

一个比较常见的情景就是当定性比较分析和模糊集分析的最终结果如下面所显示：

$$Y = (A * B * C) + (A * B * D) \qquad (6)$$

一般来说，我们可以认为 C 和 D 是互相代替的关系。于是，我们可以得到一个双层的模型如下：

$$Y = A * B * E \qquad (7)$$

$$E = C + D \qquad (8)$$

按照这种方式来重新处理定性比较分析的结构，分析人员必须明白 E 中 C 和 D 是能互相代替的。一般来说，这涉及将抽象的阶梯（ladder of abstraction）提升到一个更一般化的概念。举例来说，埃德温·阿门塔（Edwin Amenta）和简·波尔森（Jane Poulsen）证明说新的政策有赖于两个必要条件。为了保证充分性，一些通过政府来积极推进改革的机制必须存在。而这是可以通过几种替代性的方式来实现，比如，可以通过行政机关或者民主的或者第三方的方式。这些替代性手段就像上面的变量 C 和 D，推进改革的这个机制理念就像上面的变量 E。

大卫·斯诺和丹尼尔·克莱斯（David Snow and Daniel Cress, 2000）在他们对流浪汉社会运动（homeless social movements）的成功分析中，也发现了相同的模式。

六个社会运动组织在委员会和研究流浪汉问题的专门小组中占据了职位［因变量］。两种路径导致了这个结果。组织的有效性、诊断的功能（diagnostic frames）和预测的功能（prognostic frames）

都是获得代表权的必要条件。在存在盟友的情况下，这些条件就与干扰性策略（disruptive tactics）一起构成了充分条件，在存在积极反应的城市官僚（responsive city bureaucracies）的时候，这些条件就与非干扰性策略（nondisruptive tactics）一起构成了充分条件。

这里，我们在分析中再一次看到了权力的替代性。每个社会运动组织，或者需要在社区中有影响力的盟友，或者需要一个友善的市政府。你不需要跟朋友使用干扰性策略，但是如果面对的是一个不友善的市政府，你就不得不这样做。

这里的关键问题是我们能够用双层理论来重新解释定性比较分析或者模糊集分析，尤其是用替代性关系。这也是为什么双层理论能够提供一套丰富的方法论工具的原因所在。他们能够帮助我们用双层模型的方式来重新理解和解释这些单层模型的结果。

结 论

鉴于双层理论的复杂性，学者们应该要清楚地阐明这些论证的理论结构。为此，我们提出一些对学者有益的问题来结束这篇论文。这些问题对于他们开展自己的研究和分析别人的工作都是大有裨益的。

第一，这个理论是由必要条件的联合构成其充分条件还是包含了等效性和多种路径？为了回答这个问题，对必要性的考虑必须与对联合充分性的考虑区别开来。我们经常发现，一些学者清楚地知道他们的每个原因变量都是必要条件，但是他们并不清楚这些变量的结合是否能够对结果构成充分条件。

第二，同样的问题也需要在辅助层变量与基础层变量的关系上再问一次。因为大多数理论在基础层上都提出了多个原因，那么分析人员必须搞清楚这些变量中的每一个与辅助层之间的特定关系。对于一个基础层原因来说，其辅助层上的关系可能是等效性的，在其他条件下也可能是必要条件的结合。

第三，两个层次间的结构关系是什么——因果性的，本体性的还是替代性的？在这里学者们需要弄清楚辅助层变量的目的：它们是为了代表基础层上原因的原因（因果性关系）？它们是构成基础层上原因的特征（本体性关系）？它们是实现基础层上原因的替代性方式（替代性关系）？

第四，如果理论中包含了等效性的关系，尤其是在辅助层上时，是最大取值法还是 $\min(\operatorname{sum} X_i, 1)$ 更为适宜我们的分析呢？因为不同的选择将对基础层的编码赋值产生重大的影响，所以我们必须对此非常慎重。到底选择哪种方法最恰当，在很大程度上是取决于具体的情况。第一种情况是，单个辅助层变量是否构成了基础层上原因变量的充分条件？第二种情况是，为了一个基础层的原因，是否需要一组辅助层变量中至少要有两个或者更多同时存在？一般情况下，在一个变量对基础层原因构成充分条件时，我们建议使用最大取值法，在两个或者更多变量必须同时存在才能构成充分性的条件下，我们建议使用 $\min(\operatorname{sum} X_i, 1)$。此外，在所有的案例中，当辅助层变量是相互关联的时候，最大取值法要比 $\min(\operatorname{sum} X_i, 1)$ 有优势。

在本文中，我们给出了一些明确使用了双层模型的著名理论的例子。虽然我们不能知晓所有使用了双层模型的理论，但是这种结构框架确实在很多著名的分析中出现了，这包括 Charles Blake and Jessica Adoline, 2001；Bear Braumoeller, 2003；Thomas Ertman, 1997；Gary Goertz, 2003；Wade Jacoby, 2001；John Kingdon, 1984；Juan Linz and Alfred Stepan, 1996；Timothy Wickham-Crowley, 1996。特别是，在国家、公共政策、社会运动和革命这类文献中，笔者发现双层理论被广泛使用。本文目的之一就是把这些学者直觉上认为有用的理论清晰地阐释出来。我们希望对双层理论特性的了解，能够在理论上和方法论上帮助提高未来研究工作的准确性，而不用每次都重新创造双层理论模型。

（译者单位：加拿大英属哥伦比亚大学政治学系）

参考文献

Amenta, Edwin and Jane D. Poulsen. "Where to Begin: A Survey of Five Approaches to Selecting Independent Variables for Qualitative Comparative Analysis." *Sociological Methods & Research*, Vol. 23, 1994, pp. 22 –53.

Bendor. Jonathan B. *Parallel Systems: Redundancy in Government*. Berkeley: University of California Press, 1985.

Blake. Charles H. and Jessica Adolino. "The Enactment of National Health Insurance: A Boolean Analysis of Twenty Advanced Industrial Countries." *Journal of Health Politics, Policy and Law*, Vol. 26, 2001, pp. 679 – 708.

Bollen, Kenneth A. "Issues in the Comparative Measurement of Political Democracy." *American Sociological Review*, Vol. 45, 1980, pp. 370 – 90.

Brown, Roger W. *Social Psychology*. New York: Free Press, 1965.

Burawoy, Michael. "Two Methods in Search of Science: Skocpol Versus Trotsky." *Theory and Society*, Vol. 18, 1989, pp. 759 – 805.

Braumoeller, B. "Causal complexity and the study of politics." *Political Analysis*, Vol. 11, 2003, pp. 209 – 33.

Cioffi-Revilla, Claudio. *Politics and Uncertainty: Theory, Models, and Applications*. Cambridge, UK: Cambridge University Press, 1998.

Cioffi-Revilla, Claudio and Harvey Starr. "Opportunity, Willingness, and Political Uncertainty: Theoretical Foundations of Politics," in Gary. Goertz and H. Starr eds., *Necessary Conditions: Theory, Methodology, and Applications*, New York: Rowman&Littlefield, 2002.

Collier, Ruth Berins and David Collier. *Shaping the Political Arena: Critical Junctures, the Labor Movement, and Regime Dynamics in Latin America*. Princetion, NJ: Princetion University Press, 1991.

Collier, David and Steven Levitsky. "Democracy With Adjectives: Conceptual Innovation in Comparative Research." *World Politics*, Vol. 49, 1997, pp. 430 – 51.

Collier, David and James E. Mahon Jr. "Conceptual 'Stretching' Revisited: Adapting Categories in Comparative Analysis." *American Political Science Review*, Vol. 87, 1993, pp. 845–55.

Dion, Douglas. "Evidence and Inference in the Comparative Case Study." *Comparative Politics*, Vol. 30, 1998, pp. 127–45.

Downing, Brian. *The Military Revolution and Political Change: Origins of Democracy and Autonomy in Early Modern Europe*. Princetion, NJ: Princeton University Press, 1992.

Ertman, Thomas. *Birth of the Leviathan: Building States and Regimes in Medieval and Early Modern Europe*. Cambridge, UK: Cambridge University Press, 1997.

Geddes, Barbara. "How the Cases You Choose Affect the Answers You Get: Selection Bias in Comparative Politics," in James A. Stimson eds., *Political Analysis*, Vol. 2, by. Ann Arbor: University of Michigan Press, 1990.

——. *Paradigms and Sandcastles: Theory Building and Research Design in Comparative Politics*. Ann Arbor. University of Michigan Press, 2003.

Goerge, Alexander L. and Andrew Bennett. *Case Studies and Theory Development*. Cambridge, MA: MIT Press, 2005.

Glymour, Clark. "A Review of Recent Work on the Foundations of Causal Inference," in V. McKim and S. Turner, eds., *Causality in Crisis? Statistical Methods and the Search for Causal Knowledge in the Social Sciences*, Notre Dame, IN: University of Notre Dame Press, 1997.

Goertz, Gary. *International Norms and Decisionmaking: A Punctuated Equilibrium Model*. New York: Rowman& Littlefield, 2003.

——. *Social Science Concepts: A User's Guide*. Princetion: Princeton University Press, 2005.

Hall, Peter A. " Aligning Ontology and Methodology in Comparative Research," in James Mahoney and Dietrich Rueschemeyer, eds., *Compar-*

ative Historical Analysis in the Social Sciences, Cambridge, UK: Cambridge University Press, 2003.

Hicks, Alexander. Joya Misra, And Tang Nah Ng. "The Programmatic Emergence of the Social Security State." *American Sociological Review*, Vol. 60, 1995, pp. 329 – 349.

Jacoby, Wade. *Imitation and Politics: Redesigning Modern Germany*. Ithaca, NY: Cornell University Press, 2001.

Kingdon, John. *Agendas, Alternatives, and Public Policies*. Boston: Little, Brown, 1984.

Kiser, Edgar, K. Drass, and W. Brustein. "Ruler Autonomy and War in Early Modern Europe." *International Studies Quarterly*, Vol. 39, 1995, pp. 109 – 138.

Kiser, Edgar and Margaret Levi. "Using Counterfactuals in Historical Analysis: Theories of Revolution," in Philip Tetlock and Aaron Belkin, eds., *Counterfactual Thought Experiments in World Politics*, Princeton, NJ: Princeton University Press, 1996.

Lakoff, George. *Women, Fire and Dangerous Things: What Categories Reveal About the Mind*. Chicago: University of Chicago Press, 1987.

Landau, M. Redundancy, Rationality, and the Problem of Duplication and Overlap. *Public Administration Review*, Vol. 29, 1969, pp. 346 – 58.

Linz, Juan J. and Alfred Stepan. *Problems of Democratic Transition and Consolidation: Southern Europe, South America, and Post-Communist Europe*. Baltimore: Johns Hopkins University Press, 1996.

Luebbert, G.. "Social Foundations of Political Order in Interwar Period." *World Politics*, Vol. 39, 1987, pp. 449 – 478.

Mahoney, James. "Nominal, Ordinal, and Narrative Appraisal in Macrocausal Analysis." *American Journal of Sociology*, Vol. 104, 1999, pp. 1154 – 96.

Mahoney, James and Gary Goertz. "The Possibility Principle: Choosing Negative Cases in Comparative Research. " *American Political Science Review*, Vol. 98, 2004, pp. 653 – 669.

Moore, Barrington, Jr. *Social Origins of Dictatorship and Democracy: Lord and Peasant in the Making of the Modern World.* Boston: Beacon, 1966.

Most, Benjamin and Harvey Starr. "International Relations Theory, Foreign Policy Substitutability, and 'Nice' Laws. " *World Politics*, Vol. 36, 1984, pp. 383 – 406.

Ostrom, Elinor. *Governing the Commons: The Evolution of Institutions for Collective Action.* Cambridge, UK: Cambridge University Press, 1991.

——. "A Behavioral Approach to the Rational Choice Theory of Collective Action. " *American Political Science Review*, Vol. 92, 1998, pp. 1 – 22.

Ragin, Charles C. *The Comparative Method.* Berkeley: University of California Press, 1987.

——. Fuzzy-Set Social Science. Chicago: University of Chicago Press, 2000.

Rosch, Eleanor, Carolyn Mervis, Wayne Gray, David Johnson, and Penny Boyes-Braem. "Basic Objects in Natural Categories. " *Cognitive Psychology*, Vol. 8, 1976, pp. 382 – 439.

Sartori, Giovanni. "Concept Misformation in Comparative Politics. " *American Political Science Review*, Vol. 64, 1970, pp. 1033 – 53.

Selbin, Eric. *Modern Latin American Revolutions.* Boulder, CO: Westview, 1993.

Skocpol, Theda. . *States and Social Revolution: A Comparative Analysis of France, Russia, and China.* Cambridge, UK: Cambridge University Press, 1979.

Smithson, Michael. *Fuzzy Set Analysis for Behavioral and Social Sciences.* New York: Springer-Verlag, 1987.

Snow, David and Daniel Cress. "The Outcome of Homeless Mobilization: the Influence of Organization, Disruption, Political Mediation, and Framing. " *American Journal of Sociology*, Vol. 105, 2000, pp. 1063

-1104.

Taylor, Michael. "Structure, Culture and Action in the Explanation of Social Change." *Politics & Society*, Vol. 17, 1989, pp. 115-62.

Wendt, Alexander. *Social Theory of International Politics*. Cambridge, UK: Cambridge University Press, 1999.

Wickham-Crowley. Timothy. *Guerillas and Revolution in Latin America: A Comparative Study of Insurgents and Regimes Since 1956*. Princeton, NJ: Princeton University Press, 1996.

Wittgenstein, Ludwig. Philosophical Investigations. 3rd ed. London: Basil Blackwell, 1968.

比较方法的未来

[美] 哈罗德·拉斯韦尔 著

王金良 译

　　哈罗德·拉斯韦尔是20世纪50至70代美国社会科学的代表性人物之一，也是行为主义政治学的创始人之一，他较早地把社会学、心理学以及精神分析法引入政治学研究之中。在本文中，拉斯韦尔认为西方政治学理论要超越地方主义的限制，就应该对于历史上所有国家尤其是那些伟大国家进行研究，这就是比较方法得以复兴的重要原因。比较的对象可以是多维度的，我们既可以从纵向上进行比较，如在史前和历史的社会进程之间比较；也可以从横向上进行比较，如在人类社会和非人类社会之间的比较。但是，在比较方法的使用过程中很可能存在着重大的缺陷，原因是每个政治现象所处的情境条件都是不同的，结果就是在理论研究中形成了许多特定的概念，这妨碍了政治科学家在不同社会情境之中进行解释，也难以进行有意义的比较。换句话说，同样的政治现象在不同的情境中可能会有不同的意义，这使得比较变得十分困难。而且，比较的方法只适用于分析历史事件，并不适用于预测未来发生的政治现象。再者说，只有比较研究改变了政治学理论的核心知识和概念体系时，这种研究才是具有某种意义的。

同一性和差异性是在不同事物之间普遍存在的一种客观联系，这也是进行比较研究的基础。在比较的对象之间必须具有一定的内在联系，否则这种比较就失去了意义。在对不同的社会进行比较时，可以选择社会组织的政策制定和政策执行的过程。也就是说，不同社会决策结构中的情报、提议、规定、合法化、应用、终止和评估之间具备了比较的条件，我们可以在这一层面上进行比较。拉斯韦尔指出了传统列举法的缺陷，他认为功能主义的方法具有某种优点，它强调了情境的重要性，能够把不同事物所处的全部情境联系起来。在一个给定情境之中，在一系列设定环境条件下某些模型可用来预测许多政治反应行为。比如说"等价物"研讨会方法，与西方国家相比，其他非西方国家在议会制度、选举制度、公民社会、官僚政治、政党政治和利益集团等方面完全不同，但可以寻求一种功能等价物即通过具有类似功能的组织或要素进行比较，就可以分析这些国家的政策制定和政策实施过程，这就是后来学者们所谓制度的功能相等性（functionally equivalent）。总之，政治学理论界无论是对于"宏大理论"的追求，还是强调"把国家带回来"的呼吁，以及涉及各种具体的政治行为如理性选择、民主化、全球化以及新政治运动的分析都证明了比较研究的适用性。而且从技术层面来说，目前各种数学模型、技术指标、精密的多变量分析、回归分析以及以计算机为基础的统计和数据分析都为比较研究开辟了全新的道路。

* * * * * *

I

关于比较方法的一个预言是，它在经历一个短暂繁荣之后将会再次陷入沉寂，这是非常有趣的。如同许多轻率论调一样，这一观点使用了看似无用的修辞，但却"埋下"了一个可能发现真理的线索。然而我们是否可从中找出这一线索呢？或许，还是值得尝试一下。

对于使用科学方法来研究政治现象的人来说，单独的比较方法似乎是多余的。既然"搞科学"研究就是要系统地作出解释，通过比较所有相关数据进而检验事物发展的一般性规律，那么科学方法是否不可避免地带有比较的性质呢？这是毫无疑问的。但是，它忽视了学术生活的本质。在研究过程中，发生在某个人身上的语义异常现象在其他人看来很可能并非如此。而在一些情境中，政府学、政治学以及法学的学者们强调对比较信息的追求，如果我们对这些情境进行检验，或许我们可以从中找到一条线索。

让我们来回顾一下近来发生的事情。为何"比较"这一术语会复兴呢？为何追求新信息成为一种重要目标呢？现在看来目的并不是那么明确：世界舞台愈加紧密相互依赖性使得政治学家们的反应有点迟钝了，同时"二战"以来这种相互依赖性被彻底加速了，如在共产主义世界和非共产主义世界之间的两极紧张关系，以及在非洲和亚洲反殖民主义运动中形成的新的民族国家。举例来说，我们发现美国在卷入"二战"之时，几乎没有人是研究印度问题的专家。在战后这一问题持续存在，尤其是缺乏研究非洲问题的专家。多年以后，基金会和政府最终意识到应该推动和资助相关的研究，这不能不说是一个小的奇迹。如同其他情况一样，这些应急措施表明他们已进行了反复的思考和尝试。

比较知识的需求离不开政治精英们的共同期望，这种推理是有道理的。如果能够拓宽政治信息的地域范围和深度，那么他们将处于有利的地位。进一步来说，某些政治学家把它视为一个机会，用于增加这一学科可利用的知识，也用于在同事们面前证明自身的价值；因此他们提倡进行这种研究，同时也接受官方或非官方的经济以及其他资助。

关于"二战"的案例有多少代表性呢？考虑一下"一战"以及俄国革命及其后果。答案大致是相同的——尽管并不完全一致，相对而言，部分原因是美国的政治学家和历史学家们更善于处理一个以欧洲为中心的世界的问题。此外围绕国际联盟（League of Nations）的争论，主要集中在这一完美的全球法律和组织体系的职责方面，与近来欧洲之外新的国家问题相比，这很明显不是一个"比较"的问题。不过，对于"一战"及其后果的研究的确拓宽和深化了地区研究——在克兰家族（the Crane family）的资助下，沃尔特·罗杰斯（Walter Rogers）创办的当代世界事务研究所（Institute of Current World Affairs）等机构。

还有另外一些案例：18世纪—19世纪欧洲扩张主义的影响，以及美西战争。这些都是威斯康星大学和世界政治和殖民主义比较研究中心（the comparative study of world politics and colonialism）的保罗·S. 芮恩施（Paul S. Reinsch）的研究方向。

我认为很明显从已有的思想史研究来看，帝国权力是一个文明而不是部落或"家族"文化的组成部分。即使这些研究成果被湮没在大量的学术档案之中，甚至单个学者很可能无法获得这些资料，人们还是鼓励某种形式的比较政府研究。某个政治科学家对于马其顿扩张以及亚里士多德的角色进行了思考，他或许认为如果西方政治学理论要想脱离地方性的偏狭，就得从历史上所有伟大帝国之中找出对应的案例。

为了比较研究的需要，对于伟大帝国的选择不应局限于其扩张阶段。近些年来，大英帝国、法国以及其他欧洲国家经历了一段相对衰落的时期。然而，无论官方还是私人机构都支持收集关于国家解体力量的资料（顺便提一下，我注意到了关于权力上升与权力扩张之间的判断性标准的意义。在不久之前，人类世界还是由"野蛮的"社会组成的；后来，发展为由"不发达的"或"发展中"的人们组成的"原始"或"世俗"的文明）。

对于比较分析，多元主义者以及地方精英们都有着强烈的需求。不管国际法身份如何，跨国组织也支持对于地方性信息的收集，至少是鼓励进行此类研究。传教会、对外贸易以及其他活动，也推动了关于时势现状报告的编撰，也启发了一些系统性比较的命题。

在知名学者中间，关于制度的比较分析并没有完全占据支配的地位。而且，比较分析还用于某个文明中革命运动的研究，如把文化教养作为划分为精英阶层的一个标准。卡尔·马克思是一个典型的榜样。18世纪的百科全书学派也可算作此类；再者新兴的民族主义者，如文艺复兴时期意大利的马基雅维利；或者反英殖民主义时期的印度学者和先知。可以说，如果地域的比较扩大，那么很可能会引起时间比较的延伸。

是否可以这样推导呢？即在进行制度的比较分析时，关于权力的扩张或收缩问题政治科学家不是盲从于标题就是会听信传言。在政治分析中，短时期内的发展变化支持这一观点。在不断改变的环境中应该保持敏锐的头脑，这一点是无可厚非的。相反地，即使我们同意批评家们的警告，即那些思维敏捷的学者不善于选择，而且还会歪曲他人的观点，但如果有利于发现新知识，那么还是应当欢迎这种积极性和雄心。退一步说，那些反应迟钝的学者也会有这种缺点，因而这种批评意见并无多大影响。

无论人们是否把扩张问题看作是"比较方法"的应用，我们都对此进行检验。这种急速扩张过程的持久性如何呢？新方法一定意味着会出现先前那种地域性偏见，从这种意义上说，这一现象是否周期性的呢？

在这一新世界进行短暂旅行之后,我们中的大多数人是否重新回到了美国政治学研究之中呢?这一完美的周期自时间点 1 的比较知识开始,发展到时间点 2 的新知识,接着再回到之前的水平上。结果是,这种结构次序从最初位置向新的时间点 2 移动,并最终停留在时间点 3 上。

我们是否能够创造一种环境,其中的结构变化可用来评价比较知识的重要性呢?我建议主要假设应该是:"核心知识"被视为是一种必要的专业训练,只有"危机扩张"改变了"核心知识"时,这种新方法才会经得起考验。否则,关于比较分析的兴趣将会遭受先期的挫折。

在任何给定时期内,我们如何判断政治科学的"核心知识"呢?有一个明显的标准就是这些信息需要以问题的形式通过专业学位的检验。关于这些问题的内容分析为比较知识的合理范围提供了一种有说服力的标准。其他合格标准如课程名称、课本内容、期刊论文、条约文本以及学位论文,还包括与这些主题相关的专业会议。此外,新的专业团体组织也另一个合理的标准。

一旦确定了政治科学的专业核心知识,如何维持这种发展势头就不那么困难了。在这种改变过程当中,形成了既定的利益和情感。既然绝大部分接受过专业训练的人几乎不会进行后续研究,那么如果确定了比较政府的给定概念,它就能够提供一种参考框架,之后的训练和讨论就能进行。

在这种情况下,政治科学的核心知识是不变的还是逐渐发生改变的呢?对于这一问题我们是否能够回答呢?我认为最重要的因素就是"事实"库存的扩张是否被看做是与"方法论"相关的现象,对于掌握政治科学知识来说这是必不可少的。这里必然需要比较的思考方法,显然它有别于简单的比较信息。为了保持新方法的持久性,在专业政治科学家的人格素养中还必须包括,能够通过"自主自管"(on the self by the self)的方式提出比较性的理论问题。倘若政治科学家只是在较低的层面研究,那么他自己也会感到有负罪感和耻辱,很可能其他人也会这样认为。

在很大程度上,"行为革命"对于政治科学家们的科学思维模式的制度化有着重要贡献，这是一个基本常识。既然科学理论框架坚持认为理论形成以及数据收集和数据处理的模式将使得比较分析更有活力，我这样说就是有道理的，即比较性数据的积累能够牢牢地建立这一学科的专业核心知识。

II

考虑到关于理解和使用比较方法的具体建议，我的这种预测可能更加有趣，同时也更易于引起争论。我的观点是比较方法在历史的应用中存在缺陷，这是非常令人失望的，但通过建构一种适合于政治科学的构成性概念（configurative conception）的方式可以修正这一缺陷。我认为比较方法的应用并不适用于情境关系，它缺乏问题导向，同时在技术方法使用方面也不那么严格。总而言之，在概念构成性方面它是无能为力的。

如果符合情境的必要条件，将来比较方法的应用可以从中获益。在这一学科领域之内，选择相关的研究环境就是要调查研究的所有现象。为了找出研究对象之间最主要的相似性和差异性，就必须不断地检验所有的情境。对于政治科学来说，找出适合的参考背景并非难事。所有过去发生的政治现象都可以作为素材，这也包括了所有当代的政治现象，而且必然也包括了所有未来发生的政治现象。在相关情境之中，最好是包含了多元化要素的模式，即包括世界的历史、现在和未来的社会进程。

人类社会的进程包括了人与其他人以及环境之间的互动关系。从最宽泛的角度出发，我们需要关注的是政治要素与经济进程中的要素之间的比较。不仅如此，如果把人类社会进程与其他相应高级生命形式，尤其是猩猩和猴子社会的进程进行比较，那么这将有助于增加我们的理解能力。通过这种方式，我们可以发现人类的基因特性及其对于人类政治和社会的可能影响。除了生物环境之外，在自然环境和高级生命形式可能的栖息地之间的比较也是相关的。这样，在未来我们就能够对人类社会进程和生物环境中的其他物种以及这些高级生命形式之间的互动关系，或者自然环境中的实际或可能栖息地进行富有成效的检验。

史前和历史：关于研究过去事件的情境方法，我们已经强调了史前以及历史时期的政治过程的重要性。这种看法需要考虑到政治制度的创新、传播和限制，同时这让考古学能够与其他相关专业共同进步。举例来说，直到最近出现了关于非洲居民和文化演进过程的分析之后，才修正了历史上盛行的关于地方面貌的看法，如路易斯·李基（Louis Leakey）在研究中的发现。毫无疑问这种看法更普遍，即许多政治现象依赖于相对突然出现的"文明"，而这些文明大都产生于不知名的部落或种族社会。譬如，根据戈登·柴尔德（Gordon Childe）的看法，公元前3000年文明同时形成于三大河流域（尼罗河流域、底格里斯河—幼发拉底河流域以及印度河流域）。[①] 可以说社会中的每一个价值—制度的部门都受到了影响：新的城市劳动分工极大地提高了劳动生产率，同时也加深了富人与穷人之间的鸿沟；再说到大众教育，读写能力史无前例地为信息的储存和检索创造了条件；就是否得到尊重而言，人们基本上是以职位和收入来区分社会阶级的；关于诚实的态度，如宗教和伦理，地方性的神要服从处于统治地位的更高的神，同时从长远来看，世俗规范最终将起到重要影响；在感情方面，由于个人的流动性以及地域性国家的出现，削弱了传统的亲属关系和扩大的家庭单位；在技术方面，教育的膨胀催生了一大批新的技术专家，目前很显然他们充当了决定性角色；以及所有涉及福利的问题，如安全、健康以及舒适等，现代文明几乎达到了难以置信的极限；在权力的领域内，城市文明是以制度的形成为标志，如领土性的国家、正式的立法规范、定期的税收、官僚化的公务员以及军事化的运作、纪念性的公共建筑、复杂的课税体系以及官方的档案（至少250万年以来，人类一直生活在小群体或部族社会之中，对

---

① 对此一般性的观点，请见 Stuart Piggott, ed. *The Dawn of Civilization: The First World Survey of Human Cultures in Early Times*, New York, 1961; and Edward Bacon, ed. *Vanished Civilizations of the Ancient World*, New York, 1963.

于文明的造物主来说这是一段非常短的时间,因而这是足以令人欣慰的)。

人类社会和非人类社会:近些年来,关于非人类社会的研究急速地增长。研究目的在于对基因构成比较的结果进行检验,同时探索社会进程中人类互动关系的本质和影响。这些研究已经打破了那些刻板的印象,即认定人类社会与其他高级生命形式之间有着巨大的差别。举例来说,到底是基因遗传排列模式还是环境因素决定了不同性质的反应,即使在同一物种之中也存在很大的差异性。那些在与猴群隔离环境下饲养的猴子无法进行正常交配,观察者们原以为这应该是一种本能行为。相反地,幼小猴子的贪婪却是天性使然,而不是群居环境造就的。①

我们必须使用严格的比较标准,在某一种环境中的理论模式发现不能不加思考地应用到其他物种和变体研究的理论推断上。举例来说,有一种富有启示性的发现认为"领地法则"(the territorial imperative)无疑将会推动下列研究,即在何种程度上人的行为具有这种特性,以及在何种程度上将会对不同的政治社会环境保持中立性或征服性。众所周知,这种领地法则在某些物种身上反映得并不明显,因而对于这一假设许多生物学家持怀疑态度。在这一方面的研究中,既有重新燃起的兴趣也有批判性的知识,这可以应用到同一物种成员之间或不同物种的群体之间的领地法则比较研究之中。② 有一些关于人的行为的调查表明,某人能够胜出并不是因为他足够聪明,而是因为他足够谦卑(他的谦卑来自于重要的遗传决定)。进一步的研究表明,比较研究的一个根源就是人的焦虑,换句话说,产生于大脑皮层的内在紧张关系强加了一种启停信号自发机制,这也相应地增加了分析中的矛盾和混乱。

近年来遗传工程已经改变了人们的生活,这种新知识将会改变我们

---

① 对此一般性知识的介绍,请见 Irven DeVore, ed. *Primate Behavior: Field Studies of Monkeys and Apes*, New York, 1965;尤其是第 15 章, William A. Mason, "The Social Development of Monkeys and Apes."

② 在本书中对于当前的研究进行了总结和评估,见 Carmine Domenic Clemente and D. B. Lindsley, *Aggression and Defense: Neuromechanisms and Social Patterns*, UClA Forum in Medical Sciences, Berkeley, 1967, No. 7.

生命的年限和质量，通过调查比较可以部分地回答由此带来的问题。

一种社会进程的模型：由于情境的条件有所不同，这就需要为社会提供一套理论概念，无论是在历史、现在或将来的社会情境之中，都能够让政治科学家有确定的理论框架。也就是说政治学有了特定的概念，它基本上排除了政治科学家在不同的社会情境之中调查和解释政治现象，并把它应用到某项政策之中，但同时也预先阻止了专家们进行有意义的比较，从而获得系统性的结果。

从根本上说，有意义的比较必须对于人的政治体系和具体政治实践的重要性进行评估。如果我们从对历史进行考察的这几种比较方法中获得一些启示，那么显然按照制度形式的逐项列举方法是不行的。它并没有提供相关的资料，以回答关于人的政治科学问题——也就是说，无论是有利的还是不利的，他的个人经验都带有制度设计的印迹。只有制度实践有助于自己的价值塑造和价值共享的最优化时才是相关的。在某种程度上，世界范围内关于政治制度研究的主要问题是：它是否有助于或妨碍价值的实现？谁是政治进程的参与者？哪些价值观具有优先性？在对一种或一系列制度进行比较分析时，必然要回答这些基本的描述性问题。

逐项列举（ltemistic）与功能主义（functionalist）的方法：在19世纪的政府学、法律和政治学中，逐项列举法是获得制度比较知识的主要方法。实际上在任何社会科学领域中，公开出版的每一本"专业字典"、"百科全书"或"手册"都是很好的例证。这些著作的内容都是按照术语的选择来组织的，涉及超过一个社会或国家的制度现象。例如："酋长制"、"君主制"、"共和制"、"政党"、"两院制"等等。其中相关章节总结了可获得的学术成果，很可能在"进化"或者设定一些关于相关现象的原因与结果的命题之间描绘出了一条假定的线。有时这些资料是可以量化的，可以进行绘制和图示。即便作最乐观的估计，这些资料的积累不过是为相关分析设置了一个起点，同时也可能为问题研究限定了路线和范围。

然而从根本上说，上述全部方法都是不充分的，甚至是具有误导性的。没有什么比较的标准可以持续地应用，它不过是用同一种术语为不同现象贴上了形式主义的等价标签。这是一个基本事实，无论这个标签是政治规则（"学说"）的通用符号，还是合作的操作性选择（"投票选举"），或者是政治运作使用的资源（"公共建筑"）。

"逐项列举"的比较方法是有缺陷的，在这种情况下，又出现了创新的"功能主义"方法，在人类学家中这是一种最鲜明最令人感兴趣的方法。[①] 功能主义者选定研究方法的标准是，它能够解释一种文化模式的特定要素与其他要素之间的相互关系，尤其是在一个已知的文化社会中，社会化的人们如何体验这一模式的过程。在两个社会中或许都有一些"原生性神话"（origin myth），从表面上看这些内容是相同的。然而，相关研究或许表明这两种神话的重要性——两者的功能——有着非常显著的差别。在一个社会中，神话可能只是为儿童讲述的偶然性床头故事，而在另一个社会中，它可能起到了维护现有权力和其他价值观分配的作用。

在"活法"（living law）平行演化过程的研究中，证明了超越书写文本或口头传播的习俗的重要性。如果是这样的话，就需要确定在什么条件下应当使用这种表面规范，同时为了维护公共秩序的稳定，又应该由谁、如何以及使用何种价值观念。同样的，政治科学家对于政府学的"现实"研究，造成了正式期望与实际控制的权威之间的对抗关系。反过来，与由其他政府官员以及他们以非官员身份作出的选择和决策的研究相比，这种官方机构作出的正式决策过程是难以解释的（按照传统的定义）。

功能主义者强调的是情境的重要性，而且它也能够通过很多途径吸收到其他学术养分。在获得非常规信息方面，精神分析是一种很好的方法，它把每一种语言、手势或行为与人性的全部情境联系起来。如格式

---

① 在人类学家的功能主义者群体之中，最活跃的人就是布罗尼斯拉夫·马林诺夫斯基（Bronislaw Malinowski）。而拉德克利夫·布朗（Radcliffe Brown）致力于检验社会的运行惯例，他轻视那些有过相关经历的学者的观点，也贬低他们对于学术研究延续、批判和更新的重要性。

塔心理学（gestalt psychology）强调了细节的感知依赖于所处的整体环境。

价值—制度分析：情境需要标出全部社会进程的图绘，据此研究者可以判断事件的属性，这样他的描述和解释才能抓住重点。在这一图绘中，必须使用简明的和固定的一系列可测量价值标准，从而对"价值"和"制度"进行区分，这样才能阐释所观察领域的原则特征，而制度（特指价值塑造和价值共享的互动关系模式）这一术语一直处于不断变化之中。在任何想象到的观察领域中，这种"双重指称"方法能够让两个不同的研究者比较他们的立场观点，从而建立某种完全对等的形式（也就是说进行比较）。

在社会科学中，经济学家是最善于使用价值—制度分析方法的。他们的研究中的大多数缺陷就是因为没有明确的情境——因此在高度分割的现象与帝国主义的折中主义之间摇摆不定。在一种没有"其他因素"的模型中，不可能清楚地计算出"其他因素"对于财富生产、分配、投资和占有的影响。因而如果缺少这样一种图绘，关于经济进程结果的研究就不能够顺利地进行。

政治科学家正处于学习过程之中，他们需要知道如何在权力价值与其他价值之间进行区分，以及如何从传统和功能的意义上对权力的政治制度进行检验。因此，他们学习了如何避免把政治的与非政治的制度混淆在一起。尽管我们正在沿着正确的方向发展，但学习的范围还不够广泛。我们仍然缺乏标志性的研究成果，能够在经验研究的基础上证明传统意义上的政治体系只是功能意义上的政治体系的一部分，以及在何种程度上权力的过程能够影响（以及反过来被影响）其他社会因素（大众教育、财富、幸福、技术、情感、尊重和公正）。我们一直在向人们解释一个"立法机关"就是实际存在的立法机关，但不能证明在多大程度上它在决策中的其他功能，如情报、提议、合法化、应用、评估以及终止等。这也表明关于制度的比较分析需要使用一个不同的概念。

结构和功能的概念通常会引起一些歧义，这是不足为奇的。如果涉及的"过程"发生在给定的时间和空间中，这两个术语都是具有可操作性的。除非这些限制条件具有明显的特征（最典型的是结构就是"稳定的"特征，同时其他行为就是功能性的），结构并不能很好地描述这些特征。既然稳定性是符合一般规律的，那么观察者必须站在可观察的立场上，对于所观察现象详细地解释。

如果对社会进程进行彻底地比较，就要求对于每一个价值—制度部门的政策制定和政策执行过程进行比较。只有在相关图绘的数据是完整的并且可用时，才能对全部情境中的政治体系的功能性角色进行暂时性确定性的评价。关于决策的一项系统性研究表明，在这些结构和功能与子功能如情报、提议、规定、合法化、应用、终止和评估之间存在着相互影响。相关经验研究证明，在所有其他要素的选择过程中也存在类似的可能。在每一个过程之中，我们能够对于参与者进行检验，无论是在有组织还是在无组织的领域中，通过他们的视角都可以检验基本价值观以及不同的策略对于结构的影响；这些结果就是价值的积累、分配、投入或享有；按照制度分析的术语，它们包括了新方法的更新和扩散，以及新旧方法的限制性条件。

III

构成性概念既是问题导向性概念，也是情境性概念。问题解决五种要素的指导（目标确立、趋势分析、条件分析、未来预测和选择方案）影响了未来比较方法的应用，甚至可用于对政治科学进行批评。

目标价值的分类：在过去，比较方法并没有受到目标设定的影响，而且经常遭到曲解。因此，反对政治哲学传统主题的批评似乎有点反应过度了，政治哲学的传统主题如国家和政府的合理目标，以及关于最好政府形式的探求等等。有时这些问题的答案应当是"定义性"的，而不是经验性的。如果关于国家目标存在一种确定的定义方式，那么不进行经验调查我们就可以给出答案。比如说，假定国家目标就是为自由选择的个人建立一个联合体。按照自由政体的定义，这不就是国家或者说"民主制"国家的理想形式吗？关于国家以及最好政体形式的文献中，充斥着大量持赞扬或批评态度的暗喻。有时这些暗喻完全摒弃了相关的经验环境。然而这些暗喻的设计是用来增加主题的趣味性，或者是用来增强观点的说服力的，并不能提供经验性知识。如公元5世纪，雅典选择了颂扬"民主制"的立场。罗马共和国选择赞美"代议制"的制度，而英国为有限政府的制度而感到自豪。

在具有科学思维的善于评价性思考的政府学学者中间，这些伪经验主义文献的辩证应用引起了怨愤。不过，在判断问题是否能够被经验研究解释的问题上，问题的价值目标提供了一个标准。必须承认从形式上说"应该"（ought）并不是源自于"是"（is），一旦"应该"被假定为一个目标（同时并没有被限定为等同于已有的一系列"完美"安排）时，在获取知识的多种因素之中，经验研究就是一个必要条件，它预先决定力权力的分配或者其他选择性目标。对这种必要条件的探索就是一个科学问题（上文提到的五种要素中的第三种）。

在价值目标方面，分子生物学的新知识提出了一个过去一直悬而未解的问题，但这是一种完全不同的参照体系，我们的未来是什么呢？人到底又是什么？一般来说，在全球的社会和政治进程之中，我们应当授权给哪些参与者呢？

在问题解决能力方面，人们之间存在着很大的差别，同时这种能力与交流渠道的网络紧密相关，也体现在象征性事件的存贮、检索和多元化处理方面。尤其是在人们与社会环境之间存在价值赋予和价值剥夺过程时，个人可以从这种经验中学习。因此按照某种夸张的说法，人通常被看做是一种由文化创造的哺乳动物。但是我们不要忘记，不仅基因排列是可以改变的，而且人们的生活方式也是可以改变的，进而发展成为一种高等的生命形式。他们可以从经验之中学习，同时这种嵌入的性格是足够复杂的，因此必须考虑到诸如情绪扩散对于内在行为过程的影响。

我们是否应该掌控这种新知识，并把它作为实现人类尊严（例如，通过消除人的无能力行为的方式）的一种工具，从而增加个人获益的环境机会呢？从地方偏狭主义来看，目前盛行的种姓和种族制度是非常危险的，永久性的种姓（或其变体）限制了人们之间功能性的同化，培养了非好斗的性情，这使得新知识变成优势团体掌握永久性权力的一个基础。与动物社会如根据蚂蚁或密封的社会模型的比较研究可以证明，人类社会不仅仅具有解放的天性，它还是一种断裂的和分层的社会体系。

由于意识到了这种危险，那些关心人类尊严的研究者就需要提高比较调查研究的策略，据此一个以种姓边界或种族原则为中心的社会能够实现变革（顺便说一下，我注意到关于印度研究中存在的某些问题，即强调在种姓制度深深植根的社会之中，有一种自我保存和自我恢复的特性）。①

趋势分析：编年表（chronology）与演化 对于历史发展趋势进行检验，就会发现编年表与演化顺序之间的主要差别。如果把历史看做是一个整体的话，那么也是一个地方性权力向全球性权力扩张的过程。前文我谈到了从家族社会向文明的进化过程。通过国家的参考框架，从城市国家、帝国，以及从封建公国再到民族国家；在一个给定的地区之中，我们可以解释从部落社会发展为国家的过程。这并不是说在任何一种条件下，我们观察到这种发展阶段有着必然的联系，比如说君主制，紧随其后就"必然"应当是寡头政治，再其后一定就是民主制。由于这代表了对于历史上具有稳定性的公共秩序的重要修正，因而它们都属于"结构性"的变化。然而如果从 A 出现就一定会引起 B 的出现这一角度来说，这种发展阶段并不是必然的。相关分析表明，如果出现了一系列特定的条件因素 B 才会出现，但是这些条件并非是不可避免的。然而，通常历史演化的顺序遵循了某种特定的规律：要么一系列相关的因素会多

---

① Ramkrishna Mukherjee, "Some Observations on the Diachronic and Synchronic Aspects of Social Change," *Social Science Information*, VII, Feb., 1968, pp. 31–53.

次出现，要么一系列不同的变量偶尔会产生相同的后果。①

解释模型：我们有必要对过去的研究进行总结。对于把目标设立为发现政治现象普遍法则的政治科学家们来说，比较分析通常是令人失望的。部分原因是缺少相关的数据。假如我们要系统地阐述城市国家形成的条件及其消逝的具体环境。在初步调研之前，我们已经有两个很好的案例，它们足以起到佐证的作用。公元前500年左右，以及此后的2000多年中，在地中海周围坐落着许多城市国家。如果要使用模型来解释这种政治过程，那么很明显其中许多相关的变量并不适用于描述这种历史环境。举例来说，如果把社会精英、中间精英以及普通民众之间的分化看做是贸易线路改变的一个结果，显然我们并不满意这种解释。可以说，我们既不可能承认这种详细的列举法，即认为部落成员或农民被相邻（或遥远）的都市所同化而引起了身份改变，也不承认价值需求和期望的变化能够影响对于已有神话的接受或抛弃态度。

在一个给定情境之中，在一系列设定环境条件下，某些模型可用来预测许多政治反应行为。这种推理具有某种特性，即主张对于生活在特定政治文化中的人们来说，在设定环境条件下他们有着可预测的反应方式。然而，先前不可控制的因素不仅会改变这种推理特性，而且也可能改变环境，因而对于结果的预测并不会如此精密。

这种推理认为比较方法只适用于历史现象的分析，并不适用于未来事件的观察，这一结果肯定是让人失望的。同时在学术研究方面，也给我们带来了两项任务：关于未来事件的推测（假定我们对于未来没有任何影响），以及政策选项的制定、评估和选择，包括对于未来要素的自我评估。

未来预测和方案选择：在未来预测和政策选择方面，如果能够指导研究者在其感兴趣的领域探明相关的环境条件，那么这一定是情境的环

---

① 关于国家形成的一个实用的指南性文献，见 Lawrence Krader, *Formation of the State*, Englewood Cliffs, 1968。本书遵循了一般性的传统，即某种程度上关于国家的定义是比较严密的。

境。为了达到这个目的,就需要建构一种理论设想。通过过去、现在以及未来变化可能顺序的模型来建立某种理论设想,进而探寻关于未来分析的公正性。有一个方法就是推导出可量化的发展和分布趋势,发现可能存在的矛盾或冲突,同时通过已知的各种限制性因素之间相关性的分析,进而对可能的结果作出评估。这样,根据由观测者提供的非量化信息,这种可评估的假设就建立起来了。

关于政策选择的要求如下:(1)关于最终结果的解释优先于价值目标;(2)发现新的策略,以增加更好最终结果出现的可能性;(3)在任何给定的风险层面,对于价值的成本和收益进行评估。

IV

对于一个相互依赖的世界,如果政治科学家试图进行比较研究,就必须设计某种完美的制度,以便为全球范围的重要政治变化进行持续的观察。同时,观察技术也必须是多样化的。比较需要注意的是情境和相似性以及研究的可获得性,这也决定了哪些内容才是最重要的。这种研究发展是很有必要的,但它并不是一个"政治科学年"(Political Science Year)项目就能解决的;毋宁说这是一个制度建立的过程,它能够让政府学专业的学者们发挥自己的聪明才智,对于全球的官方或非官方决策过程的功能进行评估。

"等价物"研讨方法(The counterpart seminar technique) 对于未来的有计划研究需要改进传统的研讨会方法。"等价物"研讨会应该持续地开办下去。如果政治科学家聚焦于他们最熟悉的参考框架之中,那么研讨会也应该遵循相应的决策过程。如果要进行明确的比较分析,"等价物"研讨方法的首要重点就是关注对象之间的相似或差异程度问题。如关于最高法院问题的研讨会,将引发关于美国、加拿大、澳大利亚和其他相对有独立司法系统国家的最高司法结构的讨论。关于法院问题的研究尤其适用于决策过程的七阶段模型。如果选择的是决策的合法化阶段，特别是在相关政策大部分是临时性的而不是最后决策时，比较政策体系是一个适当的主题。显而易见，比较立法结构是研讨会专门分析的对象。在政党和压力团体的结构分析之中，也有与此相似的研究倾向。决策的情报阶段指的是公开的或非公开的信息收集和规划活动。关于决策的评估阶段，应该对政策执行的完整性和效率性进行描述。接着，关于政策终止的研究就提上了日程，在一个给定的专题研究中，比较方法的工具性角色能够抵消由于政策变化如政府征用而带来的不满情绪。这样一来，关于决策的比较研究能够超越政府—国家的、次国家的以及跨国家的限制。

这些例子都选自于政府的官方机构。相应地，还有一些案例集中在非官方机构和组织之中，它们被看做是科学的观察者。举例来说，决策的情报阶段就包括了某些具有政治色彩的私人出版机构。

等价物研讨方法的研究范围应当与决策的特定阶段研究结合起来，从传统意义上说这本是属于政府结构比较研究的领域，也属于在任何给定的社会中主要价值—制度部门决策过程的阶段。政府的情报（信息收集和规划）工作可视为是一种检验过程，包括了制度的教化（比如说，研究共同体）、财富（农业和商业）、福利（私人医院）、技术（私人学校）、情感（宗亲协会）、尊重（社会等级和秩序）以及公正（教会组织）。在许多社会组织中，这些不同的价值—制度要素重要性并没有超过组织本身；但通过一种多元或多层的协会网络，这些部门也能够维持下去。如前文指出的那样，使用完全的功能主义方法来研究权力问题就需要分析社会进程的全部情境，这样做的目的在于确定重要决策的实际过程（决策包括了全部情境，这表明价值观念仍是非常重要的，它起到了严厉的惩罚作用，而且事实上也能够有效地对抗那些挑战势力）。

根据决策的功能和系统的模型，就能够勾勒出专业研讨会的研究计划。显而易见的是，它包括了区域性和多元化组织全部决策过程的比较。某一个特定研讨会可能承担了关于多个组织或团体原始数据收集的任务，但这并不是最重要的。它很可能被当做是研究会内部交流的一个网络，专门用来选择比较分析的问题。

当按照计划进行时，等价物研讨方法很可能是一种最有效的方式，也就是说，多年后可以形成由一些核心的政治科学家（以及其他人）提议进行共同研究的领域。而且研讨会能够利用视听辅助手段以及数据存储和检索带来的便利。同时在研究日程也应该包括对于未来的评估，以及处理由此带来的信息反馈。

在政治科学方面，在形式上这种等价物研讨方法是一种非正式的思维之网，它起到了为本专业贡献新知识的重要作用。在研究方法上这种方式是情境型的、问题导向型的以及多技术型的。这些研讨会有助于改进决策的情报和评估阶段，通过强化公民秩序的方式进而维护了公共秩序。

在现代大学中，政治学系非常适合那些关注政策制定和执行的专业研讨会。另一方面，法学院也逐渐适应了举办这种研讨会的方式。[1] 某些关于最高法院或管理机构如联邦通信委员会的课目或研讨会，基本上反映了决策研讨会的全部特征。

通过等价物研讨方法，关心当代史的历史学家可以使用他们的方法来解释动态性的因素。对于"黑人"问题的未来进行预测，就意味着对于黑人问题的历史进行新的研究，这也是构成性导向方法的学术性成果之一。

其他相近的社会科学和行为科学也同样适用于这种等价物研讨方法的形式。在经济学系和商学院中有许多具有政策导向的专家，通过情境的环境他们可以提出更为明确的假设。不仅经济体系内的互动关系是相关的，而且经济部门与其他部门之间的互动关系也是如此。在考虑到世界相互依赖的前提下，理科和教育学的专家能够有效地分析各自领域决

---

[1] 见 Harold D. Lasswell, "Toward Continuing Appraisal of the Impact of Law on Society," *Rutgers Law Review*, XXI, Summer, 1967, pp. 645–677; 以及 Lasswell, *The Future of Political Science*, New York, 1963。

策的不确定未来。人口学与卫生学方面的专家更习惯于泛括性思考，但是在一些训练、研究和商议方法方面他们还是存在一些缺陷。而宗教学和伦理学方面的专家，从公平的普遍性再到自利的倡议，他们都有一种非常复杂的传统。

所有关注心理学学科的人们，都面临着由基因排列的不同环境带来的问题和挑战。再比如说精神病学学科，它产生于一对一的治疗环境，也试图揭示和影响社会的发展进程。对于这些专家学者来说，某一次等价物研讨会可能就是加入更大学术共同体的敲门砖。

在许多大学里，研讨会一开始是从一个学科内部发起的。它们关注的可能是一个问题或一个领域，而不是具体的决策者。研究的问题或许是某一个政策选择：如何控制遗传工程等等。

这里我指的是大学和学院。在发达国家中，这种新的协会组织——不论是校级的还是独立的——将会成倍地增长。对于未来事件标出关键性图绘，进而影响那些有学识和有教养的大众，他们对于比较问题的认知态度以及这些具有未来导向的协会（现在已经提上日程）可能担负了重要的角色。

现有一些组织或许已经使用了等价物研讨会方法。在跨国的、国家的以及次国家层面，都出现了政治科学的协会组织。它们的研究计划为研讨会网络提供了一个论坛，这有利于定期地分享研究成果，同时有利于对未来发展进行评估。这些协会组织可以在配有图像和图表的会议室中回顾历届研讨会的成果，而不是在大教室中去听那些无聊的演说。不仅如此，电脑的操作系统也能够在瞬间获得所需的存储信息。

可用过程的整合：在政治科学（一般社会科学）研究中使用的所有数据收集和数据处理方法，应该为以后的理论模型解释提供相关的信息。详细的逐项列举方法可用于结果的因子分析，进而寻找这些因子与理性系统之间的关联。在描述对于所选择环境中行为的发展方向与强度的特征时，实验研究提供了一种工具。同时在分析不同变量之间的互动关系时，实验也能够提供一种假说，在分析制度变革问题时将有助于提供因子组合的解释。

原型法分析的是制度实践问题，它不像还原论那样把事物简化成一系列变量，这就忽视了在更大的模型中进行比较。为了达到教化的目的，知识分子可以使用这种原型方法，这有助于缓解其他方法带来的问题。相对来说这种干涉指的不是教化行为，而是说权力分析的新方法屈从于权力的重要性。

案例研究在比较研究中占据着主要地位，它的过程大都是可量化的，结果是有一些学者容易受到某一个特定情境相关数据的影响。[1] 如果说这就是要学者放弃全身心地投入到单个国家、人格、时期或场所之中进行研究的理由，那么显然是没有道理的。为了比较的目的，他作为专家小组的一员可以提供所需的专业意见，比如说在特定的场所和时间，为人们解释这些概念的含义。对于比较政治的学术交流研究来说，这些方法为其提供了一个不可或缺的信息库。

保持主动性：在一个涉及大到国家乃至世界范围内的等价物研讨会中，如何动员和维持研究的主动性，从而满足比较政治科学研究的需求呢？答案再明显不过了：人们必须合作，同时不论是大学教师、学者还是社会其他研究人员要能够从中获得实际收益。这些研讨会以及专业训练的优点是为学者创造一个共同体，让他们能够对其他学者的观点保持敏感性，因而也有助于形成相互之间的尊重。如果对于研究者出版作品给予高度赞誉，那么这也是尊重的标志之一。因而可以说，这种持久主动性大大增加了从事比较调查研究学者的机会。

与前几年相比，目前出版业的管理变得越来越复杂了。数据处理程序已经是政治科学研究的一个必要条件，就像为了交换原始的观察数据成立了许多研究中心一样。在理论解释、评估历史以及为研究中心或个人推荐著作方面，期刊杂志都起到了媒介服务的重要作用。

---

[1] 关于某些"案例匹配"问题，请见 George P. Murdock, "the Methodological Criteria Discussed," in *Ethnographic Atlas*, Pittsburgh, 1967, pp. 3–6.

最后，政治科学的核心知识至少部分地适用于整体意义上的比较方法。新的制度实践，比如说等价物研讨方法，为具有情境、问题导向以及多技术要素特征的构成性方法提供了一种工具。

（译者单位：华东政法大学政治学研究所）

比较研究中的可比较案例策略

[美] 阿伦·利帕特[①] 著
吉 磊 译

阿伦·利帕特的这篇《比较研究中的可比较案例策略》1975 年发表在《比较政治研究》上,是对他 1971 年见诸《美国政治学评论》的那篇在比较方法史上具有开创性的著名论文——《比较政治与比较方法》的评判性继续讨论。文章主体包括四个部分,分别评述了 1971 年论文的不足、重新定义了比较方法、并总结了比较方法相对于统计方法具有的优势和缺点。

在本文的第一部分,利帕特首先回顾了 1971 年论文的主要脉络和观点,进而指出了那篇文章关于比较方法的界定存在着不足之处。利帕特在早先的论文中运用了一种迂回的方式定义比较方法:他通过批评其他几位学者的定义,先指出比较方法不是什么,然后把比较方法描述为

---

① 阿伦·利帕特(Arend Lijphart)是耶鲁大学政治学名誉教授,著有《多元社会中的民主:一项比较的考察》(*Democracy in Plural Societies: A Comparative Exploration*)、《选举制度与政党制度:一项关于 27 个民主国家的研究》(*Electoral Systems and Party Systems: A Study of Twenty-Seven Democracies, 1945 – 1990*)等。利帕特对于比较政治学中的研究方法争论作出了富有影响的贡献。1971 年他在《美国政治科学评论》上发表的《比较政治与比较方法》(*Comparative Politics and Comparative Method*)是比较方法史上一篇开创性文献。本文是对 1971 年论文批判性的继续讨论。

一种发现和建立一般经验命题的基本方法,尝试把它和其他三个基本方法——实验方法、统计方法和某些形式的个案方法区分开来。他还重点分析了比较研究通常面临的主要困难,即"变量太多、样本太少"(many variables, small N)的问题,提出了四条解决之道:(1)尽可能增加案例数量;(2)减少分析的"属性空间"(property-space);(3)选择可比较案例进行分析;(4)把分析集中在关键变量上。利帕特认为,这个定义不够精确清晰,也太过宽泛,它还带来了两个主要的问题:第一,关于比较方法的首要功能是发现命题还是检验命题,学术界存在争论;第二,以案例的数量为基础区分比较研究和统计研究,操作起来非常困难,而且两种研究方法之间不存在清晰的分界线。

在论文的第二部分中,利帕特旨在通过把比较方法等同于可比较案例方法,为比较方法重新给出一个更加精确简洁的定义。他认为,早先论文针对比较研究中"变量太多、样本太少"困境提出的四条建议中,第一和第三条建议代表了两种根本不同、无法结合的解决办法:(1)最大化案例数量,用统计方法处理数据,运用偏相关的方式对其进行控制。(2)选择可比较的案例进行分析,它们的可比较性将使得控制在很大程度上能够实现。前者着眼于"样本太少"的问题,应当被归入到统计方法的类别中去;后者可比较案例策略的重点则放在"变量太多"问题上。利帕特认为,可比较案例方法就是比较方法。他用简洁的语言界定了比较方法:一种与统计方法有着相同的指导逻辑,以该逻辑为基础,检验假设的变量之间经验关系的方法。在该方法中,案例须按以下的方法进行挑选,即最大化自变量的变化量,并最小化控制变量的变化量。这个定义一定程度上回应了他在文章第一部分中指出的早先定义的两个不足:(1)他倾向于认为比较方法的首要功能是检验而不是发现和建立经验命题;(2)比较方法的重点是确定为数较少的几个可比较案例,其原则是最大化操作性变量的变化量与控制变量的变化量之间的比例,即最小化控制变量的变化,并最大化自变量与因变量的变化。

利帕特认为,尽管战后比较政治学的发展方向是越来越依赖统计方法,很多学者认为统计方法是更好的方法,但是比较方法仍然具有一些固有的优势,使得它能够弥补在变量控制问题上的弱势,与统计方法分庭抗礼。文章

第三部分批评了应用统计方法的代表著作——道格拉斯·雷伊的《选举法则的政治后果》(*The Political Consequences of Electoral Laws*),在此基础上总结了比较方法相较于统计方法的三个主要优点:(1)比较政治学中的统计研究倾向于限定在国家政治系统上,忽视了对次国家单位的研究,因此造成了被斯坦因·罗坎(Stein Rokkan)称之为"整体国家偏误"(the whole-nation bias)的问题。相较而言,研究比较方法的绝大多数学者重视对次国家的单位的研究,认为研究单一国家内的部门为受控制的比较提供了理想的环境。(2)比较政治学中的术语无法简单地拓展至全球,否则会造成萨托利(Sartori)所警告的"概念延伸"(concept stretching)的问题,导致研究数据的可靠性和有效性存在严重缺陷。不同于统计分析需要收集和处理大量数据的困难,比较研究往往只要充分地分析较少数量的案例,因此对于那些可能存在问题的数据的依赖程度较低;研究者也更可能在选择案例时把可靠数据的可得性作为辅助标准,更加精细地鉴别数据。(3)比较政治学研究中统计分析相较于比较分析更容易受到"高尔顿问题"的影响。"高尔顿问题"认为,被观察社会中的特性有可能是扩散传播或历史学习的结果,那么这个案例就不是独立自主的,经验因果关系就有可能是虚假的。利帕特称之为"案例延伸"。比较研究因为处理的案例数量比较少,分析更为充分仔细,因此较之容易忽视案例细节的统计研究更能够保证研究案例的自主性。

文章第四部分简要地考察了比较方法面临的三个主要批评:(1)难以找到真正足够相似的案例,案例之间的差异往往不止一个,从而使得从属现象是"由多种因素决定";(2)比较方法只能做到部分归纳,无法获得在普遍范围内具有普遍有效性的归纳;(3)严密的可比较案例太过稀少,对研究方法的偏好或者获取相似案例的可能性也许会能支配研究者的研究目标。

鉴于比较方法和统计方法各有优势和不足,利帕特最终得出结论:研究者应当在充分了解和思考这两种基本研究方法的基础上,根据研究问题决定选择何种研究方法。

* * * * * *

在之前的一篇文章中，笔者曾尝试对政治学研究中比较方法的特性和价值进行分析（Lijphart，1971），但是没有对其给出清晰明确的定义。一些学者已经对这个缺点作出了正确的批评（这次讨论会中西奥多·麦克斯特罗斯 Theodore Meckstroth 的文章；Rosenthal，1973；Hoetjes，1973；Gustavsson and Vedung，1975）。这篇简要的文章将提出一个关于比较方法的更精确的定义，当然这个定义还需要将来进一步的改进、阐述，以及重新思考。本文还通过把比较方法与另一个最为重要的替代研究方法——统计方法进行对比，重点关注比较方法的潜在价值。

什么是"比较方法"？

在早先的论文中，笔者用了许多方法来界定比较方法，而没有提出用一句话概括的定义。现在看来这个有点迂回的"定义"并不够清晰，并且太过宽泛。笔者以前的做法是，首先指出比较方法不是什么，尽管其他学者曾用过这些定义：它不仅是关于某一主题的模糊看法，或者一系列特殊的实质性关切（substantive concern）；它也不是一般意义上科学方法的同义词；它也不只是一种测量方法。① 然后，笔者暂且把比较方法描述为一种发现和建立一般经验命题的基本方法，尝试把它和其他基本方法——包括实验方法、统计方法和某些形式的个案方法区分开来。最后，针对比较研究常常面临的"变量太多，样本太少"（many variables, small N）的问题，笔者列举了四种能够把这个问题最小化的具体途径——它们可以被视为几种比较方法（复数）：（1）在地域和时间两方面拓展分析，以尽可能增加案例数量；（2）通过综合变量和/或类别，减少分析的属性空间（property-space）；（3）致力于对可在一个地理—文化区域中寻找到的可比较案例进行分析（也就是说这些案例在许多重要特点上是相似的，但对其之间关系进行假设的变量是不同的）。可以对同一个（国家）案例进行历时性分析，可以选择一国之内的案例，也可以聚焦在两个或更多不同国家的国内部门上②；（4）把分析限定在关键变量上，忽略那些不重要的变量。

---

① 作者注：本文较早的版本是提交给 1973 年 9 月 17 至 21 日由芬兰政治学协会在赫尔辛基（Helsinki）举办的国际研讨会的论文，研讨会的主题为"跨国社会研究中的宏观背景和微观变量"。笔者在位于华森纳尔（Wassenaar）的荷兰人文和社会科学高等研究院（the Netherlands Institute for Advanced Study in the Humanities and the Social Sciences）担任研究员时（1974 – 1975）对本文进行了彻底仔细的修改以准备公开发表。笔者感谢那次研讨会的与会者以及詹姆斯·卡珀拉索（James A. Caporaso）提出了有益的评论和建议，也要感谢荷兰人文和社会科学高等研究院为修改这篇论文提供的机会。

此外笔者指出，政治学中的比较方法不能按照它对比较政治学的分支学科的适用性来定义。作为一种方法的比较和比较政治学的实质性领域并不一致。比较政治学领域运用的其他方法常常也能取得很好的研究效果，而比较方法也可以运用到其他领域和学科。笔者举过一个例子，是比较方法在国际关系领域的运用，设计巧妙，成果丰硕（Rosenau, 1968；关于对这项分析的批评，参见 Stassen, 1972）。因此笔者同意贡纳尔·赫克舍尔（Gunnar Hechscher）的评论："比较这一套方法并不是一个独立分离的研究对象，只是政治学一般方法（general method）的组成部分。"另一方面，因为比较方法特别适合于在待研究的案例数量非常少的情况下使用，所以和其他领域比较起来，经常研究宏观层次上政治活动的比较政治学就更多地使用了比较方法。除此之外，根据比较政治学来界定比较方法并不能提供什么帮助，因为关于比较政治学这个领域如何界定的共识也非常的少。笔者认为，就学科和领域的确切边界展开争论并没有什么助益。这种争论反映了学术活动（scholarly work）的特点，托马斯·库恩（Thomas Kuhn）（Kuhn, 1962）称之为不成熟的或前常态的状态（immature or pre-normal phrase）。并且这种争论通常还没有发展成为一个领域。界定比较政治学领域的努力能够作出的唯一贡献是，它为目标和方法间接提供了线索。

② 此外，诸如德国、朝鲜、越南等分裂国家的两个部分可能作为非常好的可比较案例（参见 Johnson, 1974: 562 – 563; Walker, 1973; Lijphart, 1969: 199.）

以上对比较方法的描述带来了许多问题。第一，较好的做法是不要使用"发现"和"建立"经验命题等模糊的术语。正如麦克斯特罗斯所指出的，比较方法的首要功能是检验经验假设，从而证实或证伪假设。那么发现这个术语就应该被用于形成假设的先行过程。不过也必须指出，比较的视角对于发现问题也是一个有帮助的因素。不应当把它与比较方法相混淆。实际上，雨果·斯特雷顿（Hugh Stretton）认为比较方法不是检验假设的一种手段，而是一种启发性的方法：

对比较研究更加有前途的运用不在于模仿实验控制，而在于拓展研究者的经验的想象，激发新问题，寻找新原因，度量新结果，想象新的理性模型、理想类型、乌托邦，以及其他有用的功能。相较于激发实验，比较的功能更在于激发想象……比较最强大之处在于它作为选择和激发的方法，而非证明的方法：一个质疑的方法，而非回答的方法（Stretton，1969：245-247）。

第二个困难是，虽然在比较方法与实验方法及个案研究方法之间存在相当明确的界线，但比较方法和统计方法之间的分界却并不清晰。实验方法和其他三种研究设计不同，控制可以通过变量的情境控制（situational manipulation）实现。个案研究也可以区分开，因为它们研究深入，但对单个案例未加控制的考察并不能直接导出一般的经验归纳，甚至不能用来检验假设。这里谈及的"个案"并不是被观察实体（国家、省份、组织、个人等）的同义词。一个案例是一个实体，研究者只对其进行了一项基本观察，在观察期间自变量和因变量不变，它可能经历一个长时段，有时甚至持续几年的时间。这意味着对一个实体的研究也可能采用比较方法。唐纳德·沃威克（Donald P. Warwick）和萨缪尔·欧舍森（Samuel Osherson）在这个意义上使用了比较方法一词，它"指的是一种社会科学研究分析，包括对一个以上的社会系统的观察，或者对一个社会系统中一个以上时间点的观察"（Warwick and Osherson，1973：8）。对于该定义的后半部分需要补充的是，在不同的时间点上操作性变量必须发生变化。

按分析的案例数量来区分比较研究和个案研究方法并不能令人完全

满意。因为个案研究中的单个案例常常是在更大量案例的理论背景下被思考的：一项个案研究是关于某个问题、命题或理论的研究，该个案属于一个更大的案例类别。根据这个推理思路，豪伍德·斯卡罗（Howard A. Scarrow）甚至断言，"如果使用了比较的视角，即要求根据大体上适当的分析概念塑造对特定个案的叙述"，那么这项个案研究就可以贴上"比较的"标签（Scarrow, 1969: 7）。此外，两种研究方法的逻辑非常相似，特别是异常个案的分析在本质上可以被视为隐含的比较分析。笔者认为尼尔·斯梅尔塞（Neil Smelser）关于比较方法的研究非常有帮助和有启发性，他很好地表述了以上的观点，并强调异常个案分析和比较方法之间的相似："研究者选取两个有着不同结果（因变量）的'组'，尝试寻找两者条件的差异（自变量）。在异常案例分析中，一个'组'由异常案例本身构成，另一个'组'由表明一般研究结果的绝大多数案例组成。"（也参见 Molnar, 1967）

然而，与按照所分析案例的数量来区分比较方法与统计方法产生的困难相比，以上的界线问题还只是小问题。在之前的研究中，笔者说明了两者之间的差异只是相对的：

只除了一点以外，比较方法在其他所有方面都与统计方法相似。这个关键的区别在于比较方法处理的案例数量太少，以至于不能运用偏相关的方式进行系统控制。因此，统计方法和比较方法之间没有清晰的界线，两者之间的区别完全取决于案例的数量（Lijphart, 1971: 684）。

在一个脚注中笔者做了补充说明："可以同样合适地主张，比较方法和统计方法应当被视为一个方法的两个方面。"斯梅尔塞提供的有益范例表明了"少"案例和"多"案例之间趋近的界线：

因为界定了变量以及变量间关系，比较方法和统计方法之间是可以逐渐相互转化的。一旦分析单位的数量大到足以使用统计手段，两者间的界线就被跨越了。乔治·默多克（George Peter Murdock）在其经典作品《社会结构》中汇编了来自于"人类关系区域档案"（Human Relations Area Files）的 85 个社会的数据（1949: vii-x），以及从一般人类学文献中获得的另外 165 个社会的比较数据。默多克拥有 250 个样本，可以超越系统的比较说明的方法（即比较方法），使用诸如乔治·尤劳（George Udny Yule）的关联系数（Coefficient of Association）和卡方（Chi Square）等统计方法。但谈到那些不能反映一般联系模式的案例，默多克认为有必要回到系统的比较说明。

也有其他一些学者试图以可供研究的案例数目为基础区分两种研究方法，尽管这一基础的薄弱是人们所公认的。例如爱德华·伊万斯－普瑞查德（Edward E. Evans-Pritchard）区分了"小规模的案例研究"和"大规模的统计研究"（Evans-Pritchard, 1963: 22）。[①] 但根本问题是这种区分是从方法困境的角度而非从真正不同的方法设计角度来表述的。

可比较案例策略

最后一个问题同时也包含着找到满意的定义的线索。这个问题就是，以上列举的缓解"变量太多，样本太少"困境的四种途径中的第一个，即最大化供研究的案例数量，意味着要运用统计程序分析这些案例。那么，比较方法就是相对不利但可改进环境下的统计方法。此外，第三个建议，即运用包含许多常量的案例，根本上不同于第一个建议，它主要关注"变量太多而非样本太少"的问题。并且，寻找可比较案例会产生一个意外的结果，有待分析的案例数量事实上几乎总是会在这个过程中被减少。另外两条建议途径——减少属性空间和聚焦关键变量——可以和最大化样本以及可比较案例的方法结合起来，但后两种途径是无法结合起来的，尽管它们在同一项研究中可能被用作平行的方法。这样变量太多样本太少的问题就有两种根本不同的解决办法：（1）

[①] 在区分两种方法的困难之外，还存在着完全是专业术语上的混淆，相当值得注意。例如，尼德汉（Rodney Needham）在谈到"大规模的统计比较"时，即统计方法时把两个词语结合在了一起（Needham, 1962: 166）。即使是"个案研究方法"这个词用起来也不总是清晰的。在多伊奇（Karl Deutsch）（Deutsch 1957: 15）和他的合作者关于一体化的 10 个案例（有意识地限定在北大西洋地区以提升可比较性）的比较研究中，他们声称使用了个案方法。也应当注意到李普塞特（Seymour Martin Lipset）的文章"民主的价值类型"的副标题"一项比较分析中的个案研究"（Lipset, 1963）。

最大化案例数量，用统计方法处理数据，从而检验经验假设，同时运用偏相关的方式对其进行控制。（2）选择可比较的案例进行分析，它们的可比较性将使得控制在很大程度上能够实现。现在笔者认为更恰当的做法是把比较方法这个术语留给可比较案例策略，而把第一种解决办法归入到统计方法的类别里。图1是对分类和定义结果的总结。①

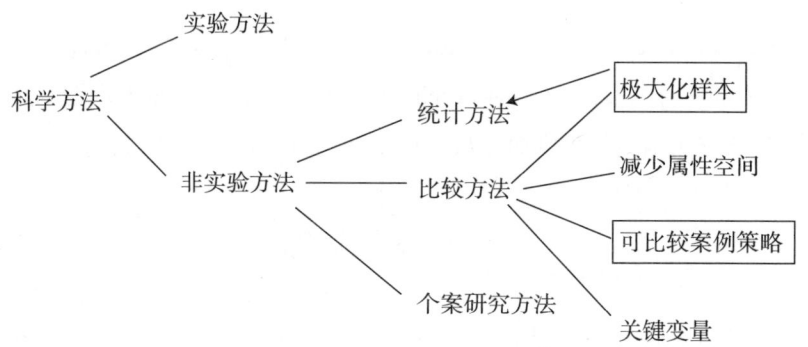

图1 比较方法和统计方法的分类和定义总结

比较方法不是一种简单的方法，因为要确定可比较的案例绝不容易。而且存在这样的问题，可比较的案例很可能是相似的，不仅那些应当被控制的背景变量可能容易被混淆，操作性变量也是如此。此处重要的是操作性变量的变化量与控制变量的变化量之间的比例，它被假定为零，但根本上这是难以被控制的。这一比例应当尽可能大。可以通过最小化控制变量的变化，并最大化自变量与因变量的变化，从而最大化该比例。但是不应当在选择案例时就考虑因变量的变化量，因为这就对经验问题进行了预先判断。那么比较方法现在就可以定义为：**一种与统计方法有着相同的指导逻辑，以该逻辑为基础，检验假设的变量之间经验关系的方法。在该方法中，案例须按以下的方法进行挑选，即最大化自变量的变化量，并最小化控制变量的变化量。**比较方法分析的可比较案例是一个相对较小的样本，这与统计方法通常使用的大样本代表案例

---

① 关于案例研究的进一步分解，参见利帕特（Lijphart, 1971：691 - 693）。

（或者理想情况下的全体案例）形成了强烈的对比。

以上关于比较方法的定义与斯梅尔塞对这种方法的使用是一致的。斯梅尔塞指出了从事比较分析的学者必须处理的问题，即"数据不能通过实验加以控制，并且案例的数量太少以至于无法进行统计分析"。他认为恰当的方法是研究可比较的国家或国家内案例："在关键变量上两个或更多的案例越相似，研究者就能越好地分离并分析其他变量的影响，其他这些变量可能也可以说明待解释的差异。"他把这种方法称为比较方法或"系统的比较说明"（Smelser, 1967：111, 113）。在可比较的案例方法的意义上，比较方法被贴上的标签还包括"控制的比较方法"（method of controlled comparison）（Eggan, 1954：748）、"设定"（specification）（Hot and Turner, 1970：11）、"最具相似性系统"设计（most similar system design）（Przeworski and Teune, 1970：32）。约翰·密尔（John Mill）的"求异法"（methhod of difference）和"共变法"（method of concomitant variation）（Mill, 1970：bk. 3, ch. 8）也是可比较案例策略的表现形式。

另一方面，亚当·普沃斯基（Adam Przeworski）和亨利·图纳（Henry Teune）的"最差异系统"（most different system）设计（Przeworski and Teune, 1970：34 - 35）不符合比较方法的定义，而应当被归入统计分析的类别。他们的方法的起点是对"和系统层次相比更低层次上的"行为的分析，"常常指的是个体行为者层次"。这意味着不存在样本太少的问题，可以使用回归分析等统计的方法。只有在个体层次上的分析已经穷尽，而跨系统差异还没有被排除时，才考虑系统因素。用学者自己的话来说就是，"'最差异系统'设计的重点在于排除无关的系统因素"。正如威廉·拉夫提（William M. Lafferty）所指出的，这种设计被贴上"最差异系统"标签的原因并不清楚，因为它最重要的目标是把系统层次的变量解释为无关的或残差（Lafferty, 1972：72）。恰恰相反，事实上，最具相似性系统设计"把注意力主要放在那些有意义的系统差异上"。比较政治学领域最具代表性的研究在于宏观层次：它关注系统的、较大次系统的 以及局部系统（partial systems）的特征（参见 LaPal-

ombara, 1970; Noldus, 1973）。它也在缺乏个体层次的数据时, 以合计或平均值的形式关注个体层次的特征。应当注意的是, 尽管笔者认为系统层次是运用比较方法的最适宜的环境, 而普沃斯基和图纳却按照他们对比较方法的定义, 排除了完全在系统层次操作的这一类型的研究：
"在比较研究中, 我们关心那些在多个层次上进行分析的研究"。这意味着"仅在国家层次上进行的研究不是比较研究"。除非这个研究是在一种不太不可能的情况下进行的, 即"可以分辨出超国家地区"（Przeworski and Teune, 1970: 37, 50）。

比较方法与统计方法

  从上文的分析可知, 对于系统层次研究而言, 存在着比较方法和统计方法两种基本选择。战后比较政治学发展的方向是越来越依赖统计方法。统计方法获得了相当大的进步, 成果丰硕, 发展出了可以普遍运用的关于基本政治学相关概念的术语, 比如建立在帕森斯理论和阿尔蒙德（Gabriel Almond, 1960）功能理论基础上的研究路径方法, 又如大量定量的和定性的信息的收集有的是关于世界各国的信息, 如世界手册（World Handbook）（Taylor and Hudson, 1972）、跨政策调查（Cross-Policy Survey）（Banks and Textor, 1963）; 有的是关于政党的全球性样本, 如国际比较政党项目（International Comparative Political Parties Project）（参见 Junda, 1975）; 有的是关于民主国家中的选举结果（Rokkan and Meyriat, 1969; Mackie and Rose, 1974）。一方面, 比较方法被认为是较弱的方法, 所以如果研究案例充足的话, 通常更为明智的做法是转向统计方法。但另一方面, 比较方法某些固有的优势也使之能够与统计方法的长处相抗衡。在任何情况下, 应当在了解和思考两种方法的基础上决定使用统计方法, 而不应当仅仅是因为对比较方法忽视或无知就这样做。
  下文将比较两种方法的优点和缺点。为了说明统计方法的一些缺陷, 笔者将对道格拉斯·雷伊（Douglas W. Rae）的专著的几个方面作出进一步的批评（Rae，1971）。雷伊列举的自变量是选举系统的三个属性：选举公式（绝对多数决制、相对多数决制以及各种类型的比例代表制）、选区规模（每一个选区当选代表的平均数）、"选票结构"（单一选择的选票与允许表达一种以上偏好的选票）。雷伊把注意力主要放在了前两个变量上；第三个变量本质上较为次要，也被证明基本上不会产生政治后果。他使用的因变量是政党体系的几个特征：其中一个特别有用的量度是政党体系派系化（fractionalization），它建立在一个体系中政党的数量和规模的基础上。① 他研究了20个国家在20年（1945－1965）当中国家下议院的选举，获得了关于115次选举中664个"政党交易"（party transactions）的资料，即特定选举中特定政党的结果。

笔者之所以选择雷伊的著作进行评判性说明，是因为这项研究是慎重地和持续地依赖统计方法的优秀典范。雷伊本人把它看作是"顽固的归纳策略"的范例（Rae，1971：vii）。不过应当指出，它一定程度上也是比较方法的代表。该研究中的20个国家全部是西方国家。绝大多数进行自由选举的民主国家都在西方，但是要使他的研究在全球内没有遗漏的话，还应当包括日本、印度等非西方民主国家。通过排除这些案例，他可以大体上把文化变量看作一个常量。笔者还要强调的是雷伊绝不是一个"稻草人"，他的专著对比较政治学研究作出了杰出的贡献。毫无疑问，雷伊的研究是至今为止关于不同选举安排的政治效果的最好分析。②

整体国家偏误（whole-nation bias）③

在比较政治学中，于宏观层次上使用统计方法的最大缺点可能是，

---

① 因此，和那些不论政党规模简单地计算所有政党或所有"相关"政党数量的多党制测量相比，这里的做法更好。前一种做法如萨托利（Giovanni Sartori 曾使用过）（Sartori，1970b）。

② 因此奇怪的是，在梅耶（Lawrence C. Mayer）近来关于选举制度和政党制度的文献回顾中，雷伊的研究根本没有被提到（Mayer，1972：216－226）。

③ 译者注："整体国家偏误"字面上的意思就是研究者把国家作为整体带来的偏误。具体而言是指，进行比较分析的学者在研究具有高度内部异质性的国家时，太过依赖于国家层面的工具和合计数据。斯坦因·罗坎（Stein Rokkan）把这种研究者草率地为国家层面的数据和国家单位分析所吸引的趋势称作"整体国家偏误"的趋势。

它无法实现自己的目标，即得到有效的且仔细控制的经验归纳。统计方法的逻辑要求将全部案例纳入研究以实现最大化控制。当全部案例的数量大到无法处理时，就应从中抽取代表性样本。在政治系统的研究中没有样本过少的问题：存在着数以万计的国家、次国家、及国家间政治系统。如果再加上私人组织的政治系统，并纵向地拓展案例搜寻，将有百万计的案例以待分析。这个"样本太多"的问题导致有必要获取某种代表性样本。即使这不是一项不可能的任务，那他也将是非常困难的，因为何为全部案例并不是清楚界定的。此外，样本中许多案例的必要信息无法取得，对于历史性案例尤其如此。①

在实践中，比较政治学的大规模的统计研究倾向于限定在国家政治系统上。这种趋势斯坦因·罗坎（Stein Rokkan）称之为"整体国家偏误"。在一定程度上，它是实际考虑的结果：和次国家单位及私人社团比起来，获取国家的资料相对更加容易。在国际关系领域可以看到相似的趋势：主权民族国家是国际事务中唯一行为体的传统观念已经迅速丧失了人心，但同时从事方法创新的学者却仍然主要关心国家行为体，因为基本上这些行为体的各种资料更容易获取（Modelski，1970：617－621）。这种对国家系统排他性的关注有时也会被理论合理化。例如，布隆代尔（Jean Blondel）主张国家政府在性质上不同于其他政府：它们"通常是强有力的"，这种研究不应当被湮没在"包罗万象的政府研究中"（Blondel，1969：4）。② 以此看来，把分析限制在国家案例上并不完全是武断的。然而，如罗伯茨（Geoffrey Roberts）指出的，许多次国家单位，如得克萨斯州、巴伐利亚州、或大伦敦地区，比许多在联合国享有席位的"独立"国家"掌握了更多的政治和财政资源"。并且，在权力只是边缘或无关因素时，遵循权力的标准仅选择国家案例就显得太主

---

① 正如斯约伯格（Gideon Sjoberg）指出的，要取得曾存在的所有案例（社会）的代表样本是不可能的："没有方法可以确定那些我们缺乏信息的社会与我们拥有信息的社会存在怎样的关系。"（Sjoberg，1955：112）

② 布隆代尔（Blondel，1969：5）由于"无法克服的方法困难"这个现实原因拒绝了纵向分析（Blondel，1969：5）。

观了。例如，关于选举系统对于政党系统的后果的研究似乎就是这种情况（Roberts，1972：65）。

比较方法与统计方法形成鲜明的对比，它需要仔细选择符合研究问题的案例，这非常有助于次国家案例的分析。实际上研究比较方法的绝大多数学者认为，研究单一国家内的部门为受控制的比较提供了理想的环境。斯梅尔塞主张，"较之单位间比较，单位内比较可能显得效果更好"，因为它们的相似程度很可能更高（Smelser，1967：114-115）。胡安·林茨（Juan J. Linz）和德·米格尔（Amando De Miguel）在叫做"八个西班牙"的国家内差异分析的导言中表达了类似的观点："若运用整个国家，可以研究的案例数量将很有限；但研究设计考虑到国家内差异时，我们就能增加案例数量，而无须同等地扩大我们的研究规模。"（Linz and De Miguel，1966：268）海因茨·尤洛（Heinz Eulau）在特别涉及美国的比较研究中谈到："如果'控制'是所有科学的程序的必要条件，那么可以确定的是，较之跨文化，在单一文化中这更容易实现，即使是在美国这样的异质文化中。"（Eulau，1962：397）

雷伊的著作是把整体国家偏误导致研究目标失败的一个例证。他试图详细说明选举系统的政治结果，那么显然理清选举系统两个最为相关方面的结果就非常重要：选举公式和选区规模。对于相对多数规则而言，这在国家层次上无法有效地做到，因为在采取相对多数决制选举公式的国家选举系统中，选区规模大于1的情况非常罕见。但在次国家层次上，例如英国地方议会的选举中，这种所谓的"全额连记法"（block vote）情况确实会发生（Lakeman，1970：35；也参见 Nilson，1974：284-285）。

该问题的另一个例子是雷伊对爱尔兰议会选举系统的处理。爱尔兰是唯一使用单记名可让渡投票制的国家，其选区规模是3.7。对诸如以下问题的回答就非常有趣：政党系统的去派系化（defractionalization）（以政党选票份额为基础的派系化指数与以政党立法席位份额为基础的指数之间的差别）在多大程度上是这种罕见的选举公式的结果，又在多大程度上是小选区规模的结果。雷伊认为，"因为只有爱尔兰这一个案例可以分析，其选区规模像比例代表制系统那样小，所以不可能和其他选举公式进行精确的比较"（Rae，1971：38）。但是其他单记名可让渡投票制的案例确实存在：在次国家层次上有塔斯马尼亚岛的下议院，在国家层次上雷伊也忽略了澳大利亚的参议院，因为他只分析了国家的下议院。而且令人满意的是这些案例扩大了选区规模的范围，和爱尔兰平均选区规模3.7相比，选举澳大利亚参议院的选区拥有的席位在5到10个之间（Aitkin and Hall，1969：115），直至1959年，尼亚岛下议院的选区规模是6，之后是7（Scott，1966：32 – 33）。还应当注意的是，所有这些案例都处于不列颠—爱尔兰文化圈内，这个背景变量就可以被适当地控制住了。

另一个解决爱尔兰之谜的可能方法是构建三个国内类型（sectors）：3个席位、4个席位、5个席位的选区组。可以在它们对政党系统派系化的结果方面对这三个爱尔兰进行对比等等。当然，与在国家总体投票基础上可能做的分析相比，这种分析需要做得更加详尽充分。

雷伊还提出了这样的问题：选举系统的当前结果和长期结果之间有什么区别。但是整体国家偏误和分析的时间段都妨碍了他对该问题的回答。要揭示结果上的差异，就必须观察选举系统中的变化、新系统在第一次以及随后选举中的结果。在1945至1965年这个时间段内，雷伊研究的绝大多数国家都在建立已久的选举制度下运行，除了法国经历了一次明确的变革。莫里斯·迪维尔热（Maurice Duverger）的著作（Duverger，1963：218 – 220）在方法上已经受到了正确的批评（Wildavsky，1959），但至少有一个方面他更富有经验：他没有把分析限制在国家层面，因此发现了选举系统中发生了根本性变化的情况，使他能够探寻到短期和长期的政治结果：纽约市的议会选举，以及得克萨斯州的民主党预选。

"全球"数据的可靠性和有效性

尽管已有的术语可能没有文化界限，但它们能否被拓展至全球仍是有疑问的。萨托利已经对"概念延伸"（conceptual stretching）的危险提出了明确的警示（Satori, 1970a：1033 – 1036）。类似地，尽管已经小心仔细地收集到了一组组数据，如果不对其进行批判性的运用，它们也可能被过度"延伸"（stretched）。例如人均国民生产总值被广泛用于测量经济发展水平，然而在不同的经济系统中，它的精确含义却不尽相同（Zelditch, 1971：273）。此外，它的价值必须用一种货币来表示（通常是美元），而近期主要货币之间的汇率波动显示出这一标准的相对性和不可靠性。

不过和判断性（judgmental）数据明显的弱点相比，合计性（aggregate）数据的缺陷就显得无足轻重了。达尔（Robert Dahl）的《多头政体》提供了一个有启发性的例子，表明需要谨慎地处理和接受这种数据（Dahl, 1971：231 – 248）。达尔是如何区分多头政体、近似多头政体（near-polyarchies）以及非多头政体（nonpolyarchies）的呢？这些关键范畴贯通了他的整项研究。在来自于跨政体调查（Cross-Polity Survey）（Banks and Textor, 1963）的 10 个变量（反映了民主的限定性特征）的基础上，他建立了一个有着 29 个完美量图类型（scale type）的量图，其范围分布从多头政治的最高程度到最低程度。在某一个分界点之上的国家被认为是多头政体。达尔用谨慎的语言警告道，量图的分析"导致了少数异常"。他用一定篇幅讨论了一个特定的异常国家——法国，得出结论说这个国家在大部分民主指标中都排序太低。然后他根据自己的判断，把法国重新归入到了较高量图类型，从而法国跨越界线点进入多头政体的类别。这种重新分类当然是一个改进，但是必须进行调整的事实引起了对许多国家排序准确性的严重质疑，我们对这些国家的了解远不如对法国的了解。[①]

因为雷伊处理的是简单明确的选举结果数据，没有可信性的问题。但是在官方选举统计中一些很小的政党的选票往往被混在一起，自雷伊专著第一版出版以来，已经出现了两本不错的选举统计手册，但不幸的

[①] 在本段中关于达尔的批判性评论借用笔者另一篇评论文章，在那篇文章中笔者讨论了几项关于经验民主理论的研究（Lijphart, 1972：427 – 428）。

是其中关于这些小政党选举结果的信息也不完整（Rokkan and Meyriat, 1969; Mackie and Rose, 1974）。

一个更加严重的问题是雷伊研究的所有国家选举是否可以被视为政党与团体作出的同等的民众选择。例如，对于法兰西第五共和国，雷伊运用的是国民议会选举第一次投票的结果。但是如果把法国选举和美国选举作比较，可以认为法国的第一次投票在功能上更类似于美国的候选人选举，而不是真正的众议院选举。因此，运用在美国和其他18个国家选举结果的大样本中时，更有意义的数据是法国选举第二次投票的结果，而第二次投票不必要时即以第一次投票结果数据作为补充。但进行统计分析必须要大量的数据，因此这样做所需要付出的仔细收集数据的努力太过于繁重。①

一般来说，对于使用比较方法的研究者而言可靠性和有效性的问题比较小。他可以更加完全充分地分析较少数量的案例，对于那些不能适当地进行评估的数据，他的依赖程度也较低。他还可以在选择案例时把可靠数据的可得性作为辅助标准。

案例的独立性和高尔顿问题（Galton's Problem）

使用比较方法的研究者也没有那么容易遇到这种危险，即把结论建立在并不真正独立的案例之上。因为研究者与案例之间足够接近（close enough），能够立即注意到诸如"高尔顿问题"之类问题的踪迹。这个问题在人类学中已经被大量讨论，和政治学的相关度要低得多，但它带来的危险不应当被忽视（参见 Moul, 1974: 148 - 155）。"高尔顿问题"②指的是，在几个社会中发现的经验关系可能是真实的因果联系，但也可

---

① 这两本选举统计手册也仅仅提供了两投票选举制中第一轮投票计算的选票（参见 Rokkan and Meyiat, 1969: 126 - 127; Mackie and Rose, 1974: 136 - 137）。

② 之所以命名为"高尔顿问题"，是因为在1889年召开的皇家人类学研究所（the Royal Anthropological Institute）的会议上，弗朗西斯·高尔顿（Francis Galton）对于爱德华·B. 泰勒（Edward B. Tylor）的开创性论文（该文介绍了跨文化的调查方法）提出了反对意见。高尔顿指出，由于各种特性常常通过扩散（例如，通过借鉴或迁移）而传播，因此对此类跨文化特点的观察，并不必然是独立的案例。——译者注

能是历史学习的结果；关联的特征有可能只是一起扩散了（Naroll, 1965）。这个情形可以被阐释为一个虚假关系，如果知道了或猜疑到了扩散的来源，那么这个问题很容易处理。它也可以被视为是缺乏自主案例的一般问题。正如普沃斯基和图纳所指出的，这里的问题是"可以观察到多少的自主事件？如果在一组系统中相似性是扩散的结果，那么就仅存在一项自主的观察"（Przeworski and Teune, 1970: 52）。泽尔迪池（Morris Jr. Zelditch））提出了依赖问题的一般模式："如果一个单位不是自主的，那么对其研究两次也无法得到关于变量的新信息，对其计算两次也无法实现关于一个理论的再次证明。"（Zelditch, 1971: 282-283）

为了运用统计方法往往迫切需要最大化案例数量，这种做法可能导致对依赖案例的容忍程度过高。例如雷伊的 115 次选举并不是真正的 115 个案例，仅仅 21 个国家的选举法和 19 的国家的政党系统经历了不那么重要的变革，而仅仅在一个国家确实发生了重大的变革。雷伊提出了关于选举的结果，他只是给予了那些更加频繁进行选举的国家较大的权重。美国在 1945—1965 年间举行了 10 次选举，它的权重是在同时间段内进行了 5 次选举的挪威的两倍。

因此"案例延伸"可能是和概念延伸以及数据延伸一样严重的问题。这些问题都指向了处理较少案例具有的好处，也就是使用比较方法的优点。当研究者分析相对少量的案例时，对于在统计分析中很可能被忽视的细节，他能够处理得更加充分周到：研究者可以确保概念不被延伸，数据尽可能是可信的，指标是有效的，以及案例是真正自主的。比较方法具有的这些优点能够很好地弥补它在处理控制问题上的相对弱势。

比较方法的缺点

前面的讨论关注的是统计方法的短处和比较方法的相对长处。最后这部分将简要地考察已经瞄准比较方法的三个主要批评。普沃斯基和图纳认为："尽管相似国家之间的差异数量有限，但它几乎总是足够大到使得从属现象是'由多种因素决定'的……不止一个因素使得英国、澳大利亚、美国和加拿大位列同个等级；以美国、英国、西德为一组，意大利和墨西哥为另一组，它们之间的差异也不止一个"（Przeworski and Teune, 1970: 34）。这也是约翰·密尔（John Stuart Mill）反对在社会科学中使用求异法和共变法的原因。在他看来，永远无法找到足够相似的案例。尽管多种因素决定的问题可以通过富有想象力地选择案例，特别是在次国家层次上寻找案例的方法减轻，但是他提出的批评仍然是有效的。值得注意的是，普沃斯基和图纳使用的例子全都是国家案例。

第二，有学者认为比较方法只能带来局部归纳（partial generalization），但真正需要的是塑造在普遍范围内具有普遍有效性的归纳。笔者也同意这种反对意见，但是部分归纳作为第一步也许是有用的，可能继之以在不同环境中的反复实验。也可能发生的一种情况是，一种特性只出现在一个文化环境中，例如不列颠—爱尔兰文化区域中的单记名可让渡投票制。

第三个批评和第一个相关，是霍尔特和特纳（Robert T. Holt and John E. Turner）提出的。他们认为严密的可比较案例太过稀少，研究地点很可能会支配假说："（研究者）为这种简洁付出的代价是极高的。"（Holt and Turner, 1970: 13；也参见 Von Beyme, 1972: 160）尽管笔者不同意可比较的案例极度稀少的看法，但这种危险确实存在且非常严重，即对方法的偏好或者获取相似案例的可能性也许会支配研究者的研究目标。不过，这并不是比较方法特有的危险。如果特定数据组可以简单地获取，这对于统计导向的研究者而言，往往同样是具有诱惑力的。例如像达尔指出的那样，"尽管政治制度（regime）和社会经济发展水平之间的关系远不是完美的，但它之所以还是受到了如此多关注"，"一个简单的原因是可以获得令人相当满意的（如果绝不是完全满意的）'硬'数据，以建立指标"。

笔者已经尝试强调了比较方法较之统计方法的一些相对优势。对这两种方法的相对优点不可能给出最终的结论，因为作为研究方法，它们的适用性取决于研究问题。本文可能更多强调了两种方法的缺点而非优点,但这并不必然意味着,要在两者之间进行选择时就陷入了韦伯所定义的"困境":"(实际)情况是它所包含的两个选项同样都令人不甚满意"。

(译者单位:华东政法大学政治学研究所)

参考文献

Aitkin, Don and Peter Hall, "Some Facts and Findings," in Henry Mayer, ed., *Australian Politics: A Second Reader*, Melbourne: Cheshire, 1969, pp. 109 – 118.

Almond, Gabriel A., "Introduction: a Functional Approach to Comparative Politics," in Gabriel A. Almond and James. S. Coleman, eds., *The Politics of the Developing Areas*, Princeton: Princeton University Press, 1960, pp. 3 – 64.

Banks, Arthur S. and Robert B. Textor, *A Cross-Polity Survey*, Cambridge: MIT Press, 1963.

Blondel, Jean, *An Introduction to Comparative Government*, London: Weidenfeld & Nicolson, 1969.

Dahl, Robert A., *Polyarchy: Participation and Opposition*, New Haven: Yale University Press, 1971.

Deutsch, Karl W., Sidney A. Burrell, Robert A. Kann, Maurice Lee, Jr. Martin Lichterman, Raymond E. Lindgren, Francis L. Loewenheim and Richard W. Van Wagenen, *Political Community and North Atlantic Area: International Organization in the Light of Historical Experience*, Princeton: Princeton University Press, 1957.

Duverger, Maurice, *Political Parties: Their Organization and Activity in the Modern State*, New York: John Wiley, 1963.

Eggan, Fred, "Social Anthropology and the Method of Controlled Comparison," *American Anthropologist*, Vol. 56, October, 1954, pp. 743 – 763.

Eisensttadt, Shmuel N., "Problems in the Comparative Analysis of Total Societies," in *Transactions of the Sixth World Congress of Sociology*, Vol. I, Evian: International Sociological Association, 1966, pp. 187 – 201.

Eulau, Heinz, "Comparative Political Analysis: A Methodological Note," *Midwest Journal of Political Science*, November, 1962, pp. 397 – 407.

Evans-Pritchard, Edward Evan, *The Comparative Method in Social Antropology*, London: Athlone Press, 1963.

Gustavsson, Sverker and Evert Vedung, "The Comparative Method and Its Neighbors," in Brian. M. Barry, ed., *Power and Political Theory: Some European Perspectives*, 1975.

Heckscher, Gunnar, *The Study of Comparative Government and Politics*, London: Allen & Unwin, 1957.

Hoetjes, B. J. S., "Commentaar," *Acta Politica*, Vol. 8, January, 1973, pp. 20 – 26.

Holt, Robert T. and John. E. Turner, "The Methodology of Comparative Research," in Robert T. Holt and John E. Turner, eds., *The Methodology of Comparative Research*, New York: Free Press, 1970, pp. 1 – 20.

Janda, Kenneth, *Comparative Political Parties: A Cross-national Handbook*, New York: Free Press, 1975.

Johnson, Chalmers, "Political Science and East Asian Area Studies," *World Politics*, Vol. 26, July, pp. 560 – 575, 1974.

Kalleberg, Arthur L., "The Logic of Comparison: A Methodological Note on the Comparative Study of Political Systems," *World Politics*, Vol. 19, October, 1966, pp. 69 – 82.

Kuhn, Thomas S., *The Structure of Scientific Revolutions*, Chicago: University of Chicago Press, 1962.

Lafferty, William M., "Contexts, Levels, and the Language of Comparison: Alternative Research," *Social Science Information*, Vol. 11, April, 1972, pp. 63 – 91.

Lakeman, Enid, *How Democracies Vote: A Study of Majority and Proportional Electoral Systems*, London: Faber & Faber, 1970.

Lapalombara, Joseph, "Parsimony and Empiricism in Comparative Politics:

an Anti-scholastic View," in Robert T. Holt and John E. Turner, eds., *The Methodology of Comparative Research*, New York: Free Press, 1970, pp. 123 – 149.

Lasswell, Harold Dwight, "The Future of the Comparative Method," *Comparative Politics*, Vol. 1, October, 1968, pp. 3 – 18.

Lijphart, Arend, "Toward Empirical Democratic Theory: Research Strategies and Tactic," *Comparative Politics*, Vol. 4, April, 1972, pp. 417 – 432.

Lijphart, Arend, "Comparative Politics and the Comparative Method," *American Political Science Review*, Vol. 65, September, 1971, pp. 682 – 693.

Lijphart, Arend, ed., *Politics in Europe: Comparisons and Interpretations*, Englewood Cliffs, N. J.: Prentice-Hall, 1969.

Linz, Juan J. and Amando Demiguel, "Within-nation Differences and Comparisons: the Eight Spains," in Richard L. Merritt and Stein Rokkan, eds., *Comparing Nations: The Use of Quantitative Data in Cross-National Research*, New Haven: Yale University Press, 1966, pp. 267 – 319.

Lipset, Seymour Martin, "The Value Patterns of Democracy: A Case Study in Comparative Analysis," *American Sociological Review*, Vol. 28, August, 1963, pp. 515 – 531.

Mackie, Thomas T. and Richard Rose, *The International Almanac of Electoral History*, London: Macmillan, 1974.

Mayer, Lawrence C., *Comparative Political Inquiry: A Methodological Survey*, Homewood, Ill.: Dorsey Press, 1972.

Mill, John Stuart, *A System of Logic*, London: Longman, 1970.

Modelski, George, "The Promise of Geocentric Politics," *World Politics*, Vol. 22, July, 1970, pp. 617 – 635.

Molnar, G., "Deviant Case Analysis in Social Science," *Politics*, Vol. 2, May, 1967, pp. 1 – 11.

Moul, William B., "On Getting Something for Nothing: A Note on Causal Models of Political Development," *Comparative Political Studies*, Vol. 7, July, 1974, pp. 139 – 164.

Murdock, George Peter, *Social Structure*, New York: Macmillan, 1949.

Naroll, Raoul, "Galton's Problem: the Logic of Cross-cultural Research," *Social Research*, Vol. 32, Winter, 1965, pp. 428 – 451.

Needham, Rodney, "Notes on Comparative Method and Prescriptive alliance," *Bijdragen tot de taal-, Land-en Volkendunde*, Vol. 11, 1962, pp. 160 – 182.

Nilson, Sten Sparre, "The Consequences Electoral Laws," *European Journal of Political Research*, Vol. 2, September, 1974, pp. 283 – 290.

Noldus, T., "Vergelijkende Politicologie: Kanttekeningen bij het artikel van U. Rosenthal," *Acta Politica*, Volh8, July, 1973, pp. 347 – 352.

Przeworski, Adam and Henry Teuner, *The Logic of Comparative Social Inquiry*, New York: John Wiley, 1970.

Rae, Douglas W., The *Political Consequences of Electoral Laws*, New Haven: Yale University Press, 1971.

Roberts, Geoffrey K., *What is Comparative Politics*? London: Macmillan, 1972.

Rokkan, Stein, *Citizens, Elections, Parties: Approaches to Comparative Study of the Processes of Development*, Oslo: Universitetsforlaget, 1970.

Rokkan, Stein, and Jean Meyriat, *International Guide to Electoral Statistics, Vol. I: National Elections in Western Europe*, The Hague: Mouton, 1969.

Rosenau, James N., "Private Preferences and Political Responsibilities: the Relative Potency of Individual and Role Variables in the Behavior of U. S. Senator," in Joel David Singer, ed., *Quantitative International Politics: Insights and Evidences*, New York: Free Press, 1968, pp. 17 – 50.

Rosenthal, U., "Vergelijkende Politicologie", *Acta Politica*, Vol. 8, January, 1973, pp. 3 – 19.

Sartori, Giovanni, "Concept Misformation in Comparative Politics," *American Political Science Review*, Vol. 64, December, 1970, pp. 1033 – 1053.

Sartori, Giovanni, "The Typology of Party Systems: Proposals for Improvement," in Erik Allardt and Stein Rokkan, eds., *Mass Politics: Studies in Political Sociology*, New York: Free Press, 1970, pp. 322 – 352.

Scarrow, Howard A., *Comparative Political Analysis: An Introduction*, New York: Harper& Row, 1969.

Scott, R., "Parties and Parliament: the Tasmanian House of Assembly, 1909 –1059," *Politics*, Vol. 1, May, 1966, pp. 32 –42.

Sjoberg, Gideon, "The Comparative Method in Social Sciences," *Philosophy of Science*, Vol. 22, April, 1955, pp. 106 –117.

Smelser, Neil Joseph, "The Methodology of Comparative Analysis," in Donald P. Warwick and Samuel Osherson, eds., *Comparative Research Methods*, Englewood Cliffs, N. J.: Prentice-Hall, 1973, pp. 42 –86.

Smelser, Neil Joseph, "Notes on the Methodology of Comparative Analysis of Economic Activity," in *Transactions of Sixth World Congress of Sociology*, Vol. II, Evian: International Sociological Association, 1967, pp. 101 –117.

Stassen, Glen H., "Individual Preference Versus Role-constraint in Policy-making: Senatorial Response to Secretaries Acheson and Dulls," *World Politics*, Vol. 25, October, 1972, pp. 96 –119.

Stretton, Hugh, T*he Political Science: General Principle of Selection in Social Science and History*, London: Routledge & kegan Paul, 1969.

Taylor, Charles Lewis and Michael C. Hudson, *World Handbook of Political and Social Indicators*, New Haven: Yale University Press, 1972.

Von Beyme, Klaus, *Die Politischen Theorien der Gegenwart: Eine Einführung*, Munich: Piper, 1972.

Walker, Stephen G., "Cases Studies and Cumulation: the Study of Divided Nations," *Journal of International Affairs*, Vol. 27, 1973, pp. 261 –267.

Warwick, Donald P. and Samuel Osherson, "Comparative Analysis in the Social Sceinces," in Donald P. Warwick and Samuel Osherson, eds., *Comparative Research Methods*, Englewood Cliffs, N. J.: Prentice-Hall, 1973, pp. 3 –41.

Wildavsky, Aaron B., "A Methodological Critique of Duverger's Political Parties", *The Journal of Politics*, Vol. 21, May, 1959, pp. 303 –318.

Zelditch, Morris Jr., "Intelligible Comparisons," in Ivan Vallier, ed., *Comparative Methods in Sociology: Essays on Trends and Applications*, Berkeley: University of California Press, 1971, pp. 267 –307.

因果推论与比较方法[1]

[美] E. 基恩·德菲利斯[2] 著
郝诗楠 译

德菲利斯撰写本文的目的在于给出一套经由比较从而得出因果关系的方法论指南。同利帕特一样，德菲利斯也看到了比较方法与其他方法（如统计、实验法）的区别；但是，德氏却认为他的比较方法比利帕特所开出的处方更加全面且有效。文中德菲利斯全面地检视了李帕特、密尔以及普沃斯基与图纳等人基于比较的因果推论法，并在此基础上提出了自己的改进方案——它不仅可以超越求同/求异法的分野，甚至还能够超越定性/定量的鸿沟。

---

[1] 原文及出处：DeFelice, E. Gene, "Causal Inference and Comparative Methods", *Comparative Political Studies*, Vol.19, No.3 (Oct., 1986), p.415

[2] 基恩·德菲利斯（E. Gene DeFelice）是美国普渡大学哈蒙德校区（Purdue University, Hammond）政治学系的副教授。他曾在《比较政治学》（*Comparative Politics*）、《政治行为》（*Political Behavior*）以及《美国政治学杂志》（*American Journal of Political Science*）等期刊上发表文章。

利帕特引发的经典争论
因果推论与比较方法

一般来说，比较可以帮助我们得出包含着因果关系的推论。但是比较方法有其自身的局限性。如利帕特所言：比较方法所面临的主要问题是"变量太多，案例太少"。但是利帕特对于比较方法局限的改进方法在德菲利斯看来是不完整的。因为利帕特仅仅号召比较研究学者要把比较分析集中在"可比"（comparable）案例上。所谓"可比"就是说几个案例之间除了我们需要考察的因果联系之外具有足够的相似性。"比较'可比'案例"这一类似"求异法"的策略在德氏看来无疑是一种同义反复。它限制了另一种方法（即求同法）的运用。德氏指出：许多在比较政治学中出色的因果关系研究实际上都遵循着求同法的逻辑。此外，把比较仅仅限于"可比"案例同样会限制"求同求异并用法"这种复合因果推论方法的使用。

因果关系的确证需要采用相异案例来进行控制（变量）。德菲利斯随后考察了亚当·普沃斯基和亨利·图纳提出的"最具差异性系统"设计。实际上，"最具差异性系统"设计的基本逻辑与求同法的逻辑相同，其唯一显著的差异则在于：前者可以包含量化关系。但是，德菲利斯也指出，求同法或"最具差异性系统"设计无法排除第三方因素的影响，进而会得出虚假的因果关系。

至此，我们可以很明显地体会到，德菲利斯所属意的不是求同法，也不是求异法，而是密尔的"共变法"，这种方法曾被涂尔干广泛地使用。对于德氏来说，"共变法"的另一个好处是可以跳脱出暗含于求同法或求异法之中的定性特质，从而引入量化的数据——不仅可以是定距的，也可以是定序的。德菲利斯指出，共变法要求我们只需关注程度（degree）或强度（magnitude）上的变化，因此，比较研究学者可以使用所有可用的案例，而不论其间是否存在差异性或相似性。一个变量随着另一个变量"平行"地变动，那么前者一定是"果"，而后者则一定是"因"。

尽管没有明确说明，德菲利斯的上述讨论一直都是在"小样本"范围内进行的，他认为比较方法就是样本少的时候所运用的因果推论方法。其次，虽然德氏认为"共变法"可以引入定量化的研究，但就其本质上来说很大程度上还是定性的。最后，众所周知，我们在做统计分析

（多元回归）时一般都是通过引入许多可能的控制变量来最终得出因果关系，但是在德氏这里，控制变量的数量是非常少的，其得出的因果关系还是无法避免人们对于"虚假相关"的质疑。

* * * * * *

摘要： 有许多方法可以让我们从被选择（selected）而不是被操纵（manipulate）的少量案例中推论出因果关系。首先，本文考察了"可比案例策略"（comparable-cases strategy）的发展以及"比较方法即是可比案例策略"这一论调。其次，本文将考察另一种比较方法，即由密尔提出的"求同法"。这种方法不仅能并已经被有效地运用于比较政治学中的调查（survey）研究中，而且这种使用完全未受其方法论上固有的所缺陷影响。简单地说，上述两种方法要求选择案例的标准应是相似性（similarity）或者是相异性（contrast）。不过，若与"共变法"（method of concomitant variation）相比，这两种定性的比较方法即便在同时被使用的时候所起到的作用仍显不足，所以，本文便又为比较研究学者提供了第三种策略。这个策略曾多次被涂尔干所使用，但却又因下述理由而明显被忽视：学者们总是将其（与求同法一道）简化为一种单一的、基于可比案例的比较方法。

比较政治学中的理论研究总是呼唤新的研究方向，亦即新的研究策略（strategies）。在方法论上，它们建议要在比较政治研究中使用科学的研究途径。然而，这些建议有时也会产生出不良的后果。

例如，有两位学者分别在其研究中指出了一个同样的问题：比较研究学者总是犯一些严重的逻辑错误——即在量化之前不做分类，也就是说在进行定序（ordinally）测量之前并不先做定类方面（nominally）的测量（Kalleberg，1966；Satori，1970）。但是，仔细斟酌后我们不难发现,这种观点本身不仅不合逻辑,而且也是不科学的(DeFelice,1980)。因为若在实际操作中在量化之前先做定类,那么任何经验研究(empirical study)都只能在具有相似性的国家中展开。① 因此,能适用于所有国家的一般理论就永远无法出现。

不过,这种"先归类"测量法的缺陷与另一种对比较政治科学可能的损害相比则相形见绌。后一种破坏源于比较研究文献中广泛存在的误导——这其中就包括了因果推论。

如今,在因果推论方面的这种误导使得那些颇为随意的国家比较研究在数量上大大地增加,而这些研究则是比较政治学进步的绊脚石。这不仅仅是一种对我们所知事物的遗忘,更是一种由方法论的混乱所引致的方向上的偏离。所以当务之急就是要使有效的研究策略(以前是定性的描述性测量,现在则是定量的解释性推论)与那些有害的错误论点相分离。

如果比较研究学者将因果推论错误地限制在仅能被相似国家证明的研究假设(hypothesis)中的话,那么他们便会无谓地抛弃那些可被相异国家证明的假设。但更糟糕的是,对相似案例的情有独钟阻碍了我们去使用一些更为有效的解释途径。这些途径除了结合了相似或相异案例的研究策略,而且还有共变法(method of concomitant variation)。而后者能让我们从定量的数据资料中作出因果推论。

在那些被称为"定序案例研究"的途径(ordered-cases approach)中,甚至当有关一国相对位置的定距(interval)数据未知(或无法被确知)之时,我们仍旧能利用我们所知的一切来确定有关该国相对于其他国家的位次排序。② 更为重要的是,当定距测量无法进行之时,比较研究学者便可以将这些既存的定序信息定量化。

即便如此,这里的关键仍在于:因果推论的"定序案例研究途径"

---

① 此处的"Empirical"一般译为"经验的"或者"实证的",但是为了不和"positivism"(实证主义)一词混淆,本文一般将"Empirical"译为"经验的"。——译者注

② 此处作者想表达的意思是:即便我们不知道每个国家(比如说在GDP总量方面的)确切量化数据,我们仍旧可以利用我们所知道的知识给相关国家进行排序。——译者注

并不是说只能用在一些相似国家的案例中。这对于只有少量案例的比较研究来说特别有帮助。由于定序的案例（ordered cases）可以涵括任何种类的国家，因此我们就不必抛弃那些与其他国家相异的案例。而且只有将所有国家囊括进解释性理论中，我们才能去追求一种比较政治"科学"（a science of comparative politics）。

既然如此，我们眼下的任务就是要去揭示这样的一种方法论上的误导，这种误导使得比较研究学者在因果推论方法方面面临着困境。然而，在开始这项工作之前我们必须明白：由于这项工具将分析一些相当混乱且颇具矛盾的理论推理，所以我们必须格外小心，力求保持逻辑上的一致以使读者不至于感到困惑。因此，从某种程度上说，"后设分析"（meta-analysis）（也就是在逻辑上区分方法论的正误）必须阐述得尽可能简单。

当然，这样的做法也有一定的风险，因为我们会不太去关注观点（本身）的重要性，以至于在实际操作中甚至会忽略它。不过如果我们采用一个更复杂的阐述，则会大大地削弱观点表达的清晰性。而对于我们来说，后者才是首要关注的东西。因此本文的分析将在一步步详尽阐述比较方法的基础上，厘清因果推论中的混乱状况。

可比案例的比较

阿伦·利帕特（Arend Lijphart）在其有关"比较方法"的著名文章中说，比较政治学研究者们的方法论意识不是很强，因此他想改变这种情况（Lijphart, 1971）。他借用了一个不甚清晰的词"无意识思考者"（unconscious thinker）来形容在比较政治学领域内的那些"没有意识到经验科学逻辑"（logic of empirical science）的研究者。利帕特想通过分析政治研究的比较方法（comparison）来帮助这些人成为"有意识的思考者"（conscious thinkers）。利氏将比较方法分成了四个层次。他认为"比较"是：（1）一种在变量间建立一般经验命题（empirical propositions）的基本方法，（2）一种基本的科学方法，（3）一种发现变量间经验关系（empirical relationships）的方法，以及（4）一种兼容并蓄的（broad-gauge）一般方法。除此之外，他还谈到了比较方法"不是什么"。

据利帕特所言，比较方法不是一种测量的方法，因此它必须得同阿恩·卡尔伯格（Arne L. Kalleberg）关于"比较的逻辑"（Kelleberg, 1996）以及乔万尼·萨托利（Giovanni Sartori）关于"概念的错构"（concept misformation）（Sartori, 1970）这两个论述区别开来。其次，比较方法与实验方法（该方法可根据情境操纵数据）以及统计方法（该方法可以使用足够数量的案例来做偏相关分析）之间也需有所区分。[①] 换言之，比较和统计这两种方法的差异完全依赖于案例的数量。于是，在利帕特看来比较方法实际上就是一种从不可操纵的数据资料中得出因果命题的方法。不过，这个定义并没有告诉我们该如何去做；事实上，在对比较方法下定义的时候，利帕特仅仅给出了实验和统计方法这两个的例证。

定义上的不完善并未阻止利帕特继续推进他的论述。他随后指出：比较方法所面临的主要问题是"变量太多，案例太少"（Lijphart, 1971: 685）。不过我们并不清楚这是否就是"一种基于不可操纵数据的方法"所有问题的源头。他所做的仅仅是一个假设而已。不过读者还是很容易就会附和这种假定，其原因会在后文的论述中愈发清晰。但无论如何，利帕特还是继续推进了他的论述：他给出了医治上述病症的四种处方。其中的两种处方是针对"案例太少"（small-N）的：一种方法是通过扩大地理与历史范围来增加案例数量；另一种方法是通过两种方法压缩变量的属性空间（property-space）——要么就把几个变量糅合在一起，要么就降低变量内部的类别划分。利帕特的另两个处方是针对"变量太多"这一问题的，而利氏论点的核心就包含于其中的一个处方之中。

---

① 此句中"根据情境操纵数据"指的是将案例分为不同的组别并对其施加不同的刺激以得到不同的数据结果；而"偏相关"（Partial correlations）则指的是在多元相关分析中，在控制其他变量不变的前提下，求两个变量之间的相关系数。——译者注

除了建议我们将目光聚焦在关键变量（而不是那些不重要的变量）上之外，利帕特还建议研究者们要：

> 把比较分析集中在"可比"案例上。在此情况下，所谓"可比"指的是：在这些案例中，许多被视作常数的重要特征（或变量）是相似的，而那些具有相关性的变量却又是相异的。如果可以找到这些可比案例，那么这将是一个应用比较方法的好机会，因为我们可以在控制其他变量的情况下，在一些变量之间建立关系。（Lijphart, 1971: 687）

至此，我们才明白始终萦绕在利帕特心头的一些想法，那就是"比较方法依赖于可比案例"这一先验的前提。确实，利帕特提出这一建议仅是为了通过降低"变量太多"所产生的影响来改进比较方法。但是，由于先前缺乏有关比较方法的真正定义，因此读者是否接受利帕特的上述处方完全取决于他们对"比较"这个概念先入为主的判断，并会被"比较"（comparative）与"可比"（comparable）在语言上的联系所强化。也就是说，接受上述处方便意味着要接受如下假定——要在比较方法中对（变量）进行控制，就需要对相似的案例进行研究。当然，利帕特并没有明确地这么说。他只是认为这种案例为控制（变量）"提供了特好的机会"。但是，利帕特却从未提及其他不同类型案例能否为控制变量提供可能性。虽然，对相似案例的分析被认为只是"比较方法的一种形式"，但是，"其他形式"却从没有出现过。结果，利氏文中的"比较方法"（"the comparative method"）就变成了"相似案例策略"。

简言之，原本仅是一种涵括于比较方法之中的单一的研究策略反而变成了该方法的本身！

这个内含于利帕特1971年文章中的同义反复（tautology）在其1975年所撰写的另一篇文章中再度出现。利氏首先批评了他以前的那个对比较方法的模糊定义。接着他又试图修正其对于"可比案例策略"的分析。这一新论点依赖于对统计方法和比较方法所进行的区分。首先，我们必须明白，这一区分的基础在于案例的数量，尽管实际上真正有意义的只是我们是否有足够数量的案例（并通过对分组数据进行统计操作）来控制（变量）。利帕特在重新思考他先前提出的那个"增大样本数以解决案例太少这一问题"的建议后，他显然意识到了后者（即：案例太少——译者注）根本不是比较方法**本身**的问题。真正的"问题"在于：在没有足够案例的情况下，我们必须使用比较而不是统计方法。换言之，"小样本"是比较方法的重要特征，而不是由其所产生的一个亟需修正的问题。

即便如此，如今的利帕特却比以前更倾向于认为"增大案例数量"和"可比案例策略"这两者是无法共存的。以前，他认为两者之间只是"经常"冲突的（Lijphart，1971：687）；而如今在他眼中，两者"几乎总是"处于冲突之中，因而根本无法结合（Lijphart，1975：163）。他对于两种"策略"现在和过去的观点差异在于：他现在认为"增大案例数量"的策略应该被用于统计而不是比较方法之中（然而，利氏并没有意识到这一点：案例数量要么过低以至于无法适用统计方法，要么数量足够多因而可以用于统计）。但是，"可比案例策略"的适用范围既没有被利帕特重新定位，也没有被留在它和比较方法旧有的关系中。相反，并不令人惊讶的是，**比较方法就是"可比案例策略"**（Lijphart，1975：163–164）。由此，这个原本隐性的循环论证如今被"显化"了。一种起初仅是旨在改进比较方法的研究设计如今却变成了这一方法的本身。

一种可能的说法是，之所以对比较方法进行再定义是为了要将它与其他因果推论的科学方法（尤其是统计方法）在方法论上区别开来。尽管我们已经在案例数量多寡（是否足够用来做统计控制）的基础上作出了这种区分，但利帕特仍坚持认为上述基础并没有指出两种方法在方法论设计上有什么差异。因此，比较方法又"重新"（anew）被定义为一种"对可比案例进行比较以找出因果关系"的方法。然而如前所述，这就是利帕特（即便他没有意识到）对该方法定义的全部。因此我们再一次毫不惊讶地发现：比较与统计方法之间的差异**还是**在于案例数量的多寡。当案例少得无法去采用统计方法的时候，我们就可以使用"可比案例策略"。既然如此，现在所遗留下的唯一问题便是：这一对比较方法的定义是否具有效度（validity）。

为了控制而进行对比

我们可以基于语言学来对比较方法定义（stipulated definition）的效度进行证明。也就是说，当我们想使用某个术语的时候，我们需给出一个用来缩小我们脑中论域（domain of discourse）的操作性定义。换言之，"对'可比案例'进行比较"这一定义确实有助于我们辨识究竟哪些研究是属于对比较方法的应用。但事实上正如我们即将看到的那样，它并没有能够做到这点；不过无论如何，这里我们还需要考虑的是另一种更重要的效度类型——它在逻辑上是否有效？换言之，对于无法操纵的数据资料所进行的那些比较研究是否都用的是可比（相似）案例？如果没有的话，那么上述定义不仅出发点是错误的，而且还具有因果逻辑上的错误。

通过比较相似案例进行变量控制以找寻因果关系的方法相当于约翰·斯图亚特·密尔（John Stuart Mill）的"求异法"（method of difference）。虽然他的《逻辑学体系》（A System of Logic）给出了该方法的理想状态[①]：对如下两个案例进行比较——即两个案例在其他方面都是相同的，但一个案例中的两个因素（即假定的原因及其结果）在另一个案例中却不存在。不过，这种方法若要应用于实践则需打折扣。因为若不这样做，我们就得将"因果关系"这个概念整个抛弃。这里最基本的逻辑（不是它全部的哲学特点）是：我们要在现实中复制出一个完全一样的副本。这与经典的实验方法所含的逻辑是相同的：首先通过将样本随机分割以获得两个尽可能相同的案例（当然也不可能完全相同）。而统计学的控制方法所含之逻辑与此则不相同：在其中，首先选择一个变

[①] 《逻辑学体系》在中国曾被译为《穆勒名学》。——译者注

量，并以此将样本分为至少两个相互排斥的组别（亦即相互对比的两组）。而在此我们得到的是一个密尔"求同法"（method of agreement）的实践版本，其中所比较的案例是完全不同的（除了两者都拥有相同的原因与结果）。

当然，密尔在陈述求同法和求异法的时候用的是定性的语汇（分类或曰定类的测量方法），而统计方法一般则依赖于量化的测量（定距或更高层次）；但两者的基本逻辑并无差异。不论在何种层次上进行测量，当两个变量在两个不相似的案例中显示出相同的关系时，我们就可以确信地得出如下结论：两个案例之间的差异并不是一个（直接）导致特定结果的原因①。因此，只要选用的国家或社会数量足够多，我们便可以在相异案例的基础上，通过数据操纵（manipulation）来进行统计控制。但现在的关键问题在于：在案例少（比如说只有两个）的情况下是否只能用求同法？答案很清楚："否"。因为，两个相异案例和两个相似案例一样都可以用于控制。而如果在两个相异案例中都发现了相同的原因和结果，那么我们同样可以说已经找出了在利帕特所谓"比较方法"（即求异法——译者注）所存在的因果关系。因此，他把比较方法定义为一种"在不可操纵的案例中找出因果关系"的方法在逻辑上是无效的。

而上述的定义在语言学上（linguistically）也是无效的，因为许多在比较政治学中出色的因果关系研究实际上都遵循着这样一种逻辑——在相异的国家中辨识出相同的（变量间）关系。我们这里可以举一个在比较挪威与美国的政党认同方面应用"对比案例策略"（contrasting-case strategy）的经典例子。简要地说，安格斯·坎贝尔（Angus Campbell）以及亨利·瓦伦（Henry Valen）所提出之论点的逻辑如下：首先，突出两国在政治体制、制度安排以及政党制度的四个重要趋势方面所显示出的**差异**；其次，提出不论如何，政党制度都行使着本质上**相同**的功能，这可以被每个国家中政党认同民意分布的以及认同者的人口统计及社会

---

① 此处可以用一个例子做证明：如果说我们依据性别将某一样本分为男女两组后，各组内均呈现出了相同程度的教育与收入之间的关系，那么我们就可以说，性别不是产生收入差异的原因。——译者注

特征的相似性所证明；然后，作者又指出每个国家的认同者在社会经济、态度以及行为等方面存在着**差异**；最后作者发现，尽管认同者在上述方面有所不同，但在各个国家**之内**，政党认同的强度与社会经济、态度以及与行为变量之间存在着**相似的关系**（Campbell et al., 1961）。因此，这就构成了一个在相异案例中关注相似性的研究。而且在这类研究中，所得出的相似性是基于定量的还是定性的测量在逻辑基础上没有差异。简言之，比较政治学也可使用密尔"求同法"中的基本逻辑；比较方法并不只有一个，相反，它是多种多样的。

若上述事实站得住脚，那么现在需要回答的一个问题便是：使用求异法的那些理由是否同样适用于求同法？答案是：看情况。显然，除非能被用于处理**相异**案例，那种"增大相似案例数量"的处方并不能照搬。但另一个很明显的事实是：我们可以从不同的历史时期与地理区域中提取出更多的相异案例。因此，两种方法——求同和求异法——都能通过适当案例数量的增加而获益，并且它们都可以相同的方式获取更多的案例。

然而，关于这种选择，我们必须意识到的事情是：更广泛地挑选案例并不是要在特定的研究中引入更多的案例，而是为了更好地去挑选这样的一些案例——它们包含着最能使我们感兴趣的那些适当的变量组合。因此，那种让我们把重点放在关键变量上的处方绝对是合理的，尽管这更像是一种挑选案例而不是处理"变量太多"这一问题的方法。不论我们使用的是求同法还是求异法，在选择案例之前，我们必须先（a priori）判断特定变量间可能存在的因果联系。例如在统计方法中，一般来说，控制乃是通过对我们所选择的两个相异组别之间的相关关系进行观察而实现。甚至我们也能在一些匹配程序（matching procedures）——这些匹配程序包括了依据我们所选的变量对样本进行分类——中发现类似理想的实验方法（Selltiz et al., 1959：102-106）。那些在比较政治学中运用比较控制方法的研究也必须这样做：必须依据能用作对某现象进行因果推论的变量去选择案例。

无论如何，如果说比较政治分析的主要目标是找出那些使政治学家们持续感兴趣的一般社会现象的原因（而不只是为了运用某一种特定的研究策略），那么我们需要了解的事实是：那些提倡使用"可比案例策略"的理由对于"相异案例策略"来说也是适合的。此外，如果不承认后者的话，那么比较研究学者就无法运用那个颇为有力的复合因果推论方法（combination method of causal inference）——即密尔的求同求异并用法（Joint method of agreement and difference）①。

最具差异性系统（Most Different Systems）

不过，由于亚当·普沃斯基（Adam Przeworski）和亨利·图纳（Henry Teune）提出了"最具差异性系统"设计，忽视"相异案例策略"的风险对于比较研究学者来说降低了很多。但此处又产生了另一种风险：比较研究学者们在使用这一设计的同时忽略了对于该设计在哲学上所招致的批评，该批评对于"最具差异性系统"设计在因果推论上的有效性抱持着一种悲观的态度。

正如其名，"最具差异性系统"设计的起点在于如下假设：我们所研究的系统应尽可能的不同（当然，除了两者共有的那些留待解释的现象）。我们正是在这些不同的系统之间找出一般的原因，也就是说要寻找那些在每个系统内部以相似的关系与特定现象连结起来的那些变量。而**系统之间的差异**（系统因素）与得出的因果性解释无关。因此，"最

---

① 即便求同或求异法两者之一被过分强调的时候，（求同求异）并用法也可以被使用。例如摩尔（Moore，1966）和斯考切波（Skocpol，1979）的研究便是如此，两人主要关注的均是求同法（一种几乎所有比较历史分析都会用的方法）。若不承认（求同求异）并用法的这个面向则会引致误导性的结论，其中最为隐蔽的错误结论便是：求同法在某种程度上弱于求异法。莫里斯·塞蒂奇（Morrris Zelditch）试图去论证这一假定中的弱点（Zelditch，1971：290－291），其论证的方式是通过援引相反的经验性（emprical）发现，其中求异法被用作是对于英克尔斯（Inkeles）以及罗西（Rossi）基于求同法的比较研究（1956）的反驳。当然，塞氏的论点是：若先用相似案例进行比较，然后再去通过比较相异案例发现相反的情况，那么先前的结论可以很容易地被推翻掉。尽管如此，不论对于哪一种方法来说，重要的是并用两种方法总是比只使用其中一种要好一些。

具差异性系统"设计的基本逻辑与求同法的逻辑是相同的,而唯一显著的差异则在于:应用前者在各个相异系统内所找出的相似性可包括量化的关系。①

然而,对于"最具差异性系统"设计的批评意见认为,该设计的逻辑和密尔的推论方法在本质上是不同的。相反,前者是一种新的方法,该方法意味着我们可以"反驳任何旨在系统层面属性与系统内部行为之间建立起解释关系的命题,而不用去指明与那些变量有关的理论和命题,或不用采取任何方式去辨识那些系统层面变量的影响。"(Meckstroth, 1975: 136, 138 – 139)。换言之,这种批评所依据的前提是:应用"最具差异性系统"设计不必对所选变量的相关性进行任何先验的判断。由此,对于该设计的批评便围绕着对以下哲学观点——这一观点最早由欧内斯特·内格尔(Ernest Nagel)和莫里斯·科恩(Morris Cohen)在 1934 年所提出,其与密尔的因果推论方法有关(Cohen et al., 1934)——所展开:所有的逻辑体系都没有必要的经验结论(empirical conclusions)。但是,普沃斯基和图纳却从未就他们的"最具差异性系统"设计说过这样的话。②

在对法国与美国选民政治化(politicization of electorate)的比较研究中所蕴含的逻辑可以被用作对上述观点的例证。菲利普·康福斯(Philip Converse)和乔治·杜普科斯(Georges Dupeux)在一开始便提出:法美两国间在制度和政治实践上存在着广泛的差异(Converse et al., 1962)。因此作者又指出:我们应尤为注意去建立一个可用于比较研究

---

① 在前文中,作者已经指出:密尔推论因果关系的方法(不论是求同法还是求异法)都是定性的。——译者注

② 不可否认,普沃斯基和图纳并不总是那么清醒。因此,举例来说,即便两人一直使用"系统内"(within-system)这个词来指称系统内部的关系,他们称系统之间的不同变量却是使用"系统层面"(system-level)、均值间(among means)、生态性(ecological)、系统间(among system)、系统均值(system means)以及系统性(systemic)这些词语。此外,第一个和最后一个词对于一些读者来说显得尤为棘手,因为它们会使读者很容易就忘记并无法意识到如下事实:在讨论"最具差异性系统"设计的过程中,系统性(systemic)因素仅仅只是那些系统之间的不同之处。当然,如果讨论的是"最具相似性系统"设计,那么系统性(systemic)因素则是那些系统之间的相同之处,由此这类因素在解释跨系统相异现象时便失去了相关性。

中的颇具相似性的测量方法。在做了细致的测量之后，作者发现，两国之间在信息寻求（information seeking）的频率方面存在着实在的差异。然而，这种差异可以被这样的一个变量所解释：该变量不仅两国均拥有，而且以同样的方式与不同的现象相联系。具体来说，接受正式教育的程度被认为在两国内以相似的方式与信息寻求相联系。正如作者所言，"这种能将跨国差异丢在一边的能力……使对共同原因所作出的推论变得更加可信"（Converse et al.，1962：276）。这个类似"最具差异性系统"设计的逻辑也可被用于解释国家之间在党派倾向（party orientation）上的深刻差异。研究表明：被访者的党派倾向与对其父亲党派倾向的相反认知（contrasting knowledge）有关，也就是说，党派倾向与国家间不同的社会化过程有关。因此，通过比较各系统内的关系（within-system relationships），两个不同系统间的差异化成了一个单一的跨系统相似点（cross-system similarity）①。然而，并不是所有的比较政治研究都包含了对这种单一因果逻辑的直接依赖。

有时在一个比较研究中可以对相同的案例使用不同的因果推论逻辑，就像《公民文化》（*The Civic Culture*）一书所做的那样。一方面，在一开始选择研究五个"民主"国家并试图去解释它们在稳定程度上的差异时，作者所采用的是一种"可比案例策略"（Verba，1980：403；Almond and Verba，1963：12，37）。根据密尔的规定，这些案例所选择的依据确实是"除所需研究的现象外，其他地方均相似"。这一依据使得作者得出如下结论：英美两国（最稳定的两个国家）具备一定程度的"公民文化"，而其他国家并没有这种"文化"。② 而另一方面，当作者

---

① 即：从两个系统内部来说，儿女的党派倾向和父亲的党派倾向在取值上不同；但是从两个系统之间的比较来看，两者均具有"父亲党派倾向影响儿女党派倾向"这一相似的关系。——译者注

② 有趣的是，利帕特提到：《公民文化》的作者们所做的是在"民主"这一属类之中将变异性（variance）最大化，但他们却没有去关注这些变异性是如何与可比案例策略联系在一起的（Lijphart，1980：44）。他也没有将上述两作者置于自己下述的建议中：从不可操作的数据中推论因果关系需要在属性空间与案例数量之间做权衡（1975：：163）。相反，他仅是强调：他们（指阿尔蒙德和维巴）并没有寻找文化与政治系统之间的因果关系（Lijphart，1980：47 - 48）！参见（Verba et al. 1971：17 - 21，162 - 167，182，233）。

讨论系统内而不是系统间关系时，因果逻辑便发生了改变。作者在每个系统内均发现了一个相同的关系——即受访者教育程度越高，其公民能力（civic competence）便越强；但正如我们之前所谈到的，相似关系的确证需要采用**相异案例**来进行控制（变量）。而缺乏这种"最具差异性系统"设计会遭受以下批评：一些被忽略的因素也许是那些明确可见的相似关系的来源。① 当然，《公民文化》也无法避免这样的批评。② 因为书中所用的系统间因果逻辑并不是基于总体上相异的国家而得出的。此外，这种"系统间逻辑"必须持续地保持有效，以用作补偿内含于如下两种情况之中的缺陷：（1）案例不多；（2）自变量只有一个（即：民主的稳定性），而且这一变量仅是基于印象并且未被操作化。因此具有讽刺意味的是，与早先只包含两个国家的案例不同，系统内（在教育与公民能力之间）的可比关系是否成立应基于其本身。这种研究无法从比较政治分析中获益，因为即便有五个国家，它们被选择的依据却是"可比案例"原则。③

但是，即使五个被选国家存在着显著的差异性也无法排除"虚假性"（spuriousness）的存在。虽然"最具差异性系统"设计难以判断"共有的关系（common relationship）是不是真正的因果（causal）关系"，但它也不排除会得出这样的结论。而若有额外的证据，我们还是能够辨别出虚假的关系：也就是说，这种关系会在初始样本依据第三方因素被分为不同的组别之后而消失。④ 而这"第三方"则是那些被视作

---

① 作者这里的意思是：如果不对其他变量（通过相异案例）进行控制，那么这些所谓的"背景变量"中的一个或几个也许就是被研究的现象的可能原因。——译者注

② 可参见卡罗尔·佩特曼（Carole Pateman）的著作（Pateman, 1980: 84）。在该著作中，她批评《公民文化》忽视了阶级和参与之间可能的联系。

③ 不过，维巴指出：《公民文化》中所涉及的是几个相异的国家（Verba, 1980）；而且他和其他人也在别处明确地运用了基于"一些异质国家"（a heterogeneous set of nations）的"最大差异"（maximum-difference）的研究设计（Verba et al., 1978）。

④ 如果说收入与教育的关系在样本被依照"性别"这一"第三方"因素被分为两组后消失了，那我们就可以说收入与教育之间的关系是"虚假的"。正如作者之后提到的那样，之所以收入与教育之间存在关系是因为"收入"和"教育"同时与"性别"相关，以导致了他们之间存在着看似"相关"的关系。——译者注

"外来的"(extraneous)因素,这些因素能够分别直接作用于存在关系的两个变量之上(Rosenberg,1968:55-56,72-73)。① 但在统计学上,虚假性存在的标准是:外来因素必须存在于每一个系统的内部(而不是系统间)②,而不论我们所考察的是所谓系统的(systemic)(即聚合数据)还是系统内的(即分组数据)关系。不管我们使用的何种数据,只要我们使用了"最具差异性系统"设计,就可以尽最大可能来控制系统间的背景因素——亦即在使用求异和求同法在推论社会性因果关系时,密尔对供比较的案例进行定性描述时所作的那些条件约束。

比较社会研究

包含于求同、求异以及求同求异并用法中的定性约束并不存在于密尔对"共变法"(method of concomitant variation)的阐述之中。③ 只要关注程度(degree)或强度(magnitude)上的变化,我们便能即刻使用所有可用的案例,而不论其间是否存在差异性或相似性。但是问题在于:这种方法该如何被用于那些每次仅能处理少量案例的比较社会研究中。在做案例**内部**的定量相关分析时,"最具差异性系统"设计的确采用了共变法;但是,该设计却无法让我们在同一个比较研究中运用所有可用的案例——那些相似的案例就无法被用来做(变量)控制。因此,我们

---

① 诸如此类的基本观点随处可见,这是为了说明该类分析并不依赖于那些异于社会科学话语的公理(axioms)。批评往往是建立在多余的复杂论点之上的,这种论点源自在那些被用作讨论标准的术语中所发生的变化。因此,举一个尤为切题的例子,也许是基于卡尔·汉普尔(Carl Hampel)的自然科学哲学(Hampel,1966),西奥多·梅克斯特罗斯(Theodore W. Meckstroth)以社会科学研究的语言为起点来抹煞外来(extraneous)变量和前置(antecedent)变量的区分(Meckstroth,1975:155)是无根据的。这些做法的问题在于:它们给出的批评未切中要害;而既然如此,它们与普沃斯基和图纳的"最具差异性系统"设计也是无关的。

② 因此我们发现:虽然最近一个对于一些国家调查研究使用了"最具差异性系统"设计,但是它仍然通过检视各国内部的相关关系来探究所谓第三方因素的角色(Verba et al.,1978)。

③ 此句中的"定性约束"指的是求同、求异和求同求异并用法这三种方法都是定性的。——译者注

所需要的便是这样的一种研究设计：它能让我们把供比较的案例视为一个整体而不是几个类别，也就是说，不用根据案例相似与否对其进行分类。

这样的研究设计的确存在，而埃米尔·涂尔干（Emile Durkheim）的《自杀论》（*Suicide*）便是一个广泛使用这种设计的例子。但是，这种设计的真实特质仍未被人所知。例如，尼尔·斯梅尔塞（Neil Smelser）就没能注意到到涂尔干研究中的独到之处（Smelser, 1976）。但这并不令人惊讶，因为事实上斯梅尔塞的研究是从类似利帕特的短视观点出发的，即便他在论述社会科学中的比较方法时从未引用过利氏的那两篇文章。虽然斯梅尔塞的论述方向与利帕特相左，但他（和利氏一样）在所用数据难以让研究者使用实验或统计方法的时候，同样只是看到了一种可用的比较方法——密尔的"求异法"①。其他的比较方法好像都被考虑到了，但它们（除了求异法本身）最终都仅仅被视作求异法的另类形式。仅存的例外是求同法，但它却并未被严肃地对待，甚至在很多案例中它都没被使用过。然而这也没有什么令人惊讶之处，因为斯梅尔塞和托克维尔、涂尔干和韦伯等一样，关注点都很少放在求同法上。

关于求异法的不同"形式"：对斯梅尔塞来说，"异常案例"（deviant cases）分析被明确地视为"接近于求异法的一种粗浅努力"（Smelser, 1976：159），而求同求异并用法则被含蓄地降格为一种"印证某个比较研究是基于求异法的"方法（Smelser, 1976：143）。而且令人不可思议的是，甚至普沃斯基和图纳的"最具差异性系统"设计也被视作是他们"最具相似性系统"设计的功能等价物（functional equivalent）。斯梅尔塞如是说："两种方法（通过不同的策略）都在努力地趋近密尔的求异法和共变法所揉成的那个复合体；两种策略都意在**使几个系统**在尽

---

① 斯梅尔塞曾在某处称求异法为"系统的比较说明法"（systematic comparative illustration）（Smelser, 1976：157 – 158），而在另一处则称其为"控制的比较方法"（method of controlled comparison）（Smelser, 1976：215 – 216）。他命名这么多"比较方法"的目的不仅在于囊括系统的比较说明而且也想涵盖实验和统计方法。

可能多的方面**变得相似**"（Smelser, 1976：200，黑体为原作者所加）。也就是说，没有一种研究设计采用的是求同法。

上述那个令人不解的情况源自斯梅尔塞的这种信念：社会研究中的控制仅能通过统计方法或求异法达成，这两种方法都是意在排除变异性（variation）的。① 但是，控制同样能够通过求同法来实现，也就是依赖于对恒定性（constancy）的排除。正如劳尔·那罗尔（Raoul Naroll）所提醒我们的那样："研究者也许希望去研究这样的一些案例：在这些案例中**其他因素都是具有广泛差异的，而最重要的因素却是恒定的**"（Naroll, 1966：337）。简单地说，这里的关键在于：猜想中的原因和结果与"其他"变量的表现形式总是具有这样或那样的差异性。所以，求同法唯一的麻烦并不在于它无法在控制方面做得像求异法那样好，而是在于两种方法在我们的眼中都做得不够好。同时使用两者（也就是说将其合并为一种共用法）也无法改善更多。因为我们的测量仍旧被限制在定性的层面上，它对我们的数据资料在符合一致性（correspondence）标准方面要求很低。

若想更好地理解上述限制的全部意义，我们可以去考察涂尔干有关共变法的比较社会学研究。涂尔干拒绝在社会事物的研究中使用求同法和求异法，因为严格地来说它们根本无法被应用——我们无法去建立两个"除了一个因素外在其他各方面都相同或相异的社会"。相反，涂尔干高度评价共变法，这种方法不必要将所有（与被比较的变量）相异的变量都剔除掉。涂尔干认为：简单的分类法（classification）——亦即简单地表明两个事实（facts）之间是相互伴随（accompany）还是相互排斥（exclude）的——无法直接证明因果联系；相反，直接考察两种现象一系列取值之间的"纯粹并行（mere parallelism）关系"则可以证明它们之间是"持续相互影响的"（Durkheim, 1938：130 - 131）。但在这种

---

① 一个对于这些假定的明确阐述，可参见霍特和图纳的著作（Holt and Turner, 1970：5 -13），其中仅指明了两种非实验控制方法，即："随机化以将条件均等化"（radomization to equalize conditons）以及"具体化"（specification）（也就是求异法）。

情况之下，好像出现了一种讽刺。决定一种因果推论方法是否被使用的标准似乎在于测量的层次，这一标准的含义很清晰：一些更简单的推论方法由于其定性的特质因而被意外地弃用了，因为那些方法根本无法确证因果关系。换言之，因为任何两个社会都不可能在某个方面以外的其他方面均相同或相异，所以考察程度或强度上变化的共变法恰好需要各种在社会研究中不仅能且应该用的测量方法。因此，《自杀论》中对该方法有二十多次的使用也就不足为奇了。

但是，斯梅尔塞并没有认识到该种方法的本质。相反在重新阐释的过程中，他将这种方法贬低为了求异法的另类形式。①例如，在阐述了《自杀论》所广泛运用的是共变法之后，斯梅尔塞便立即指出，涂尔干用大多数经验证据是为了得出如下结论：正如我们所预期的那样，某一社会类别（category）的自杀率与其他群组是不同的，比如：新教徒的自杀率高于天主教徒。甚至可以这么说，只要比较是在类别间进行的，那么就可以证明不存在共变。而只有当一个"反向变化"的案例出现时，我们才可以（至少在表面上）得到一些有关共变法的真知。斯梅尔塞说：涂尔干认为"统计显示，有关精神失常的顺序（rank order）依次为新教徒、天主教徒以及犹太教徒；而这些社会类别自杀率的顺序却是按照反方向排列的"（Smelser, 1976：102）。不过这种阐释严重地曲解了涂尔干的原意。它不仅将原本精妙的表述过分地简单化，而且还从中

---

① 例如在谈到托克维尔对于共变法的使用时，斯梅尔塞认为他的用法是"常常很粗糙，'变化'（variation）所包含的仅是有关原因和结果的存在或不存在，而且用于比较的通常只有两个案例"（Smelser, 1976：24, n.79）。这一有关比较方法的简化观点使得他的论述具备如下的特征：首先，他将共变法和参数统计技术联系起来（Smelser, 1976：205）；其次，他坚称涂尔干所选的方法是共变法"或相关法"（Smelser, 1976：63）；而在最后，他却指出韦伯著作中的一个有关相关关系的案例接近于求异法（Smelser, 1976：146）同时，这种简化观点使得斯梅尔塞把涂尔干的《社会分工论》（*Divison of Labor in Society*）视作是"基于两分法原则以及很大程度上限于共变法范围内（参见原文）"的（Smelser, 1976：101）。实际上，甚至在被用于比较分析中的统计方法被区别对待时，他也能够将涂尔干在《自杀论》中的多数经验性论证视作共变法的例子（Smelser, 1976：101 - 102）。

得出了错误的结论。① 简言之，正是因为专注于寻找共变法的定性版本，斯梅尔塞并没有注意到该方法的原始版本中独特的定量特质。而且，他也没有注意到涂尔干（也许除了一种外）② 对于共变的任何真正应用。

不管怎样，毫无疑问的是《自杀论》在对等级次序进行最小定量形式（minimalist quantitative form）的比较研究中的确普遍运用了共变法。而正是这种定量的面向使其不需要先验地判断两个被比较的案例在总体上是相似还是相异——即便是在案例数量少得不足以使用统计方法的时候。

结 论

密尔是严格依照两分法来说明求同、求异以及求同求异并用法的。因此，"可比案例策略"可以说完全是一个求异法的例子；而"最具差

---

① 事实上，涂尔干在其论述开始前先是说明：在对犹太教和其他宗教教义所进行的比较中，精神病率和自杀率之间是"反向变化的"（Durkheim, 1983: 72-73）。在这种应用了求异法的比较研究之后，紧接着的就是在天主教和新教之间进行比较，其中，上述的那种"反向关系则要少一些"。然而，他在此处遇到了瓶颈：新教徒在精神病率以及自杀率均要高于天主教徒，而这需要他在处此绞尽脑汁。不过，他做得相当讨巧；他并非继续去倚仗基于"更多"或"更少"的那种两分法的比较，而是转向采用另一种比较两个组中每一个变量之间距离的方法。"天主教徒患上精神病的趋势仅比新教徒少 1/3，其间的差距是相当细微（slight）的。但是另一方面……前者的自杀倾向却比后者常要少很多。"换言之，在距离方面（即："细微"或"很多"）的差异被视作定类差异，并以此将一种在求异法逻辑中作为原因的"精神病"给剔除掉。这一做法当然并未超出合理的分析界限，但是这绝不等同于斯梅尔塞的论述。事实上，两者的论述是矛盾的。如果我们脱离涂尔干的论述并同时考量三种教义，那么实际上的排序并不像斯梅尔塞说的那样是相反的。因此最后的结论是：这根本不是一个有关共变法的真实案例。

② 斯梅尔塞著作中唯一可能的真实例子是一种被称作共变法"变体"（variant）的东西，其所指的是涂尔干努力去构建的自杀最终原因的社会学性质。其论点是：由于随时间的推移每一个欧洲国家都显出了相当稳定但却不同的自杀率（正如已有证据所显示的那样，不同时期的国家排序相对不变），自杀的原因必然扎根于国民气质（national temperaments）的构成当中。换言之，涂尔干所感兴趣的仅仅是建立一个能令他满意的关于原因类型的总体性质（这些类型必须是基于社会学的），而不是找出任何一个特定的原因。由此，这里的问题在于：这是否能被当做是共变法的真实例证？若回答"是"，则可能需要一个具体的因果推理情境。

异性系统"设计所依照的则是（但并不完全是）求同法的逻辑。但可以确定的是，后一种方法的基础在于从相异的系统中寻找相似性，但相似性也包括定量化的关系。作为对"比较相异案例以找出共有的一对因素"这一方法的替代，比较案例间的两个差异点（即两个分布不同的变量）所为的是找出一个两者间的统计学关系。所以很明显，以下的情况并不仅仅是巧合：行为取向的比较研究多依赖于一种因果推论的方法，而那些相对传统且聚焦于区域的研究则多采用另一种方法。[①] 甚至当一个单一的研究（就像《公民文化》那样）企图对一个案例同时进行统计以及区域取向的研究时，也必须确定一种主导的因果推论方法。

但是这种状况没必要持续下去。它之所以存在仅仅是因为几乎所有的比较研究学者都会对所比较的案例进行定性描述，而这种束缚是没必要的。

在无法使用统计以及实验方法进行变量控制的前提下，若要发掘密尔共变法逻辑的潜力，我们便需要跳脱出分类法的窠臼；在选择案例的时候，所依据的标准必须也是定量的。比较研究学者不仅要引入系统**内**的定量数据（民意调查常在此处提供许多的分组数据来做统计控制），而且也可以通过选择一些在程度上拥有不同测量值的系统来引入**跨**案例的数据[②]。此处所需的案例数量至少是三个（其中一个可能代表着缺乏某个特定的属性，亦即其测量值为0）。一旦拥有了这些经过排序的案例，就能够保证相似的系统内（within-system）关系在统计学上能够被置于由可比案例所提供的系统间（among-system）控制之下。举例来说，在《公民文化》所遇到的那个问题中，只要能够证明：无论民主程度如何，教育和公民能力之间的相关关系都存在，那么我们对于两者之间的直接因果联系（这是一个在每个系统内都能被发现的联系）的信心也可

[①] 这里作者可能的意思是：行为主义的研究者倾向于统计学方法，而传统研究者则更倾向于定性研究方法。——译者注

[②] 此处"拥有不同测量值的系统"指的是经过排序后的案例。——译者注

以大大增加①。

尽管如此，我们主要的关注点并不在于改进跨国调查分析（survey analysis），因为与那些案例少得无法做标准统计控制的比较研究相比，这种分析并未遭遇到前者所碰到的困难。调查研究可以使用系统内而不是系统间的控制。但是当统计控制在任何分析层次上都不可行的时候，我们就应该像涂尔干那样把注意力放到密尔的共变法上去；求同、求异或是求同求异并用法所用到的信息量均无法与"定序案例"设计（ordered-cases design）相提并论。

每增加一个额外用于衡量结果变化的排序类别（ranked category），就等于减少了一点得出错误原因（false causes）的可能性。这种类别越多，在我们所考量的现象中的可能因素与变化之间的关系就越不能是随机的。备择假设（alternative hypotheses）必须通过一个（比由简单二分法所提供的检验）难度更大的检验才能被确证。② 因此，在检验诸如"精神病导致自杀"这一假设的时候，涂尔干就在定序的基础上比较了这两个变量在全国层面的变化比率。他依照精神病患病率及自杀率对国家进行排序，然后再对它们进行定量的比较。结果，两者之间并行性（parallelism）的缺乏有效地削弱了精神病与自杀间的因果关系。当然，因为存在着一些问题，所以如今我们在研究自杀中更偏爱民调数据，这些问题包括了"生态学谬误"［ecological fallacy］，即从聚合数据中作出

---

① 事情可能远非像文中所示的那么简单。那些在民主的"程度"中（或甚至在教育与公民能力的相关性中）所考虑到的相似或相异性可能是根据个人的判断而作出的。更重要的是，真正在跨国分析的结果中起作用的是：它们与我们的理论预期之间一致性程度如何。图纳详细地讨论了该论点（Teune, 1978, 1981）。他指出：当我们有理由相信将国家按一些维度（如：发展）排序可指明统计相关性的时候（如：领袖的价值观和政府支出的关系，或地方性政治和总体产出的关系），这一"简单地通过统计上的控制"的问题便显得无关紧要了。还存在一些情况：若一个初始的相关关系被翻转（甚至是消失），那么这就能够证明：这是一个宏大系统（macro system）接受拟合优度（goodness of fit）检验的案例。

② "备择假设"指的是在假设检验中，研究者意图搜集证据予以支持的假设。否则则需接受"零假设"（Null Hypothesis）。——译者注

有关个体性质的错误推论)。①

但是,当调查数据不可得或当我们的兴趣仅是在于系统本身属性的时候,将案例排序则是区分它们的较佳办法(倘若案例数量太少以至于无法做统计控制的话)。② 举例来说,如果我们感兴趣的是经济发展对于自由民主的影响,我们最好不仅仅只是简单揭示两者在质性上存在相关性。我们所用的测量方法越多(不仅仅包括数量,而且还包括类别的排序),竞争性假设通过一致性检验(test of correspondence)的几率就越小。此外,如果诸如"宗教既是民主又是经济发展的原因"这样的命题挑战了上述的相关关系,那么我们就应该运用有关全国宗教倾向的定序测量尺度来证明在上述命题中是否能发现和"发展—民主"类似的那种关系。事实上,我们也许想用这种检验来决定需将多少定序类别纳入测量。理论上,我们或许所寻求的是尽最大可能去判定:在与民主程度的并行性方面,究竟是经济发展还是宗教表现得更好。当然,由此得出的因果推论自然不会比得自统计控制的结论来得更强;但是,这些推论比起那些仅采用定性比较的推论来说则要好得多(一个经验上的例证可参见附录)。

因此,我们可以得出如下结论:尽管在比较理论的文献中充斥着"可比案例策略",但是这种策略永远无法产生出一种比较政治科学(a

---

① "生态学谬误"指的是一种用总体层面的结论来推断个体的跨层推论错误。举例来说,全国的统计结果显示"黑人的犯罪率高于白人",若有人以此结论推出"阿肯色州的黑人犯罪率高于白人"的话,那么这个人就犯下了"生态学谬误"。因此,作者在这里指出,若要了解个体的性质,必须依赖于基于个体的调查研究。——译者注

② 在回应别人对他"多元"社会(plural societies)研究的批评时,利帕特同意我们需要根据程度(degree)而非两分法来描绘案例(Lijphart, 1981)。此外,他大体上认为将多元主义(pluralism)构建为一个从"零"(zero)到"完全"(perfect)的变量既好又具有概念上的可能性(conceptually possible)。但是当我们缺乏定距指标的时候,我们最好依赖于涵盖甚广的主观判断。而运用这种判断来对国家在许多维度上进行排序并没有什么错。我们所需注意的只是在排序的问题上存在多数人均同意的标准,而且这种排序是可靠的。当我们从"完全多元"到"零"将社会进行了排序之后(即便是主观的),严格的可比案例策略就可以被撤开了(当然这里需假定社会也能够依照别的研究变量进行排序)。求异法因其仅部分适用于因果推理(Trusted, 1979),所以可被抛弃。相反,共变法可以定序的形式被用于达成有关某一现象产生之充要条件的因果推理。

science of comparative politics）。因为它无谓地将对因果联系的探寻限制在了相似的案例之中。然而，即便将那些对相异案例所进行的两分法比较研究（无论是求同法、"最具差异性系统"设计，还是两者并用）纳入到我们的研究策略中，我们仍旧缺乏一个基于定序案例的研究途径。①因此，我们应该避免继续曲解涂尔干曾使用过的那些方法，这些曲解（不论如何迂回）只会将我们带回到求异法的死胡同中。

在"变量太多，案例太少"的情况下做因果推论必须得利用我们已有或所能得到的一切信息。即便在定距数据缺乏的情况下，我们也决不能总是依赖于定性的资料来做推论。"对经排序后的国家进行比较并以此得出解释"是比较政治科学的应有之义。

附录

政治研究的比较

为了说明定序案例研究途径（ordered-cases approach）的有用性，我会将其应用到一个对一系列政治研究的资料所进行的比较分析中。利帕特、米歇尔·沙米尔（Michal Shamir）以及卡尔·斯特罗姆（Kaare Strom）各自在最近都完成了一个比较分析研究，这些研究都包含了对15至20个国家所做的排序。

用这些研究共同采用的10个国家，我们很容易就能给出一个简单的二手资料分析，这种分析包含了因果推论的定序案例途径。若我们把利帕特（Lijphart, 1984）关于内阁持续性（cabinet durability）的测量值当成因变量，那么一些从其他研究中挑选出来的因素就可以被用来检验是否是该因变量的可能原因。在沙米尔的研究中（Shamir, 1984），对于

---

① 虽然数量不多，有关定序案例研究途径的例子当然还是也可以从当下的文献中找到。一个尤为清晰的对排序进行比较的例子是肯特·詹宁斯（Kent Jennings）有关性别角色和政治参与的八国研究（Jennings, 1983）。

国家的排序是根据政党制度的"碎片化"（fragmentation）来进行的，这个次序若被用来与基于内阁持久性的排序作比较，便可得出了一个在统计上显著的"斯皮尔曼等级相关系数"（Spearman's rho）①：-0.64。这一结果与利帕特自己用"积矩相关系数"（product-moment coefficients）对于 20 个国家所做的分析在结论上是一致的②。换言之，我们很容易就能在没有定距数据或者更多的案例的情况下得出一个类似的结论。在两个例子中，当所谓的"超碎片化"（hyperfractionalization）（一种对于体系内政党数量与规模的测度）增加时，（内阁）持久性便会下降。

但是沙米尔的研究中还有一个比"碎片化"更有趣的因素能被视为可能的原因，那就是"意识形态极化"（ideological polarization）。这是一个测量不同规模政党之间在经济自由主义—保守主义维度上的距离差。相似的，在用这个变量进行了定序的比较研究后，我们可得出如下结论：极化和内阁持久性之间也确实有联系（-0.68）。极化的增加可以降低持久性。此外，极化和碎篇化是直接成比例变化的（0.60，部分是因为这两个指标都包含了政党规模）。然而，我们最好假定意识形态的立场决定了政党的数量（而不是相反），并且最好也假定持久性更多的是取决于极化而不是碎片化。因此，我们应该通过意识形态的极化来控制碎片化和持久性的初始关系。③

确实，虽然每个比较组中都只有五个国家，但是"定序案例途径"仍旧能在此使用（它还能帮助我们超越涂尔干）。将十个国家分为党派的"高度极化"以及"低度极化"两组后，我们发现了如下事实：碎化和持久性之间的关系产生了显著的差异。这也就是说，那些被列为"低

---

① 斯皮尔曼等级相关系数是一种用于衡量两个定序变量之间相关性的工具。而我们熟知的"皮尔逊相关系数"则是用于衡量两个定距变量相关性程度的。——译者注
② "积距相关系数"即皮尔逊相关系数。——译者注
③ 换言之，这种控制的方法是：根据"意识形态的极化"来将所有国家分为"高"或"低"两组，若每一组的"碎片化"和"持久性"的关系因此产生了强度或方向上的显著差异，那么我们可以确证"持久性"的原因是"极化"而不是"碎片化"，作者在下一段详述了操作方法。——译者注

度极化"国家——如比利时、加拿大、爱尔兰、荷兰以及英国——的斯皮尔曼系数是 0.37,而"高度极化"国家——如丹麦、芬兰、意大利、挪威以及瑞典——的系数则为 0.90(在 0.05 的置信水平下显著)。所以,不论政党数量对于内阁持久性的真实影响是什么,它确实被先前存在的相对高度的意识形态极化所加强。

更加重要的是,这一结论是在没有定距数据和只拥有少量案例的情况下达成的。不过在给出完整的结论之前,让我们再往前走一步吧。

斯特罗姆(Strom, 1984)给出了一个衡量反对派影响力的指数,该指数乃是基于"委员会结构"(committee structure)这一两分法指标得出的。该指数与内阁持久性仅有少量的相关性(再次使用我们用过的那 10 个国家,得出的斯皮尔曼系数为 0.31)。但是该指数与意识形态的极化却能很好地契合(0.58,置信水平为 0.05)。而且,我们似乎可以自信地作出如下假定:极化影响了委员会结构而不是相反。因此,我们可以再度将原本已很小的样本平分为两组,去看"结构"对于"持久性"的影响是否取决于"极化"的程度。结果显示出了另一种变化——两个系数间出现了显著的差异(0.34 对 -0.56)。看来,任何由委员会结构施加给内阁持久性的真实影响都是以意识形态的极化为前提的:支持反对派的委员会结构只有在更加极化的国家中才能降低内阁的寿命。

但不论上述有关内阁持久性的结论在经验上是否正确,本文的目的则是在于证明通过定序案例途径不仅能建立而且也能改进比较因果推论。通过对次序(orders)的比较,即便在案例数量少且没有定距数据的情况下,我们还是能够应用定量的因果分析逻辑。

(译者单位:复旦大学国际关系与公共事务学院)

参考文献

Almond, Gabriel A. and Sidney Verba, *The Civic Culture*. Princeton, NJ: Princeton Univ. Press, 1963.

Campbell, Arne and Henry Valen, "Party Identification in Norway and the United States", *Public Opinion Quarterly*, Vol. 25, 1961.

Cohen, Morris. R. and Ernest Nagel, *Introduction to Logic and Scientific Method*, New York: Harcourt, Brace, 1934.

Converse, Philip E. and G. Eorges Dupeux, "Politicization of the Electorate in France and the United States," *Public Opinion Quarterly*, Vol. 16, 1962.

DeFelice, E. Gene., "Comparison Misconceived," *Comparative Politics*, Vol. 13, October, 1980, pp. 119 – 126.

Durkheim, Emile, *The Rules of Sociological Method* (Solovay and Meuller, trans), New York: Free Press, 1938.

——, *Suicide* (Spaulding and Simpson, trans), New York: Free Press, 1951.

Hempel, Carl G.., *Philosophy of Natural Science*, Englewood Cliffs, NJ: Prentice-Hall, 1966.

Holt, Robert. T. and John E. Turner, *The Methodology of Comparative Research*, New York: Free Press, 1970.

Inkeles, Alex and Peter Rossi, "National Comparisons of Occupational Prestige," *American Journal of Sociology*, Vol. 61, 1956, pp. 329 – 339.

Jennings, M. Kent, "Gender Roles and Inequalities in Political Participation: Results from Eight-Nation Study," *Western Political Quarterly*, Vol. 36, September, 1983, pp. 364 – 385.

Kalleberg, Arne. L., "The Logic of Comparison," *World Politics*, Vol. 19, October, 1966, pp. 68 – 82.

Lijphart, Arend, "Comparative Politics and The Comparative Method," *American Political Science Review*, Vol. 65, September, 1971, pp. 682 – 693.

——, "The Comparable-Cases Strategy In Comparative Research," *Comparative Political Studies*, Vol. 8, July, 1975, pp. 158 – 177.

——, "The Structure of Inference," in Gabriel A. Almond and Sidney Verba (eds.): *The Civic Culture Revisited*, Boston: Little, Brown, 1980.

——, "Consociational Theory: Problems and Prospects—A Reply," *Compar-

ative Politics, Vol. 13, April, 1981, pp. 355 – 359.

——, "Measures of Cabinet Durability," *Comparative Political Studies*, Vol. 17, 1984, pp. 265 – 279.

Meckstroth, Theodore W., "'Most Different Systems' and 'Most Similar Systems': A Study in The Logic of Comparative Inquiry," *Comparative Political Studies*, Vol. 8, July, 1975, pp. 132 – 157.

Moore, Barrington. Jr., *Social Origins of Dictatorship and Democracy*, Boston: Beacon, 1966.

Naroll, Raoul, "Scientific Comparative Politics and International Relations," in R. B. Farrell (ed.): *Approaches to Comparative and International Politics*, Evanston, IL: Northwestern University Press, 1966.

Pateman, Carole, "The Civic Culture: A Philosophic Critique," in Gabriel A. Almond and Sidney Verba (eds.): *The Civic Culture Revisited*, Boston: Little Brown, 1980.

Przeworski, Adam, and Henry Teune, *The Logic of Comparative Social Inquiry*, New York: Wiley, 1970.

Rosenberg, Morris, *The Logic of Survey Analysis*, New York: Basic Books, 1968.

Sartori, Giovanni, "Concept Misformation in Comparative Politics", *American Political Science Review*, Vol. 64, December, 1970, pp. 1033 – 1053.

Selltiz, Claire. et al., *Research Methods in Social Relations*, New York: Bolt, 1959.

Shamir, Michal, "Are Western Party Systems Frozen?" Comparative *Political Studies*, Vol. 17, 1984, pp. 35 – 79.

Skocpol, Theda, *States and Social Revolutions: A Comparative Analysis of France, Russia and China*, New York: Cambridge Univ. Press, 1979.

Smelser, Neil, *Comparative Methods in the Social Sciences*, Englewood Cliffs, NJ: Prentice-Hall, 1976.

Strom, Kaare, "Minority Governments in Parliamentary Democracies," *Com-*

parative Political Studies, Vol. 17, 1984, pp. 199 – 226.

Teune, Henry, "The Developmental Ecology of Political Intervention," in Mlinar and Teune (eds.): *The Social Ecology of Change*, Beverly Hills, CA: Sage, 1978, pp. 149 – 165.

——, "Concepts Of Evidence In Systems Analysis: Testing Macro-System Theories," *Quality and Quantity*, Vol. 15, 1981, pp. 55 – 70.

Trusted, Jennifer, *The Logic of Scientific Inference*, London: Macmillan, 1979.

Verba, Sidney, "On Revisiting The Civic Culture, " in Gabriel A. Almond and Sidney Verba (eds.): *The Civic Culture Revisited*, Boston: Little, Brown, 1980.

——et al., *Caste, Race, arid Politics: A Comparative Study of India and the United States*, Beverly Hills, CA: Sage, 1971.

——et al., *Participation and Political Equality*, New York: Cambridge Univ. Press, 1978.

Zelditch, Morris. Jr., "Intelligible Comparisons," in Ivan Vallier (ed.): *Comparative Methods in Sociology*. Berkeley, CA: University of California Press, 1971, pp. 167 – 307.

比较研究方法[①]

[美] 戴维·科利尔 著
章 远 译

戴维·科利尔（David Collier）生于1942年，是比较政治学以及方法论等研究领域的知名美国学者。本篇《比较研究方法》原收录于埃达·W. 费尼弗特（Ada W. Finifter）主编的《政治科学：学科的现状（二）》文集之中，全文是在早前收录于《比较政治的动力：全球研究视角》（1991年出版）文集中同名文章的修正和补充。

在本文中，戴维·科利尔综述了20世纪60年代晚期到90年代初期比较研究方法的不同观点。科利尔认为标准的"比较研究方法"指的是

[①] In Ada W. Finifter, ed., *Political Science: The State of the Discipline II* (Washington D.C.: American Political Science Association, 1993). 本文是早先发表的 Dankwart A. Rustow and Kenneth Paul Erickson, eds., *Comparative Political Dynamics: Global Research Perspective* (New York: Harper Collins, 1991) 的修正版本。

针对小规模样本、或者说少量案例的研究方法，这种研究方法显然适用于缺少大规模案例的政治现象研究。因此在政治学学科领域，科利尔肯定比较研究方法才是分析工具中的最基本选项。

科利尔以阿伦·利帕特（Arend Lijphart）发表于1971年的《比较政治学和比较研究方法》为分析起点。从文中的图1中可以明晰地看出，利帕特对比较研究和个案研究、实验研究以及统计研究三种研究方法进行了优劣评估。利帕特的评估标准有两个，分别是判定竞争性的对立假说，也即涉及能否对样本进行控制；另一个标准是获得有关数据的难易程度。利帕特认为，比较研究方法是折中主义的最优多元研究技术。因为小样本分析会出现多变量、少案例的问题，但是利帕特认为能通过增加案例数量、集中关注可比案例和减少变量获得解决。

20年之后，无论是比较研究方法，还是实验研究、统计研究和案例研究都得到了更新，这些交叉知识的增长对新出现的、比较研究方法范畴内革新，尤其是对小样本（small N）研究思路而言，有诸多助益。文中图2集中展示了这些有关比较研究的研究方法革新。具体而言，首先是比较的目标更加多元。在寻求正当性所使用的样本案例数量上，革新的研究方法则趋向于更为精练和紧凑。至于针对多变量、少样本问题，更新的研究方法则通过以统计分析、理性选择等新研究技术，改进了利帕特之前提出的三个解决方案，即：增加案例数量、集中关注匹配案例和减少变量数量。

除了比较研究方法之外，10年间，学者们在实验研究、统计研究和案例研究这些方法领域均有新的创新，这些发展均提升了小样本研究的有效性。因此，不论是早期的比较研究还是后来更新的小样本研究，比较研究方法都采用了多元化的研究路径。一般而言，比较研究方法均为其他各种研究方法的中介或者说中间区域，并由此在政治学学科为主的社会科学研究中扮演重要角色。在科利尔看来，研究方法领域变革的最终核心，是传统历史比较研究和案例分析以及少量样本三种研究路径的妥善交流和联合。研究者也应同时掌握定量分析研究的众多统计技能。

总之，科利尔认为，打破研究方法上的界限和分野，倾向于小样本分析这样的折中研究实践。

* * * * * *

摘要： 比较研究方法是分析的基本工具，它使得我们的研究更有利。在以案例之间的异同为基础进行概念构建的过程中，比较研究方法也扮演了重要角色。通常在命题假设验证中，比较研究方法还能够有助于归纳新发现的假设和建构理论。这一章审视了过去 20 年前后不同视角的比较研究——也可以理解为对相对少量案例研究的系统化比较——并特别集中在它与实验方法、统计方法和案例方法之间的关系上。

随着比较研究方法可行性的加强，三个主要的创新和分析路径已经显现出来：案例间分析、应用于相对较少案例的定量技术以及以因果分析为目标的小规模案例系统比较——这和阿伦·利帕特（Arend Lijphart）最初的主张是一致的。上述的三条研究路径都将会持续，而哲学上的基础论述也会大量涌现，同时研究逻辑也可以为更正式的方法论选择提供框架结构。通过这种方式，"小样本"（"small N"）分析的折中实践才可以被用作研究之基，并由此可以利用各方的优势。否则，其只能造成理性知识的割裂。

比较研究方法是最基本的分析工具。比较研究使得我们的描述更准确。在概念形成的过程中，比较研究方法扮演了关键的角色：因为比较使得我们更加关注案例之间隐藏的异同。比较研究往往被用于验证命题，还有助于归纳和发现新命题以及进行理论构建。

政治学学科研究中非常广泛地采用比较这一形式，这其中有一些属于统计分析、实验研究与历史研究的范畴。然而"比较研究方法"这一标签，在政治学学科和更为宽泛的社会科学层面内，有个标准的含义：比较研究方法关涉系统分析的少量案例，或者"小样本"[①]时出现的方法论上的问题。本章考察过去20年前后涌现的比较研究方法的不同观点。尽管本文的探讨主要集中于比较政治学和国际问题研究，但需要说明的是，比较研究方法绝不仅限于上述领域。

受到所研究政治现象类型以及如何概念化这些类型的影响，学者们通常采用少量案例的研究方式。这种考察有限案例的研究方法主要关注下列主题：包括革命、特定的国家政治体制（比如后共产主义政体）、或者城市政治制度的特别形式。之所以采用少量案例的研究方法，是因为研究对象可对应的、且有助于分析的案例绝对数量并不多。另一方面，一些学者认为多数情况下，精挑细选后的小规模政治现象案例最好理解。近年来，在比较研究和国际研究领域，聚焦于有限案例的研究获得了更大的正当性，这与从事少数国家长时段研究的比较历史学派的兴起密切相关。因为要对每一个国家分别进行审慎考察，所以学者们无法有效驾驭大数量的国家案例。[②]

选择少量案例研究往往会引发如下问题：需要评估对立性的解释反而要多于需要观察的案例，或者会遇上"多变量，小样本"（Lijphart，1971：686）的问题。基础统计告诉我们：随着解释因素数量接近案例的数量，通过统计比较进行诠释判定的能力迅速减弱。上述问题已经激起针对如何才能最卓有成效地分析少量样本的诸多讨论。

20世纪60年代晚期和70年代早期，比较研究方法方面的论述大量涌现（比如 Merritt & Rokkan, 1966；Kalleberg, 1966；Verba, 1967；Smelser, 1968；Lasswell, 1968；Przeworski & Teune, 1970；Sartori, 1970；Merritt, 1970；Etzioni & Dubow, 1970；Lijphart, 1971；Vallier, 1971；Zelditch, 1971；Armer & Grimshaw, 1973）。上述研究论著建构了小样本研究的一整套格式和实践，设置了引导此类研究的可选策略，并且创造

---

① "N"指代所有提及研究中所分析案例的数量。
② 在比较这些研究方法之后，利帕特承认他错失斯梅尔瑟（Smelser, 1968）出色的平行分析框架。也见斯梅尔瑟（Smelser, 1976）。

了少量样本研究实践过程中重要的理解的基础。本章探讨这20年间饱受争论的比较研究方法，并且考察其对以后研究的意义。本章将以阿伦·利帕特（Arend Lijphart，1971）的文章"比较政治学和比较研究方法"为分析起点。在这20年间公开出版的研究论著中，利帕特的论述在基本问题，以及在比较研究和其他方法论意义上的研究方法之间关系的综合比较上，因富有创造力而脱颖而出。这些为利帕特的立场和观点提供了有裨益的解释框架，也推动了相关领域的新发展。

下文将会讨论的关键议题是：改进少量样本分析研究方法，实际上扩大了进行比较研究的有效技术范围。成果最丰富的是折中主义方法的（eclectic）。折中主义学者既有意愿也有能力利用这些多元技术。

利帕特概要

利帕特将比较研究方法理解为少量案例的研究，意指至少包含两个观测对象，否则无法形成有说服力的统计分析。利帕特文章的关键目标在于确定比较研究方法与其他三种方法——实验研究、统计研究和案例研究——之间的关系。利帕特用两个评判标准区别以上方法：（1）通过判定相互对立的解释，以实现检验理论的既定目标；（2）采用该研究方法获得相关数据的困难度（见图1）。

实验研究方法优点在于，通过实验控制，能成为排除对立解释的强势标准。但是实验研究方法无法产生适用于大多数政治分析的实验数据资料。统计研究方法的优势在于，通过弱一些但仍然有意义的统计控制程序来评估对立解释。然而问题是，统计研究方法无法收集足够的和可靠的数据资料来完成上述分析。

个案研究方法	比较研究方法	实验研究方法

优点：即便来源有限，也能进行深入的案例剖析。
内在问题：在构建理论的贡献方面，不如更多案例的研究。
案例研究的类型：
1. 非理论的
2. 解释性的
3. 产生命题假设的
4. 验证理论的
5. 弱化理论的（比如：弱化理论至其边缘化的案例研究）
6. 偏移案例研究
	定义：个案数量不多的系统分析。（"小规模样本"分析）
	优点："考虑到常常出现在时间、能力和财力资源上不可避免的匮乏，精练地把分析集中于比较少数案例，比起浅显地进行大量案例的统计分析更有希望"。（Lijphart, p. 685）
	内在问题：拣选竞争性解释的能力不足，具体而言，"多变量，少案例"的问题。
	潜在解决方案：
	1. 增加案例数量
	2. 关注可比较案例
	3. 减少变量数量：
	  a. 复合变量
	  b. 采用更简洁的理论
		优点：通过实验控制消减相互对立矛盾的解释。
		内在问题：对许多，或者说大多数，比较研究领域相关议题而言，不可能进行实验控制。
		
		统计研究方法
		优点：通过数据控制，评估竞争性解释。
		内在问题：因受时间和资源限制，要在充分案例中收集足够的信息存在困难。

图1 1971年以来比较研究方法的场景：利帕特的图解

案例研究模式的优势在于，它提供一个框架，在这一框架内，学者一旦具备合适的机遇和资源就可以得出也许有利于某一特定案例的数据资料。但是，案例研究系统化验证命题的机会却比其他研究方法少得多。然而利帕特坚持案例研究的确可以在验证命题和构建理论方面有所贡献（Lijphart，1971：691-693）。基于这种贡献本质，他提出案例研究的一个提示性分类（suggestive typology）。他区分了不具有理论倾向的案例研究、解释性案例研究（自觉地用理论来解释一个特定案例）、提出假设的案例研究、理论证实型案例研究、理论证伪型案例研究（尽管它们无法驳斥某一理论，但可以提出对该理论的质疑）、异常型案例研究（通过考察与原理论预测相违背的案例，来阐述和优化理论）。利帕特认为"某些案例研究甚至可以被视为比较研究方法的隐式部分。"（Lijphart，1971：691）命题假设评估会出现在某些案例研究中，这往往源于案例研究被置于隐形的或者显性的比较框架内。然而，在利帕特看来,即便在这一比较框架内,从单一案例寻获的成果也不应该在评价命题和理论方面赋予过多的重要性(Lijphart,1971:691)。

利帕特界定的比较研究方法是他两个标准的中间媒介。与评估命题的实验研究方法和统计研究方法相比,比较研究方法基础较弱。这是因为少量样本既无法做到有效的实验控制,也不能解决众多变量问题。然而即便如此,在评估命题上,比较研究方法的基础仍然可以比案例研究更有力。虽然比较研究方法比案例研究受到更多变量限制,但如果用比较研究方法进行系统比较,并安排得当,可以有效地在相互对立的解释中找到解决方法。

尽管比较研究方法比案例研究更需要数据,但利帕特认为,比较研究需要的数据还是少于实验或者统计研究。因此,在利帕特看来,比较研究方法是基于当代资源、最合适的研究方法。继而利帕特建议在统计分析过程中将比较研究方法用作研究的第一步。

如果有可能,人们普遍选择运用统计的(或者可能甚至是实验的)研究方法,而不是不太可靠的比较研究方法。但是考虑到常常出现在时间、能力和财力资源上不可避免的匮乏,精练地把分析集中于比较少数案例,相比于肤浅地进行大量案例的统计分析,前者更有希望。最有效的研究路径是将比较分析作为研究的第一步,这一阶段需谨慎设置命题;统计分析作为第二步,之前设立的命题可以在这一阶段由尽可能多的案例予以验证(Lijphart,1971:685)。

利帕特为大量多变量样本和只有少数样本的各自存在的问题,均提出了解决建议(Lijphart,1971:686)。就只关涉少量样本案例研究而言,即便研究者没有进行任何统计研究,他们也不应放弃评估命题增加使用案例数量的尝试。就大规模多样化案例研究而言,利帕特提出两个解决方案:其一,分析者可以关注"可比较的案例",换言之,是指那些案例:(1)在非核心变量上匹配的案例,因而实质上"控制"这些变量;(2)与研究关注的关键变量不同的那些案例,从而获得对其影响更充分的评估。因此,选择案例行为是统计控制或者案例控制的局部替代方案。其二,分析者可以减少变量的数量,方法是通过在单一标准内增加变量，或者通过理论简化，简言之，即通过发展只集中于关注少量诠释要素的理论。

据此，利帕特得出了比较研究方法和其他方法论之间关系的简练公式，他也为比较研究方法的典型困境提供了解决方案。

小样本分析的发展前景

在利帕特研究之后的 20 年，出现了小样本研究的新思路，在他撰写上文之前就已经出现了方法论上的其他创新。尽管众多研究中的革新都明确地与比较研究方法相关，但一般认为，使用实验研究、统计研究和案例研究方法的论著也不乏创新。由此产生了极大的知识交叉，这非常有益于比较研究方法。图 2 展示了这些革新的图谱。

比较研究方法的革新

探讨比较研究方法上的革新，按照上文的交代，它包括比较的目标、少量案例合理性证明，以及多变量、少样本的问题。

比较的目标

对比较分析来说，关键和合理的目标是评估对立的解释。然而正如西达·斯考切波（Theda Skocpol）和玛格丽特·萨默斯（Margaret Somers）所述：比较研究方法不应该仅被理解为只有上述这一个目标，相反，它应该有三个相异然而最终相关的目标。[1] 这其中首先是以因果分

---

[1] 这一观点斯考切波在（1984：chap. 11）中得到进一步详述，类似的观点在查尔斯·蒂利（Charles Tilly）（1984：chap. 4）中也有体现。

比较研究方法

对比较研究类型的扩展解读
1. 强调诠释性理解（interpretive understanding）
2. 在不同类型中存在"研究循环"（Research cycle）的概念（Skocpol & Somers）

小样本的更多正当性
1. 追求"学科形构路径"（Verba，后被Almond和Genco强化）
2. 避免"概念延伸"（conceptual stretching）问题（Sartori）
3. 促进"深度描述"和其他形式的诠释性理解。（Geertz）
4. 达到个案导向路径的分析深度（Ragin）

对多变量、小规模样本问题解决方法的争论
1. 增加案例数量的意义
2. 可比案例Vs.对立案例（Lijphart versus Przeworski & Teune）
3. 减少变量数量与使用更简化理论相结合

实验研究方法

在准实验设计领域（Quasi-Experimental Design）传播较旧理念和介绍新理念
1. 准试验方法论和解释时间序列设计变得更广为人知
2. 以康涅狄格州打击超速为例，阐释时间序列研究（Campbell & Ross）
3. 传播由编纂评估研究引发的准实验现象
4. 建议准实验中选择偏见设置的统计解决方案（Achen）

个案研究方法

案例研究新观点
1. 个案研究方法的新辩护（Campbell）
2. 利帕特式案例研究类型的改进（Eckstein, George）
3. 通过"过程追踪"改进案例研究中的因果分析（George & McKeown）
4. 对评估理性选择理论中案例研究价值的批判（Achen & Snidal）

统计研究方法

新预警和新解决方案
1. 对社会科学中标准统计实践的批评。（Freedman）
2. 与小规模样本分析相关的新统计技术
3. 在西欧法团主义和经济增长的辩论中，尝试改善小规模样本的统计分析。（Lange-Garrett-Jackman-Hichs-Patterson）

图2 有关比较研究方法的更新

析为目标的系统案例中的共变（covariation）分析（Skocpol & Somers, 1980）。① 第二种类型是检验大量案例。这里的案例检验往往是以展示说明这些案例的特定模式或者概念为目标。不是真正意义上的理论验证，

---

① 斯考切波和萨默尔（1980：181-187）将其称作："宏观因果"分析。然而小规模样本分析在产生命题和验证命题时可以兼有宏观和微观视野。小规模样本分析并没有忽视微观分析视角。因此，可以被贴上置换（可替换）标签。

而是理论的平行证明。比较的运用，此时于理论发展中扮演重要角色。第三种类型的比较则是分析两个或者两个以上案例以强调它们的不同，由此建构解释平行的变化过程的框架，这些变化依不同背景而以不同方式表现出来。这一背景比较是社会科学更"解释性的"层面的关键，也反映出常用比较研究的另一种形式。

除了提供更多面的比较解释目标，斯考切波和萨默斯提出了这些研究路径形成了研究"循环"的别致想法（Skocpol & Somers, 1980：196 - 197）。这一循环的出现回答了当研究者将每一研究路径都推进到——或者超越——其有效性的极限时遇到的问题。比如，一位"平行证明"（parallel demonstration）学者可能介绍一个新理论，并且展示这一理论如何适用于众多案例。那些期待明辨理论无法适用的条件的"假设检验"（Hypothesis-testing）学者们，则可能进行以发现这些条件为目标的进阶比较。假设检验研究太过粗陋地比较那些可能是非常复杂的案例，反过来可能会引起"背景比对"（contrast of contexts）学者更仔细地检验案例之间不同意义。超越仅仅关注比较研究方法在广泛因果分析中的地位，理解包含研究循环内的不同因素，这是非常有益的。

这并不是说评估命题不再是比较的首要目标，相反许多研究者坚持其重要地位。然而这种更广泛的观察视角提供的更大研究场域中，比较工作进行有价值的描述，并且有效地指出了比较研究方法不同目标之间的互动。

小样本的正当性论证

第二个趋势是关注相关少量案例来寻求更缜密的正当性（理由）。利帕特的解释（rationale）回想起来似乎相当温和，他的解释只强调材料资源不充足的问题，并把少量样本比较方法视为更成熟的数据分析过程的中途站。

一个完全不同于少量样本和案例研究的"结构"（Configurative）研究路径（赫克舍 Heckscher, 1975：46 - 51, 85 - 107），与西德尼·维巴评论文章里利帕特的分析相比（Sidney Verba, 1967），早在数年之前赫克舍已经提出"学科的结构路径"（disciplined configurative approach）。维巴在评价罗伯特·A. 达尔（Robert A. Dahl's）的《西方民主的政治敌人》（*Politica Oppositions in Western Democracies*）（1966）一书之时，他既指出该书所考察命题的复杂性，又指出了充分评估这些命题的困难，除非对案例进行精密的控制，才能解决这些困难，因此，这使得维巴倡导结构研究路径。维巴的表述很吸引人，因为他注意到了系统命题验证和理论建构。同时，他将这些与更明确欣赏充分检验命题中的困难，置于合理案例研究分析的价值之前。

最终，充分验证命题的困难源自利帕特提到的材料资源不足。如果有足够多的研究者努力用心，那么他们实现为许多国家进行反对党研究。然而这与之前利帕特最初所述方式（formulation）又有不同。不一定是材料资源有限，而是建构充分的比较研究，比20世纪60年代和70年代早期所设想的要困难得多，那一时期，比较统计研究更受重视。在那些困难中，有效运用跨文本概念是特别恼人的。

比较研究方法的相关文献中，阐释这些问题的有效性，并且强化少量样本分析合理性的关键步骤是乔万尼·萨托利（Giovanni Sartori, 1970）的经典论文，《比较政治学的概念错构》（*Concept of Misformation in Comparative Politics*）。其核心命题具体阐述于随后出版的著作《社会科学概念》（*Social Science Concepts*, 1984）。萨托利认为运用更广范围案例的概念可以导致概念的"延展"，因为其中一些新案例，无法适用于概念相关的意义。那些可以适用于更广泛案例的概念却往往太过普通而丧失了对案例之间的相似性与差异性的重视。忽视案例之间的这些相似与相异，却是对形成有力比较研究分析而言的主要绊脚石。因此，一个适用给定案例合适范围的概念的研究，应该被谨慎考虑，才能扩展到其他案例。从这个角度而言，最有意思的那些研究往往只关注小规模数量的案例。

至于研究案例数量不断增加的问题①,亚当·普沃斯基(Przeworski)和亨利·图纳(Henry Teune)《比较社会调查的逻辑》(*The Logic of Comparative Social Inquiry*,1970)是集大成之作。尽管他们也认可追求高水准的普遍适用性是科学研究的基本,然而他们的框架主要关注当提炼归纳超出最初案例组时出现的困难。考虑到有效性(validity)问题,他们提倡在必要的时候使用"系统—特殊"指标("system-specific"indicators)用法,也就是以不同方式实施不同文本中的相同概念(Przeworski and Teune,1970:124-130)。学者们试图寻求更大规模的案例,而系统—特殊指标内在要求必须仔细甄别每一个新案例。

普沃斯基和图纳也意识到上述问题,即随着分析演进,更多的案例纳入研究,截然不同的因果模式则可能出现在新的案例之中。普沃斯基和图纳提出为社会系统"替换合适名称",因此,一个适用给定案例合适范围的概念的研究,应该被谨慎考虑,才能扩展到其他案例(Przeworski and Teune,1970:26-30)。② 这种研究方法提出理论的推理(theoretical)基础,而不是异质和特例为基础,以分析因果模式中的差异,因而意义重大。然而,以此为基础,扩展分析其他案例的时候仍然需要痛苦地评估每一个案例。尽管普沃斯基和图纳给出了充分分析大规模样本案例的有效工具,然而他们的研究方法仍然显示了,采用此方法谨慎是不可或缺的。

1970 年以来,韦伯式诠释性理解(interpretive understanding)的革新(renewal),比如解读行为和组织对行为者相关的意义,强化了谨慎的使用一个或者多个案例的正当性。克利夫德·格尔茨(Clifford Geertz's,1973)认为"深度描述"(thick description)普遍引发此类关切③,这种关注在政治研究时表现出诸多伪装,包括阿尔蒙德(Gabriel

---

① 尽管普沃斯基(Przeworski)和图纳(Teune)主要关注,当研究中加入例外案例时所出现的议题,他们讨论的问题也更可能发生在如果研究者以处理大规模样本为开始之时。

② 比如,不去谈"委内瑞拉",研究中只谈在一个国家,受大规模石油收入的影响,一个特殊的因果关系假定一个不同的形式。

③ "深度描述"(thick description)有时被武断地误解为"细节描述"(detailed descripton),但后者并不是格尔茨想要表达的。

Almond）和斯蒂夫·J. 金科（Stephen J. Genco）分析"云与钟"（Clouds and Clocks）（1977）和斯考切波和萨默斯"背景对比"研究路径，后者包含了对丰富的文献成果进行比较的那些研究。查尔斯·C. 拉金（Charles C. Ragin）《比较研究方法》（The Comparative Method, 1987）的分析是另一种"整体"（holistic）导向的研究，他将之称为"案例导向"（case-oriented）。拉金同时也提出了复杂的"交互因果"（conjunctural causation）问题，也就是因果模式依照情境环境而变化，结构性学者对这种情境特别敏感。

最后，近年比较历史分析学者们的成就在小样本恰当化方面发挥重要作用。这一研究路径的先锋论著包括赖因哈德·本迪克斯（Reinhard Bendix, 1964），巴林顿·摩尔（Barrington Moore, 1966），以及利普塞特（Lipset）与罗坎（Rokkan, 1967）。更近期的论著有：罗坎（Rokkan, 1970），蒂利（Tilly, 1975），佩奇（Paige, 1975），本迪克斯（Bendix, 1978），廷伯格（Timberger, 1978），斯考切波（Skocpol, 1979），伯奎斯特（Bergquist, 1986），鲁伯特（Luebbert, 1991），戈德斯通（Goldstone, 1991），科利尔夫妇（Collier and Collier, 1991），以及鲁斯迈耶（Rueschemeyer），斯蒂芬斯（Stephens, 1992）。关注上述传统的方法论表述包括斯考切波和萨默斯（Skocpol and Somers, 1980），斯考切波（Skocpol, 1984），蒂利（Tilly, 1984）和拉金（Ragin, 1987）。

正如斯考切波和萨默斯类型学注意到的那样，上述这些研究形式各异。不同的组合中，这些研究既采用了严格的跨国定性比较，也采用了分别评估某一时期各个国家案例的历史分析。[①] 更重视历史情境的深思熟虑的比较，因而有助于"历史化"（historicize）社会科学的努力。

尽管本文中比较研究方法类型众多，正如斯考切波和萨默斯强调的

[①] 考虑到这些研究往往关注案例中相对较长的时间段，有观点可能认为，随着时间增长，比较的分析案例数量将会增加，因此使它们不再是小样本研究。然而，因为这一传统中的许多研究之目的，是解释长期以来国家成就（national outcomes）表现出的整体形态，这些研究成果往往不能够被分解为一系列纵向观察。因此，案例的数量无法通过运用比较研究方法而随着时间而真正增加。

那样，比较历史研究重要性的提升可能被认为使利帕特最初关心的研究路径——也就是基于系统的、少量案例的定性比较至上的对立性解释评估——更合理。鉴于以下研究光谱：从巴林顿·摩尔（Moore, 1966）对出现现代政体之替代形式的开拓性分析，到斯考切波（Skocpol, 1979）的革命研究，到鲁伯特（Luebbert, 1991）对欧洲内战中的自由主义、法西斯主义和社会民主主义兴起的分析，论述给历史比较方法新的合理性，此方法被广泛应用于系统因果分析。编纂评估那些命题过程的努力，比如拉金的《比较研究方法》（*Comparative Method*, 1987），进一步强化了可以将小样本分析至于案例研究和统计研究中间地带的合理性

多变量，小样本问题的解决方案

在比较研究方法领域，日渐演进的争论对利帕特最初的解决多变量、小样本问题的三个方案——也就是：（1）增加案例数量；（2）关注匹配案例，以及（3）减少变量数量——提出进一步改进的要求。

1. 增加案例数量

在利帕特写作时期，基于大量定量数据系统和严格的统计分析的发展，有观点认为，在某些领域，比较社会科学将越来越多地偏好大规模样本比较研究。今天，毫无疑问，无论好坏，比较政治学次领域定量跨国研究，国际关系次领域的定量国际政治学，不再如曾经期待那样占据主流。在这两个次领域中，它们只是众多路径中的一条。

各种因素限制了基于定量数据系统的大规模样本研究取得成功，这其中当然包括与背景密切相关分析的更新的关切和诠释性研究。广义的量化比较方法，正如许多学者所指出的那样，可能被认为，建构符合要求的数据库特别耗费时间，往往超过研究专业进展的比例。特别是当将分析扩展到高度发达国家之外，在那些收集可靠数据极端困难地区，这一问题往往更为严重。另外，定量比较研究方法很可能被概念研究损害了，这些概念研究已经包含了可疑的有效性和采用弱因果测试（Raging, 1987: chap. 4）。

然而事实上即便广义量化比较研究并没有成为主导研究路径，也不

能使得学者忽略其既有成就。罗伯特·杰克曼（Robert Jackman, 1985）认为比较统计研究比它所受到的认可要成功得多，利帕特近来的研究也逐渐向这一方向转化（1990）。没有抓住量化研究的好时机，当然应该被视为定量不成熟之过，下文将细述的围绕西欧法团主义和经济增长的大量争论，正是统计研究方法如何能够有效解决有趣的分析问题的例证之一。进而，新统计技术的实用性（下文也将细述）更有效地用十到十五个案例量化分析研究。最后，在这一层面上值得继续增加案例数量，并且这种增加可能更频繁。

2. 关注可比案例

有学者主张仔细关注匹配案例分析，这种主张既获得了强化也受到了挑战。在利帕特20世纪70年代中期发表的观点中（Lijphart, 1975），他深入探究1971年注意到的增加案例数量和匹配案例以替代统计控制，这两个目标之间的权衡取舍（trade-off）。显然，如果研究者拣选那些真正相似，然而这种相似是确定的（defined），那么合适案例的数量很可能反而变得有限。至于两个目标之间的交替位置，利帕特倾向选择更仔细地匹配案例。这种强调与早先的比较研究方法观点"可控性比较"（controlled comparison）（Eggan, 1954）相互平行。亚瑟·斯汀康比（Arthur Stinchcombe, 1978）主张"深类比"（deep analogy）方法论，也就是说，分析非常少量、非常匹配接近的案例，从而进一步深化了这一研究伦理。

一个对立战略是由普沃斯基和图纳（Przeworski and Teune, 1970, 32–39）以及普沃斯基（Przeworski, 1987: 38–41）提出的。他们认为即便是用仔细匹配案例，他们将之贴标签为"最相似"（most similar）系统设计，仍然会有"过度决定"（overdetermination）问题：无法缩减众多相互对立的解释，使得研究者没有标准在案例中做选择。他们提出以"最大差异"（most different）系统设计来作为替代方案。这一系统设计是基于一系列差异巨大的案例,在这些案例中分析者探索变化的相似进程。①。普沃斯基认为这一设计的强度对民主方面著作的进展起了重要作用,比如奥唐奈,施密特和怀特海(O'Donell, Schmitter and Whitehead, 1986)的著作。普沃斯基主张这一研究成果表明这么大范围的案例,分析者不得不从差异中提炼被证明具有巨大解释力的共同因素[②]

以上讨论得到的看法是,学者们意识到在某一观点上密切匹配的案例可能在另一观点上彼此尖锐对立。笔者近期著作(Collier and Collier, 1991)以一套在许多宏观方面大致匹配的八个拉丁美洲国家为研究起点,将上述两种技巧结合起来。在这八个国家中,分析者专注于明显不同的两国家。整体匹配保证分析的内容是分析等价的,至少在重要层面上如此。成对的比较赋予转变以清晰的平行过程,因为它们在许多方面表现非常不同

综合上述最相似和最不同系统设计优点的辩论,特别需要认识到的是:得出整体性案例比较的结论也需要——内涵地或者有时外在地——通过单个案例内部分析。在下文的案例研究部分,对"模式匹配"(pattern matching)和"过程追踪"(process tracing)的讨论要求接纳一些这样的形式。比较历史分析学派则不同,成果常常以书的形式发表,而不是文章。其中一部分原因是每个案例细节信息都需要说明,这些案例进一步验证了从跨案例比较中推导出结论。

这些案例内部比较对小样本分析的变量是决定性的。正如斯坦利·利博森(Stanley Liberson, 1991: 312 – 315)已经正确地认识到,案例内部比较所使用的,最相似,或者最不同的系统比较少量案例设计,使因果推理的基础变得薄弱。然而,如果有学者仔细考虑到了这些内部比较研究的角色,其"数量"(N)实质上增长了,因而强化了因果分析。[③]

---

① 最相似和最不同的系统设计分别对应于密尔(John Stuart Mill, 1974)差异研究方法和一致研究方法。然而普沃斯基和图纳的"相似"(similar)和"不同"(different)标签关乎案例是否匹配,同时他们反对以一系列变量背景为基础的对比。密尔的"不同"(different)和"相似"(agreement)标签则关于案例是否相对立,同时反对以因变量为基础的匹配。

② 与亚当·普沃斯基的个人交流。

③ 克里斯托弗·阿肯,通过个人交流,笔者认为他早就有此观念。

案例内部比较方法也可以帮助保护分析者免于在大多数相异系统设计中出现的问题：国家的因变量相匹配，一系列背景变量却不同。芭芭拉·格迪斯（Barbara Geddes, 1990）早已指出：如果案例选择的原则是因变量的等级——这就是最大差异系统设计得以完成的方式——那么要得到的解释结果，变化不足，这将引入能够极大削弱因果推论的选择偏好。缓解这一问题的方法之一是在内部比较中使用更多变量（greater variability）。

最相似与最相异系统设计两者之间持续性争论暗含地区研究的情况。丹克沃特·罗斯托（Dankwart Rustow, 1968）认为早前为了超越某一地区研究路径，许多学者同意应按特别研究项目分析需要来选择案例，而不是基于地理亲缘。地缘亲近的案例最多不过是分析匹配案例可怜的替代品。最近对出口导向增长和"跨地区"民主研究获得成功，标志着上述替代方案获得了普及和发展。[①]

然而今天地区研究路径蒸蒸日上有着众多的原因，主要是近几十年来美国基金会大量支持地区研究成果，还有相关机构推动。事实上，从理论导向的小样本比较的视角来看，这些都不是不好的输出。地区专家催生的国家案例研究是大多数比较研究成果的关键构件，没有这些国家案例研究，跨地区研究基础要弱得多。认识到这些案例研究很大程度上从由个别学者研究积累到充分的特定地区文献获益良多，特别是鉴于近来宏观比较研究应留意情境分析的关切，地区专业的贡献就更显关键。

3. 减少变量数量

小样本分析遇到问题的第三个解决方法，是减少解释要素的数量，或者合并变量，有时候还指"数据压缩"（data reduction）通过关注更少解释变量的理论方法。简约解释理论的保证之一是"理性选择"方法，它引起政治学家越来越多的关注。理性选择有益于简化这些观点，这些观点包含着多个有意思的变量，提供有益手段，但是理性选择可能

[①] 比如 Gereffi & Wyman 1990, Haggard 1990, Przeworaki 1991, 和 Rueschemeyer, Stephens, and Stephens, 1992。

无法区分最决定性的那些观点。在比较分析领域里,格迪斯(Geddes,1991)的拉丁美洲行政改革研究,以立法者接受改革激励的不同选举和政党系统为基础建立模型,给出了复杂命题有效简化的出色例子。这样的模式使得比较研究领域不断被接受,由此分析者将获得解决小样本问题的实用工具。①

形成概念需要做更多的研究工作,尽管萨托利(Satori, 1970, 1984, 1991, 1993)和萨托利、里格斯和图纳(Satori, Riggs, and Teune, 1975)在这方面做出了持续的贡献;其他作者比如麦金尼(McKinney, 1966)、卡勒伯格(Kalleberg, 1966)和德弗利斯(DeFelice, 1980);还包括伯格(Burger, 1976)非常重要的韦伯式概念形成路径综合。比较学者没有充分理解他们所使用的概念是否恰当,因此也并不清楚从事理论简化时是否作出了合适的选择。

认知科学领域近来提出分类上(categorization)的卓见,这种分类可能在优化比较研究概念上会很有用处。应用这种分类上的卓见的有,乔治·莱考夫对框架(framework)的挑战的(George Lakoff, 1987),就像萨托利,采用莱考夫所谓的"经典分类法",这种分类法意味着概念的意义被理解为:是以被视为给定良好边界的概念来定义特征。对萨托利的框架来说,这一理解非常关键,因为据他分析这些边界的关键就是概念延伸问题。认知科学(cognitive scientist)认为,在日常言论中,概念的意义并不是由定义的意义中获得,而是从固有的以概念为基础的"认知模型"获得,以及从样本案例中获得,这些样本案例的目的在于固定概念意义,提供参考来区分好与不好的案例。这一观察给出边界疑问的不同视角,并且思维因此延伸。要弄清日常言论中,这些模式也会出现在社会科学用法中的程度,需要做更多的研究工作,如果这样的话就要使用比较分析的概念(参见 Collier and Mahon, 1993)。

---

① 对于策略选择模式的讨论(与模式类型密切相关)已经被用于分析拉丁美洲的政治改革、民主化和民主巩固,同样的,还有复杂环境简化的丰硕成果,参见 Collier & Norden, 1992。

其他研究方法成果提出的革新实验研究方法

尽管实验研究方法与比较研究关注的议题极少相关,但是来源于实验研究的理念改进了小样本研究。唐纳德·坎贝尔(Donald Campbell)和朱利安·斯坦利(Julian Stanley)经典的《研究的实验和准实验设计》(*Experimental and Quasi-Experimental Designs for Research*, 1963)译文,展示了实验设计能够被应用于"准实验"的逻辑,也就是,应用于"观测"(observational)研究,包括一些甚至是类似于实验干预形式的创新,但是那只出现于"自然"设定之中。一个实验将是一个希望被评估的、新的公共政策的开始。

坎贝尔和斯坦利强调准实验对"解释时间序列"设计的重要意义。在这一设计中,研究考察一个长序列时间段的观测,变量值测定的两个观测点,安排在政策变化或其他更新的两个前后时间点,而且还要再往前和往后推一些时间。为了说明分析限定到这两个观测点的风险,坎贝尔和斯坦利提出了几个数据假设结构,这些局限于两个观测分析的数据,导致极不连续的结果,然而整个时间序列是连续的。关于离散事件的影响的因果推论,如果没有扩大观察序列,那将是冒险的。正是因为比较研究学者分析不连续事件的影响,从战争、革命和军事政变到特定公共政策过程都是程式化的,所以他们在采用小样本分析必须留心这一预警。

唐纳德·坎贝尔和劳伦斯·罗斯(Laurence Ross, 1968)充分分析了康涅狄格州20世纪50年代打击超速对交通死亡率的影响,此项研究作为出色的范本,创造性地在公共政策分析中使用了准实验设计。的确,普沃斯基(Przeworski, 1987:31)已经提到:用范本比起试图为常见正确方法"立法"(legislate),前者对方法论的影响大得多。康涅狄格州限速条款就起到了上述作用。①

---

① 这篇文章重印于一本社会科学方法论的读物中(Tufte, 1970),这使得其被政治学科广泛应用,其影响力巨大。

这个个案看起来很简单。当20世纪50年代康涅狄格州开始严格强制执行机动车限速时，交通死亡率大大下降，因与果之间的关系似乎很明显。然而在评估这个因果链的时候，坎贝尔和罗斯对其"内部有效性"（在康涅狄格州它是否真的是原因）和其"外在有效性"（最终发现能够被归纳吗?）的潜在威胁做了一个令人印象深刻的分析。如果没有接受更严酷的思考和评估政策，会影响问题的立场，感性的分析者可能无法阅读这篇文章。

有关准实验和打断时间序列设计的观点在评估报告著作方面著作颇丰。包括采用这些观点来分析政治发展（Hoole，1978），还有优秀的治疗实验设计和评估研究问题社会科学方法论导论教材，比如（Babbie，1992）。

尽管许多准实验著作为小样本分析提供了有益的指导和实践性建议，克里斯托弗·H. 阿肯（Christopher H. Achen）的《准实验的统计分析》（*The Statistical Analysis of Quasi-Experiments*，1986）使用小样本分析的学者们认识到这一设计造成的方法论上挑战是压倒性的。在公共政策影响的研究中，核心问题是在应用政策时缺少"随机化"，这可能造成选择偏见的后果。比如，普遍可以见到一些群体受益于政策，同时另一些群体无法由之获益。这是因为，某些群体设置的特性，也可能是因为这些优先特质自己强化了寻求促进输出的政策。没有真正实验数据，会遇到源自之前属性影响的政策效应所释放的挑战。这个因果之谜可以被理解为建构公民如何被选出来成为政策接纳者的模型。而后，这一模型却变成分析政策影响的障碍，这些优先考量可以是评估政策的"析出因子"（factored out）。阿肯提出解决这个难题需要"两阶段"统计分析的复式形式。

阿肯书中的内容也许让致力于少量案例分析的研究者觉得沮丧。缺少随机性的充分解决办法，需要统计分析形势，这种统计分析可以应用于复杂的量化数据集，但是这个技术很难用于小样本研究。对此更有帮助的观点可能来自于实验和准实验文献，至少它提供了有用的、关于分析离散案例冒险的预警，就好像它们真的被实验干预了一样。没有合适的数据集，研究者必须非常仔细地做因果结论。

统计研究方法的革新

近来统计分析的著作对以下两个风险都提出了新预警：统计研究的风险，用相对温和的案例基础做很有意义的统计研究工作的风险。统计学者大卫·弗里德曼（David Freedman）对在社会科学中使用多变量量化分析发起攻击，大卫宣称多变量量化分析的失败是因为研究的根本设计普遍不充分，又因为采用的数据不能得出在统计技术上的假设（David Freedman，1987，1991）。他的批评可能让一些人感到很满意，这些感到满意的人有的怀疑统计技术已久的，有的仍然从少数他们认为相关的案例中，定性地提取他们认为更好"控制"的材料。社会科学中使用统计方法受到越来越多的质疑，走过这个质疑的时代是现实的。然而，伴随着上文所述的拒绝定量跨国研究，如果反对定量研究的反应走得太远，那也是不幸的。

有助于数量有限案例分析的新技术的出现，使得这样一个对定量的普遍拒绝，变得毫无理由。一个例证是"重新取样战略"（resampling strategies）的发展，比如"引导指令"（bootstrap）和"刀折法"（jackknife）（Diaconis and Efron，1983；Mooney and Duval，1992）。这些技术使用计算机仿真法去创造，从一个最初真实数据集，大量这一研究的命题扶植，这可以被用于既不像违背分布假设那样脆弱又不像更常见的测试的那些统计测试中。这些技术可能在当单元之间异质性强的时候特别有用，差异容易发生在跨国比较的过程中。

"稳健"（robust）和"抗性"（resistant）的统计方法（Hampel ed al.，1987；Hartwig，1979；Mosteller and Tukey，1977）的发展也同样前途光明。这些方法相对不受极端和异常值影响，能够有助于克服小样本分析可能的错误单一观测而严重扭曲的问题。

另一套解决同一问题的技术是"回归诊断"（regression diagnostics）（Bollen and Jackman，1985；Jackman，1987）。这些是用于联结传统回归分析的测试，这一测试是为了评估特定观测（被称为有影响的案例）

中，异常变量是否歪曲了所发现的成果。回归诊断与稳健和抗性统计相比较的优势是，可以采用将后两者与更熟悉的系数相结合。

使用回归诊断，很好地诠释了近来关于 15 个西欧国家法团主义和经济增长之间关系的争论（Lang and Garrett, 1985; Lang and Garrett, 1987; Jackman, 1987, 1989; Hick, 1988; Hicks and Patterson, 1989; Garrett and Lange, 1989）。这场争论的起点是彼得·兰格（Peter Lange）和杰弗里·加勒特（Geoffrey Garrett）1985 年的文章，在那篇文章中，他们用一个简单方式提出了一个有趣和复杂的观点。他们认为，在劳工市场内联盟的组织力量和选举，以及政府舞台上的左翼政治力量都影响到了经济增长，但是这个影响力是被这两个因素复杂互动塑造的，这是他们对 15 个案例的回归分析得出的术语："相互作用"。

在对上述文章分析之后，罗伯特·W. 杰克曼（Robert W. Jackman, 1987）采用回归诊断检验某些在他看来曲解他们的发现的有影响力案例。在后续讨论的过程中，他们提出了一个进一步控制变量的扩展模型。这个模型既是挑战也是辩护，兰格和加勒特后来为他们最初的模型辩护，要求新的数据和进一步测试。

这场学术辩论带来一个实质性的重要问题，高水平的专业领域和特定案例的知识、创新性地相对直接使用统计模型、基于回归诊断的结构性批评、累积知识世代的持续过程，基于对共享数据集的详细审查。正如坎贝尔和罗斯以康涅狄格州限速政策作为准实验设计样本的那篇文章，这场辩论应该算是方法论方面，几位学者为了解决小样本定量分析框架当中的重要问题，而作出的老练的努力。这场辩论也显示出，尽管 15 个中的一个 "N" 常常通过定性的小样本比较作为研究步骤，它可以同样从属于统计分析，得出值得关注的结论。

在另一个领域里，统计分析的潜在问题是：统计分析有义务解决回归研究中的 "平均效应"（average effects）。简化的回归分析的结果是基于跨研究案例之因果关系的平均强度。为了回归分析得出的有意义的系数，这些因果关系有必要同质。然而拉金（Ragin, 1987: chap. 4）单单强硬地认为这个命题根本站不住，这是因为比较研究中常常遇到 "多元连接因果关系"（multiple conjunctural causation）的复合形式。分析语境不同，因果要素之间的相互作用关系可能发生变化。

然而，还是有解决办法的。约翰·E. 杰克逊（John E. Jackson, 1992）说明了如何用高阶统计技术来解决上述问题，兰格-格兰特（Lange-Garrett）解决具体问题的相互作用表达：一个解释因素变化的效应取决于另一个解释因素的值。最后，普沃斯基和图纳的"替换合适名字"（replacing proper names）程序，上文也讨论过，把因果复杂度问题转化为，更理论化地处理因果模式多样性的机遇。

个案研究方法的革新

当利帕特写他1971年那篇文章的时候，他在评估比较研究方法的时候，明显对讨论个案研究感到些许犹豫。[①] 然而这两个话题非常接近，他在假设检验和理论建构时对案例研究的分类，是有好处的，这为案例研究的改进打下了基础，也得到了后来很多学者的推崇。

一个对案例研究方法最具建设性的讨论来自坎贝尔（Campbell, 1975）。他戏剧化地放弃了在他早先与斯坦利合著中提出的"只有一次"（one-short）案例研究是"最没有科学价值的"（Campbell, 1963: 7）这一论断。他转而承认案例研究是大多数比较研究的基础，案例研究可以提供更多的机遇，而不是像过去认为的那样歪曲研究者的主要命题假设，案例研究可以让比较更明晰，而不是像过去认为的模棱两可。比如说，任何给定的关于一个案例的命题假设，在这个个案的许多方面都有含义。坎贝尔用"模式匹配"作为标签来说明，发现这些内涵是否被认识到的过程。分析者因此可以增加"N"，方式是通过增加测试命题的机会，这些命题也许最初被认为是"单一"个案。

模式匹配程序有益于设置长期关注，个案研究有益于精练命题，但是相同个案不能被用于测试命题，因为这样没有失验（disconfirmation）

[①] 与阿伦·利帕特的个人交流

的可能。有的时候这种情况涉及溯及既往命题问题。① 模式匹配的程序开启了这种可能：最初通过特定个案提炼的命题，之后可能无法得到同一个案例的支持。因此，溯及既往命题可以被部分地克服。②

哈利·埃克斯坦（Harry Eckstein, 1975：113－123）也关注测试，反对提炼案例研究分析中的命题，他有说服力地认为，许多分析者大大低估了案例研究对于命题测试的价值。特别是，仔细建构的一个"批判个案"分析——比如，分析者特别强烈期待其将会与假设的因果模式相配的案例——可以提供一个珍贵机会来证明相关假设为假。

亚力克山大·乔治（Alexander George）和蒂莫西·麦基翁（Timothy McKeown, 1985），以乔治（George, 1979）为基础，提出两个关键板块的有益系统，通过个案研究中进行命题测试的过程而得出以上系统。第一个与传统研究路径相对应的，是在比较研究视角中安置一个个案，也就是所谓的"一致的过程"（congruence procedure）。学者检验一个命题假设中因变量和自变量的值，这些值得自于一个给定案例。还要根据与其他事件显性与隐性比较作出决定：这些值是否与命题假设的预测相一致（George Alexander L. and Timothy J. McKeown, 1985：29－30）。第二个是"过程追踪"，通过研究者密切跟踪参与个案的一段时间内的事件（George Alexander L. and Timothy J. McKeown, 1985：34－41）。目标是评估各个个案内发生变化的动力机制，是否合理地影响相同的因果模式，而这个因果模式是这个个案与其他案例相联系进行比较评价提出的。过程追踪可能被视为坎贝尔模式匹配的具体例子，因为学者们使用模式匹配需要创造一系列个案内观测，这种观测针对的是，命题假设可以被进一步评估。

总之，这些文章与著作，比如罗伯特·K.英（Robert K. Yin）的《案例研究分析》（*Case Study Research*, 1984），提出案例研究过程的系

---

① 这一问题在方法论导论教材中被经常地讨论，比如（Babbie, 1992：24－25；427）。
② 尽管在相同案例内，模式匹配提出歪曲（falsifying）命题的可能性，它并没有克服溯及既往命题的所有问题。因此，模式匹配很可能克服不了没有代表性的问题。没有代表性问题的出现可能因为选择偏见，也可能因为选择了一个非典型的个案。

统分类，这个系统分类给出学者们进行小样本分析的宝贵参考点。同时，对案例研究在评估和建构理论方面合适定位是什么的争论一直在持续。其中比较有趣的是，《世界政治》（*World Politics*, 1989）杂志出版一个专门集中于案例研究的特刊，而且，在谈到案例研究采用理性选择分析方法的贡献时，比如说，国际关系中的理性威慑理论。阿肯和斯奈德（Achen and Snidal, 1989）的公开发表文章中认为，使用案例研究方法的国际关系学者并未体现该研究方法的核心观念，因此引出了比较方法讨论中并未受到足够重视的一个问题：能够进行良好比较的方法论，如何同被评估的特定理论所呈现的关键分析议题联系起来？阿肯和斯奈德也注意到在威慑理论的案例研究中，存在选择偏见的问题，也就是案例研究常常会关注威慑失败，然而许多，或者说大部分时间里威慑是有效的。这期杂志中包含一系列密切关注个案研究传统的学者的文章，他们与阿肯和斯奈德观点相左。这些文章持续思考了案例研究如何能评估特定理论体系的有益努力，这样系列的调查应该有更多次。

威慑理论的争论中，出现了知识张力，而知识张力是本章的一个反复出现的主体：基于相关极少变量寻求达到普遍适用型理解的分析，和寻求得出特定案例复杂性分析的许多案例。

结　论

在本章讨论的多种研究路径中，三个主要分析选项显现出来。首先，个案研究方法的新视角强化了研究路径的活力（viability）。事实上，基于案例内比较的讨论，开始模糊了个案研究方法和比较研究方法的区别。关注个案的研究在几个方面已经获得了加强，包括更新的诠释社会学（interpretive social science）关涉，区域研究方面持续的知性和机构优势，以及深刻质疑某些广义比较的合法性循环。

其次，很明显，采用相对少量案例的定量技术，可以成功地论述重要实质性问题。这种研究路径应该足够重视新统计测试，这些新统计测试适用于小样本分析。从统计研究获得的累进的学术条件，在兰格－格兰特－杰克曼－希克斯－帕特森辩论中已经阐述得很好了。这场辩论也与连接相对立研究传统的议题相关，因为它显示的深度见解，来自案例研究和更定性的比较研究。终究，这些方才是走向统计分析的晋身之阶。

第三个选项也已经被加强了：运用少数量案例的系统比较，辅以因果分析为目的，这正是利帕特最初提出的研究路径。在这一视角下，广义定性比较被视为既可能实现也是有效的比较研究。事实上比较历史分析学派影响力的增长，加强了这一研究路径的可信性，并且作为分析案例研究传统和少量样本分析二者间的中间区域，扮演着重要角色。

所有这三个路径都将持续存在，关键问题是如何妥善将三者联系起来。西欧研究传统是个令人鼓舞的模式（encouraging model），在此模式下，定量比较学者的发现在该领域的广泛讨论中扮演重要角色。[①] 相反，研究拉丁美洲，定量比较只能说并没有受到主流学者的足够关注。然而西欧领域某种程度上的文化杂糅，对强化研究有重要贡献。定性小样本比较方面的国别专家和内行之间良好的交流，可以推动比较量化研究者向更仔细的情境化分析迈进。同样，比较量化学者可以推动定性比较方面的国别专家和内行向着更系统测量和命题假设测定的方向迈进。核心目标是保持这样的交流。

硕士研究生训练的内涵是明确的。如果博士生想将研究重心放到比较研究议题上来，他们必须在统计研究方法方面有足够的训练，以探讨定量分析研究。需要学习的统计分析方法有的旧有的新，还要掌握合适情况下运用的技巧。那些更明确以统计分析为导向的，必须以以下研究方法的分析贡献为基础，即在定性小样本比较和案例研究分析方面有足够的研究基础。两个群体都应该充分接触科学哲学和研究逻辑基本著作，这样才能为更加准确地选择这些方法论选项提供框架。

---

① 参见，比如，西欧利益调解和合作讨论，包括有 Wilensky（1976），Hibba（1978），Schmitter（1981），和 Cameron（1984）。被兰格和格兰特（Lange and Garrett，1985）挑起的争论是这一分析的延续。

通过利用两方面均可以展示的机会，基于折中实践的小样本分析基础可以被建立起来，否则就只会造成主要理性知识的割裂。

（译者单位：华东政法大学政治学研究所）

参考书目

Achen, Christopher H., *The Statistical Analysis of Quasi-Experiments*, Berkeley and Los Angeles: University of California Press, 1986.

Achen, Christopher H, and Duncan Snidal, "Rational Deterrence Theory and Comparative Case Studies," *World Politics*, Vol. 41, 1989, pp. 143 – 69.

Almond, Gabriel A, and Stephen J. Genco. "Clouds, Clocks, and the Study of Politics," *World Politics*, Vol. 29, 1977, pp. 489 – 522.

Aremer, Michael and Allen Grimashaw, eds., *Comparative Social Research*, New York: John Wiley, 1973.

Babbie, Earl., *The Practice of Social Research*, 6th edition. Belmont, CA: Wadsworth, 1992.

Bendix, Reinhard, *Narlon-Building and Citizenship: Studies of Our Changing Social Order*, New York: John Wiley, 1964.

Bendix, Reinhard, *Kings or People: Power and the Mandate to Rule*, Berkeley and Los Angeles: University of California Press, 1978.

Bergquist, Charles, *Labor in Latin America: Comparative Essays on Chile, Argentina, Venezucla, and Colombia*, Stanford: Stanford University Press, 1986.

Bollen, Kenneth A., and Robert W. Jackman, "Regression Diagnostics: An Expository Treatment of Outliers and Influential Cases," *Sociological Methods and Research*, Vol. 13, 1985, pp. 510 – 42.

Burger, Thomas, *Max Weber's Theory of Concept Formation: History, Laws, and Ideal Types*, Durham: Duke University, 1976.

Cameron, David R, "Social Democracy, Corporatism, Labour Quiescence, and the Representation of Economics Interest in Advanced Capitalist Society," In *Order and Conflict in Contemporary Capitalism*, ed. John H. , Goldthorpe, New York: Oxford University Press, 1984.

Campbell, Donald T. , " 'Degrees of Freedom' and the Case Study," *Comparative Politics Studies*, Vol. 8, 1975, pp. 178 – 93.

Campbell, Donald T. , and H. Laurence Ross, "The Commectieut Crackdown on Speeding: Time Series Data in Qussi-Experimental Analysis," *Law and Society Review*, Vol. 3, 1968, pp. 33 – 53.

Campbell, Donald T. , and Julian C. Stanley, *Experimental and Quasi-Experimental Design for Research*, Chicago: Rand McNally, 1963.

Collier, David, and James E. Mahon, "Conceptual 'Stretching' Revisited: Alternative Views of Categories in Comparative Analysis," *American Political Science Review*, 1993.

Collier, David, and Deborah L. Norden, "Strategic Choice Models of Political Change in Latin Americas," *Comparative Politics*, Vol. 24, 1992, pp. 229 – 243.

Collier, Ruth Berins, and David Collier, *Shaping the Political Arena: Critical Juncheres, the Labor Movement, and Regime Dynamics in Latin America*, Princeton: Princeton University Press, 1991.

Dahl, Robert A, . ed. , *Political Oppositions in Western Democracies*, New Haven: Yale University Press, 1966.

Defelice, E. Gene, "Comparison Misconceived: Common Nonsense in *Comparative Politics*," *Comparative Politics*, Vol. 13, 1980, pp. 119 – 26.

Diaconis, Persi, and Bradley Efron, "Computer-Intensive Methods in Statistics," *Scientific American*, Vol. 248, 1983, pp. 116 – 30.

Eckstein, Harry, "Case Study and Theory in Political Science," In *Handbook of Political Science*, Vol. 7, ed. Fred Greenstein and Nelson W. Polsby Reading, MA: Addison Wesley, 1975.

Eggan, Fred, "Social Anthropology and the Method of Controlled Comparison," *American Anthropologist*, Vol. 56, 1954, pp. 743–63.

Etzoni, Amitai, and Frederic L. Dubow, eds. *Comparative Perspectives: Theories and Methods*. Boston: Little Brown, 1970.

Freedman, David A., "As Others See Us: a Case Study in Path Analysis," *Journal of Education Statistics*, Vol. 12, 1987, pp. 101–28.

Freedman, David A., "Statistical Models and Shoe Leather." In *Sociological Methodology*, ed, . Peter Marden. San Francisco: Jossey-Bass, 1991.

Garrett, Geoffrey, and Peter Lange, "Government Partisanship and Economics Performance: When and How Does 'Who Governs' Matter?" *Journal of Politics*, Vol. 51, 1989, pp. 676–93.

Geddes, Barbara, "How the Cases You Choose Affect the Answers You Get: Selection Bias in Comparative Politics," In *Political Analysis*, Vol. 2, ed. James A. Stimson. Ann Arbor: University of Michigan Press, 1990.

Geddes, Barbara, "A Game Theoretic Model of Reform in Latin American Democracies," *American Political Science Review*, Vol. 85, 1991, pp. 371–392.

Geertz, Clifford, "Thick Description: Toward an Interpretive Theory of Culture," In *The Interpretation of Cultures*, ed., Clifford Geertz. New York: Basic Books, 1973.

George Alexander L., "Case Studies and Theory Development: The Method of Structured, Focused Comparison," In *Diplomacy: New Approaches in History, Theory and Policy*, ed., Paul Gordon Lauren, New York: The Free Press, 1979.

George Alexander L., and Timothy J. McKeown, "Case Studies and Theories of Organizational Decision Making," *Advanced in Information Processing in Organizations*, Vol. 2, Santa Barbara, CA: JAI Press, 1985.

Gereffi, Gary, and Donald L. Wyman, eds., *Manufacturing Miracles: Paths of Industrialization in Latin America and East Asia*, Princeton: Princeton University Press, 1990.

Goldstone, Jack A., *Revolution and Rebellion in the Early Modern World*,

Berkeley and Los Angeles: University of California Press, 1991.

Haggard, Stephan, *Pathways from the Periphery*: *The Politics of Growth in the Newly Industrializing Counties*, Ithaca: Cornell University Press, 1990.

Hampel, Frank R., ed al., Robust Statistics: *The Approach Based on Influence Functions*, New York: John Wilcy, 1987.

Hartwig, Frederick, with Brain E. Dearing, *Exploratory Data Analysis*, Sate University Paper, Series No. 07 – 016. Beverly Hills, CA: Sage Publications, 1979.

Heckscher, Gunnar, *The Study of Comparative Government and Politics*, London: George Allen and Unwin, 1957.

Hibbs, Douglas A., Jr., "On the Political Economy of Long-run Trends in Strike Activity," *British Journal of Political Science*, Vol. 8, 1978, pp. 153 – 75.

Hicks, Alexander, "Social Democratic Corporatism and Economic Growth," *Journal of Politics*, Vol. 50, 1988, pp. 677 – 704.

Hicks, Alexander, and William David Pallerson, "On the Robustness of the Left Corporatism Model of Economic Growth," *Journal of Politics*, Vol. 51, 1989, pp. 662 – 75.

Hoole, Francis W., *Evaluation Research and Development Activities*, Beverly Hills, CA: Sage Publications, 1978.

Jackman, Robert W., "Cross-National Statistical Research and the Study of Comparative Politics," *American Journal of Political Science*, Vol. 29, 1985, pp. 161 – 82.

Jackman, Robert W., "The Politics of Economic Growth in Industrial Democracies, 1974 – 80: Leftist Strength or North Sea oil?" *Journal of Politics*, Vol. 49, 1987, pp. 242 – 56.

Jackman, Robert W., "The Politics of Economic Growth, Once Again," *Journal of Politics*, Vol. 51, 1989, pp. 646 – 61.

Jackson, John E., "Estimation of Models with Variable Coefficients," In *Political Analysis, Vol. 3. ed. James A. Stimson. Ann Arbor: University of Michigan Press, 1992.

Kalleberg, Arthur L., "The Logic of Comparison: A Methodological Note on the Comparative Study of Political Systems," *World Politics*, Vol. 19, 1966, pp. 69 – 82.

King, Gary, Sidney Verha, and Robert O. Keohane, *Scientific Inference in Qualitative Research*, Unpublished Manuscript, Department of Government, Harvard University, 1992.

Lakoff, George, *Women, Fire, and Dangerous Things: What Categories Reveal about the Mind*, Chicago: University of Chicago Press, 1987.

Lange, Peter, and Geoffrey Garett, "The Politics of Growth: Strategic Interaction and Economic Performance in Advanced Industrial Democracies, 1974 – 1980," *Journal of Politics*, Vol. 47, 1985, pp. 792 – 827.

Lange, Peter, and Geoffrey Garett, "The Politics of Growth Reconsidered," *Journal of Politics*, Vol. 49, 1987, pp. 257 – 74.

Lasswell, Harold D., "The Future of the Comparative Method," *Comparative Politics*, Vol. 1, 1968, pp. 3 – 18.

Lieberson, Stanley, "Small N's and Big Conclusion: An Examination of the Reasoning in Comparative Studies Based on a Small Number of Cases," *Social Forces*, Vol. 70, 1991, pp. 307 – 20.

Lijphart, Arend, "Comparative Politics and Comparative Method," *American Political Science Review*, Vol. 65, 1971, pp. 682 – 93.

Lijphart, Arend, "The Comparative Cases Strategy in Comparative Research," *Comparative Political Studies*, Vol. 8, 1975, pp. 158 – 77.

Lijphart, Arend, "The Political Consequences of Electoral Laws, 1945 – 1985," *American Political Science Review*, Vol. 84, 1990, pp. 481 – 96.

Lipset, Seymour Martin, and Stein Rokkan, "Cleavages, Structures, Party Systems, and Voter Alignments: An Introduction," In *Party Systems and Voter Alignments*, eds. Seymour Martin Lipset and Stein Rokkan, New

York: Free Press, 1967.

Lucbbert, Gregory M. , *Liberalism Fascism, or Social Democracy: Social Classes and the Political Origins of Regimes in Interwar Europe*, New York: Oxford University Press, 1991.

McKinney, John C. , *Constructive Typology and Social Theory*, New York: Meredith Publishing Company, 1966.

Merriu, Richard, *Systematic Approaches to Comparative Politics*, Chicago: Rand McNally, 1970.

Merriu, Richard, and Stein Rokkan, eds. , *Comparing Nations: The Use of Quantitative Data in Cross-National Research*, New Haven: Yale University Press, 1966.

Mill, John Swart, *A System of Logic*, Toronto: University of Toronto Press, [1843] 1974.

Mooncy, Christopher Z. , and Robert D. Duval, "Bootstrap Inference: A Preliminary Monte Carlo Evaluation," Paper Presented at the Annual Meetings of the American Political Science Association, Chicago, 1992.

Moore, Barrington, *Social Origins of Dictatorship and Democracy: Lord and Peasant in the Making of Modern World*, Boston: Bcacon Press, 1966.

Mosteller, Frederick, and John W. Tukey, *Data Analysis and Regression*, Reading, MA: Addison Wesley, 1977.

O'Donnell, Guillermo, Philippe C. Schmitter, and Lawrence Whitehead, eds. , *Transitions from Authoritarian Rule*, Baltimore: John Hopkins University Press, 1986.

Paige, Jeffery, *Agrarian Revolution: Social Movements and Export Agriculture in the Underdeveloped World*, New York: Free Press, 1975.

Przeworaki, Adam, "Methods of Cross-National Research, 1970 - 1983: An Overview," Meinolf Dierkes, Hans N. Weller, and Ariane Berthoin Antal, eds. *Comparative Policy Research: Learning from Experience*, Brookfield, VT: Gower, 1987.

Przeworaki, Adam, Democracy and the Market: Political and Economic Reforms in Eastern Europe and Latin America, Cambridge: Cambridge University Press, 1991.

Przeworaki, Adam, and Henry Teune, *The Logic of Comparative Social Inquiry*, New York: John Wiley, 1970.

Ragin, Charles C., *The Comparative Method: Moving beyond Qualitative and Quantitative Strategies*, Berkeley and Los Angeles: University of California Press, 1987.

Rokkan, Stein, *Citizens, Elections, Parties: Approaches to the Comparative Study of Processes of Development*, New York: David McKay, 1970.

Rueschemeyer, Dietrich, Evelyne Huber Stephens, and John D. Stephens, *Capitalist Development and Democracy*, Chicago: University of Chicago Press, 1992.

Rustow, Dsnkwart, "Modernization and Comparative Politics: Prospects in Research and Theory," *Comparative Politics*, Vol. 1, 1968, pp. 37–51.

Sartori, Giovanni, "Concept Misformation in Comparative Politics," *American Political Science Review*, Vol. 64, 1970, pp. 1033–53.

Sartori, Giovanni, ed., *Social Science Concepts: A Systematic Analysis*, Berverly Hills, CA: Sage, 1984.

Sartori, Giovanni, "Comparing and Miscomparing," *Journal of Theoretical Politics*, Vol. 3, 1991, pp. 243–57.

Sartori, Giovanni, "Totalitarianism, Model Mains, and Learning from Error," *Journal of Theoretical Politics*, 1993.

Sartori, Giovanni, Fred W. Riggs, and Henry Teune, *Tower of Babel: On the Definition and Analysis Concepts in the Social Sciences*, International Studies Association, Occasional Paper, No. 6, University of Piusburgh, 1975.

Schmitter, Philippe C., "Interest Intermediation and Regime Governability in Contemporary Western Europe and North America," In *Organizing Inter-*

ests in Western Europe, ed. Suzanne D. Berger, Cambridge: Cambridge University Press, 1981.

Skocpol, Theda, *States and Social Revolutions: A Comparative Analysis of France, Russia, and China*, Cambridge: Cambridge University Press, 1979.

Skocpol, Theda, *Vision and Method in Historical Sociology*, Cambridge and New York: Cambridge University Press, 1984.

Skocpol, Theda, and Margaret Somera, "The Uses of Comparative History in Macrosocial Inquiry," *Comparative Studies in Society and History*, Vol. 22, 1980, pp. 174 – 197.

Smelser, Neil, "The Methodology of Comparative Analysis of Economic Activity," In *Essays in Sociological Interpretation*, ed. Neil Smelscr. Englewood Cliffs, NJ: Prentice-Hall, 1968.

Smelser, Neil, *Comparative Methods in the Social Science*, Englewood Cliffs, NJ: Prentice-Hall, 1976.

Stinchcombe, Arthur L., *Theorctical Methods in Social History*, New York: Academic Press, 1978.

Tilly, Charles, *The Formation of National States in Western Europe*, Princeton: Princeton University Press, 1975.

Tilly, Charles, *Big Structures, Large Processes, Huge Comparisons*, New York: Russell Sage, 1984.

Trimberger, Ellen Kay, *Revolution from Above: Military Bureaucrats and Development in Japan, Turkey, Egypt, and Peru*, New Brunswick, NJ: Transaction Books, 1978.

Tufte, Edward R., *The Quantitative Analysis of Social Problems*, Reading, MA: Addison Wesley, 1970.

Vallier, Ivan, ed., *Comparative Methods in Sociology: Essays on Trends and Applications*, Berkeley and Los Angeles: University of California Press, 1971.

Verba, Sidney, "Some Dilemmas in Comparative Research," *World Politics*, Vol. 20, 1967, pp. 111 – 27.

Wilensky, Harold L. , *The "New Corporatism", Centralization and the Welfare State*, Professional Papers in Contemporary Politics Sociology Series, Beverly Hills: Sage Publications, 1976.

Yin, Robert K. , *Case Study Research: Design and Methods*, Applied Social Research Methods Series, Vol. 5, Beverly Hills: Sage Publications, 1984.

Zelditch, Jr. , Morris, "Intelligible Comparison," In *Comparative Methods in Sociology: Essays on Trends and Applications*, ed. Ivan Vallier, Berkeley and Los Angeles: University of California Press, 1971.

缩小规模：次国家的比较方法[1]

[美] 理查德·斯奈德[2] 著
杜 欢 译

比较政治学的传统研究，往往对于不同的国家或地区进行整体性的比较研究，然而，这种整体性的观察和比较在相当程度上会遮蔽国家或

---

[1] 我要感谢南希·贝尔梅奥（Nancy Bermeo）、德克斯特·博尼费斯（Dexter Boniface）、戴维·科利尔（David Collier）、约翰·吉尔林（John Gerring）、爱德华·吉普森（Edward Gibson）、罗伯特·考夫曼（Robert Kaufman）、胡安·林茨（Juan Linz）、詹姆斯·马洪尼（James Mahoney）、凯利·麦克曼（Kelly McMann）、杰拉多·蒙克（Gerardo Munck）、彼得·纳尔杜利（Peter Nardulli）、大卫·塞缪尔斯（David Samuels）、朱迪思·滕德勒（Judith Tendler），以及两位匿名审稿人对本文的有益评论。1999 年 8 月在伊利诺伊大学香槟分校举办的"拉丁美洲的政权与政治变迁"学术会议的参与者对于本文早期草稿的富有洞见的评论也使我获益匪浅。

[2] 理查德·斯奈德（Richard Snyder）时任伊利诺伊州大学厄巴纳 - 香槟分校政治科学副教授，现为布朗大学政治学系教授，著有《新自由主义之后的政治》（Politics after Neoliberalism, 2001）。他关于政权变迁以及发展政治经济学方面的论文发表在《世界政治》（World Politics）、《比较政治学》（Comparative Politics）、《民主杂志》（Journal of Democracy）和《英国政治科学杂志》（British Journal of Political Science）等刊物上。【本文原载于 Studies in Comparative International Development, Spring 2001, Vol. 36, No. 1, pp. 93 – 110.】

利帕特引发的经典争论
缩小规模：次国家的比较方法

地区内部的差异性与多样性。随着全球化时代的来临，世界各国各地区之间的联系、交往乃至渗透不断加深，但是与全球化同时出现的，还有一种去中心化的趋势。这种去中心化的趋势有不同方面的表现。例如，从经济角度来看，经济的市场化和全球化一方面使得地方经济和跨国经济逐渐活跃，另一方面也削弱了国家对经济活动的管制能力。而从政治角度而言，20世纪末的全球范围内的民主化浪潮，使得许多国家的中央与地方关系、国家与社会关系发生了深刻的变革，而地方的自主性和社会的能动性不断得到了增强。

上述这种变化对于比较政治学而言，提出了新的问题和挑战。因此，许多学者对自身的研究进行了自觉的调整，开始将研究的范围缩小，进而深入到国家和地区内部，对次国家层面的单位进行比较研究。这种次国家的比较研究长期以来就存在，例如阿伦·利帕特、西摩·马丁·李普塞特、胡安·林茨和吉列尔莫·奥唐奈等著名学者都在自己的研究中使用过次国家比较的方法，而且随着上述趋势的影响，越来越多的学者都开始关注次国家单位的比较研究，相关的研究论著也不断涌现，但是他们都没有对这种次国家比较的方法论意义进行充分的关注。

在这种情况下，伊利诺伊州厄巴纳-香槟分校的理查德·斯奈德副教授（现任布朗大学政治学系教授）于2001年发表了《缩小规模：次国家的比较方法》一文，对于次国家单位的比较研究的方法论意义进行了系统的理论综述和总结，这篇文章在很大程度上填补了次国家比较方法论研究的空白。在斯奈德看来，次国家的比较方法在研究过程的三个核心领域（即研究设计、测量和理论建构），都具有显著的优势：

第一，在研究设计方面，有助于增加研究观察的数量，并有助于对各种变量进行可控性比较。所谓增加观察数量，是指在小样本研究设计中，往往会出现"变量太多，样本太少"的情况，而从中得出的结论往往出现问题，次国家的比较则可以通过各种次国家单位来对这些结论进行检验，从而使其更加可靠。此外，在控制各种解释变量上，斯奈德区别了次国家比较的两种策略，即国家内比较（对一国之内的不同次国家单位进行比较）和国家间比较（对不同国家中相似的次国家单位进行比较），在他看来，这两种策略均具有一定的优势，并且可以在同一研究中将二者进行结合，从而对于解释变量进行更好地控制。

第二，在测量方面，有助于对研究的案例进行更好的编码和分类，并作出有效的因果推论。以往的研究在测量上常常出现两种偏误：一种是将整体的特性用于部分，即根据国家层面的平均数据对不同国家进行的分类（编码），往往会忽视一些国家内部的差异性；另一种则是将部分的特性用于整体，即将部分地区特定的属性推广到对整个国家的分析中，从而导致认识上的偏差。这两种偏误都是由于没有认识到国家层次与次国家层次的差异，而对次国家的比较则可以通过方法论的自觉意识，来减少这种偏误的产生。

第三，在理论建构方面，有助于认识和把握发展中国家转型过程在空间上的不均衡性。在变动的社会中，国家的政治经济转型往往存在较为深刻的内部差异，同一种转型在不同的层次和地区往往会产生不同的影响，而这种差异也会导致不同的层次和地区之间产生特有的相互关联。在这种情况下，关注不同次国家单位的差异，则有助于认识和理解国家政权和政治体制的实际运作，进行可以对于政治体制和国家转型等方面，进行更为合理的理论总结。

在论述上述方法论优势的同时，斯奈德也强调了次国家比较方法的局限性，他不仅在具体的操作层次上给出了建议，还总结了次国家比较的两个主要局限。一种局限在于，次国家比较有助于对分析对象的各种条件进行控制，但同时会增加进行理论归纳的困难；另一种局限在于，次国家单位之间存在相互的影响和关联，从而增加了进行独立观察的困难。对于这些局限的回应和解决，则是未来次国家比较研究中需要深入探讨的重要问题。

总而言之，这篇文章不仅仅是一篇方法论的阐述，也是一篇研究综述。斯奈德在分析上述优势与局限的同时，对于以往的相关研究按照一定的逻辑进行了综合评述，这不仅使得整个文本内容非常丰富，而且通过案例与方法之间的相互印证，增强了文章论述的说服力。如前所述，本文的主要目的在于填补次国家比较在方法论研究上的空白，因此，这篇文章的主要意义可能就在于,它可以使研究者认识到次国家比较方法的重要性,并在研究中更加自觉地反思以往研究的偏误,进而通过次国家的比较作出更加合理的研究设计和理论构建。当然,任何一种方法都不是完美的,次国家的比较方法也具有一定的局限,我们最终还是需要根据不同的研究对象和条件,来对不同的研究方法进行合理选择和综合运用。

* * * * * *

摘要：对次国家单位的分析在比较政治学中起到了越来越重要的作用。虽然近来许多关于各种主题的研究——诸如伦理冲突、经济政策改革和民主化——都依赖于对不同的次国家政治单位之间的比较，但是对这些单位进行比较分析而产生的方法论问题还没有得到充分的关注。为了填补这一空白，本文探究了这一问题，即次国家的比较如何能够拓展和加强这些可供社会科学研究者利用的方法论内容。首先，因为对次国家单位的关注，对于增加观察数量以及进行可控性比较而言是一种重要的工具，所以这种关注也有助于缓解小样本（small-N）研究设计中的那些典型的局限。其次，对次国家单位的关注，增强了比较研究者将各种案例准确编码（code）并由此作出有效的因果推论的能力。最后，次国家的比较可以更好地使研究者把握政治与经济转型的主要进程在空间上的不均衡性。

我们生活在一个去中心化（decentralization）的时代。作为过去20年的标志，那些经济与政治的大趋势——自由市场改革和民主化——已经释放出了强有力的离心力量。例如，在发达工业国家中，自由市场政策改革是与"分权革命（devolution revolution）"共同得以实施的，这种分权革命将权威与资源从中央政府向地方政府进行了转移。在"财政联邦主义（fiscal federalism）"学说的指导下，世界银行和其他发展型的非政府组织通过热情地推动政策制定和政府服务的去中心化，来向贫穷国家输出这种分权革命。这些去中心化的改革与世界范围内转向解除管制

利帕特引发的经典争论
缩小规模:次国家的比较方法

的、开放的经济的变化相结合,削弱了许多中央政府协调经济活动的能力。

在过去四分之一世纪中席卷全球的民主化第三波,也产生了强有力的去中心化压力。那些曾经仅仅在名义上是联邦制的国家(诸如俄罗斯和墨西哥这样的案例)的民主化,通过各种方式转变了国家政府与次国家政府之间的权力分配,这些方式大大加强了后者的权力。此外,民主化是与原来单一制的"联邦化"(例如西班牙)和联邦制的崩溃(例如捷克斯洛伐克、南斯拉夫、苏联)二者相联系的。在一些案例中可以看到去中心化的一种极端形式——在这些案例中,政治体制的变迁导致了中央国家(central state)的解体和无政府主义军阀政治的形成(例如刚果/扎伊尔、利比里亚、塞拉利昂和索马里)。

为了回应上述这样一些主要的离心趋势,比较研究者已经越来越多地把精力集中在了对次国家单位的分析上。因此,近来许多关于各种主题的研究——诸如经济政策改革、民主化和伦理冲突——都依赖于对不同次国家政治单位的比较。① 尽管利用次国家比较的论著数量激增,但是对这些单位进行比较分析而产生的方法论问题还没有得到充分的关注。② 为了填补这一空白,本文探究了这一问题,即次国家的比较如何能够拓展和加强这些可供社会科学研究者利用的方法论内容。

我认为,次国家的比较方法具有三种关键优势。第一,它有助于更好地处理小样本研究设计中的一些典型的局限。在增加观察的数量并由

---

① 举例而言,参见 Kohli(1987,1990);Fishman(1993);Fox(1993,1996);Putnam(1993);Locke(1995);Hagopian(1996);Locke and Jacoby(1997);Rubin(1997);Stoner-Weiss(1997);Tendler(1997);Samuels(1998);Snyder(1999a,2001);Firmin-Sellers(2000);Gibson and Calvo(2000);Heller(2000);Montero(2000);Remmer and Wibbels(2000);Varshney(2001);and Jones Luong(2002)。尽管次国家单位值得越来越多的关注,但是次国家的政治分析在比较政治学中并不是一种全新的现象:一些早期论著就曾关注过次国家的案例(例如,Tilly,1964;Linz and de Miguel,1966;Kesselman and Rosenthal,1974;and Tarrow,1967,1976)。

② 在利帕特(Lijphart,1971),金、基欧汉和维巴(King, Keohane, and Verba,1994)以及彼得斯(Peters,1998)的论著中,上述这些问题确实只受到有限的关注。而林茨和德米格尔(Linz and de Miguel,1966)的论著则是最先关注次国家单位比较中所涉及的方法论问题的少数论著之一。

此减轻"变量太多，样本太少"（many viriables, small N）的问题方面，对次国家单位的利用是一种特别有效的策略。① 此外，对于次国家单位的关注，可以使得建构可控性比较（controlled comparisons）变得更加容易，这种比较增加了在小样本研究中获得有效的因果推论的可能性。

第二，次国家的比较加强了比较研究者将他们的案例准确编码的能力。比较分析者在研究具有高度内部异质性的国家时，太过经常地依赖于国家层面的工具和聚合数据（aggregate data）。这种草率地为国家层面的数据和国家单位分析所吸引的趋势——即一种被斯坦因·罗坎（Stein Rokkan）在早些时候称作"整体国家偏误（whole-nation bias）"的趋势（Rokkan, 1970）——已经助长了对案例的**错误编码**（*miscoding*）②，这种错误编码可以曲解因果推论并歪曲理论建构的各种努力。③ 如果比较研究者对国家内部的变化（variation）与复杂性更加敏感，则有助于他们避开这些陷阱。

第三，对次国家单位比较的关注，可以更好地使我们把握政治与经济转型的主要进程在空间上的不均衡性。诸如民主化和经济改革这样的进程，在同一政治体制里以领土界分的不同次级单位中，常常会有各种不同的效果。④ 由于次国家单位的比较方法能够使我们更容易看到这种国家内部的变化，因此它有助于我们对复杂的变迁进程作出一种更加适当的描述。关注次国家单位可以有益于我们提高准确**描述**复杂过程的能力；除此之外，它对于我们如何对这样一些过程作**理论化处理**也具有重要的涵意（implications）。⑤ 沿着领土分界线将国家进行分解，使得探索同一政治体制中的不同区域与层次之间的动态关联（dynamic linkages）成为可能。分析这些关联对于理解和解释政治与经济变迁的基本进程而

---

① 关于这个问题的经典讨论见于 Lijphart（1971）。也可参见 Collier（1993）。
② 正文中的加粗字体在原文中为作者特别标出的斜体，特此说明。——译者注
③ 整体国家偏误的问题也在利帕特的论著（Lijphart, 1971）中得到了讨论。
④ 举例而言，参见 O'Donnell（1993）；Fox（1994）；Kurtz（1999）；Snyder（1999a, 2001）；Gibson and Calvo（2000）；and Remmer and Wibbels（2000）。
⑤ 本文的"implication"是指内在或隐含的启示或意义，因此翻译成"涵意"。——译者注

言，是一个不可或缺的步骤。

次国家的比较方法与研究设计

次国家的比较方法在研究设计方面有两个关键的长处：（1）它可以充当增加观察数量的一种有力工具；（2）它使得建构可控性比较变得更加简单。

增加观察数量

对次国家单位的关注能够为在小样本研究设计中增加观察的数量提供一种有效的方式。正如加里·金（Gary King）、罗伯特·基欧汉（Robert Keohane）和西德尼·维巴（Sidney Verba）所强调的那样，我们的各种理论常常在许多不同分析层次上都具有可观察到的涵意（observable implications），并且"那些貌似是单一案例的研究，或者仅有几个案例的研究，可能在不同的分析层次上都确实包含了许多与被评估的理论有关的潜在的观察。"（King et al., 1994: 208, 30 - 31)[1] 因此，起初关注一个国家案例的理论，潜在地可以通过该案例中的各种次级单位来进行检验：诸如各州、县、城市、地区或者经济部门（King et al., 1994: 219）。[2] 此外，下降至次国家的观察层次，还具有一种额外优势，即不需要通过游历来研究另一个国家。

尽管通过转而利用较低层次的聚合数据（aggregation）来增加观察

---

[1] 戴维·科利尔（David Collier）也讨论了案例内（within-case）的价值，亦即为增加观察数量而进行的"内部比较"的价值（Collier, 1993: 112)。

[2] 在这个文本中，金等人讨论了阿图尔·科利（Atul Kohli）关于印度社会政策的研究（Kohli, 1987）。为了检验关于各个州级（state-level）政权对于贫困政策的影响的假设，科利对地方的、即村务委员会（panchayat）的层面进行了额外的观察（科利还观察了另一些国家，以评估其假说中的那些可观察到的涵意）。向较低层次聚合数据的转向，如何能够通过增加观察数量来帮助解决小样本的问题？近来关于美国州级分权政府的研究，为这一问题提供了另一个很好的例证。举例而言，参见 Alt and Lowry (1998); and Lowry, Alt, and Ferree (1998)。

数量的策略具有相当多的优点，但我们还是应当谨慎使用这种策略。第一，当进行跨层次推论时，研究者必须小心地选择那些适合于对考虑中的假说进行重复运用的较低层次的单位。也就是说，这些较低层次的单位应当是这样的：在这些单位中，"该假说所必需的过程能够发生"（King et al., 1994：221）。① 因此，通过研究次国家政治单位来检验一种关于宏观经济政策制定的理论的做法，或许就是不恰当的了。第二，次国家层次的观察并不必然会提供对理论的独立检验（independent test）②，因为同一政治体制内部的各州、县及其他次级单位之间是相互关联的，而非互不依靠的。案例之间的这样一些潜在的相互关联可以导致"高尔顿问题（Galton's problem）"③，因此这些关联也要求我们警惕：利用来自同一个政治体制的各种次级单位来进行检验，可以得出一些结论，但不要夸大这些结论的确定性（King et al., 1994：222）。④ 此外，为了试图发现潜在的被混淆的省略变量，而对次级单位之间相互关联的来源（例如，政策扩散，即政策借鉴，亦即政策迁移）进行分析的做法，则

---

① 斯坦利·利柏森（Stanley Lieberson）采纳了关于该问题的一种相当不同的观点，从而得出结论认为，从较低层次的聚合数据中得出的证据，"并不能决定关于在较高层次运作的过程的论点的有效性"，而且还认为"从较低层次分析中并不能得出关于较高层次结构的任何有用的理解。"（Lieberson，1985：108）

② 本文所涉及的"独立"，主要是指与其他相关因素无涉的、自立自足的情况。例如，下文中出现的"案例间的独立性"便是指案例之间不存在相互的影响。——译者注

③ "高尔顿问题"主要是指在运用总体的聚合数据来进行跨文化分析时，得出的推论常常会忽视统计数据的自相关（autocorrelation）现象，即被研究的两种或两种以上的文化群体之间，存在一定的借鉴和影响，从而使统计数据之间并不是彼此独立的，而是存在相关性。这种问题常常出现在分析外部因素的影响上，例如，在政治研究中，一个国家的经济发展和政治稳定之间存在着相关性，对于这种相关性，应当运用一国内部的机制性关系来进行解释，还是应当诉诸国家间的相互影响所引起的扩散和借鉴？作者的下一个注释阐述了高尔顿问题的起源，关于政治研究中的高尔顿问题，参见 Marc Howard Ross and Elizabeth Homer: "Galton's Problem in Cross-National Research", *World Politics*, Vol. 29, No. 1 (October), 1976, pp. 1–28. ——译者注

④ "高尔顿问题"之所以如此得名，是因为在 1889 年召开的皇家人类学研究所（the Royal Anthropological Institute）的会议上，弗朗西斯·高尔顿（Francis Galton）对于爱德华·B. 泰勒（Edward B. Tylor）的开创性论文（该文介绍了跨文化的调查方法）提出了反对意见。高尔顿指出，由于各种特性（traits）常常通过扩散（例如，通过借鉴或迁移）而传播，因此对此类跨文化特性的观察，并不必然是独立的案例（Naroll, 1961：15）。

是一种不错的实践。①

进行可控性比较：次国家分析的策略

对次国家单位的关注，能够极大地增强比较研究者控制潜在的解释变量的能力（Linz and de Miguel, 1966; Lijphart, 1971: 689 – 90）。就这一点而言，我们可以区分出次国家分析的两种策略：（1）关注单一国家中各种次国家案例的**国家内**比较（within-nation comparisons）；（2）关注跨不同国家的各种次国家案例的**国家间**比较（between-nation comparisons）。此外，这两种策略还可以在一项单独的研究中被富有成效地加以结合。

国家内比较。相比国家单位而言，单一国家中的次国家单位常常可以更容易从文化、历史、生态和社会经济的维度上进行匹配。例如，笔者关于墨西哥经济政策改革的研究就运用了笔者称之为"一个部门，多个地方（one sector, many places）"的策略，这种策略关注的是墨西哥最为重要的四个咖啡生产州（Snyder, 1999a, 2001）。② 原因在于这四个州——瓦哈卡州（Oaxaca）、格雷罗州（Guerrero）、恰帕斯州（Chiapas）和普埃布拉州（Puebla）——都位于墨西哥南部，都有大量的本土人口，并且都属于该国最贫困的地区。笔者能够控制生态、文化和社会经济的条件的程度，要远远高于在比较国家单位的研究中通常可能达到的程度。通过降低控制这样一些非政治因素的难度，对次国家单位的关注便有助于精确定位如下问题，即政治制度的变化是如何塑造经济绩效与政策选择的。

应当强调的是，国家内比较并不会**必然**提高我们掌握恒定的文化、历史、生态与社会经济条件的能力：各个国家内部的变化或许同这些国

---

① 正如下文所讨论的，一个政治体制中各种次级单位之间的动态相互作用，对于作出有效因果推论而言，并不必然被视为一种麻烦的障碍。毋宁说，这样的相互作用可以成为理论创新与进步的一种丰富来源。

② 参见理查德·洛克（Richard Locke）的一项有趣的研究设计（Locke, 1995），该设计把关于各种次国家单位的研究与对多重部门（multiple sectors）的分析结合了起来。洛克提出了一种关于意大利的汽车业与纺织业的次国家研究。

家之间的变化一样大(如果不是更大的话)。例如,墨西哥南部各州同邻国危地马拉的次国家单位的共同点,可能要比它们同墨西哥北部各州的共同点还要多。因此,正如 B. 盖伊·彼得斯(B. Guy Peters)所警告的那样,比较分析者应该当小心翼翼地避免被哄骗入一种"错误的安全感(false sense of security)"中,这仅仅是因为他们正在利用单一国家中的各种次国家单位罢了(Peters, 1998: 35)。①

国家间比较。相较于国家单位的比较而言,对不同国家单位中相似的次国家单位进行比较,可能是一种作出有效因果推论的更为有力的策略。例如,胡安·林茨(Juan J. Linz)和阿曼多·德米格尔(Amando de Miguel)认为,对于西班牙与意大利的具有相似文化与社会经济特征的"发达与落后的部分"进行比较,是探究两个国家不同政治制度如何影响自主社团成员资格的一种极为有效的方式(Linz and de Miguel, 1966: 269)。与此相类似,吉列尔莫·奥唐奈(Guillermo O'Donnell)提出了一种"跨现代区域(cross-modern areas)"的比较,这种比较把巴西与阿根廷的最发达的地区并列起来做了对照(O'Donnell, 1973: 21)。②

通过分析不同国家间**邻近的**(contiguous)次国家单位,学者们或许就能够设计国家间比较了,这种比较对于文化、历史和生态条件的控制可以达到特别强的程度。例如,有关非洲殖民主义影响的研究,已经关注位于一条国际边界线(该国界线将一块前法国殖民地与一块前英国殖民地分隔开来)两边的相邻村庄或地区了(Miles, 1994; Firmin-Sellers, 2000)。在那篇关于比较方法的经典论文中,阿伦·利帕特(Lijphart, 1971)支持了拉乌尔·纳罗尔(Raoul Naroll)的建议(Naroll, 1966),即为了研究总统制与议会制的影响,对美国北达科他州(North Dakota)和加拿大马尼托巴省(Manitoba)进行比较(而不是去比较美国和英

---

① 丹克沃特·罗斯托(Dankwart Rustow)在主张"仅仅在地理上的接近,并不必然会具备进行比较的最佳基础"时,提出了一个相关的论点(Rustow, 1968: 45)。
② 正如奥唐奈自己所观察到的那样(O'Donnell, 1973: 21),这样一种忽视了广袤的、不发达的边缘是否可能存在的策略,可能会对国家政治产生一种关键性的影响。因此,即便阿根廷和巴西的现代部门在面积上是相似的,这些现代部门也可能由于这两个案例中农业地区的面积差异而对国家政治产生不同的影响。

国），可能是一个更加富有成效的策略。这样一种比较可能会把诸如经济发展和教育水平这样的因素的变化减到最少。在对北美小麦生产带的农业激进主义（agrarian radicalism）的分析中，西摩·马丁·李普塞特（Seymour Martin Lipset）比较了加拿大萨斯喀彻温省（Saskatchewan）和美国北达科他州的案例（Lipset, 1950），他把这两个地方描述为在经济与地理方面相近的复制品（replicas）（Lipset, 1950: 215）。[①] 这项国家间比较强调了罗斯福新政如何逐渐削弱了美国的小麦生产带的农业社会主义运动，然而大萧条期间的加拿大缺乏改革主义的联邦政府项目，这就为农业激进主义提供了有利的环境（Lipset, 1950: 17, 119 - 20）。在对西班牙巴斯克自治区（Basque country）政治冲突的研究中，林茨通过分析西班牙的巴斯克地区和法国的巴斯克地区，从而也运用了国家间比较（Linz, 1986: 372 - 98）。这项研究设计使他可以探究属于一个共同族群（ethnic group）（即巴斯克人）但居住在不同国家的个体，如何能够在他们的种族与国家认同方面，形成差异显著的理解。[②]

次国家单位分析中的国家内比较和国家间比较这两种策略，能够在一项单独的研究中加以结合。例如，除了比较萨斯喀彻温省与北达科他州之外，李普塞特还比较了萨斯喀彻温省与它相邻的艾伯塔省（Alberta）和马尼托巴省（Manitoba）（Lipset, 1950: 216 - 19, 121 - 4）。在艾伯塔（那里的经济和社会结构与萨斯喀彻温非常类似），李普塞特发现（Lipset, 1950: 216）："同萨斯喀彻温与北达科他的农民一样，当一种威胁出现时，这里的农民在政治上的反应是迅速的。"相比之下，在马尼托巴（那里在李普塞特所假定的可能影响不同层次的政治行动主义的许

[①] 由此，这种国家间比较也使得利帕特能够利用一种"最具相似性（most similar）"体制设计。关于"最具相似性"和"最具相异性（most different）"体制设计的问题，参见亚当·普沃斯基（Adam Przeworski）和亨利·图纳（Henry Teune）的论著（Przeworski and Teune, 1970）。

[②] 国家间的次国家比较的另一个常用的策略，涉及对于不同国家的同一种经济部门的关注（举例而言，参见 Evans, 1995; Bates, 1997; Karl, 1997; and Paige, 1997）。由于广泛的其他变量都存在跨国家的差异，因此相比于国家内比较而言，这样一种进路在探究政治因素的变化如何影响经济产出方面的有效性是较低的。

多关键维度上，与萨斯喀彻温都不一样），农业政治运动则是虚弱的。①因此，这些次国家的比较，加强了李普塞特关于农业激进主义原因的总体论据。

尽管上述这些次国家分析的不同策略充当了进行可控性比较的有力工具，但是它们都有一种局限：单一国家的次国家单位之间以及相邻国家的相似的次国家单位之间存在扩散与借鉴的可能性，这种可能性提高了实现独立观察与检验的难度。② 有一种技术可以减少在（1）控制潜在的解释变量的能力以及（2）实现这些案例之间独立性的能力之间所进行的权衡（trade off），那就是在对**非邻近的**（non-contiguous）次国家单位进行研究时，将国家内比较与国家间比较结合起来，从而减少潜在的扩散效应【这种扩散是沿着林茨和德米格尔所提出的对西班牙和意大利"发达与落后"的部分进行比较的理路（Linz and de Miguel, 1966: 269），以及沿着奥唐奈所提出的"跨现代区域"比较的理路（O'Donnell, 1973: 21）而进行的】。③ 这样一种二元策略可以有助于最大限度地控制潜在的解释变量和实现案例间的独立性。

次国家的比较方法与测量：案例编码（Coding Cases）

所有的比较研究都面临着为案例编码的挑战：分析者必须利用隐含

---

① 在萨斯喀彻温—亚伯达—马尼托巴并列对照的背景下，利帕特（Lipset, 1950: 217）进行了一项有趣的跨时段比较，他指出"在19世纪和20世纪早期之间的这段时期内，当马尼托巴的经济与生态条件已经接近于今天（1950年）萨斯喀彻温和亚伯达的水平的时候，马尼托巴的农业政治运动则是强大的。"

② 在空间上相近的单位之间实现独立观察的困难，在关于"空间性自相关作用（spatial autocorrelation）"的计量经济学文献中得到了讨论（例如，Anselin, 1988）。这种空间性自相关作用问题在很多方面都与时间序列（time-series）分析中的"时间性自相关作用问题"相类似（Eagles, 1995: 7; King, 1997: 166）。

③ 非相邻单位的国家间比较对于提高案例间的独立性所具有的价值，是由沃尔多·托布勒（Waldo Tobler）的"地理学第一法则（first law of geography）"所提出的，该法则假定"任何事物都是与其他任何事物相关的，但距离相近的事物要比距离远的事物更为相关"（Eagles, 1995: 7）。

的（implicit）或明确的（explicit）指标来为研究中所包含的案例进行编码。次国家的比较分析能够有助于减少两种形式的偏见，这些偏见都影响了如何将国家案例进行编码的问题。第一种偏见是指，在研究具有高度内部异质性的国家时，对国家层次的平均数所做的不恰当运用。而当一个经过充分研究或者特别显著的次级单位的属性被不恰当地用来描述整体的国家案例的特征时，第二种偏见就产生了。

均值性分析（Mean-Spirited Analysis）：对国家平均数的不恰当运用

跨国研究常常依赖于国家层次的平均值来为案例编码。国家平均值的运用在定量研究中发挥了极为突出的作用。[1] 然而，国家平均值通常也被应用于质性研究中——例如，拥有一片广袤的发达区域和一片广袤的不发达区域的国家，可能会被编码为"半发达的"国家。因此，尽管许多质性研究并没有用数字形式来表示国家平均值，但是它们都依赖于那些可以被称作"均值性的（mean-spirited）"分析。

与均值性分析相关的各种问题是由林茨和德米格尔的观察所提出的（Linz and de Miguel, 1966: 271），这项观察认为"许多被我们根据国家指数而称作半发达的社会，实际上都是发达地区与不发达地区的混合物"。[2] 此外，根据这些国家指数，事实上是"半发达"的国家，可能会同那些由发达与不发达地区混合而成的对比案例一样，拥有相同的平均值。因此，如果人们单单依赖国家平均值的话，那么这两种类型的案例就无法区分了。

奥唐奈在他对阿根廷与巴西的比较中强有力地表达了这一点，他强调了根据聚合的、即国家层次的平均数来对案例进行编码，如何遮蔽了特性分布的**形式**（如正态分布、双峰分布，等等）以及这些特性的离散

---

[1] 举例而言，参见李普塞特的研究（Lipset, 1959）以及受到这项研究启发的大量文献。
[2] 彼得斯在观察的时候提出了一个相关观点，即在跨国分布方面，当一个国家只有一部分具有极端值，而该国的剩余部分实际上具有"正常（normal）"值的时候，这些整体的国家也常常被编码为异常值（outlier）（Peters, 1998: 44）。

程度方面的重要差别（O'Donnell, 1973）。奥唐奈表明，对国家层次的平均值的重视导致20世纪60年代的许多研究都将巴西编码为不发达国家。这种分类掩盖了这一事实，即巴西的现代地区事实上与阿根廷的现代地区在面积上是具有相当的可比性的——而阿根廷的案例缺乏广袤的农村边缘（rural periphery），且因此常常被编码为半发达地区（而非不发达地区）。

林茨和德米格尔关于西班牙地区差异的开创性研究（Linz and de Miguel, 1966），说明了精心选择的国家内比较如何能够有助于防止国家案例被错误编码。林茨和德米格尔运用次国家的比较表明，使用聚合数据，即国家数据所确定的工业化与宗教狂热之间的因果关系，在次国家的层次上并不成立（Linz and de Miguel, 1966: 314–15）。通过分析西班牙文化和经济结构在地区层次上的数据，林茨和德米格尔表明，同现代化理论的那些标准版本相反，西班牙工业化程度最低的地区是非常世俗化的。此外，在西班牙工业化程度最高的地区中，他们发现了许多不同的变化：加泰罗尼亚自治区（Catalonia）是相当世俗化的，然而巴斯卡自治区则是高度宗教化的。

笔者关于当代墨西哥经济改革的政治的研究提供了一个新近的案例，来说明沿着领土分界线将各个国家进行分解的做法如何能够促进对国家案例的编码（Snyder, 1999a, 2001）。根据宏观经济政策的高度聚合的国家指标（诸如关税水平与公共部门的总体规模），大多数学者都将墨西哥编码为成功进行了自由市场政策或新自由主义政策改革的案例。① 这种对国家层次数据的依赖掩盖了这一事实——是墨西哥新自由主义改革的实施，而不是对市场力量的释放，在实际上导致了次国家层次上新的管理制度的建设。② 把目光投向国家层次以下，可以更容易地看到，新自由主义改革的实施触发了"重新管制（reregulation）"的进程，这

---

① 举例而言，参见 Nelson（1990）和 Córdoba（1994）。
② 在近来关于发达工业国家的比较政治经济的大量研究中，对于容易获得的、即国家层面的 OECD（经济合作与发展组织）数据也有一种相似的依赖性，这种依赖性无疑也遮蔽了发生在国家层面以下的各种重要进程。

种进程导致了不同种类的市场管制的新制度，而不是导致了自由市场的胜利。因此，对次国家单位的关注，提供了对墨西哥这一案例进行更为准确的描述和编码的基础，并且挑战了那种传统观点，即自由市场改革在国家层面上的推行导致在整个国家中出现了各种解除管制的（deregulated）、即竞争性的市场。①

对最著名地方的误用：无效的从部分到整体的图绘
（Part-to-Whole Mappings）②

当一个经过充分研究的地区或者其他次国家单位所特有的特性或进程，被不正确地提升到一种国家范例的地位时，无效的从部分到整体的图绘就产生了。因此，国家案例就被不恰当地编码了，就像是用来描述一个特定的地区或一组地点的特征的一系列属性（set of attributes）被整个国家所占有了。③ 这样的错误编码能够曲解因果推论并歪曲理论构建的努力。

关于德国工业化的文献，为误用最著名地点的后果提供了一个尤为生动的例子。在亚历山大·格申克龙（Alexander Gerschenkron）的开创性研究（Gerschenkron，1962）的基础上，大多数学者都把德国的案例视作一个由大型公司和大型的、国家级银行所支配的集中型工业化的典型

---

① 转向次国家层面并不一定会对国家案例有一种精确的编码，因为学者们也能够对次国家单位本身进行错误编码。例如，布莱恩·J.盖恩斯（Brian J. Gaines）就指出，学者们将加拿大省级层面的政党体制错误编码为两党制，并因此错误地得出结论认为加拿大在省级（如果不是国家的）层面符合迪韦尔热法则（Duverger's law）（迪韦尔热法则说明简单多数原则的选举导致了两党竞争）。相比之下，盖恩斯表明，加拿大省级层面的政党体制实际上拥有两个以上的政党。因此加拿大是作为迪韦尔热法则的一个名副其实的反例而存在的（Gaines，1999）。

② 关于"对鲜为人知案例的误用"这个相当不同的问题，参见埃尔登·肯沃西（Eldon Kenworthy）的论著（Kenworthy，1973）。鲁思·贝林斯·科利尔（Ruth Berins Collier）和戴维·科利尔对于肯沃西的这一构思的倒置——即"对最著名案例的误用"——已经明显影响了笔者的构思（Collier and Collier，1991：14）。

③ 由于那种来自次级单位的**分解性**数据导致了一种有关聚合层面的有偏颇的推论，因此误用最著名地方的问题，或许可以"反过来（in reverse）"被描述成那种著名的生态学谬论（ecological fallacy），这种生态学谬论是指那些在利用聚合数据来进行关于个体层面行为的推论时所导致的偏误（Robinson，1950）。金的论著提出了一种从聚合数据中得出公正推论的方法（King，1997）。

范例。加里·赫利格尔（Gary Herrigel）那本引发争论的新书（Gary Herrigel，1996），通过阐明以下论述而挑战了上述这种传统观点，即那种被格申克龙和其他人**在整体上**（as a whole）归之于德国的工业化，实际上是一种具有**地域特定性**（regionally-specific）的工业化形式。赫利格尔表明，德国其他的、即较少被研究的地区经历了一种不同类型的工业化，这种工业化来源于小规模的公司和银行。通过将工业化进程放在一种地域分殊性（regionally-differentiated）的国家框架之内，赫利格尔就能够把德国的工业化作为一种双体系现象（bimodal phenomenon）而进行"重新编码（recode）"。由此所显现出来的则是一种以两种不同的工业化模式为特征的经过重构的国家合成物（national composite）：一些地区的集中的、亦即"有组织的资本主义（organized capitalism）"，以及另一些地区的"去中心化的工业秩序（decentralized industrial order）"。①

除了提供了一种关于德国案例的更为有效的**描述**之外，这种对国家组成的重构对于因果推论和理论建构还具有一些重要的涵意。根据赫利格尔的分析，基于德国的案例而得出的整个国家都可能遵循集中的、亦即有组织的资本主义路径的结论，可能是错误的。确切点说，赫利格尔对德国的重新编码表明，有组织的资本主义只适用于特定的地区和特定种类的企业，而非德国整个国家。此外，如果德国的集中型工业化并不是一种独立的、即被单独决定的进程，而事实上与赫利格尔所考察的那种去中心化的工业秩序具有因果联系，就此而言，分析后一种现象的失

---

① 赫利格尔的著作把国家的政治经济看作是不同的次国家体系的复杂的合成物，按照这种观点，该著作将那种可能被称作政治经济学的"麻省理工学派（MIT school）"的研究当作了例证，该学派是与一些学者的研究相联系的，如苏珊娜·伯格（Suzanne Berger）、迈克尔·皮奥里（Michael Piore）、查尔斯·萨贝尔（Charles Sabel）和朱迪思·滕德勒。理查德·洛克（Richard Locke）关于意大利的研究，也将麻省理工学派当作例证。在他那本关于意大利案例的重要著作中，洛克支持了政治经济学的一种"微观政治"进路，这种进路起源于这样一种假设，即"国家的政治经济并不是连贯性的体系，而是在相同的国家领土内共存的（常常是不稳定地共存的）不同次国家模式的不连贯的合成物。"（Locke，1995）洛克批评了一些学者的这样一些倾向——他们将建立在小型企业和弹性生产基础上的所谓"第三意大利（Third Italy）"的经济成功和活力，推广到了整个国家案例中（Locke，1995：16－20）。这种倾向为笔者所谓的对著名地点的误用提供了一个不错的例子。

败，就可以导致对前者的严重误解。因此，在分析一个典型范例时转向一种地域分殊性的框架，不仅可以对一种长期存在的工业化模式提出质疑，还可以开启一种新的理论议程，该议程关注的是单一国家单位中的各个不同工业化模式之间的关联。

总之，均值性分析和对最著名地点的误用，提出了关于测量与描述的一些重要问题：均值性分析不恰当地利用高度聚合性的数据来为案例编码，而对最著名地点的误用则不恰当地利用分解性的数据来进行关于国家单位的推论。正如前述各种案例所表明的，在异质性的社会中，与这两种问题相关的各种曲解，都能够导致对国家案例的无效编码。

次国家的比较方法与理论建构：认真对待领土

次国家的比较方法的最后一个优势，关系到它如何能够帮助我们建构这样一些理论——它们可以解释一个政治体制的不同层次与地区之间的动态关联。把国家沿着领土分界线进行分解，可以使我们更容易看到一个政治体制的各个构成部分是如何相互作用的。① 这就要求我们去探究那些经历了多种变迁模式的地区之间的因果联系。分析这些联系可以有助于我们在国家政治以及政治与经济转型的主要进程这两个方面，获得一种更为有力的理解。

国家内变化与国家体制（National Regimes）②

一种地域分殊性的视角强调了一个国家中跨越不同次国家单位的变

---

① 他们对于那些将国家分为现代的、资本主义的经济和落后的、前资本主义经济的发展"二元论"视角提出了批评，在这种批评中，依附论理论家们常常对于描述和解释一个国家中存在反差的地区之间的关联，表现出强烈的关注。举例而言，可参见 Stavenhagen（1968）和 Portes（1983）。

② "regime"一词既可以指"政权"，也可以指"体制"或"制度"。在本文中，该词主要指一个国家全国体制和地方体制之间存在不均衡性，而仅仅是代表国家主权的"政权"，因此这里根据语境分别翻译成"体制"或"政权"。——译者注

化，这种视角可以成为理解各种国家体制如何运行的关键。国家层次的政治家为了实施他们的政策议程——或者仅仅为了保持执政地位——常常需要与不同种类的次国家行动者建立联盟（coalitions）。因此，把国家层次当作自主的、单独的领域并且遮蔽了边缘行动者与中心行动者之间关联的一种"向中心集中化（center-centered）"的进路，可能会对国家层次的政治家的活动所处的战略背景作出错误描述。[①] 关于拉丁美洲的政治体制（political regime）的研究文献提供了一个生动的例子，这个例子表明了对于次国家单位的关注如何能够帮助避免上述这种问题，并由此促进我们对国家层次的政治的理解。

民众主义联盟：被遗漏的农村维度。拉丁美洲的民众主义（populism）[②] 通常被视作一种起源于国家中城市化与现代化程度最高的地区的"大都会（metropolitan）"现象。标准的解释把民众主义当成一种政治策略，这种策略以牺牲传统的寡头政治为代价来支持"城市工业利益（urban-industrial interests）"，而那种寡头政治的力量常常被看作是以一个国家的农村地区，即边缘地区作为依靠的（Di Tella 1965，1968）。

爱德华·吉普森（Edward Gibson）的一篇开拓性论文通过表明如下情况而挑战了上述这种观点，即阿根廷的胡安·多明戈·庇隆（Juan Domingo Perón）和西班牙的拉萨罗·卡德纳斯（Lázaro Cárdenas）的源生性民众主义政权，事实上是建立在两种不同的次级联盟（subcoalition）基础上的：一种是以城市地区为中心的**大都会**联盟，它对民众主义政权的发展战略提供了支持；另一种是以农村地区为中心的**省级**（provincial）联盟，它负责产生**维**持民众主义政权执政所需的选举多数（Gib-

---

① "向中心集中化"这一术语来自 Rubin（1997：12）。
② "Populism"有不同的译法，在汉语中常常被译为"民粹主义"，也可以翻译成"平民主义"，但该词对于不同国家而言有不同的侧重，就南美政治而言，翻译成"民众主义"可能更为贴切。可参考（英）戴维·米勒等主编：《布莱克维尔政治学百科全书》，中国政法大学出版社 2002 年版，第 634 - 637 页。——译者注。

son, 1997)。① 从这个观点来看，那种认为拉丁美洲民众主义是一种以劳工为基础的（labor-based）现象的标准解释，并没有完全契合大都会地区与边缘地区之间的关联。结果，它就把民众主义的大都会的面相，看成了民众主义的唯一面相。

　　上述这种对民众主义的理解有什么问题呢？首先，这样一种观点潜在地曲解了维持民众主义政府执政的力量：这种将焦点局限在民众主义大都会面相的做法可以遮蔽这样一种事实，即单凭劳工并不足以在选举上维持民众主义政策。此外，对省级维度的民众主义政府的忽视，也混淆了这些政府同它们之前的旧秩序（即寡头秩序）之间的关系。这种把民众主义视作一种发生在城市的、以劳工为基础的现象的观点是片面的，它要么使得民众主义政府与边缘的、传统的精英进行竞争，要么更为简单化地将此类精英降级为国家政治中的边缘角色。相比之下，一种把民众主义看作是大都会联盟与省级联盟的合成物的**平衡的**理解，则提供了一种非常不同的、对抗性较弱的观点来看待民众主义政府如何与乡村精英互动：该观点强调了民众主义政府如何容纳甚至依赖地方寡头，以便"将民众主义与传统秩序联系起来，赋予民众主义作为一种国家选举力量的一致性，并将它的范围拓展至国家领土的每一个角落"（Gibson, 1997: 341）。②

---

　　① 参见滕德勒的论著（Tendler, 1999: 105 – 19），滕德勒对吉普森的论据进行了一种有趣的拓展，这种拓展表明，当代巴西的州长们已经在次国家层次上实施了一种"双管齐下"的联盟建构策略，他们把现代与传统的选区居民（constituency）联合了起来。肯尼思·罗伯茨（Kenneth Roberts）提出了一种相关的关于"新民众主义（neopopulism）"的论据，这种新民众主义是20世纪90年代期间在秘鲁实施的自由市场经济改革中的一种联盟建构工具（Roberts, 1995）。关于新民众主义，也可参见 Weyland（1996, 1999）。

　　② 弗朗西丝·哈戈皮安（Frances Hagopian）对于巴西的重要研究也说明，一种对次国家层次的变化的敏锐感，可以强调转变中的国家政权是如何容纳，而非排斥传统精英的。正如在关于民众主义的文献中，政治科学家关于巴西的官僚权威主义政权的研究，倾向于排他性地关注城市的、大都会的地区。从这个方面来看，哈戈皮安解释道："许多把自己确定为全国性（national in scope）的国家研究，事实上都是对于最发达地区的分析——里约热内卢，尤其是圣保罗。同样的，它们有一个共同的盲点，并且……为它们的短视付出了代价。"（Hagopian, 1996: xiii）另参见乔尔·S. 米格达尔（Joel S. Migdal）、阿图尔·科利和维维恩·舒（Vivienne Shue）所主编的论著在国家—社会关系的研究中对次国家分析的价值的论述（Migdal, Kohli, and Shue, 1994）。

死水还是暗流？拉丁美洲的非自由主义边缘
(Illiberal Peripheries)

对于一种政治体制中不同层次和不同地区之间动态关联的关注，提供了审视对立政治现象——即"中心"（例如，国家层次）以及"边缘"（例如，次国家层次）——之间关系的一种新的方式。在关于当代拉丁美洲的政治与经济自由化的研究中，一种地域分殊性的框架，强调了在许多国家的边缘地区所坚持甚至蔓延的非自由主义政治体制与政策体制（policy regimes），如何可能成为**暗流**（undercurrents），这些暗流作为中心层面的自由化进程的原因，是这种进程不可缺少的组成部分。① 相形之下，仅仅关注国家层次的政治的研究，并没有"洞察"这些非自由主义的边缘，或者换言之，这些研究不恰当地将这些边缘当作孤立的死水而不加考虑，认为它们是与发生在中心的政治转型过程相分离并被后者抛在后面的。这样一种向中心集中化的视角（它已经越来越趋向于支配近来关于发展中国家政治与经济自由化的研究了）可以导致我们把这些基本进程误解为是千篇一律的，然而它们实际上远非如此。

民主的空间不均衡性。吉列尔莫·奥唐奈关于拉丁美洲当代民主体制缺点的开创性研究，强调了对于一种政治体制中以领土界分的不同组成部分之间互动的关注，是如何有助于我们更好地理解这种民主化过程的。奥唐奈认为，政治自由化和民主化是在领土上不均衡的过程。因此，在一个特定国家内部，并不能假定那些界定全国性体制与国家政府（the national regime and state）的规则和标准，可以同等地适用于全国的每个地方。例如，在许多拉丁美洲国家中，以法律的稳固统治为特征的"蓝色区域"，是同法治部分地弱化的"绿色区域"和法治极度弱化的"褐色区域"共同存在的（O'Donnell, 1999：139）。

奥唐奈关于将国家分解为蓝色、绿色与褐色地区的提议，可能有利

---

① 所谓的"非自由主义（illiberal）"，笔者指的是在政治领域中的非民主（non-democratic）和经济领域中的非自由市场（non-free-market）。

于提高描述的准确性。此外，该提议对于我们如何将民主化作理论化处理，也具有深远的涵意。一种观点认为政治自由化在领土范围内是一个均衡的进程，奥唐奈拒斥了这种观点，而鼓励我们去探究不同地方与单位之间潜在的因果关系，这些地方和单位在一种统一的（但非均衡的）政治体制的背景下，经历了多种多样的变化模式。

一个国家政权的"蓝色化"可能会与次国家单位的"褐色化"具有直接的因果关系。例如，一些国家的选举体制分配高度不公平，农村地区的代表比例过高——这是整个拉丁美洲的普遍模式（Samuels and Snyder, 2001; Snyder and Samuels, 2001）——在这些国家中，国家层次的政治家实施和巩固民主改革的能力，可能会具有讽刺意味地取决于他们能否赢得次国家的威权主义精英所提供的被高估的支持。同时，次国家威权主义在国家的层次上的代表团（enclaves）[①] 拥有的过高的代表比例，可以加强这些次国家精英的能力，以抵挡外部集团寻求改革地方政治的努力。关于这种情况有一个不错的例子，就是存在于墨西哥南部各州的所谓"斯大林主义（Stalinist）"选举的作用，它帮助制度革命党（Institutional Revolutionary Party, PRI）稳获政治多数，而这些政治多数使得萨利纳斯（Salinas）政府和塞迪略（Zedillo）政府的自由化改革者们在20世纪80年代和90年代期间持续执政。[②] 因此，民主在中心得到加强的同时也在边缘被逐渐削弱，由此，一种辩证的进程就可以产生了。[③]

拼凑的自由化：当代拉丁美洲的经济改革。同民主化一样，经济自由化在当代拉丁美洲也是一种在领土上不均衡的进程。近来的研究（例

[①] "enclave"既可以指一国领土内隶属另一国的"飞地"，也可以指存在于大团体中的小团体，或者孤立的小块地区。本文中所出现的两处"enclave"分别指后两种意思。此处是指国家代表机构中，次国家的威权主义精英的代表所组成的各个代表团。——译者注

[②] 关于墨西哥的次国家威权主义政权，参见 Fox（1994）和 Snyder（1999b）。关于非民主的农村精英在保护智利国家层面的政治与经济自由化方面的重要的、然而常常被忽视的作用，参见 Kurtz（1999）。

[③] 我们或许要考虑一下，我们应当如何为这样的案例编码。国家层面的民主政权伴随着各种次国家层面的权威主义政权共同存在——具有这样特征的国家是不是一个充分成熟的民主国家呢？

如，Snyder，1999a，2001；Gibson and Calvo，2000；Remmer and Wibbels，2000）强调了新自由主义经济改革如何有助于次国家（尤其是州和省级的）层次的非自由主义政策体制得以维持甚至扩展。要理解这种拼凑型模式，就需要关注构成这种政治体制的不同层次与地区之间的关联。

举例而言，为了解释州层面的新管理制度的形成如何导致了墨西哥一个大型联邦政府企业的解体，笔者分析了州层级和联邦层级的政治家之间的关联（Snyder，2001）。笔者的研究说明，各州州长能够控制被旧联邦政府企业所放弃的政策领域，并能够重新管制联邦法律已经在某种程度上解除管制的内容，其原因就在于，执政的制度革命党在国家层面上面临着来自反对党的越来越大的威胁。因此，卡洛斯·萨利纳斯·德戈塔里（Carlos Salinas de Gortari）总统有强烈的动机，来允许各州州长选择那些能够帮助维持政治稳定和产生选举多数的政策，而不管这些政策是否与他支持的正统的新自由主义方针相一致。这种纵容放任的环境，使得州长们有可能去推行对抗新自由主义改革议程的管制政策——这些改革议程是由总统在国家层面上推行的。事实上，萨利纳斯不只是宽容了这种在次国家层面上对他的新自由主义路线的背离，他还通过积极支持一些特定州的民众主义州长，从而有选择地促进了重新管制。由此，国家层面的自由化经济改革和次国家层面上的非自由主义政策地区（enclaves）的扩散，是一个单一进程的相互补充并紧密铆合的组成部分：后者有助于捍卫政治稳定，而这种稳定对前者的继续推行而言是必要的。

吉普森和欧内斯托·卡尔沃（Ernesto Calvo）同样利用了一种次国家的比较方法，来解释阿根廷的经济改革在领土上的不均衡性质（Gibson and Calvo，2000）。他们说明了选举规则如何使得人烟稀少的农村地区在国家立法机关中的代表比例严重过高。这种形势给予了国家层次的政治家以强烈的动机，去将农村地区隔绝在新自由主义政策改革之外，以确保推进这些没有足够代表的城市地区的改革所需要的立法多数。①因此，在阿根廷边缘地区持续存在的非自由主义政策体制，并不是被城市地区的经济改革进程抛在后面的停滞的死水。确切点说，它们作为这些包罗万象的（overarching）经济改革的原因，是这些改革不可缺少的组成部分。

正如上述这些案例所表明的，对当代拉丁美洲经济转型的理解，要求我们去探究处于单一的、亦即统一的体制中的自由主义地区和非自由主义地区之间的关联。而次国家的比较方法正是达到该目标的一种关键工具。

结　论

次国家的比较方法在研究过程的三个核心领域都具有重要优势：研究设计、测量和理论建构。对次国家单位的关注通过增加观察的数量并降低建构可控性比较的难度，从而有助于比较研究者处理"变量太多，案例太少"的问题。次国家的比较分析也加强了比较分析者为案例精确编码并由此作出有效的因果推论的能力。最后，次国家的比较为建构理论提供了一个坚实的基础——这些理论解释了在空间上不均衡的政治与经济转型的进程。除了这些方法论上的好处之外，次国家的比较分析还为理解现时代去中心化的政治与经济趋势提供了一种必不可少的工具。

虽然这篇文章突出了对次国家单位进行分析的优势，但是本文也强调，正如所有的方法论一样，次国家的比较方法也存在局限。一种局限与可归纳性（generalizability）② 有关。这个问题在笔者所谓的次国家分析的"国家内"策略（这种策略关注的是一个单一国家中的不同案例）

---

① 卡伦·雷默（Karen Remmer）和埃里克·维贝尔斯（Erik Wibbels）也分析了跨越阿根廷各省的新自由主义经济改革的多样性影响（Remmer and Wibbels, 2000）。他们认为，非自由主义政策体制在省级层面的持续存在，可能会损害国家的经济绩效，并由此削弱国家层面改革的可持续性。

② 此处的"可归纳性"与下文的"归纳（generalize）"，指的是从次国家的比较分析中总结出一般的、可普遍适用的规则或理论。——译者注

的背景下表现得最为清楚。尽管国家内比较能够为控制历史、生态和文化条件提供一种尤为强大的方式，但是这种策略常常需要在两种能力间进行权衡选择，即获得控制的能力与进行归纳的能力。[①] 减轻这种权衡的一种技术，就是在分析不同国家的次国家单位的时候，把国家内比较与国家间比较这两种方法结合起来。或者（Alternatively），可以将次国家比较与跨国（cross-national）比较结合起来。如何结合不同的比较策略，从而既加强控制各种条件的能力，又加强进行归纳的能力？这是未来研究的一个重要问题。

从次国家案例中进行归纳的可能性，也可以通过如下做法得到增强，即改进我们进行从次国家分析层次到国家分析层次的有效推论的工具。最近关于定量方法的研究，为处理跨层次推论中出现的这些问题提供了新的方式（例如，Grofman，1995；King，1997；Katz and King，1999）。使这样一些洞见适用于质性研究即小样本的研究的做法，应当提供更好的技术来从次国家单位中进行归纳。

次国家比较方法的第二种局限与相互依赖的问题有关。由于一个单一国家中不同次国家单位之间存在扩散与借鉴的可能，因此国家内比较就涉及在两种能力间进行权衡选择的问题：即控制潜在的解释因素的能力与进行独立观察和假设检验的能力。将国家内比较与不同国家的次国家单位的比较相结合，能够减少这些扩散的效应，并由此能够有助于缓和这种权衡。

值得强调的是，实现案例间独立性的问题，绝没有局限于次国家比较分析：关于扩散、依赖和国际示范效应的跨国研究，长期以来就承认国家单位之间相互关联的重要性。全球化进程和近年来信息技术的发展，无疑已经扩大了国家单位之间与次国家单位之间相互关联的广度和密度。这样一来，我们很可能在任何分析层次中都更加难以找到可以被合理地当作孤立的、实验性的观察对象的独立（freestanding）政治单

---

① 关于与之相关的在可归纳性与概念效度（conceptual validity）之间进行权衡的问题，参见 Sartori（1970，1984）；Collier and Mahon（1993）；Collier and Levitsky（1997）；Collier and Adcock（1999）；and Munck（1998）。

位。这种朝着更加密切的相互关联发展的趋势提出了方法论的挑战,而那些针对这些方法论挑战的研究,将会为未来的比较研究提供一种更加牢固的基础。

(译者单位:复旦大学国际关系与公共事务学院)

参考文献

Alt, James E. and Robert C. Lowry, "Divided Government and Budget Deficits: Evidence from the States," *American Political Science Review*, Vol. 88, December, 1994, pp. 811 – 28.

Anderson, Jeffrey J., *The Territorial Imperative: Pluralism, Corporatism, and Economic Crisis*, New York: Cambridge University Press, 1992.

Anselin, Luc, *Spatial Econometrics: Methods and Models*, Boston: Kluwer Academic Publishers, 1988.

Bates, Robert H., *Open-Economy Politics: The Political Economy of the World Coffee Trade*, Princeton: Princeton University Press, 1997.

Collier, David and Robert Adcock, "Democracy and Dichotomies: A Pragmatic Approach to Choices about Concepts," *Annual Review of Political Science*, No. 2, 1999, pp. 537 – 65.

Collier, David and Steven Levitsky, "Democracy with Adjectives: Conceptual Innovation in Comparative Research," *World Politics*, Vol. 49, April, 1997, pp. 430 – 51.

Collier, David and James E. Mahon, Jr., "Conceptual 'Stretching' Revisited: Adapting Categories in Comparative Analysis," *American Political Science Review*, Vol. 87, December, 1993, pp. 845 – 55.

Collier, Ruth Berins and David Collier, *Shaping the Political Arena: Critical Junctures, the Labor Movement, and Regime Dynamics in Latin America*, Princeton: Princeton University Press, 1991.

Córdoba, José, "Mexico," in J. Williamson, eds., *The Political Economy of*

Policy Reform, Washington, D. C.: Institute for International Economics, 1994.

Di Tella, Torcuato S., "Populism and Reform in Latin America," in C. Véliz, eds., *Obstacles to Change in Latin America*, New York: Oxford University Press, 1965.

Di Tella, Torcuato S., "The Working Class in Politics." in C. Véliz, eds., *Latin America and the Caribbean – A Handbook*, New York: Praeger, 1968.

Eagles, Munroe, "Spatial and Contextual Models in Political Research: An Introduction," in M. Eagles, eds., *Spatial and Contextual Models in Political Research*, London: Taylor and Francis, 1995.

Evans, Peter, *Embedded Autonomy: States and Industrial Transformation*, Princeton: Princeton University Press, 1995.

Firmin-Sellers, Kathryn, "Institutions, Context, and Outcomes: Explaining French and British Rule in West Africa," *Comparative Politics*, Vol. 32, April, 2000, pp. 253 – 72.

Fishman, Robert M., "Divergent Paths: Labor Politics in Barcelona and Madrid," in R. Gunther, eds., *Politics, Society, and Democracy: The Case of Spain*, Boulder, CO: Westview Press, 1993.

Fox, Jonathan, *The Politics of Food in Mexico: State Power and Social Mobilization*, Ithaca: Cornell University Press, 1993.

Fox, Jonathan, "Latin America's Emerging Local Politics," *Journal of Democracy*, Vol. 5, April, 1994, pp. 105 – 16.

Fox, Jonathan, "How does Civil Society Thicken? The Political Construction of Social Capital in Rural Mexico," *World Development*, Vol. 24, 1996, pp. 1089 – 1103.

Gaines, Brian J., "Duverger's Law and the Meaning of Canadian Exceptionalism," *Comparative Political Studies*, Vol. 32, October, 1999, pp. 835 – 61.

Gerschenkron, Alexander, *Economic Backwardness in Historical Perspective*, Cambridge, MA: Harvard University Press, 1962.

Gibson, Edward L., "The Populist Road to Market Reform: Policy and Electoral Coalitions in Mexico and Argentina," *World Politics*, Vol. 49, April, 1997, pp. 339 – 70.

Gibson, Edward L. and Ernesto Calvo, "Federalism and Low-Maintenance Constituencies: Territorial Dimensions of Economic Reform in Argentina," *Studies in Comparative International Development*, Vol. 35, No. 3, Fall, 2000.

Grofman, Bernard, "New Methods for Valid Ecological Inference," in M. Eagles, eds., *Spatial and Contextual Models in Political Research*, London: Taylor and Francis, 1995.

Hagopian, Frances, *Traditional Politics and Regime Change in Brazil*, New York: Cambridge University Press, 1996.

Heller, Patrick, "Degrees of Democracy: Some Comparative Lessons from India," *World Politics*, Vol. 52, July, 2000, pp. 484 – 519.

Herrigel, Gary, *Industrial Constructions: The Sources of German Industrial Power*, New York: Cambridge University Press, 1996.

Jones Luong, Pauline, *Institutional Change and Political Continuity in Post-Soviet Central Asia*, New York: Cambridge University Press, 2002.

Karl, Terry Lynn, *The Paradox of Plenty: Oil Booms and Petro-States*. Berkeley: University of California Press. 1997.

Katz, Jonathan N. and Gary King, "A Statistical Model for Multiparty Electoral Data," *American Political Science Review*, Vol. 93, March, 1999, pp. 15 – 32.

Kenworthy, Eldon. "The Function of the Little Known Case in Theory Formation, or What Peronism Wasn't," *Comparative Politics*, Vol. 6, October, 1973, pp. 17 – 46.

Kesselman, Mark and Donald Rosenthal, *Local Power and Comparative Poli-

tics, Beverly Hills: Sage Publications, 1974.

King, Gary, *A Solution to the Ecological Inference Problem: Reconstructing Individual Behavior from Aggregate Data*, Princeton, NJ: Princeton University Press, 1997.

King, Gary, Robert O. Keohane, and Sidney Verba, *Designing Social Inquiry: Scientific Inference in Qualitative Research*, Princeton, NJ: Princeton University Press, 1994.

Kohli, Atul, *The State and Poverty in India: The Politics of Reform*, New York: Cambridge University Press, 1987.

Kohli, Atul, *Democracy and Discontent: India's Growing Crisis of Governability*, New York: Cambridge University Press, 1990.

Kurtz, Marcus J., "Free Markets and Democratic Consolidation in Chile: The National Politics of Rural Transformation," *Politics and Society*, Vol. 27, No. 2, June, 1999, pp. 275–301.

Lieberson, Stanley, *Making It Count: the Improvement of Social Research and Theory*, Berkeley: University of California Press, 1985.

Lijphart, Arend, "Comparative Politics and the Comparative Method," *American Political Science Review*, Vol. 65, 1971, pp. 682–93.

Lijphart, Arend, "The Comparable-Cases Strategy in Comparative Research," *Comparative Political Studies*, Vol. 8, July, 1975, pp. 158–77.

Linz, Juan J., *Conflicto en Euskadi*, Madrid: Espasa Calpe, 1986.

Linz, Juan J. and Amando de Miguel, "Within-Nation Differences and Comparisons: The Eight Spains," in R. L. Merritt and S. Rokkan, eds., *Comparing Nations: The Use of Quantitative Data in Cross-National Research*, New Haven: Yale University Press, 1966.

Lipset, Seymour Martin, *Agrarian Socialism: The Cooperative Commonwealth Federation in Saskatchewan*, Berkeley: University of California Press, 1950.

Lipset, Seymour Martin, "Some Social Requisites of Democracy: Economic

Development and Political Legitimacy," *American Political Science Review*, Vol. 53, March, 1959, pp. 69 – 105.

Locke, Richard M., *Remaking the Italian Economy*, Ithaca: Cornell University Press, 1995.

Locke, Richard M. and Wade Jacoby, "The Dilemmas of Diffusion: Social Embeddedness and the Problems of Institutional Change in Eastern Germany," *Politics and Society*, Vol. 25, March, 1997, pp. 34 – 65.

Lowry, Robert C., James E. Alt, and Karen E. Ferree, "Fiscal Policy Outcomes and Electoral Accountability in American States," *American Political Science Review*, Vol. 92, December, 1998, pp. 759 – 74.

Migdal, Joel S., Atul Kohli, and Vivienne Shue, eds., *State Power and Social Forces: Domination and Transformation in the Third World*, New York: Cambridge University Press, 1994.

Miles, William, *Hausaland Divided*, Ithaca: Cornell University Press, 1994.

Montero, Alfred P., "Delegative Dilemmas and Horizontal Logics: Subnational Industrial Policy in Brazil and Spain," Paper presented at the Third Meeting of International Working Group on Subnational Economic Governance in Latin America and Southern Europe, San Juan Puerto Rico, August, 2000, pp. 26 – 28.

Munck, Gerardo, "Canons of Research Design in Qualitative Analysis," *Studies in Comparative International Development*, Vol. 33, Fall, 1998, pp. 18 – 45.

Naroll, Raoul, "Two Solutions to Galton's Problem," *Philosophy of Science*, Vol. 28, January, 1961, pp. 15 – 39.

Naroll, Raoul, "Scientific Comparative Politics and International Relations," in R. Farrell, eds., *Approaches to Comparative and International Politics*, Evanston, IL: Northwestern University Press, 1966.

Nelson, Joan M., "Introduction: The Politics of Economic Adjustment in Developing Nations," in J. Nelson, eds., *Economic Crisis and Policy*

Choice: The Politics of Adjustment in the Third World, Princeton: Princeton University Press, 1990.

O'Donnell, Guillermo, Modernization and Bureaucratic-Authoritarianism: Studies in South American Politics, Berkeley: Institute of International Studies, University of California, Berkeley, 1973.

O'Donnell, Guillermo, Counterpoints: Selected Essays on Authoritarianism and Democratization, Notre Dame, IN: University of Notre Dame Press, 1999.

Paige, Jeffrey M., Coffee and Power: Revolution and the Rise of Democracy in Central America, Cambridge: Harvard University Press, 1997.

Peters, B. Guy, Comparative Politics: Theory and Methods, New York: New York University Press, 1998.

Portes, Alejandro, "The Informal Sector: Definition, Controversy, and Relation to National Development." Review, Vol. 7, Summer, 1983, pp. 151 –74.

Przeworski, Adam and Henry Teune, The Logic of Comparative Social Inquiry, New York: John Wiley and Sons, 1970.

Putnam, Robert D., with Robert Leonardi and Raffaella Y. Nanetti, Making Democracy Work: Civic Traditions in Modern Italy, Princeton: Princeton University Press, 1993.

Remmer, Karen L. and Erik Wibbels, "The Subnational Politics of Economic Adjustment: Provincial Politics and Fiscal Performance in Argentina," Comparative Political Studies, Vol. 33, May, 2000, pp. 419 – 51.

Roberts, Kenneth, "Neoliberalism and the Transformation of Populism in Latin America: The Peruvian Case," World Politics, Vol. 48, October, 1995, pp. 82 – 116.

Robinson, William S., "Ecological Correlations and the Behavior of Individuals," American Sociological Review, Vol. 15, June, 1950. 351 – 57.

Rokkan, Stein, Citizens, Elections, Parties: Approaches to the Comparative Study *of the Processes of Development*, New York: David McKay Company, 1970.

Rubin, Jeffrey W., *Decentering the Regime: Ethnicity, Radicalism, and Democracy in Juchitán, Mexico*, Durham: Duke University Press, 1997.

Rustow, Dankwart A., "Modernization and Comparative Politics: Prospects in Research and Theory," *Comparative Politics*, Vol. 1, October, 1968, pp. 37 – 51.

Samuels, David J., "Careerism and its Consequences: Federalism, Elections, and Policy Making in Brazil," Doctoral Dissertation, Department of Political Science, University of California, San Diego, 1998.

Samuels, David J. and Richard Snyder, "The Value of a Vote: Malapportionment in Comparative Perspective," *British Journal of Political Science*, Vol. 31, No. 4, October, 2001.

Sartori, Giovanni, "Concept Misformation in Comparative Research," *American Political Science Review*, Vol. 64, 1970, pp. 1033 – 53.

Sartori, Giovanni, eds., *Social Science Concepts: A Systematic Analysis*, Beverly Hills: Sage, 1984.

Snyder, Richard, 1999a, "After Neoliberalism: The Politics of Reregulation in Mexico," *World Politics*, Vol. 51, January, 1999, pp. 173 – 204.

Snyder, Richard, 1999b. "After the State Withdraws: Neoliberalism and Subnational Authoritarian Regimes in Mexico," in W. Cornelius, T. Eisenstadt, and J. Hindley, eds., *Subnational Politics and Democratization in Mexico*, La Jolla, CA: Center for U. S. Mexican Studies, University of California, San Diego, 1999.

Snyder, Richard, *Politics after Neoliberalism: Reregulation in Mexico*, New York: Cambridge University Press, 2001.

Snyder, Richard and David Samuels, "Devaluing the Vote in Latin America," *Journal of Democracy*, Vol. 12, January, 2001, pp. 146 – 59.

Stavenhagen, Rodolfo, "Seven Fallacies About Latin America," in J. Petras and M. Zeitlin, eds., *Latin America: Reform or Revolution?* Greenwich,

CT: Fawcett Publications, 1968.

Stoner-Weiss, Kathryn, *Local Heroes: The Political Economy of Russian Regional Governance*, Princeton: Princeton University Press, 1997.

Tarrow, Sidney G., *Peasant Communism in Southern Italy*, New Haven: Yale University Press, 1967.

Tarrow, Sidney, *From Center to Periphery: Alternative Models of National-Local Policy Impact and an Application to France and Italy*, Ithaca, NY: Western Societies Program, Cornell University, 1976.

Tendler, Judith, *Good Government in the Tropics*, Baltimore: Johns Hopkins University Press, 1997.

Tendler, Judith (with Rodrigo Serrano), "The Rise of Social Funds: What are They a Model Of?" Prepared for The MIT/UNDP Decentralization Project, Management Development and Governance Division, United Nations Development Programme, New York, 1999.

Tilly, Charles, *The Vendée*, Cambridge, MA: Harvard University Press, 1964.

Varshney, Ashutosh, *Ethnic Conflict and Civic Life: Hindus and Muslims in India*, New Haven: Yale University Press, 2001.

Weyland, Kurt, "Neopopulism and Neoliberalism in Latin America: Unexpected Affinities," *Studies in Comparative International Development*, Vol. 31, Fall, 1996, pp. 3 – 31.

Weyland, Kurt, "Neoliberal Populism in Latin America and Eastern Europe," *Comparative Politics*, Vol. 31, July, 1999, pp. 379 – 401.

比较政治研究青年学者论坛会议综述

汪仕凯

2012年6月9日首届比较政治研究青年学者论坛学术研讨会在华东政法大学长宁校区举行，本届青年学者论坛由华东政法大学政治学研究所举办，汇聚了上海地区高等院校、科研机构的40余位青年学者。会议围绕"比较政治研究方法"、"政治发展与政治转型"、"政治结构与行动者"、"比较政治与中国视野"、"比较政治理论与方法的再思考"等五个专题进行了富有成效的讨论，贡献了很多有价值的思想和观点。本文删繁就简，按照研究方法、研究主题、发展趋势扼要综述本届学术研讨会的基本内容。

走向科学化的比较政治研究

政治学科是一种多次遭受其他学科渗透社会科学，集中体现在政治学研究或是主动或是被动的接纳其他学科的研究方法，尤其是经济学的研究方法对政治学研究影响甚大。应该承认政治学在科学化的程度上不及经济学，为了提升政治学研究的质量自然会着力将政治学科进行社会科学化，这就意味着政治学的研究必须将自身的基础从理念、价值等方面转移到经验、社会事实等层面,这种转变内在地要求政治学研究必须注重方法问题,否则无法测量和理解社会事实。

社会科学以经验为基础,采用定量和定性两种方法来界定经验。定量方法要求所观察到的经验必须是能够度量并反映成数据的,在此基础上借助数学原理对所观测到的数据进行分析,以求得潜藏在经验数据之中的关联。定量研究方法在近20年的时间里几乎席卷了政治学研究,大量的学术论文都是依照定量研究方法来完成的,而问题在于学者在使用定量研究方法进行学术探索时,对定量研究方法本身的理解和掌握并不成熟,以致了定量研究方法出现了适用性的问题。复旦大学的何俊志教授指出其实定量研究不等于统计分析,统计分析也不等于回归分析,而目前很多的学术论文罔顾进行回归分析的前提条件,盲目地跳进了回归分析的陷阱之中。回归分析的基本原理是残差平方和最小,只有满足线性假定、正交性假定、独立同分布假定和正态分布假定时,才能够对经验数据进行回归分析,而且当出现曲线关系、类别变量、次数分布、受限因变量等情况时,是不能对经验数据进行回归分析的。

既然定量研究存在陷阱,那么是否可以寻求定性研究来获得更高质量的学术结论?诚如上海财经大学的耿曙教授所言,定性研究方法与定量研究方法的基本差别有二:首先,定性研究方法认为并不是所有的经验都是可以测量的,而定量研究方法则把经验的可测量性作为自己的基础;其次,定性研究方法寻求对人的行为的动机进行诠释,因此文化在定性研究方法中扮演者至关重要的角色,而定量研究方法则力图解释变量之间的联系。不言而喻,定性研究方法可以弥补定量研究方法力所不逮之处,但是定性研究方法也存在自身的局限。

耿曙教授认为定性研究方法的局限体现在刻意选择、对案例进行严谨考察、时间问题、类推适用和样本代表性等方面。首先是刻意选择,也就是可以刻意伪造案,不过伪造后还有同行社群,有一群同事在做研究,可以找出其中问题。那是否是无心的但是有选择性?一般而言,不是好的样本,一般都有选择性,这个问题比较复杂。不足之处还包括是否能够进行严谨考察?例如孤立变量的分析,不能在其他相等情况下做观察，例如最类似体系中，这样一个因果就是同中求异，异中求同的研究，孤立观察一个因素的影响。还可以自然实验，在人类中的许多案例逐渐剔除很多因子。时间问题。数据研究比较快，因为数据设置和模型是现成的，可以很快做出来。但是如果从做问卷调查开始，从头构设的话，花的时间也是不少的。

类推适用。包括理论适用（generalization）和代表样本（representativeness）。代表性问题上，有方法论预设（individualism-holism），即涉及全体主义与个体主义的方法论问题。个体：个体自主；全体：结构形塑。如果每一个分析单元都是独立的，分析某一个单元，不能推出其他单元的情况，那么这就是个体主义的预设。但是从全体主义的来看，所有的个体都受到诸如文化、结构力量的影响，所以看小个体可以关照到背后全体的塑造力量，就不发生不能推至其他的问题。

逼近代表样本。这涉及最大歧义的问题，例如我们在会场中找有代表性的人，思路就是找最不一样的人。在一个母群中，如果能够把最大歧义做好，样本基本就可以均衡分布在不同的角落，这个代表性是比较好的，可以深入研究又不违反代表性原则。这个在类推的时候可以大胆自信，可以不需要反思地做推论。而定性研究在推论的时候，还要小心谨慎，要不断反思自己有没有偏见，是否审视同类的案例的背景下做推论，所以不容易出现很不靠谱的推论。

比较政治研究的主题

一般而言，比较政治研究涵盖政治系统、社会结构、政治发展、政治文化、比较政治经济学等研究主题，本次研讨会上与会学者提交的论文牵涉到政治系统、政治发展和比较政治经济学三个方面。

国家和政党可谓是现代政治生活中最重要的政治系统，因此比较政治研究的论文很自然给予两者更多的关注。比较政治学者对国家的研究经历过巨大的起伏，20世纪80年代以来出现国家复兴的趋势，这种趋势同东亚经济崛起密切相关，而隐藏在其背后的问题则是国家在经济发展中究竟发挥了何种作用。上海财经大学的杨宏星博士特别强调研究国家在经济发展中的作用可能不应该把视角放在到底国家做对了什么，而应该是把重点放在当国家发现出现了不好的结果的时候怎么去把这些负面效应消除，怎么去出台应对新政策。虽然在这个应对的过程中，仍有可能产生新错误，这样国家又必须出台纠正相应的应对措施去消除。很重要的一点就是要解释国家的自主性从哪里来，我们国家又为什么有这么强的能力？关于这一点，在一些做发展型国家的理论中都有涉及，其强调两点：一个是国家能力，一个是自主性，但是他们都没有很好回答的一个问题是——国家强能力哪里来？自主性如何得到有效的维持和保障？那么是不是强国家都有能力制定这些促进经济发展的政策呢？有学者试图通过政治精英和经济精英的联盟来解决这个问题。即政界人士同商界人士密切联系，政界人士可以获知商界需求，这样就有可能建立正确政策。但还有一个问题未被解决，即如果国家能力很强，凭什么保证国家能力不被滥用？我们就要讨论到一个嵌入式自主理论的推进问题——约束型自主，也就是说国家权力虽然很强，但国家权力还是要受到一定程度的制约，其最大的制约来自其合法性约束。

政党是社会利益组织起来嵌入到国家机关中的组织形式，政党的行为不仅受到国家机关属性的制约，而且受到社会变迁的限制。近十年来欧洲右翼政党的复兴彰显出社会变迁对政党意识形态的塑造作用。来自同济大学的杨云珍博士认为，整体上讲金融危机背景下西欧出现了很多政治变化。金融危机背景下，极端主义思潮抬头，为极右翼运动的兴起提供了契机。同时，西欧民主政治中精英与大众之间存在的紧张关系，再次，欧盟内部维持着一种脆弱的平衡。这给极右翼政党带来的影响有：(1) 极右翼政党正在和主流政党分享权力；(2) 在主流政党与极右翼政党博弈的过程中，西欧政党政治正经历着一种深刻的变迁和调整；(3) 极右翼的幽灵在西欧徘徊，民主制度蒙上阴影受到侵蚀；(4) 从更深层面的民众心理来讲，一种恐惧的文化心理和情感正在西欧恣意蔓延；(5) 文化成为西欧政治中新的维度分野。极右翼思潮的蔓延给西欧带来了巨大的冲击和挑战,对西欧的政党政治、民主制度、社会价值观和民众心理等各个方面都带来了深刻的影响;但主流政党在制度层面,以及其他来自市民社会的力量都对极右翼的力量进行约束与限制。在彼此的力量博弈过程中,西欧的政党政治经历着深刻的变迁;一定程度上,重塑着西欧的社会文化和民众的深层次的价值取向。

政治发展研究现在已经成为比较政治研究最为重要和热门的研究领域,本次研讨会围绕着政治发展主题展开了富有成效的讨论。来自复旦大学的陈周旺教授认为,自第三波民主化浪潮以来世界上大多数国家建立民主体制,而问题在于民主体制虽在却缺乏真实的民主生活,在经济危机、政治腐败、领袖权威组成的背景下尝试建造民主的国家基本上处在一种失败状态。华东政法大学的汪仕凯博士指出,面对民主化的失败,民主转型和民主巩固的理论范式是难以给出有效的解释的,因此有必要检视和反思民主化主流研究文献的问题意识,尝试探索民主政治的发生问题,也就是说伴随第三波民主浪潮而来的文献认为民主是威权政治崩溃之后的自然后果,民主政治的条件如果有的话就是必须搬掉挡在民主道路上的绊脚石即威权政治。事实证明即使威权政治崩溃了,民主政治也不一定就能建立起来,所以政治发展研究应该回答民主政治在非民主的政治环境中是如何生长的,这就是民主发生的问题。纵观现有的研究文献大致可以将民主政治的发生解释归纳为比较政治学、历史社会学、政治经济学的解释模式。

比较政治学的解释模式认为经济发展导致民主建立,但它并不是认为经济发展必然带来民主,其逻辑关系为经济发展带来很多溢出效应,改变了国家社会的关系,塑造了一个以中产阶级为主体的社会结构,形成一个多元化的工业社会,最后导致了一个宽容的政治文化,这些因素相结合,促使民主政治发生。历史社会学的解释模式认为民主政治的发生是阶级力量均衡导致,资本主义的发展更新了社会结构,重建了阶级关系,推动了国家机器、社会、公民之间关系的调整,在创建世界体系的同时,也创建了跨国权力关系,正是不同的国家机器、跨国权力关系相互影响,形成了复杂的阶级力量均势,这种均势导致了被统治阶级获得了参政的权力,同时保证了统治阶级的核心利益。政治经济学的解释模式主要诉诸三个因素,一是经济不平等,二是再分配压力,三是资本类型。也就是说民主政治的发生实际上是经济不平等、再分配压力和资本类型相互作用的结果。如果一国的经济不平等程度非常高,那建立民主政治之后必然导致再分配,必然导致统治集团对民主政治的打压,所以民主政治不能发生在经济不平等非常高的国家。同时,要考虑到资本的类型,如果一国经济比较落后,其资本类型主要是固定资产,像中东国家,由于其主要是靠油田,属于固定资本,其资本无法流动。而如果资本可以流动,那么通过征税即可转移。最后一点是:全球化的浪潮与民主化的浪潮总是相结合的。

新兴民主体制的缺陷引出另外一个重要的研究主题即民主质量。来自上海交通大学的陈尧教授指出,大约十年之前民主质量评估问题发展到高潮,一方面是由于学者对其的关注,另一方面是由于大量的 NGO 在评估这些国家的质量,导致相对集中的一个研究领域的形成。这一问题最早是在达尔时期形成,但未被注意,因为当时大量评估的是发达国家,直至"民主化"的第三波之后才被重视。到底什么是"民主质量",现在很多研究者包括很多研究机构都无法说清。而相比而言,较为公认的是公民在公正定期的选举过程中,能够参与影响公共政治的程度,以及决策对民众意愿的回应和负责的程度,这种说法相比较而言更为合适,因为其是通过统治者与被统治者之间的互动来界定公共政治的质量。虽然我们无法明确界定民主质量为何,但是我们知道什么是"好的民主",好的民主是一种能通过民主制度的机制,充分满足公民要求的合法的政权。在基本概念界定完毕之后,研究者开始对民主质量进行评估。现在研究机构对民主进行测评有以下几类指标:第一,分类测量,将其分为充分民主国家、有缺陷的民主、混合政体等;第二,量度测量:对其进行打分;第三,客观性测量:对现有的新型民主国家现有的民主质量的测量。第四,混合测量:把上述集中测量方法相结合使用。第五,民意测量:以上方法都不使用,仅通过民意调查来得出这些国家的民主程度到底如何。这些研究机构都为民主质量评估作出了非常好的努力。

比较政治经济学是比较政治研究的新兴领域，上海交通大学的黄琪轩博士在本次研讨会上就大国兴衰进行了比较政治经济学的阐释性解读，海外贸易、国内市场和权力转移中的战争与和平可能是理解大国兴衰的重要因素。正在迅速崛起的大国，经济若主要依靠海外市场，会增大战争与冲突爆发的可能；反之，若主要依靠国内市场，则减少战争与冲突爆发的可能。美国和德国的不同发展道路有力地证明了一个国家经济发展的道路对国际政治经济秩序的决定性影响。德国依赖海外市场，经济发展会带来严重的国际政治冲突，而美国依赖国内市场，经济发展带来的国际政治冲突的几率就很小。借此解释框架来理解东亚秩序，不难发现东亚500年的和平的原因。首先，东亚国家没有任何为了相互间竞争而建立海外殖民地的趋势，也没有参与任何一个能与欧洲相比的军备竞赛中的趋势。这与欧洲截然相反。与东亚体系相比，欧洲体系中的长途贸易比短途贸易的政治经济影响力大得多。特别是东西方贸易作为财富和权力的源泉，对欧洲国家的重要性要远远大于东亚国家，特别是中国。在中国，并没有引发关于建立海外经济和领土的国家间竞争。相反，中国通过有线展开国内贸易，控制了这种恶性趋势。而"二战"后的日本有和平宪法控制，其没有军队，没有核武器，领土也狭小，还和美国结为盟友。即使如此，日本"二战"后的外向型发展，美日冲突的可能性是极大的。

新趋势还是回归

20世纪90年代以来比较政治研究呈现出明显的更新，集中体现在传统研究主题的复兴、新研究主题的形成和研究方法的定量化等方面。

政治文化研究是比较政治研究的重要领域，但是在60年代兴起一段时间后发生了一些变化。复旦大学的郭定平教授指出，随着政治学在世界各国发展之后，尤其是60年代后期许多国家的政治动荡和转型，以及权威主义体制的盛行，使得民主政治发生了低潮。此外在理论上，理性选择的模式主导了政治学的研究，这种理论范式的一个基本主旨就是忽略文化背景，倾向于发展出一套放之四海而皆准的理论。因此政治文化的研究就走向了沉寂。但是关于文化的研究并没有死亡，随着时代的发展，特别是民主政治的发展，政治文化到80年代后期又出现了新的复兴，出现了大发展、大繁荣的新时期。其中特别著名的是英格尔哈特在90年代发表的《政治文化的复兴》一文，他在文章中对政治文化研究做了系统阐发，对传统的政治学研究中忽略文化因素的理性选择范式进行了批评。从90年代到现在，有很多学者都关注和从事政治文化的研究，政治文化研究出现了新的高潮。在全球的民主转型和社会科学研究范式转型等因素的影响下，政治文化的研究有了很大的发展，出现了新的浪潮。这次研究浪潮有以下主要特点：第一，政治文化研究的地域范围拓展到了几乎全球所有的国家和地区。第二，政治文化研究的概念内涵也有了拓展。第三，政治文化研究的视野不再局限于西方，而是拓展到了发展中国家和地区。

随着政治文化的发展，政治文化研究在进行一些概念、地域和视野的拓展中，也出现了很多创新，这些创新之处大致包括以下方面：第一，概念和理论的创新。其中比较突出的一个例子，就是普特南对社会资本的研究，《使民主运转起来》一书出版之后风靡全球，这股风潮延续到现在。普特南本人以及他所领导的一个小组做了发达国家的社会资本研究，还有人运用这个概念和理论做其他国家的研究。第二，研究路径的创新。原来的研究存在某种文化决定论的倾向，但实际上并不是这么回事，而现在研究政治文化的时候，人们有很多新的进路。例如英格尔哈特就强调，政治、经济、文化的各种要素，很难说谁决定谁，就像是人身体中的各个系统一样，很难分开。由此而言，文化与经济、政治就处于一种相互影响的关系当中。这就超越了静态文化的观点，文化是自变量，同时也是因变量。我们现在讲政治文化有一个全新的视野，注重动态性的文化的适应性变迁。第三，方法论的创新。近年来在政治文化研究中出现了大量的方法论的创新，特别是新的实证研究的分析。

比较政治研究的未来取决于新研究领域的开拓和新研究方法的使用，近20年来我们看到了比较政治研究在此两个方面都出现了可喜的变化。就新研究主题的开拓而言，抗争政治和阶级（阶层）政治开始成为比较政治研究学者重点关注的议题。复旦大学的刘春荣教授解释道，社会变迁影响了社会成员的价值观念和利益诉求，特别是改变了社会成员理解自身偏好和行动策略的方式，原有的政治结构渐渐不再能够适应新的公民政治参与需求，因此以社会抗争为基本形式的新政治开始在世界各个角落发生并汇集成一股风潮。在比较政治研究中，社会抗争的机会机构、资源动员和政治后果是学者力图解释的要素。阶级（阶层）政治研究是政治发展研究的延伸，民主转型的比较研究逐渐将特定国家的社会结构推到学者面前，社会结构究竟与政治体制的选择有着怎样的关系？究竟怎样的社会结构才能支持民主体制？华东政法大学的姚尚建教授、上海外贸学院的陈金英教授提交的论文指出，一般认为中产阶层占据主导的社会结构有利于民主政治，但是阶级地位与投票之间的对应关系尚未得到学界研究的一致认可。

华东政法大学的高奇琦副教授围绕研究方法的新进展提交了论文，他认为就研究方法而言，目前定性比较研究的新进展主要集中在原因分析、比较历史分析和分析性叙述等方面。原因分析的发展主要集中在以下几个方面：第一，发展出概率性的必要/充分原因分析；第二，用"琐细的必要原因"和"同义的充分原因"来排除那些缺乏分析意义的原因；第三，研究者把约翰·麦基提出的INUS原因运用到比较分析之中。比较历史分析目前有两个最重要的分支发展。一种是中介性机制分析法，这种方法则尝试通过对中介性机制的发现，来找到 x 与 y 之间的内在关联；另一种是时序分析方法，这一方法的使用者注意观察各个事件在历史中的位置、持续时间以及先后顺序，并力图发现这些因素对特定结果的影响。分析性叙述可以被称为理性选择方法质性转向的结果。产生这一变化的主要原因是，一贯强调模型建构的理性选择理论，突然发现自己这种高度普遍化的抽象对特定案例的情境化特征缺乏敏感性。

高奇琦副教授也指出定性研究出现了明显的定量化趋势。这一点主要体现在布尔代数和模糊集合在比较政治中的运用。其中的基本逻辑是，研究者需要关注某一社会现象的多重条件并发原因。这一逻辑假定两点：第一、同一现象可能由不同的原因组合导致，即同一结果 Y 可能由 A 和 B 的组合或者是 C 和 D 的组合导致；第二、因果关系是复杂的、非线性的。布尔代数与普通代数有一些重要的区别，布尔代数中字母所代替的是两个对立的状态：存在与不存在。在比较政治分析中，一般用大写字母来表示存在，用小写字母来表示不存在。另外，与普通代数进行的数学运算不同，布尔代数对字母进行的是各种逻辑运算。模糊集合法实际上是布尔代数法的一种延伸。布尔代数只能取 1 和 0 这两个数值。模糊集合可以在 1 和 0 之间取多个值来表明不同程度的隶属度。在对相关概念的隶属度进行赋值后，我们可以运用模糊集合的相关算法或计算软件进行计算。计算出的模糊隶属值可以用来被评估必要条件和充分条件。当原因的模糊隶属值高于结果的模糊隶属值时，那么这里的原因便可以被确定为必要原因。当原因的模糊隶属值低于结果的模糊隶属值时，那么这里的原因便可以被确定为充分原因。

比较政治研究在中国

复旦大学的刘建军教授和上海交通大学的彭勃教授针对比较政治研究在中国的现状展开了讨论，他们认为比较政治研究在中国起步较早，但是发展迟缓。就当前的发展态势而言，比较政治研究在中国的发展尚不理想，主要体现在三种方面：首先是方法训练不足，中国的比较政治研究学者在学习阶段基本上都缺乏社会科学方法的系统训练，因此难以作为合作伙伴加入到海外的比较政治研究团队之中；其次是资金支持的匮乏，比较政治研究往往牵涉数个乃至数十个国家，没有大量资金的支持是不可能获得关于研究对象的经验材料的；最后是研究领域狭小，中国的比较研究学者多局限在国别研究和极少量的区域研究，而且即使国别研究和区域研究也多依赖二手资料，因此在研究的科学性上存在致命的缺陷。

彭勃教授指出,比较政治研究在中国的发展还是取得了相当的进展,从而为比较政治研究在中国的兴盛打下了初步的基础。首先,中国从事比较政治研究的学者在学习海外研究成果方面是扎实的,理论上的准备是充分的;其次,方法的问题近年来得到了前所未有的重视,学术研究的短板问题正在着力解决;最后,中国比较研究学者紧跟比较政治学的发展步伐,已经开始涉足抗争政治、阶级(阶层)政治、比较政治经济学等新兴领域的研究。

刘建军教授指出,比较政治研究在中国的发展状态同中国发展的历史阶段密切相关,作为发展中国家的中国在全球政治经济格局中位置决定了国家发展本身对比较政治研究的需求程度。只有当中国在国际政治经济格局中占据更为重要的位置之后,中国在全球才会享有更多的机会和利益,而此时中国对比较政治研究的需求才会迅速增长,进而推动比较政治研究在中国兴盛起来。

(作者单位:华东政法大学政治学研究所)

比较政治与国际关系的交叉研究会议综述

王金良

2012年8月18日,由华东政法大学政治学研究所主办的"比较政治与国际关系的交叉研究"学术研讨会,在华东政法大学长宁校区顺利举行。本次研讨会聚集了来自全国各地的比较政治学和国际关系领域的学者和专家们,这是大家交流研究成果、促进比较政治与国际关系学研究发展的一次学术盛会。比较政治学和国际关系学,是政治学学科内的两个重要分支学科,如何在这两个方向之间形成交叉和融合具有重要的理论意义。围绕本次会议预定的主题,与会代表在比较政治学的理论与范式、比较政治与国际关系的学科边界、比较政治研究主题的发展以及关于比较视野下的地区研究等多个领域进行了全面和深入的探讨,这也推动了相关研究的进一步开展。

一、比较政治学的理论与范式

比较政治学是政治学学科领域的一个独特的分支学科,尤其强调和依赖于比较的方法。然而,在当前比较政治学研究中并没有一个支配性的理论和范式,可以说:"比较政治学的内涵与外延迄今仍未能得到很好的界定,这在一定程度上是由于这一'领域'混杂着方法论、题域以及其自身的知识发展史。"① 而对于这一状况,与会代表们也有着各自的看法。具体来说:

关于比较政治研究的学术发展史。上海市政治学会会长、上海市社联党组副书记桑玉成教授认为,自从亚里士多德以来就开创了比较研究的典范和范例,可以说没有比较就没有政治和政治学的发展。在比较研究的过程中,必须要关注以下三个问题:第一,何为最好的政体?第二,某一群体的人民最适合什么政体?第三,某一群体的人民又是怎样找到适合的政体的?对于这三方面的问题都要进行解释,尤其是在全球化的时代国家间处于一种相互依赖关系之中,比较政治研究就显得尤为重要。清华大学的景跃进教授认为,目前对于中国模式的大讨论推动了比较政治研究的发展,也就是说我们要坚持学术研究与实践需要相结合的方向。比如美国的比较政治研究就是"二战"后发展起来的,其根本出发点就是为美国的国家利益服务,从而能够在与其他国家的意识形态竞争方面占据优势地位。就比较政治研究的范式转变问题,北京大学的徐湘林教授认为从"二战"后直到现在,在美国比较政治学研究领域中发生了几次大的范式转换。最早出现的是关于现代化以及政治发展的理论范式,到了七八十年代以来占据主导地位是民主化转型的研究。然而这些发展主义的理论范式并不一定具有普适性,而且这种理论构建本身就有很强的西方中心论倾向。但是某种程度上说,国家治理理论能够弥补国家间比较的固有缺陷。对此,徐教授提出了国家治理的六种结构性变量,即核心价值体系、国家权威、执行体系、国家与社会互动、资源和社会,并在此基础上对不同国家的治理能力进行评价。天津师范大学常士訚教授也认为协商治理的兴起有其社会和政治的基础,其中治理又包括两个方面,一种是统治意义上的治理,另一种是没有政府的治理,即社会的治理。

---

① [英]罗德·黑格、马丁·哈罗普:《比较政府与政治导论(第五版)》,张小劲等译,中国人民大学出版社2007年版,第98页。

总之，比较政治学理论范式的转换表明这一学科逐渐摆脱了狭隘的发展主义理论视角，扩大了政治研究的视野。同时在20世纪80年代，迪特里希·鲁施迈耶（Dietrich Rueschemeyer）、西达·斯考切波（theda skocpol）以及乔尔·米格代尔（Joel S. Migdal）等人不断呼吁"把国家带回来"，提倡应该沿着中层分析单位来进行的理论抽象。只有这样，才能解释隐藏在国家背后的社会结构、经济关系以及和现代国家转型等中心问题。

关于比较政治学的文化解释范式问题。以社会为中心的文化分析是政治学行为主义革命的组成部分，它明显有别于制度以及结构的分析路径。天津师范大学的佟德志教授认为在比较政治学理论研究中，文化起到了非常重要的作用。具体来说，文化对于政治的影响主要有四种模式：一是阿尔蒙德的公民文化模式，二是韦伯的合法性模式，三是亨廷顿的文明冲突模式，四是英格尔哈特的价值论模式。显然文化的解释模式有其不可替代的优点，如英格尔哈特经过深入的调查研究证明，在民主的绩效、民主的理念以及对领袖的认同等方面，西方世界和伊斯兰世界基本没有大的区别，这是有别于传统观点的。而中共上海市委党校袁峰教授以中国文化与中国式民主为视角，认为在中国文化思想中早就有了生长民主的种子。比如"民为邦本"，这个"民"是抽象的整体概念，所以民本思想里就渗透着统治者必须重视民意的民主思想。

中国社会科学院马俊毅副编审使用族际跨国比较的工具，以中国族际政治制度来分析我国民族政策的政治哲学基础，认为我国的民族政策是追求民族平等团结的，这与世界的普遍价值是趋同的。从中国的传统文化和中国共产党作出这一历史抉择的过程来看，这也是符合正义原则的。上海国际问题研究院王伟华助理研究员认为南亚地区民族问题远比其他地区更为复杂，原因一是国家不能正确处理好族群之间的利益关系；二是外部力量的介入起到了重要的影响，如在整个南亚问题，印度都扮演了重要的角色。复旦大学的张家栋副教授指出，一般来说现代国家的治理能力都比较完备，民族主义不会轻易冲垮国家政权的。结果是有一些民族分裂势力开始放弃民族独立的目标，转向了民主、人权、宗教以及文化的诉求，所以文化民族主义的发展趋势较为明显，这已经对大多数国家产生了重要的影响。同济大学的周敏凯教授以当前的叙利亚冲突为背景，论述了民族主义、宗教和国际冲突之间的关系。他认为目前叙利亚的局势正处于十分危险、严峻的地步，这种冲突反映了浓厚的宗教文化背景以及国内外各种势力之间的博弈关系。

比较政治学的文化解释让大多数学者感到无所适从，原因是这种解释既是有效的，有时是极其复杂和难以捉摸的。将社会文化与政治现象的因果关系精确地联系起来是非常困难的，但是，有人认为应该把政治现象与文化的发展联系起来，并且进行了有益的尝试，如阿尔蒙德、维巴和伊格尔哈特等人。此外，心理学和文化人类学领域中某些理论发现再次证明了文化解释的优点，也证明了比较研究的重要性和不可替代性。

关于比较政治研究方法问题。我们知道，所有的解释性研究都是具有比较的性质。在研究领域上，比较政治学涵盖了大多数政治实践的分析内容，这也是比较政治学研究的主要特征。值得注意的是，对于政治现象的研究不可能进行类似于自然科学实验，只有通过与他国的政治现象抑或历史现象的比较研究，才能对某些理论假设进行验证。然而，这也带来了比较政治学研究的方法论以及基础的本体论之间的矛盾。对于上述问题，清华大学景跃进教授认为，在比较政治学领域，人们曾经对"两对半"问题进行过大讨论。一对是西方固有的二元对立理念，即通过两者之间的对立来了解和认识事物，这在冷战时期表现得淋漓尽致。这基本上是一种定性的概念，把两个东西用最简单的方式对立化。第二种属于程度分析方法，就是把两个原来认为完全对立的东西在黑和白之间加一个灰，结果是原本对立的两个现象联系起来了。但萨托利反对适用这种程度分析方法，他认为这种方法从根本上抹杀了两个事物之间的本质差异。然而，现在社会科学的测量精度变得越来越高，测量指标体系也越来越发达。显然，在评价复杂的政治现象时，这种简单对立的方式已经落后，并不能精确地描述事物的本质特性，也无助于人们准确地认识通常所观察到的现象。在这一问题上，复旦大学臧志军教授也认为比较政治的研究方法有三种类型。第一种是传统的两极划分法；第二种是光谱定位法；第三种方法也就可以概括为"网图分析法"或"雷达图分析法"。比如阿尔蒙德和小鲍威尔在《比较政治学》一书中对政治体系进行评价时，就已经使用了"雷达图分析法"。实际上，中国很早就开始了对比较政治的研究，比如100多年前张之洞《劝学篇》中就有中西社会和政治的比较，他对中西社会、政治的比较就可以用雷达扇面图来表示。

如何在研究对象之间进行适当的比较分析呢？比较方法是一种相对宽泛的研究方法，并不是一种专门化操作性的工具方法。上海市国际关系学会秘书长金应忠教授认为比较研究包括了比较的深度和广度问题。他指出围绕理想主义和现实主义，在美国国际关系理论界发生了历史上第一次大论战，以后的几次大论战逐渐引入了自然科学的系统理论，就是信息论、控制论等。但最关键、最核心的问题就是怎么认识社会的要义、基本行为体系，也就是关于人的研究问题。因此，比较研究的最终目的应该指向人的行为。

比较的对象之间必须具有一定的内在联系，否则这种比较就脱离了情景。拉斯韦尔早就指出在使用比较方法时，必须注意不同情境的重要性，也就是说进行比较时必须把相关情境联系起来。[①] 这样，在对不同政治体系下的政策制定、政治党派、利益集团、传播手段和舆论以及选举和民意等政治现象进行比较时，才能获得接近于自然科学实验室科学的结果。

二、比较政治与国际关系的学科边界

在比较政治学研究历史发展中，从原来20世纪60年代以发展主义

[①] Harold D. Lasswell, "The Future of the Comparative Method," *Comparative Politics*, Vol. 1, No. 1, 1968, pp. 3–18.

范式为主导的"宏大理论",逐渐向更加关注实际问题领域"中层理论"发生转变。而国际关系学科也经历了国家或非国家作为基本分析单位的争论过程,这也使得两者之间也有了更多的融合和交叉。对于这两个学科的边界以及各自的理论核心问题,与会学者提出了自己的看法。

关于比较政治与国际关系的学科分界问题。复旦大学的沈丁立教授认为,学科是人为建构出来的,随着对人类社会活动日益广泛化、复杂化和深入化,就需要对客观规律进行总结,而不同的人有不同的思维和方式。比较政治学就是认为不同国家有不同的政治体制和行为,这就要进行比较性的研究。国际关系是国际关系行为体之间的相互关系,涉及的是对外关系,也是国家在特定政治体系下的对外政治行为。从这个角度来讲,这二者之间的界限还是很明显的。北京大学的郇庆治教授认为国外比较政治的概念是较为明确的,但中国的政治学学科划分却不同于跨学科的分类。在我们的政治学学科中有中国政治和比较政治,那么在新的比较政治学二级学科之下,如何界定国际研究和区域研究之间的关系就成为一个重要问题。

华东政法大学的高奇琦副教授认为,比较政治与国际关系的不同学科发展路径,上述这两种倾向也基本上导致两个学科的研究边界的形成。比较政治研究的是外国的国内政治现象,国际关系研究的是国家间的关系。国际关系学科的问题是,由于脱政治学化导致其解释的根基不足。华尔兹强调了国际无政府结构的设想,这是国际关系学科的核心假设,它基本上标志着国内政治的解释脱离了国际关系学科之外。对于这一假设的普遍接受,奠定了国际关系学科的独立地位,也基本上意味着脱政治学化的完成。但是,两个学科边界的基础都是国家单元论。传统比较政治和国际关系学都认为,国家是国际比较的基本单元。然而,目前全球化和次区域化这两个趋势对国家单元论形成挑战,从而也对两个学科的界限产生了冲击。

关于推动比较政治学与国际关系学科的交叉研究问题。高奇琦副教授认为,这两个学科在宏大理论设计中体现了融合和交叉。在国际关系理论中,有一些新的理论观点已经证明了这一点,比如说防御现实主义、西方马克思主义、自由政府间主义等等。在比较政治研究领域中，如斯考切波在《国家与社会革命》一书中也强调了国际因素对于国内民主革命的影响。上海外国语大学的刘宏松副研究员通过历史制度主义的视角，认为国内政治与国际合作的分析体现了这两个学科的交叉，主要表现为三个层面：第一，用国内政治因素解释国家的对外政策；第二，用国内政治因素解释国际事件的结果；第三，国际政治理论中的有关"颠倒的第二意象"的解释。同时，上海交通大学的郭树勇教授指出比较政治学使外交政策分析回归到了国家内部的研究视角。国际政治与政治学有各自的研究领域，也有一些"碰撞"。例如，跨层次的研究比较困难，再者如所谓的双层博弈理论，学术界研究比较多的是国际公民社会包括 NGO 对国家的影响，还有就是国际公约对国家内部事务的影响，如控烟条例等。上海交通大学的彭勃教授认为，理解比较政治与国际关系研究的交叉有两种路径：一个是逻辑的路径，一个是现实的路径。华东政法大学的吉磊助理研究员认为，比较政治学是一个以比较方法来界定的学科，它发展得比较成熟的包括定量、定性、归纳、个案研究、比较案例等研究方法都可以为欧洲外交政策的理论创建和经验分析带来帮助。

　　上海国际问题研究院的俞正樑教授从两个学科交叉的角度分析了中国的和平崛起问题，他认为目前中国进入了战略挑战期和战略机遇期并存的阶段。经济结构调整问题、建立内需市场问题、民生问题、人口问题、与周边国家关系问题以及国际责任等问题是中国和平崛起面临的主要挑战。中国只有在战略挑战期当中解决这些挑战，才能抓住机遇从而实现和平崛起，这也是比较政治与国际关系研究应该关注的重大问题。上海社科院胡键研究员认为对于中国崛起问题，人们主要关注的是经济实力，但是一个大国的崛起不可能只是经济方面，应该是硬实力和软实力的全面提升。上海政法学院王蔚教授认为 60 年来中国的对外援助的特点有：第一，对外援助内容的多元化、务实化；第二，针对性和实效性在增强，比如说扩大了中小型承包项目的援助比重，增加了贴息优惠贷款的份额，增加了人力资源援助的项目等等；第三个是对外援助的主体逐渐多样化，除了中央政府以外，一些地方政府也能积极地参与，包括我们有一些企业、金融机构、社会团体甚至个人。从中国对外援助政策的变化，也可以看出中国国内政治与国际政治之间的某种利益上的关联。上海财经大学耿曙副教授指出，当前学术界有一个论点，就是中国已经陷入中等收入陷阱的悖论。关于这个问题有两种解释，一个观点是要素解释，原来有人口红利现在在慢慢消失；另一个观点是制度解释，在国进民退的发展过程中需要进一步改革国家主导的模式。上海交通大学的黄琪轩讲师认为和平崛起离不开国内实力的支撑，那么中国的崛起也需要一定的空间即国内市场的拓展，这是大国和平崛起的基础。

可以看出，无论是比较政治学还是国际关系学科，研究视角和范围都有很大的扩展。这让两者都摆脱了传统的西方中心主义的影响，开始关注其他国家的不同的政治环境和问题，从而以新的方式来解释世界的政治现象。

三、比较政治研究主题的发展

一直以来，国家理论和体系理论、政治文化、现代化理论、政治结构理论以及政治经济学理论都是比较政治研究的传统主题，也涵盖了政治学研究的主要领域。然而，随着全球化、工业化以及社会结构的变迁，比较政治研究的对象也随之发生改变，当前关注的主要议题包括政治秩序、政体、社会行动者、民主与国家制度以及经济与跨国家进程等内容。

关于比较政治学研究议题的发展问题。根据相关文献的分析，同济大学朱德米教授认为比较研究的议题发生了大的变化。在1983年，比较政治分析的议题（substantive focus）共有：发展、政党、政策、投票与选举、稳定/不稳定、研究方法、精英、意识形态等28个传统议题。而到了1999年，研究议题（substantive focus）包括发展、政策、政党、国家—社会关系、投票与选举、民主、民族—多元主义、利益团体等32

个议题。再到2007年，相关研究议题出现新的变化，即全球化、社会运动、民主化与民主崩溃等新议题出现。按照研究具体论题排序前10位的议题是：经济政策与改革、民主化与民主崩溃、政党、利益团体、公民态度与政治文化、政体的多样性、选举、投票与选举制度，政策制定、社会运动与公民社会、民主制度。不难看出，新出现的议题或学界关注的热点来源于多个国家的"共生事件"影响，而且也反映了现实的政策需求。

比较政治研究的三个主要分析层次就是制度、社会和国家，随着现实政策需求的改变，比较分析的层面也逐渐发生了变化。进入90年代后欧美国家盛行绿党运动、性别和土著政治，以及跨国移民、认同和跨国社群，跨国倡议网络等等新政治现象，这与20个世纪60年代中期以后欧美国家社会意识形态的转变有着直接的联系。可以说全球化、新意识形态以及社会结构的转变等因素，改变了比较分析的议题。

关于民主化浪潮的政治分析问题。从20世纪70年代以后，关于民主化的研究已经成为比较政治学中最热的一个话题和领域。从世界政治的实践来说，以参与政治为本质特征的运动，直接诱发了又一波民主化浪潮。上海对外贸易学院郭学堂教授认为民主化就是通过追求民主选举制度和人权等价值观而实现社会公平与正义的一场跨越国界的大规模政治浪潮。冷战后民主化浪潮分为三个阶段：第一个阶段就是苏东解体直到90年代中期；第二个阶段就是21世纪初发生在中亚特别是前苏联国家的颜色革命；第三个阶段就是源于中东北非的穆斯林世界的政治运动。第三次浪潮发生在伊斯兰教国家，它既有明显的宗教特点也具有明显的世俗化特征。这次民主化浪潮的主要原因是因为经济全球化引起了社会各个阶层收入的不平衡，结果是加深了草根阶层与权贵阶层之间的对立关系。可以说，这也表明国内政治与国际政治的互动关系越来越密切。深圳大学的陈家喜副教授以"阿拉伯之春"为例，解释了国际干预在民主转型中的作用机理。他认为从既有的研究来看，关于民主能否从外部推动主要有三个观点：一个是正面作用，一个是负面作用，还有一个是作用无关的。从对"阿拉伯之春"的国际干预的形式来看，主要有五种形式：价值推送、舆论谴责、经济制裁、外部援助和军事干预。比如说小布什的"大中东计划"，这个计划实际上涉及目前所有"阿拉伯之春"所涵盖的国家。具体来说，这个计划的重心就是培养阿拉伯世界内部的反对派，包括传递西方的民主政治价值。上海交通大学陈尧副教授认为民主化的主要研究方法包括体系功能方法、社会解释方法、比较历史方法等。但是到了 70 年代以后，可以看到研究方法的侧重点转向一个叫做"行为者分析"。不论是结构分析还是行为者分析的方法，一个基本的观点就是民主化主要是一个国内事务，与国际因素并无关联。换句话说在民主化的浪潮中，行为者或者精英的能动选择是民主转型的一个主要动因。然而到了 80 年代以后，传统的民主化研究遇到了困境，比如说发生在拉美、东欧等地区的政治运动，也包括中东地区的"阿拉伯之春"运动等，在很大程度上，这些国家的民主化与外部因素有着比较直接的关系。从行为者的角度，比如说典型的美国所采取的"民主促进战略"：第一个主要方式是"强占民主"，第二个主要方式就是"有条件地约束"，第三个是经济援助的方式，第四个方面是国际组织和非政府的国际组织的民主活动。这些组织在援助后民主化国家的选举技术、培养政治文化以及关注人权法制等等都起了很大的作用。

华东政法大学的章远助理研究员以科索沃冲突为例，分析了从外部宗教性干预与地区安全之间的关系。她指出随着全球化发展进程，世界各地非官方的新兴的宗教势力纷纷崛起。在这样的背景下，宗教势力比以往有更多的渠道和机会来干预地区事务。从宗教的现代解读来说，可以分为两个方面，一个是意识形态维度的，另一个是一种行为分析机制。按照这样的逻辑来看，宗教势力干预地区性事务也就是一种必然的结果了。

从研究传统来看，比较政治学主要侧重于预测未来的发展趋势，比如说在经济发展与民主化之间进行某种趋势的描述。由此可见，比较政治的研究议题是具有问题导向的，也就不断发生改变的。

四、关于比较视野下的地区研究

比较政治研究开始关注不同类型的地区主义,也关于地区主义的历史比较分析,再者也涉及超越国家的地区政治的问题。在这些研究中,学术界已经有了大量的研究成果,比如说关于欧洲主义以及拉美地区政治的研究。

关于欧洲地区主义的研究问题。复旦大学陈志敏教授以欧盟的外交政策为切入点,对地区主义与国内政治之间的关系进行了分析。他指出自金融危机以来,欧洲在很多方面都遭受到了巨大的冲击,但在外交方面却比过去更加激进和张扬。历史上欧盟一直是做"好好先生",干涉主要靠的是非军事手段。然而,近年来欧盟在对外政策方面有了大的调整,比如对利比亚局势的干预,就是直接运用武装力量在周边国家和地区进行干预。我们需要对这一看似矛盾的现象进行解释。从国际关系的角度来说,欧盟的实力虽然有所削弱,但它仍然是国际体系中仅次于美国的第二大力量;再者,欧盟对外干涉主要是发生在它周边的地区,这涉及成员国的一些重大利益,这使它不得不去花费金钱和力量来施加影响。

地区化和地区主义问题,大概是最贴近比较政治与国际关系交叉研究的问题。对此,我们可以提出一个疑问:欧洲的地区主义是不是正处于长期下降、衰落甚至是危机的趋势之中呢?中国人民大学庞中英教授认为这取决于社会科学以及其他科学的研究发现,问题的关键在于这一趋势的标准,这涉及欧洲从一开始到现在的演变过程。那么,对于欧洲地区主义这样一个人为设计的政治性共同体,是否可以认为现在正处于一种长期衰落的阶段?目前还不是很明确。对于这一问题,复旦大学的陈玉刚教授认为,从历史上说只有欧洲的地区主义相对成熟和发达。即使从横向的比较来看,它至少也不能说完全回到了18、19世纪的状态。上海国际问题研究院叶江教授从国际体系转型、欧债危机与欧洲一体化的视角提出了自己的观点。他认为欧盟不可能会成为一个超国家,但它作为一个重要的行为体,却依然在发挥着影响。在国际关系中欧盟是一个行为体,但它又不是结构现实主义意义上国际格局中的一极,也就是它没有真正意义上的权力(power)。或者说,欧盟最多只能算是一个残缺的权力,这也就是当前国际体系转型的主要特征。

关于拉美政治发展问题。复旦大学何俊志副教授以政治发展研究为主题,分析了拉美地区政治民主化过程中的重大理论和现实问题。他指出早期美国比较政治学学者,大多数都是在从事拉美地区政治的研究。以李普赛特的观点为代表,他们认为政治动荡来自经济发展过程中的缺陷。但是在具体实践检验过程中,这一观点存在着重大问题。在拉美国家中有很多具体案例可以证明,国家的经济发展不一定带来政治治理能力的提高。再比如说查尔斯·蒂利有一个重要结论就是战争创造了国家,具体案例就是欧洲的许多国家。但是这一结论并不能简单地适用于拉美的国家,即认为拉美国家之间的战争较少,因此国家政府的税收抽取能力不足,自然而然的结果就是构建国家的能力比较弱。但是新的发现是,在民主化转型过程中,所有拉美国家的国家能力都得到了很大的提升,这显然有悖于传统的观点。复旦大学的陈周旺副教授指出马克思对于蒂利的思想观点有很大的影响,这也决定了他的现代性批判的核心观点。蒂利研究的是国家的暴力化过程,也就是国家的社会基础问题,他发现从一开始货币资本是国家形成和壮大的一个物质基础,到了后期由于民主化的抗争运动日益壮大,结果就是社会资本与货币资本形成了一种对抗和平衡的关系。

相对于其他学科来说,比较的方法更需要广阔的学术眼界与视角,这样才能够更好地进行跨区域、跨国体系的分析。值得注意的是,也有人认为地区/国别研究强调的是某一地区或国家的特殊性,而比较政治学研究是不同地区或国家间的普遍规律。[1]

---

[1] Robert H. Bates, "Area Studies and the Discipline," in Bernard E. Brown, ed., *Comparative Politics: Notes and Readings*, New York: Harcourt College Publishers, 2000, pp. 28 – 32.

总结来说，当前比较政治学遇到了一些问题和困难，主要有两个方面。第一，缺乏确定的研究对象。目前比较政治学的研究范围过于广泛，很多研究彼此无甚关联也不在同一层次上，这使得比较政治学缺乏主体的理论和范式，这在一定程度上影响了它作为一门独立学科的存在地位。第二，相同的概念通常带有不同的含义，而且许多解释和结论很难得到重复实验，这使得比较方法常常伴随着重大的缺陷。从积极的方向来看，比较政治学与国际关系学这两个学科的交叉融合发展是一个极具创新性的研究领域，这不仅会鼓励各个理论派别之间的论争和辩论，也将从根本上进一步推动这两个学科的理论发展。

（作者单位：华东政法大学政治学研究所）

"比较政治研究网"（CPR）简介

章 远

"比较政治研究网"（http://psi.ecupl.edu.cn）是国内比较政治学研究领域的第一个专业学术网络信息平台，由华东政法大学政治学研究所主办。"比较政治研究网"正式创办于2012年5月。"比较政治研究网"汇集了比较政治学研究及相关领域国内外最新的研究成果，致力于为比较政治学学界同仁提供展示和交流的媒介，力求将自身打造为国内重要的比较政治学网络传播中心，从而推动国内比较政治学学科的发展。

"比较政治研究网"邀请国内外政治学学科40余位重要学者组成学术委员会。诸位学界前辈均关心"比较政治研究网"网站的建设工作，并对"比较政治研究网"的学术前景寄予厚望。

"比较政治研究网"依据比较政治学研究发展脉络，整理介绍了国内外比较政治学的众多知名学者，集中展示了上述研究者的比较政治学著作。接下来网站还将投入更多人力物力，进一步完善比较政治学领域的论著资料数据库，为专业人士提供比较政治学方面的搜索和下载服务。

"比较政治研究网"下设："学科发展"、"理论探索"、"实证分析"、"国际前沿"、"学界动态"五个栏目。"学科发展"栏目主要从历史主义、结构主义等视角收录比较政治学研究的综述性分析文章。"理论探索"栏目主要收录阶段性的和里程碑式的比较政治学研究的理论论文，以及比较和批判上述论述的争鸣文章。"实证分析"栏目立足实证主义研究方法，涵盖了从个案出发，以中观和微观视角来比较政治体系和政治制度的学术论文。"国际前沿"栏目展示了比较政治学领域前瞻性的学界成果。"学界动态"栏目提供最新的国内外比较政治学领域的学术活动信息，促成丰富的比较政治学学术咨询整合。

"比较政治研究网"期待通过本网站的上线，建立起一个关注比较政治研究的学术共同体。网站热忱地欢迎从事比较政治学研究的学术同仁，以及对比较政治学学科感兴趣的相关人士不吝赐稿。无论所投比较政治学稿件是未予公开发表的，还是已经发表的，"比较政治研究网"都感谢您对本网站和华东政法大学政治学研究所的大力支持。"比较政治研究网"会酌情将投稿上传至相关网页栏目，或者纳入网站比较政治学研究数据库。

"比较政治研究网"的投稿电子邮箱是：psiecupl@163.com 或者 comparative2020@163.com（稿件请以 Word 或者没有版权信息的 DF 附件格式寄送）。

作为华东政法大学政治学研究所支撑运作的专业学术资讯网站，"比较政治研究网"专门开辟有华东政法大学政治学研究所新闻和档案栏目，这是让外界了解政治学研究所的重要窗口。"本所新闻"栏目及时通告政治学研究所主办和承办的学术活动情况，报道本所教师参加的外部学术活动，实时更新活动记录。"本所公告"栏目将在第一时间预告政治学研究所主持的学术论坛、学术工作坊等最新活动的议程信息。

华东政法大学政治学研究所的教师们一直以来都以严谨审慎的科研态度和万分的学术热情，投身于比较政治学的学科研究。"比较政治研究网"将本所教师们的研究成果全文汇总入"教师成果"栏目，期待来自学界同仁以及网站访问者的批评和指正。

敬请持续支持和关注"比较政治研究网"以及朝气蓬勃的华东政法大学政治学研究所。

（作者单位：华东政法大学政治学研究所）

当代中国比较政治学发展大事记

杜 欢

编者按：本大事记主要记录中国改革开放以来比较政治学的学科发展概况，试图从宏观上展示中国比较政治学经历的历史过程。大事记以年月为序，不能确定具体月份的事件附在当年末尾。在整理过程中，本文参考了国内关于中国政治学发展的若干著作、论文以及大量网络资源，并从中提取了相关的信息，限于篇幅，此处仅提供重要文献的注释，其他资源不再一一列出。感谢武汉大学谭君久教授，中国人民大学杨光斌教授，复旦大学陈明明教授，清华大学张小劲教授、景跃进教授，华东政法大学高奇琦副教授对整理工作的指导和建议。

1979 年

3 月 30 日，邓小平在党的理论务虚会上指出："我并不认为政治方面已经没有问题需要研究，政治学、法学、社会学以及世界政治的研究，我们过去多年忽视了，现在也需要赶快补课。"[①] 根据该指示的精

[①] 邓小平：《坚持四项基本原则》，见《邓小平文选》第 2 卷，人民出版社 1994 年版，第 180–181 页。

神，中国的政治学研究得以恢复，政治学与世界政治的研究是比较政治学发展的基础，从而该指示也成为当代中国比较政治学发展的滥觞。

1980 年

12 月，中国政治学会在北京成立，这标志着政治学作为一门独立的学科再度在中国得到了承认，"中国政治学会的重建，是中国政治学发展史上一个重要的里程碑"①。在此前后，全国各地相继成立了专门的政治学研究机构和教学科系，政治学开始在中国全面复兴。②

1981 年

本年，复旦大学恢复政治学专业，正式招收"文革"后第一届政治学本科生。此后，北京大学、吉林大学、中国人民大学等高校先后恢复政治学专业，中国政治学的教学开始得到恢复和发展。

1982 年

3 月至 6 月，中国政治学会和中国社会科学院政治学研究所筹备组联合委托复旦大学国际政治系举办了第一期全国政治学讲习班，来自全国 23 个省、市、自治区的 60 名相关学科的教学与科研人员参加了学习，该讲习班对新时期中国政治学的发展起到了重要的促进作用。

7 月，曹绍濂所著《美国政治制度史》由甘肃人民出版社出版，该书对于新时期美国政治制度研究起到了开拓性的作用。③

8 月，由龚祥瑞等人所著的"外国政府体制丛书"开始由人民出版

---

① 赵宝煦：《中国政治学百年历程》，载《东南学术》2000 年第 2 期。

② 关于各地研究机构和教学科系成立或重组的概况，请参见潘世伟、王邦佐主编：《二十世纪中国社会科学·政治学卷》，上海人民出版社 2005 年版，第 479－489 页。此处不再赘述。

③ 国别政治研究是比较政治研究的基本内容和基础，实际上，在当代中国比较政治学发展初期，由于受到既有研究传统的影响，比较政治研究更多是对世界各国的政治制度进行研究和介绍，相关的成果也非常丰富，而且法学、历史学等学科对国别的研究也对政治学产生了较大的影响。因此，本文收入了一些相关的国别政治研究的重要成果。

社出版。从 1982 年至 1986 年，该丛书介绍了美国、苏联、日本、英国、法国、联邦德国、瑞士、奥地利、罗马尼亚、南斯拉夫、澳大利亚、阿根廷等国的政府体制和人事制度。

10 月，应中国社会科学院的邀请，美国著名比较政治学家加布里埃尔·阿尔蒙德（Gabriel A. Almond）来华访问，并作了"发展中的政治经济"、"美国政治与美国外交政策"等专题报告。

1983 年

5 月至 6 月，中国政治学会和中国社会科学院政治学研究所筹备组接受联合国技术合作部建议的资助项目，共同在北京举办了比较文官制度研究班，由联合国聘请美国和法国的专家来华讲学，与中国学者共同授课。除相关科研、教学人员外，还有中央和地方的组织、人事部门的人员参加了学习。

5 月至 6 月，美国著名政治学家戴维·伊斯顿（David Easton）来华访问并讲学。

1984 年

4 月，中国政治学会正式成为国际政治学会（International Political Science Association，简称 IPSA）的集体会员。

5 月至 6 月，美国著名政治学家西摩·马丁·李普塞特（Seymour Martin Lipset）来华访问，并在北京、上海先后作了"1984 年美国大选"、"公共舆论与公共舆论研究"、"美国政治学的发展"、"为什么美国没有激烈的社会主义运动？"等专题演讲。

5 月，美国著名政治学家罗伯特·达尔（Robert A. Dahl）来华访问，并在北京作了"关于民主问题"的演讲。

9 月，陈其人、王邦佐、谭君久所著《美国两党制剖析》由商务印书馆出版。该书对美国的政党制度进行了深入分析。

12 月，日本学者佐藤功所著《比较政治制度》由法律出版社翻译出版。该书对各国政治制度的演变，尤其是民主化的历史进程作了考察和比较。

本年，北京大学设立全国第一个政治学博士学位授予点，并于1985年开始招收政治学博士研究生。

1985 年

3月，中国政治学会创办《国外政治学》杂志，该杂志成为中国政治学者了解世界政治学发展的一个重要窗口。①

7月6日，中国社会科学院政治学研究所正式成立。

7月15日至20日，中国政治学会派出以赵宝煦为团长的代表团参加了在巴黎举行的国际政治学会第13届世界大会。赵宝煦当选为该会第13届执委会委员。

本年，中国社会科学院政治学研究所创办《政治学研究》杂志，"这是中国政治学发展史上的一件大事，标志着中国政治学作为一门独立学科已获得全面恢复"。② 该刊物是全国唯一面向国内外公开发行的政治学专业学术性刊物。③

1987 年

2月，美国学者阿尔蒙德和小鲍威尔（G. Bingham Powell Jr.）所著《比较政治学——体系、过程和政策》由上海译文出版社出版，该书由曹沛霖、郑世平、公婷、陈峰翻译，是国内翻译出版的第一部比较政治学经典著作，对中国比较政治学的发展起到了奠基性的作用。

3月，罗伯特·达尔所著《现代政治分析》由上海译文出版社出版，该书由王沪宁、陈峰翻译，被看作是美国政治学从行为主义的鼎盛走向变革时期的经典性理论著作。此后，达尔的政治学著作陆续被翻译为中文，对中国政治学和比较政治研究产生了深远的影响。

5月，王沪宁所著《比较政治分析》由上海人民出版社出版。该书

---

① 该杂志于1989年停刊。
② 张友渔：《中国政治学的兴起——代发刊词》，载《政治学研究》1985年第1期。
③ 该杂志于1989年停刊，1995年复刊。

是国内首次运用比较分析的方法对政治现象进行宏观分析的学术著作，是国内第一部比较政治学专著。作者在书中指出："所有的社会科学研究都是比较的。只是各人的分析理论不一，比较角度相异。"①

1988 年

8月28日至9月1日，中国政治学会代表团赴华盛顿出席国际政治学会第14届世界大会。胡其安教授接替赵宝煦教授担任该会第14届执委会委员，并当选为执委会副主席；王沪宁当选为理事会候补理事。

10月，美国学者塞缪尔·亨廷顿（Samuel P. Huntington）所著《变革社会中的政治秩序》由华夏出版社翻译出版。在此之后，该书的另外两个中译本分别由上海译文出版社、生活·读书·新知三联书店出版。

1989 年

2月，美国学者阿尔蒙德和西德尼·维巴（Sidney Verba）所著《公民文化——五国的政治态度和民主》由浙江人民出版社翻译出版。作为比较政治研究的经典之作，该书后由徐湘林等人翻译整理，于2008年在东方出版社再版。

7月，美国学者戴维·伊斯顿所著《政治生活的系统分析》由华夏出版社翻译出版。该书由王浦劬等翻译，是行为主义政治学和政治系统论的重要代表著作，对于中国的比较政治学研究具有重要的影响。

1990 年

9月，李道揆所著《美国政府和美国政治》由中国社会科学出版社出版，该书详细分析了美国政治制度和政治运作的各个方面，是美国政治研究中的一部重要著作。

---

① 王沪宁：《比较政治分析》，上海人民出版社1987年版，第1页。

1991 年

6月，中国政治学会退出国际政治学会。

1992 年

6月，由邓正来主持翻译和主编的《布莱克维尔政治学百科全书》由中国政法大学出版社出版。该书是由（英）戴维·米勒（David Miller）主编的《布莱克维尔政治思想百科全书》和（英）韦农·波格丹诺（Vernon Bogdanor）主编的《布莱克维尔政治制度百科全书》组合之作，是中国政治学界的第一部百科全书译著。

9月，《中国大百科全书·政治学卷》由中国大百科全书出版社出版。"这部书集全国老、中、青年政治学者，费时七八年之久，撰写了1000多词条，共约160万字。该书的出版，实为中国政治学界一大盛事。"①

1993 年

3月，由王沪宁主编的"现代政治透视"丛书开始由香港三联书店出版。自1993年至1994年，该丛书共出版十种，其主题涵盖了政治研究的各个领域，并贯穿了比较分析的视角。②

7月，曹沛霖、徐宗士主编的《比较政府体制》由复旦大学出版社出版，该书分析了当代西方国家主要的政治体制模式，并从政治学的角度揭示了西方政府的基本原理。

7月，美国学者詹姆斯·M. 伯恩斯等人所著《美国式民主》由中国社会科学出版社出版，该书由谭君久、尹宣翻译，详细介绍和论述了美国政治制度的历史发展、现实状况以及相关的诸多问题，并阐述了经

---

① 赵宝煦：《中国政治学百年历程》，载《东南学术》2000年第2期。
② 这十种著作包括：王沪宁的《民主政治》、曹沛霖的《议会政治》、竺乾威的《官僚政治》、桑玉成的《自治政治》、臧志军的《政府政治》、林尚立的《选举政治》、施雪华的《政党政治》、郭定平的《多元政治》、陶东明的《公民政治》和胡伟的《司法政治》。

济、社会、文化、民族等因素的影响和作用。

10月，美国学者阿尔蒙德和小鲍威尔主编的《当代比较政治学——世界展望》由商务印书馆翻译出版。该书以结构功能主义的研究视角，对于世界各国政治体系进行了比较分析。该书的增订版于2010年10月由上海人民出版社翻译出版。①

1995年

本年，北京大学政治学理论博士点开始增设政治理论与方法、比较政治、中国政府与政治三个研究方向。在此之后，复旦大学、武汉大学等学校也在政治学理论博士点下开设"比较政治"研究方向，进入新世纪以后，中国人民大学、华中师范大学、吉林大学、华东师范大学等高校的博士点也开设了"比较政治（学）"、"比较政治制度"、"中外政治制度"等专业研究方向，此外，"中外政治制度"硕士点也在数十所高等院校得到发展。比较政治学的教学与科研活动在国内各个高校普遍展开。②

1996年

7月，严强发表《比较政治研究的取向和方法》一文，指出改革开放以来中国比较政治学发展经历了以旧制度主义为主、以引进行为主义为主和努力实行主体性等三个阶段，并探讨了进行比较政治分析的具体取向和方法。③

1998年

1月，美国学者罗纳德·奇尔科特（Ronald Chilcote）所著《比较政

---

① （美）阿尔蒙德、多尔顿、小鲍威尔和斯特罗姆：《当代比较政治学：世界视野（第8版）》，上海人民出版社2010年版。
② 关于比较政治专业的发展概况，参见王浦劬主编：《中国政治学学术发展回顾与规划（2006—2015）》，天津人民出版社2011年版，第244-247页。
③ 严强：《比较政治研究的取向和方法》，载《江海学刊》1996年第4期。

治学理论：新范式的探索》由社会科学文献出版社出版。该书从"范式转换"的角度，详细评述了现代政治理论的发展历程，探讨了政治理论今后的发展趋势。

本年，俞可平教授主编的"当代各国政治体制"丛书由兰州大学出版社出版。该丛书共 16 册，以专书的形式研究介绍了中国、美国、俄罗斯、日本、英国、法国、德国、加拿大等世界重要国家和地区的政治体制，推动了比较政治的研究的发展。

1999 年

9 月，中央编译局比较政治与经济研究中心成立。该中心是中央编译局依托世界发展战略研究部组建的第一家跨学科、跨部门的非营利性学术研究机构。

2000 年

1 月，张小劲发表《比较政治学的历史演变：学科史的考察》一文，这是国内第一篇对比较政治学学科发展史进行综述分析的学术论文。[①]

5 月，杨雪冬发表《关于比较政治学和中国研究范式重构的断想》一文，对于构建中国比较政治学研究范式进行了较早的探索。[②]

6 月，由徐育苗教授主编的"中外政治制度比较"丛书开始由商务印书馆出版。从 2000 年至 2007 年，该丛书分别推出专书就中外代议制度、选举制度、司法制度、政党制度、行政制度、军事制度、监督制度、公务员制度、立法制度等各方面进行了比较研究。[③]

---

① 张小劲：《比较政治学的历史演变：学科史的考察》，载《燕山大学学报（哲学社会科学版）》2000 年第 1 期。
② 杨雪冬：《关于比较政治学和中国研究范式重构的断想》，载《天津社会科学》2000 年第 3 期。
③ 2004 年 10 月，徐育苗主编的《中外政治制度比较》由中国社会科学出版社出版，可以说，该书浓缩了"中外政治制度比较"丛书的精华内容。

2001 年

5月，美国学者劳伦斯·迈耶（Lawrence C. Mayer）、约翰·伯内特（John H. Burnett）和苏珊·奥格登（Suzanne Ogden）所著《比较政治学：变化世界中的国家和理论（第2版）》由华夏出版社翻译出版。该书结合了比较分析与国别论述，对不同类型国家的政治发展进行了比较研究。

5月，周淑真所著《政党和政党制度比较研究》由中国人民大学出版社出版。该书对政党的基本概念与类型、政党制度的类型与模式、中国政党制度的发展等问题进行了系统论述，是国内第一部对政党政治进行比较研究的政治学专著。

11月，张小劲、景跃进所著《比较政治学导论》由中国人民大学出版社出版。该书是国内第一部比较政治学的教材，详尽客观地介绍了比较政治学领域的有关知识内容，并考察了各种理论观点的争论和最新进展。该书是国内比较公认的比较政治学的优秀教材，此后多次重印，并于2008年3月出版了第二版。

11月，程同顺编著的《当代比较政治学理论》由南开大学出版社出版，该书对于当代比较政治学所关注的政治发展、政治文化、政治参与等主要研究问题以及若干重要理论范式进行了系统总结和分析。

2002 年

1月，李路曲所著《东亚模式与价值重构——比较政治分析》由人民出版社出版，该书对当代东亚的政治发展及其模式进行了比较分析和理论探讨。

8月，赵虎吉所著《比较政治学：后发展国家视角》由中山大学出版社出版，该书从后发展国家的视角，探讨了政治学与比较政治学、结构功能模式、政治文化理论、依附理论与世界体系理论等内容。

2003 年

6月，上海交通大学国际与公共事务学院开设比较政治系，这是国内第一个以"比较政治"命名的大学科系。

12月，武汉大学比较政治研究中心成立，谭君久教授担任中心主任。

2004 年

4月，"地方政府与地方治理译丛"开始由北京大学出版社出版。自2004年至今，该译丛已出版十余部译著，系统分析了美国、英国、日本、加拿大等国家的地方政府与治理的相关情况。

8月，宁骚教授主编的"比较政府与政治译丛"开始由北京大学出版社出版。该译丛是国内第一套以比较政治为中心的译丛，自2004年至今，该译丛已经出版了十余部重要的比较政府与政治方面的国外著作。[①]

2005 年

1月，武汉大学政治文明与政治发展研究中心成立，该中心下设政治文明理论研究室、政治发展战略研究室、比较政治文明研究室、中华传统政治文明研究室、政党政治研究室、基层政治文明建设研究室，虞

---

① 这些著作包括：（美）霍华德·J.威亚尔达的《民主与民主化比较研究》（2004年8月）、《比较政治学导论：概念与过程》（2005年1月）、《新兴国家的政治发展：第三世界还存在吗?》（2006年10月）、《非西方发展理论：地区模式与全球趋势》（2006年10月）；（美）施密特、谢利、巴德斯的《美国政府与政治》（2006年1月）；（加）沃尔特·怀特、罗纳德·瓦根伯格、拉尔夫·纳尔逊的《加拿大政治与政府》（2006年1月）；（英）威廉·托多夫的《非洲政府与政治》（2007年2月）；（美）纳尔逊·波尔斯比、艾伦·威尔达夫斯基的《总统选举——美国政治的战略与构架》（2007年6月）；（澳）约翰·芬斯顿主编的《东南亚政府与政治》（2007年9月）；（阿根廷）吉列尔莫·奥唐奈的《现代化和官僚威权主义：南美政治研究》（2008年6月）；（美）尼考劳斯·扎哈里亚迪斯主编的《比较政治学：理论、案例与方法》（2008年11月）；（英）比尔·考克瑟、林顿·罗宾斯、罗伯特·里奇的《当代英国政治（第四版）》（2009年7月）；（德）沃尔夫冈·鲁茨欧的《德国政府与政治》（2010年12月）。

崇胜教授担任中心主任。

1月，曹沛霖、陈明明、唐亚林主编的《比较政治制度》由高等教育出版社出版，该书是一部讨论当代世界各主要政治制度的教材。在此前后，国内出版了多种以"比较政治制度"为题的教科书。①

5月，曹沛霖所著《制度纵横谈》由人民出版社出版，该书收集了作者50年教学科研的主要观点，在政府理论、政府机制、比较政治制度、议会政治等多领域内提出了许多真知灼见。作为我国3位最早的政治学博士生导师之一，曹沛霖教授培养了一大批从事比较政治研究的学者。

10月，杨光斌所著《制度的形式与国家的兴衰——比较政治发展的理论与经验研究》由北京大学出版社出版，该书第一次运用制度变迁理论分析了主要国家以及近代中国的政治发展，系统地论证了制度形式与国家兴衰的关系。

12月，林勋建教授主编的"西方政党政治译丛"开始由北京大学出版社出版。该译丛收录了国外关于比较政党政治研究的经典著作，自2005年至今，该译丛已经出版了四部著作。②

2006年

1月，施雪华所著《政治现代化比较研究》由武汉大学出版社出版。该书是国内第一部对世界各国、各地区政治现代化进行系统的比较研究的学术著作。

1月，朱天飚所著《比较政治经济学》由北京大学出版社出版。该书是国内第一部比较政治经济学著作，围绕国家、社会和经济的关系，

---

① 例如，徐红：《比较政治制度》，同济大学出版社2004年版；田为民：《比较政治制度》，新华出版社2004年版；南丽军：《比较政治制度》，东北林业大学出版社2005年版；古洪能：《比较政治制度》，武汉大学出版社2010年版。

② 这些著作包括：（法）让·布隆代尔、（意）毛里奇奥·科塔主编的《政党政府的性质：一种比较性的欧洲视角》（2005年12月）、《政党与政府：自由民主国家的政府与支持性政党关系探析》（2006年6月）；（美）阿伦·利普哈特的《民主的模式：36个国家的政府形式和政府绩效》（2006年11月）；（英）艾伦·韦尔的《政党与政党制度》（2011年11月）。

从历史、范式和专题三个方面进行了全面分析。

12月,杨德山主编的"当代西方政党研究译丛"开始由商务印书馆出版。①

12月,美国学者查尔斯·蒂利(Charles Tilly)所著《集体暴力的政治》由上海人民出版社翻译出版。作为著名的比较政治学者,蒂利的主要著作在此后陆续被翻译为中文,对中国的比较政治学发展起到了积极的推动作用。

2007年

3月,美国学者西达·斯考切波(Theda Skocpol)所著《国家与社会革命:对法国、俄国和中国的比较分析》由上海人民出版社出版。该书由何俊志等人翻译,是历史社会学的重要著作,该书运用的历史制度主义与比较分析的方法对比较政治学产生了积极的影响。

4月19日,教育部下发《关于增补教育部社会科学委员会委员的通知》,北京大学徐湘林教授被增补为教育部社科委员会委员,专业代表方向为比较政治学。

4月,由何俊志、任军锋和朱德米编译的《新制度主义政治学译文精选》由天津人民出版社出版。该书精选了新制度主义政治学兴起和发展进程中的部分重要文献,展示了理性选择制度主义、历史制度主义、社会学制度主义的理论脉络,为新制度主义政治学研究提供了基本文献。

6月,英国学者罗德·黑格(Rod Hague)和马丁·哈罗普(Martin Harrop)所著《比较政府与政治导论(第5版)》由中国人民大学出版社出版。该书由张小劲等人翻译,是国际上较为流行的政治学教科书,以制度安排和制度变迁为主线对社会政治生活和政治现象的各个方面进行了比较分析。

---

① 截至目前,该译丛共推出两部著作:(意)乔万尼·萨托利的《政党与政党体制》(2006年12月);(美)史蒂芬·E. 弗兰泽奇的《技术年代的政党》(2010年4月)。

学科回顾
当代中国比较政治学发展大事记

8月,由谭君久主持撰写的《十五期间"外国政治制度与政治"学科调查报告》在《珞珈政治学评论(第1卷)》上发表。[①] 该报告回顾和综述了十五期间外国政治研究的发展,并发出了重视比较政治研究的强烈呼吁。

10月,由俞怀宁等人主编的《比较政治学:理论与体制》由武汉出版社出版。该教材尝试把比较政治学理论分析与体制比较结合起来,在介绍比较政治学的基本概念、范畴、理论范式和方法的基础上,对西方各国政治制度进行了比较分析。

2008 年

2月,华东政法大学政治学研究院成立,李路曲教授担任院长。该研究院以比较政治学为中心展开了相关的科研和学术活动。

4月,吴文程所著《政治发展与民主转型:比较政治理论的检视与批判》由吉林出版集团有限责任公司出版,这是台湾学者的比较政治学著作第一次在大陆出版。

11月,袁峰所著《比较政府与政治——现代社会中的政治秩序》由上海人民出版社出版。该书注重从不同国家的经济背景、社会形态、文化传统出发来观察该国政府与政治的特征。

12月,美国学者马克·利希巴赫(Mark Lichbach)和阿兰·朱克曼(Alan Zuckerman)主编的《比较政治:理性、文化和结构》由中国人民大学出版社出版。该书由储建国等人翻译,对于比较政治学理论,尤其是理性选择理论、文化主义分析和结构主义方法进行了考察。

本年,中国人民大学比较政治研究所成立,杨光斌教授担任所长。

2009 年

3月12日,教育部公布第二届教育部社会科学委员会委员名单,徐

[①] 谭君久等:《十五期间"外国政治制度与政治"学科调查报告》,载《珞珈政治学评论(第1卷)》,武汉大学出版社2007年版。

湘林教授继续担任政治学、社会学、民族学学部委员，专业代表方向为比较政治学。

8月，李路曲发表《比较政治分析的逻辑》一文，对于比较政治研究的方法和逻辑进行了系统的总结和分析。①

本年，清华大学政治学系全面重组，张小劲教授担任系主任，景跃进教授担任副系主任。

2010 年

5月22日至23日，由《政治学研究》编辑部和华东政法大学政治学研究院共同主办的"比较政治学与中国政治发展"学术研讨会在上海举办，来自全国的60余位比较政治学者参加了研讨会，会议就比较政治学的学科发展以及中国政治发展中的若干问题作了深入探讨。这是国内第一次以"比较政治学"为主题召开的学术会议。②

12月，李路曲主编的《比较政治学研究》第1辑由中央编译出版社出版。该辑刊由华东政法大学政治学研究院主办，这是国内第一份以比较政治学为关键词的系列辑刊。

2011 年

3月，杨光斌所著《政治变迁中的国家与制度》由中央编译出版社出版，该书由制度变迁理论、比较政治发展和比较国家转型三大部分构成，被收入第一届哲学社会科学成果文库（2011）。

6月11日至12日，由华东政法大学政治学研究院主办的第二届"比较政治学与中国政治发展"学术研讨会在上海举行，来自全国的60

---

① 李路曲：《比较政治分析的逻辑》，载《政治学研究》2009年第4期。此后，李路曲教授围绕比较政治分析的操作方法等问题发表了系列文章，主要有：《从对单一国家研究到多国比较研究》，载《政治学研究》2009年第6期；《经验理性及其分析方法的演进》，载《政治学研究》2010年第6期；《个案比较与变量比较方法在制度与政策分析中的应用》，载《晋阳学刊》2011年第3期；《略论比较政治分析的操作方法》，载《学习与探索》2011年第3期。

② 参见邢瑞磊、王金良：《"比较政治学与中国政治发展"学术研讨会综述》，载《政治学研究》2010年第3期。

余位学者参加了研讨会。会议围绕比较政治学理论与方法、比较视野下的中国政治发展、民族国家与社会发展、民主化与政治转型比较、全球治理与政府创新、中外政党政治比较等议题进行了激烈而深刻的讨论。①

夏,国务院学位委员会政治学学科评议组召开会议,组内专家一致同意将原有的二级学科"中外政治制度"改为"比较政治学",待有关部门审定批准。

9月,李路曲主编的《比较政治学研究》第2辑由中央编译出版社出版。

9月,王浦劬主编的《中国政治学学术发展回顾与规划(2006—2015)》由天津人民出版社出版,该书开辟专章论述了近年来中国比较政治学的学科发展,并呼吁改变中国比较政治学目前并不理想的发展状况。武汉大学谭君久教授主持了该部分的撰写工作。② 同时,该书还提出:"政治学急切需要现有的中外政治制度专业转变为中国政治专业和比较政治专业。"③

12月10—11日,由武汉大学政治与公共管理学院主办,武汉大学政治学与行政学系、武汉大学比较政治研究中心承办的"比较政治与政治文化"学术研讨会在武汉举行,来自全国的70余位学者参加了会议。与会代表围绕比较政治学的理论与方法、政治的国别(地区)和跨国比较研究展开了讨论,并从比较的视角就政治发展的若干重要议题进行了深入探讨。

12月23日至25日,由中国政治学会、《政治学研究》编辑部和深圳大学当代中国政治研究所共同主办的"政治制度与政治体制比较"学术研讨会在深圳召开,近50位政治学界的专家学者参加了此次学术研讨会。会议不仅讨论了比较政治的一些传统主题,还从比较政治的视角

---

① 参见阙天舒:《比较政治学的范畴、方法与逻辑——第二届"比较政治学与中国政治发展"学术会议综述》,载《华东政法大学学报》2011年第5期。
② 参见王浦劬主编:《中国政治学学术发展回顾与规划(2006—2015)》第七章,天津人民出版社2011年版,第244-281页。
③ 王浦劬主编:《中国政治学学术发展回顾与规划(2006—2015)》,天津人民出版社2011年版,第58页。

探讨了新兴的政治现象和中国政治的相关问题。①

2012年

3月16日，北京大学国际关系学院比较政治学系成立大会举行，该系由中共党史、科学社会主义和国际共产主义运动、中外政治制度三个政治学的二级学科构成，许振洲教授担任首任系主任。

4月13日至14日，由中国人民大学国际关系学院政治学系主办的"比较视野下的国家建设与民主"学术研讨会在北京举行，来自海内外的40余位学者参加了研讨会。会议围绕现代国家的性质、中国模式、民主问题、社会转型与国家治理、制度选择与社会治理、现代国家形成的路径与挑战等具体议题展开了深入讨论。②

5月4日，复旦大学陈树渠比较政治发展研究中心举行揭牌仪式，标志着该中心正式成立，陈明明教授担任中心主任。原复旦大学政治学系教授陈树渠之子、香港宝声集团董事长陈耀璋出资建设该中心。

4月，华东政法大学政治学研究院更名为政治学研究所，高奇琦副教授担任所长。

5月，由华东政法大学政治学研究所主办的《比较政治研究网》正式上线。该网站是国内第一个比较政治学的专业数据库网站，40余位国内外知名比较政治学者应邀担任网站学术委员会委员。

6月9日，由华东政法大学政治学研究所主办的"比较政治学上海青年学者论坛2012会议"在上海举行，来自上海各高校和研究机构的40余位学者参加了会议。会议围绕比较政治理论与研究方法以及相关问题展开了充分的讨论。

8月18日，由华东政法大学政治学研究所主办的"比较政治与国际关系的交叉研究"学术研讨会在上海举行，来自全国的50余位学者参

---

① 参见陈家喜：《拓展比较政治研究的主题与视野——"政治制度与政治体制比较"学术研讨会综述》，载《政治学研究》2011年第6期。
② 参见厉正：《坚持走中国特色社会主义民主发展道路——"比较视野下的国家建设与民主学术研讨会"述要》，载《人民日报》2012年5月3日第7版。

加了会议。该会议是国内第一次针对比较政治与国际观两个学科交叉研究的专题研讨会，对比较政治与国际关系的学科关系以及共同关心的问题作了深入探析。

10月20日至21日，由中央编译局世纪发展战略研究部和上海师范大学法政学院共同主办、上海市政治学会协办的"比较政治学与世界民主化、城市化进程"——第四届"比较政治学论坛"暨第三届"比较研究工作坊"学术研讨会在上海举行，来自海内外的130余位学者参加了会议。会议的主要议题包括"中国模式研究"、"比较视野下的东亚研究"、"民主与发展问题研究"、"比较政治学的理论与方法"、"全球化背景下的政治发展"、"理论的引介与制度的借鉴"、"中国民主与法治问题"、"外国政治改革与国家构建"、"中国政治转型与治理研究"、"现在国家建设"、"制度运行的逻辑"等。

11月24日，由复旦大学陈树渠比较政治发展研究中心主办的"比较政治理论的发展与反思——暨复旦大学中国制度研究论坛2012"学术研讨会在上海举行，来自全国各地的40余位学者围绕"国家与政体转型的比较研究"、"国家与政治文化的比较研究"、"理论与研究方法的前沿趋势"和"公共治理与政治经济的比较研究"四个专题进行了深入的研讨。

2013年

5月，由华东政法大学政治学研究所组织编辑的《比较政治学前沿》系列辑刊开始由中央编译出版社出版，该辑刊是国内第一份以国外比较政治研究的经典译文为主要内容的系列刊物。

（作者单位：复旦大学国际关系与公共事务学院）

重要词汇翻译标准

A System of Logic	《逻辑学体系》（密尔）
activism	行动主义
aggregate	聚合
area	（根据语境）[1] 场域
ballot structure	选票结构
block vote	（选举）全额联记法
(case) independence	独立性
capture	捕捉
case studies	案例研究
case study	个案研究
civilian dominated	文人主导
collapse	拆分成
combinatory causal argument	复合因果推论
configurative analysis	形构分析
consequence	后果
controlled comparison	可控性比较
craft	构造
discriminant analysis	判别分析

---

[1] 标注"（根据语境）"处，是指需按照不同的语境来确定最终的译法。下同。

district magnitude	选区规模
divergence	分化
effect	结果
electoral formulae	选举公式
entire universe of cases	案例的全部内容
family similarity	家族相似性
heuristic device	启发式教学法
implications	涵义
incorporate	吸纳
infinitive regress	无穷回归
informative regress	信息式回归
involvement	卷入
joint method of agreement and difference	求同求异并用法
justifiable	正当的
leading works	一流著作
lines	（根据语境）路线
machination	政治机器或政党机器
majority	（选举）绝对多数决
manipulation	操控
many variables, small N	变量太多，样本太少
mapping	图绘
meta analysis	后设分析
method of agreement	求同法
method of concomitant variance	共变法
method of difference	求异法
most similar system	最具相似性系统
most different system	最具差异性系统
most variance	最大变异程度
perspective	视角
play out	展示
plurality	（选举）相对多数决
political strength	政治力量

product-moment coefficients	积矩系数
property space	属性空间
regime	政体
scale-type	量级
sectional	截面
selection bias	选择性偏误
shared	共享的
single transferable vote	单记名可让渡投票
Spearman Rho	斯皮尔曼等级相关系数
specification	（根据语境）说明、设定
strategy	（根据语境）策略、战略
tabular analysis	列表分析
time-series cross-sectional data	时间序列－截面数据
trail wagging	风险
transformative	转型
versus	和、对决
whole-nation bias	整体国家偏误